跨学科社会科学译丛

主　编：叶　航

副主编：贾拥民
　　　　王志毅
　　　　徐向东

编　委（按姓名拼音为序）：

常　杰（浙江大学生命科学院）

陈叶烽（浙江大学经济学院、浙江大学跨学科社会科学研究中心）

葛　滢（浙江大学生命科学院）

贾拥民（浙江大学经济学院、浙江大学跨学科社会科学研究中心）

罗　俊（浙江财经大学）

徐向东（浙江大学哲学学院）

叶　航（浙江大学经济学院、浙江大学跨学科社会科学研究中心）

周业安（中国人民大学经济学院）

启真馆 出品

跨学科社会科学译丛

The Ethical Project

【英】
菲利普·基切尔
Philip Kitcher
著

钟世文
译

进化与
伦理生活

ZHEJIANG UNIVERSITY PRESS
浙江大学出版社
·杭州·

图书在版编目（CIP）数据

进化与伦理生活 /（英）菲利普·基切尔著；钟世
文译 . —杭州：浙江大学出版社，2024.6
（跨学科社会科学译丛）
书名原文：The Ethical Project
ISBN 978-7-308-24596-8

Ⅰ.①进…　Ⅱ.①菲…②钟…　Ⅲ.①伦理学—研究
Ⅳ.①B82

中国国家版本馆CIP数据核字（2024）第027074号

进化与伦理生活

［英］菲利普·基切尔 著　钟世文 译

责任编辑	叶　敏	
责任校对	牟杨茜　周红聪	
装帧设计	罗　洪	
出版发行	浙江大学出版社	
	（杭州天目山路148号　邮政编码310007）	
	（网址：http://www.zjupress.com）	
排　　版	北京辰轩文化传媒有限公司	
印　　刷	北京中科印刷有限公司	
开　　本	635mm×965mm　1/16	
印　　张	24	
字　　数	323千	
版 印 次	2024年6月第1版　2024年6月第1次印刷	
书　　号	ISBN 978-7-308-24596-8	
定　　价	95.00元	

目 录

导　论 / 1

1. 概要 / 1
2. 方法论的准备工作 / 9

第一部分　分析的历史

第一章　同情的起源 / 14

3. 心理的利他主义：基础 / 14
4. 多样的利他反应 / 21
5. 利他主义的维度 / 27
6. 母亲的关心 / 31
7. 更多形式的利他主义？/ 37
8. 进化解释的可能性 / 42
9. 联盟游戏 / 51

第二章　规范的引导 / 60

10. 利他主义的限度 / 60
11. 遵循命令 / 66
12. 惩罚 / 77

13. 良心 / 81

14. 社会嵌入 / 84

第三章　生存的试验 / 91

15. 从彼到此 / 91

16. 文化竞争 / 93

17. 看不见的执行者 / 97

18. 需要联结的点 / 101

19. 劳动分工 / 106

20. 角色，规则和机构 / 109

21. 扩展的利他主义 / 114

第四章　一件接一件的事情? / 121

22. 仅仅只是改变? / 121

23. 三个古代的例子 / 122

24. 第二性公民 / 127

25. 放弃动产奴隶制 / 134

26. 罪恶的消失 / 142

27. 神圣的命令者 / 145

第二部分　元伦理学视角

第五章　真理的困扰 / 152

28. 盘点 / 152

29. 明显的问题 / 157

30. 真理，实在论和建构主义 / 163

31. 问题的来源 / 169

第六章　进步的可能性 / 183

32. 伦理进步的中心 / 183

33. 历史的概括 / 186

34. 问题，功能和进步 / 191

35. 改进的模式 / 201

36. 功能的世代 / 208

37. 局部和整体的进步 / 212

38. 重审道德真理 / 215

39. 余下的担忧 / 219

第七章　自然主义的谬误？/ 223

40. 休谟的挑战 / 223

41. 未决的权威？/ 232

42. 令人困扰的特征 / 238

43. 解决争议 / 247

第三部分　规范性的立场

第八章　进步，平等和善 / 252

44. 规范伦理学的两种愿景 / 252

45. 动态的后果主义 / 254

46. 失败与成功 / 260

47. 从当地社群到全体人类 / 268

48. 平等和好的生活 / 276

49. 人口数量 / 282

50. 好的生活的各个方面 / 287

第九章　伦理学的方法 / 292

51. 多种多样的伦理变化 / 292

52. 方法与善 / 299

53. 相互参与 / 302

54. 伦理辩论 / 309

55. 异见者和容忍的限度 / 314

56. 修正的挑战者 / 318

第十章　更新计划 / 327

57. 哲学助产术 / 327

58. 稀缺的资源 / 330

59. 习惯及其限制 / 336

60. 冲突的角色 / 340

61. 不道德领域 / 346

62. 维持平等 / 350

63. 技术的挑战 / 355

结　论 / 361

64. 总结 / 361

致　谢 / 363

索　引 / 369

导　论

1. 概要

伦理遍布于人类社会和几乎所有人的生活。人们慎思在特定的
情形中该做什么，什么是有价值的，应该期待过上什么样的生活。
在更细微的方面，人们每天的行为都基于社会中的一些行为习惯、
角色以及风俗潮流，这些东西也许是人们经过严肃的反思之后认可
的，但人们通常是不假思索地接受它们。除了饱受心理分裂折磨的
人（这种心理分裂会严重地限制人的认知能力）或者与他人完全隔
绝的人，我们都被嵌于*伦理计划*之中。

然而对于普通人而言，也包括对哲学家来说，我们的*伦理判断*
和实践都是难以领会的。当我们因为某人的正确决定而表扬他时
我们究竟是什么意思？一个这样的评价如何能是有根据的？伯特
兰·罗素对数学有一个著名的描述，数学是这样一个学科："……我
们既不知道我们在讨论什么，也不知道我们所说的是否正确。"[①] 数
学家们在结论上达到一致的杰出能力进一步支持了他们对获得知识
的能力的信心，尽管仍然有许多谜团围绕着他们判断的内容和根据。
相反，持续的伦理分歧加强了伦理实践是不可靠的这一感觉，经常

---

① "Recent Work on the Principles of Mathematics," *International Monthly*, 4, 1901,
84. 我将不会参与这一争论。

使得参与公共讨论的人羞于讨论"价值判断",似乎在这点上想要达成共识是荒谬的。

关于伦理生活的一种流行观点普遍存在。许多人和陀思妥耶夫斯基笔下的伊凡·卡拉马佐夫一样相信,如果伦理判断不是基于上帝的命令,任何事情都是可以被允许的。但是,从柏拉图开始,哲学的传统总是,而且是切中要害地,质疑伦理的宗教基础这种观点。假如道德的基础是神圣的意志这种观点依然流行是因为其他解释,包括哲学的解释,看起来过于难以捉摸和没有说服力,那么伦理的正确性真的在于代表了独立的价值领域吗?伦理判断真的表达了特定的优先的情感吗?它们真能通过领会"心中的道德法则"或者理解实践理性的命令而达到吗?

一个多世纪以前,达尔文勾勒出了一种全新的思考生物世界的方式:他的根本洞见是把我们周围的生物体看作历史的产物。我们通过学习达尔文,把当下的实践也看作历史的产物,就能把自己从许多谜团中解放出来。[①] 本书的目的就是追求伦理学领域内的这一工作。伦理作为一种人类现象,永远不会完成。我们一代又一代的人共同地创造、发展、完善和歪曲它。伦理应该被理解成一项计划——伦理计划,我们这一种群的大部分历史都参与在这一计划当中。

3 　　我们要详细阐述的立场,称为实用自然主义,它将伦理计划视为我们的祖先为了回应他们社会生活困难而开创的。他们发明了伦理。之后的一代代人修改了传承给他们的伦理遗产,这些修改有时但并不总是增厚这些伦理遗产。毫无疑问,许多传统都已经消失了,但有些传统延续到了现在,构成了当代人规范他们行为的基础。在

---

① 　达尔文在《人类的由来》的前几章中第一次开展这一工作。托马斯·库恩提出了类似的观点,把自然科学看作历史的产物(*The Structure of Scientific Revolutions* [Chicago: University of Chicago Press, 1962 and 1970])。我跟随他们的脚步把科学和数学都看作历史的产物(*The Advancement of Science* [New York: Oxford University Press, 1993] 以 及 *The Nature of Mathematical Knowledge* [New York: Oxford University Press, 1983])。

原则上，而不是在实践上，我们可以构建出进化的树状图，画出一个图表，就像达尔文插入《人类的由来》的图表一样，只不过差别在于这里的连接线代表的是文化的后裔而非生物的后裔（所以图表会有家系的融合和分裂）。[①]

　　如同名称所暗示的那样，实用自然主义与实用主义和自然主义都有紧密的关系。实用自然主义关注伦理实践及其历史，这是试图向约翰·杜威对哲学应该与人类生活重新联系起来的呼吁致敬。[②] 此外，它把伦理描绘成了杜威式的图景：伦理成长于人类的社会环境。它的伦理正确性的概念是由威廉·詹姆士对真理的理解方式所引导的。[③] 说它是自然主义是因为它拒绝引入神秘的实体，比如幽灵，来解释伦理实践的起源、进化和进步。自然主义者不希望除了天上和地上有的东西以外的任何东西进入他们的哲学。[④] 他们首先认为这个世界上存在的东西是那些有充分根据的知识（从人类学，艺术史到动物学这样的知识）所承认的，同时，他们也清楚这个存在的事物是不完善的，但他们只接受那些能够被已经接受了的严格调查的方法所能证实的新的实体。诉诸神圣的意志，价值世界，伦理知觉的官能和"纯粹实践理性原则"的做法都应该被放弃。

　　相比于其他世俗的哲学讨论，实用自然主义更广泛地牵涉道德中宗教的纠缠：出于实用主义者的原因，这种纠缠遍布于几乎所有类型的伦理生活之中。然而，由于自然主义者的顾忌，实用自然主

[①] Charles Darwin, *On the Origin of Species* (facsimile of the first edition), edited by Ernst Mayr（Cambridge, MA：Harvard University Press, 1964）, 116–117.

[②] 参见 *The Quest for Certainty*, vol. 4 in *John Dewey：The Later Works*（Carbondale：Southern Illinois University Press, 1988）, 204；及 *Reconstruction in Philosophy*（Boston：Beacon Press, 1957）, 147。

[③] 参见 Dewey and James Tufts, *Ethics*, 2nd ed.（New York：Henry Holt, 1932）, 307–309；William James, *Pragmatism*（Cambridge, MA：Harvard University Press, 1978）, Lecture Ⅵ。

[④] 这一对哈姆雷特说法的倒置参见 Nelson Goodman：*Fact*, *Fiction*, *and Forecast*（Indianapolis, IN：Bobbs–Merrill, 1956）。

义不能赞同将伦理的基础看作是神圣意志。我们将会看到（第27节），即使真的有任何神的存在，我们也有强有力的理由来假设伦理并不能被它的（他的？她的？）偏好所决定。更根本的是，实用自然主义认为当宗教被理解为一种历史进化的实践时，我们完全可以认为所有宗教所提出的超验的存在的概念都是错误的。不同的宗教所提出的概念彼此之间是完全不融贯的。每一个超自然主义者的观点都立足于一个类似的认知基础——很久以前出现过神的启示，这些启示被一代代的人仔细传承下来直到现在——这产生了一个完全对称的条件。在这些条件下，没有信徒有任何根据认为只有他和他所在的宗教对于超验的领域的真相才有了解的特权，而其他宗教都活在原始的幻想之中。更进一步，对宗教经典的解读方式，对宗教进化、改变信仰、宗教体验现象的认真的调查，证明了宗教产生当下信念的过程是极度不可靠的。也没人能够找到一个被所有宗教都接受的核心教义，那些被看作是能共享的观点。如果目前为止存在某种未被承认的存在，近似于"超验"的存在，我们有理由认为绝对没有任何线索或者范畴来描述它们。[①]

伦理实践中宗教的这种牵连并不是一个意外。正如我们将会看到的（第17节），把上帝看作是"道德的守卫"能带来社会利益。然而，这一做法扭曲了伦理计划。消除这种歪曲并不是简单地把侵入的错误信念排除掉。重新开始世俗的伦理计划需要构建性的工作，超越了简单的否定。[②]

我现在可以解释接下来章节的结构了。第一部分包括第一章至第四章，详细阐述一个"分析性的历史"，目的在于提供一种对我们伦理实践的进化的理解。它为第二部分（第五章至第七章）提供了基础，使其能探索这样一个问题：基于对伦理的起源和演变的这一

---

① 我对这一简要的看法有一个更细致、篇幅更长的说明，参见 *Living with Darwin*（New York：Oxford University Press，2007）的最后一章。

② 参见 *Living with Darwin* 的最后几页，以及 "Challenges for Secularism," in *The Foy of Secularism*，ed. George Levine（Princeton，NJ：Princeton University Press，2011）。

解释，我们能否让伦理真理和伦理知识有意义。第一部分的历史和第二部分的元伦理学解释在第三部分（第八章至第十章）将进一步拓展，成为一个规范性立场，试图指导我们今后该如何去做。

　　给这一简单的描述补充一些细节是有价值的。"伦理实践的历史"也许会有许多形式，而我所要给出的形式最初看起来会很奇怪。既然我假设我们的种族在数万年之前就开始了伦理计划，那么要对伦理生活的具体方面是如何逐渐出现的给出一个叙述性的描述几乎是不可能的。在书写发明（五千年前）之前，所有的线索都是破碎的，远远少于化石证据，而后者的贫瘠激起了达尔文的哀叹。[①] 灵长类动物学、人类学和考古学使得我们能够对前伦理时代祖先的生活条件给出一个看似合理的解释，但许多随后的步骤并不是我们能用证据来把握的。

　　分析的历史开始于试图理解前伦理时代的祖先相关的心理能力，以及在这一基础之上来描绘伦理计划最开始的阶段。原始人的社会生活类似于当代与我们在进化上最接近的近亲的生活：我们的先辈生活于一个由各种性别和年龄的个体组成的小群体。正因为如此，他们需要心理利他主义的能力。然而他们利他主义倾向的限度使得群居生活紧张而且困难。第一代伦理家通过同意共同的行动规则克服了一些问题，这些规则挽救了许多会侵蚀集体生活的失败的利他主义。他们的伦理生活极有可能开始于对分享稀有资源和不发起暴力行为的感知。

　　因为早期伦理实践的特征比有文字记录以来可见的伦理生活的形式要简单得多，这也就使得说明一系列的措施如何从早期相对粗糙的状态逐渐转变成在最早的文字记录中发现的对规则和故事的复杂描述变得很重要（第三章）。之后，探求伦理实践中发生了哪些真实的改变才是可能的，尽管不像一些人期待的那样能完全找到这些改变。第四章考察了几个历史上（而非前历史时期）的例子，以

---

① Darwin, *Origin of Species*, chap. 9, esp. 310–311。

求支持两个观点。第一，我们很难拒绝承认在伦理的进化中有偶尔的进步：也许伦理进步很少见，但有一些转变（比如奴隶制的废除）看起来确实是发生了进步。第二，即使在那些参与了显著伦理进步的人所作出最为详尽的记录的时刻，伦理发现依旧是模糊的：没有与那些清晰的科学发现的事件类似的时刻。

第一部分中的历史假设了伦理计划如何真实地开始，以及在较近的历史上它如何真实地消失。这部分也通过展现伦理计划从最早期如何一步步逐渐进化成最早的文字记录中可辨别的复杂系统，表现出对这一计划的最早阶段和人类历史开端时的丰富实践的巨大差异的关注。因为这两种解释模式的差异需要被清晰地意识到，下文将作一些方法上的预备说明。

不管经过多么认真的仔细研究和表述，历史如何和伦理学的哲学问题相关？一种可能性就是某种历史解释可能会削弱当下的实践。看到我们的方法来自何处之后会导致怀疑论和幻灭。在那些最容易分析的伦理改变的阶段，参与者似乎没有理解之前未被意识到的价值或者理性地思考获得一些全新道德原则的方法。我们所能知道的历史的细节，对关于伦理真理的哲学理论并不友好（第五章）。然而第一部分中的历史也展示了一些伦理进步的例子。第二部分中的元伦理视角聚焦于试图调和这些观点。

伦理进化"仅仅是改变"的这种观点——根据这一观点，历史就是一个接一个的糟糕事件——与把一些改变看作是进步的倾向相矛盾。第六章通过寻求对伦理进步的一个解释——这种解释放弃了把进步看作是真理（先验的或者独立）的积聚——来解决这一矛盾。如果这看起来是一个奇怪的观点，我们应该回忆起在一些人类实践的领域中，进步并不在于真理的增长。技术的进步通常是使一些运作更有效率或者更加完全。此外，跟第一部分中的历史一样，伦理计划最早的目的被看作是引入一种新的社会的技术，旨在解决具有破坏性的利他主义的失败。

对利他失灵的改进是伦理实践最初的功能。然而在开拓性的尝试和早期历史中记录的复杂规范之间的巨大差异清楚地表明了其他功能的出现。这也是科技中通常会发生的情形。人们一开始为了解决某一个问题而获得了部分成功。这一成功又产生了有待解决的新问题。第六章将试图将伦理进步的概念理解为履行某些功能，起源于解决利他失灵所产生的问题，以及把之后的功能理解为是从之前获得的解决方法中所产生的。

从而它为伦理真理的概念铺平了道路。伦理真理是那些在进步的转变中获得的真理。实用自然主义主张一些伦理陈述——一些典型的例子，比如模糊的普遍化，要求诚实和放弃暴力——都是正确的。它们的正确性来自它们在伦理进程中所扮演的角色：[1]

声称我们的祖先发明了伦理学也就是否定了他们发现了伦理学或者伦理学被揭示给了他们。实用自然主义拒绝在某个时刻（也许是很久之前在西奈山上）人们获得了他们应该如何生活的权威指导的这种观点，并且放弃了那种把伦理规范看作是通过特殊官能所发现的外部约束的哲学理论。然而声称伦理学是人类的发明并不意味着它是被任意塑造的。伦理计划开始于回应人类最主要的欲望和需求，起源于我们特有的那种社会存在。

但有一个也许早就困扰了对自然主义的不幸命运感到怀疑的读者的担忧。为什么伦理计划，即便在其最为"进步的"时候，也应该对出现在进化后期的人类产生强制力？批评者经常指责自然主义者陷入了一个谬误，对此需要作出回答。第七章考虑了一些指责，试图表明实用自然主义与非自然主义的对手有相等的资源。然而一个重要的指责依然存在。因为伦理计划产生了新的各种功能，而它们之间不一定相容，这也就为前进的不同方向留下了开放的可能性。要解决对巨大分歧的担忧，完成对元伦理学视角的清晰表达，需要一个规范性的立场。这就是第三部分的工作。

第一部分和第二部分把伦理计划刻画成了人们寻求如何共同生

---

[1]　James，*Pragmatism*，97.

活的计划。它在一开始就没有预设任何伦理慎思者试图寻找的真理的来源，无论这些来源是神圣的意志还是其他哲学的替代品。我们祖先需要通过平等的语言交谈来塑造共同的生活。实用自然主义否定了伦理专业。哲学在伦理实践中扮演的角色只能是助产学：为重新开始的交流建议某个方向和为双方的交换提供一些规则。第八章和第九章提出了整套方案，主张我们应当在相互参与的条件下深入思考，追求一个平等主义的善的概念。

实用自然主义的主张源自把当下的人类环境看作是类似于最早促使伦理计划出现的情况。我们祖先的生活中所面临的冲突反映在了当代人类之间的敌意当中。根据这一看法，伦理规范的最初功能——挽救利他主义的失败——仍然是主要的功能。对这一持久的重要功能的质疑无法像实用自然主义这样获得重要的连贯性。因此（第 56 节），这种最深刻的挑战——对自然主义伦理学最重要的质疑——就被消除了。

最后，第十章通过建议当代伦理实践中哪些具体的地方需要修改，试图深化哲学的助产术。这为延续最根本的对话提供了一些想法。

对当代伦理学的哲学讨论熟悉的读者会发现标准的讨论方式和我计划提供的材料之间的巨大差异。虽然我的问题与经常在伦理学历史上提出的问题相联系，它们往往被塑造成与最近几十年所偏好的哲学形式（至少在盎格鲁－撒克逊世界）正交的形式。在许多方面，我的观点深受我的同辈（或者说更优秀的人）的影响，但任何认真展现这些联系（特别是涉及复杂观点的细微差别的联系）的尝试都需要数百页篇幅的讨论。实用自然主义的目的在于使伦理实践和伦理理论驶向一个新方向，对那些想要把它看成停靠在"已有文献"的人，我感到很抱歉。如果我对某个重要的担忧或者反驳没有及时给出回应，我也必须恳求诸位保持耐心。并不是所有事情都能一蹴而就，在应用这些资源之前，必须先整合所需的资源。

2. 方法论的准备工作

实用自然主义与之前将伦理学和我们进化历史联系起来的尝试不同，它没有主张将伦理属性与进化术语等同起来，比如，把什么是善等同于什么是有适应性的。[①] 它也并没有假设伦理实践，哪怕是萌芽状态，在我们进化的表亲或者原始人祖先中已经出现了。[②] 伦理计划并不是简单地展开之前已经存在的利他倾向——它不仅仅是某个种群的个体都获得了"善良行为"的能力。伦理实践包括了与他人以及与自己的交流，把那些看作是自己一部分的欲望和倾向于促使自己去行动的其他欲望并列。这也没有假设某个特定的进化的发展，认为我们的祖先在获得语言能力的同时获得了"道德直觉"。[③] 这种类型的观点陷入了把伦理道德和"善良的行为"混淆的危险，并且，正如我们将会看到的（第14节），他们忽视了社会环境在伦理实践发生时的影响。[④]

鉴于这些差别，一些对于自然主义伦理学常见的方法论的担忧并不会困扰实用自然主义。但仍然有一个主要的担忧。这个担忧是很重要的，也因为对它重要性的察觉能轻易地引起对第一部分讨论的反驳，所以这一部分将尽力先处理这个问题。

达尔文把他的历史方法应用到生物界的成功在于《人类的由来》

---

① 这一得到了许多社会生物学家捍卫的观点，我在我的另一本书 *Vaulting Ambition*：*Sociobiology and the Quest for Human Nature*（Cambridge，MA：The MIT Press，1985）中的最后一章对其提出了批评。

② 将人类的伦理实践与其他灵长类物种的利他倾向联系起来的直接尝试，参见 Frans de Waal，*Primates and Philosophers*（Princeton，NJ：Princeton University Press，2006）。

③ 对这一观点的描述和辩护参见 Marc Hauser：*Moral Minds*（New York：Ecco，2006）。

④ 最后，实用自然主义也拒绝通过询问被试验者对抽象哲学情景的回应的心理学或者神经学实验来理解伦理学问题就能获得巨大进步的想法。在设计问题时，什么样的能力会被测试是不清楚的，因为日常生活中会遇到的问题和担忧都会被人为地排除出去。此外，实用自然主义寻找一个可以替代当下伦理理论的方案，而不是在已有选项的基础上建立一个实验的延伸。

中出现的众多证据——即使反对他观点的读者也因为他所呈现的这些事实而赞扬他。对后来的模仿者试图把进化的观点应用到人类行为和人类社会生活的尝试的一个类似批评就是他们没能满足前辈所设定的标准。进化的解释有变成讲故事的危险——就是如此这般的故事而没有吉卜林（Kipling）的智慧，^① 只是提出了关于一些品格的进化的可能假设而没有认真地考虑其他的选择，并通过证据来区分它们，采纳这个假设的原因在于它描述了过去的事件进程。

重构伦理计划的真实历史超越了能获得的证据——可能超越了任何人有希望能获得的证据。根据第 1 节中勾勒出的，并在第一部分进一步发展的解释，在旧石器时代和早期新石器时代间发生了许多重要的改变，而这个阶段没有任何文字记录。对那个时代人类生活的情景设想只能建立在少数线索之上：储藏证明了群体数量的扩大，在距离原料产地很远的地方发现的工具，墓葬，塑像和山洞中的壁画。这些证据非常稀少而不足以反驳相关的其他假设。

然而关于真实历史的一些设想可以被捍卫。考古学的证据提供了一些基础，让我们认为直到一万五千年前，人类所在的群体大小与目前黑猩猩的群体大致相当，而且与这些进化上的表亲的社会类似，这些群体是由不同的年龄和性别的个体组成的。把这一结论和对与我们祖先生活环境最类似的人群的人类学研究相结合，研究者提供了我们祖先开始伦理计划时的背景。我们知道黑猩猩面临着什么样的问题，也知道当时以游牧和采集为生的群体如何克服这些问题。伦理实践的第一个尝试也许开始于群体讨论，用原始的平等的术语，处理分享以及群体内争斗等问题。

这些最初的努力似乎开始于数万年之前，在人类获得了完整的语言能力之后。根据保守的估计，我们可以把伦理计划设定在五万

---

① 对这一批评的经典论证参见 Stephen Jay Gould and Richard Lewontin, "The Spandrels of San Marco and the Panglossian Paradigm: A Critique of the Adaptationist Programme," *Proceeding of the Royal Society*, B, 205, 1979, 581–598。在《膨胀的野心》（*Vaulting Ambition*）中我论证了说故事这一行为破坏了人类社会生物学中许多作品。

年前开始。我认为大概前四万年这一计划都在解决小群体的需求，群体中的成员通过大致的平等维持了社会生活。他们最初的规则是粗暴和简单的。他们开始了一系列的巨大改变，产生了更大的社会，最终发展为美索不达米亚和埃及的等级城市。而这一部分故事，能被看作是真实的历史。

我们伦理上的祖先如何从这些简单的萌芽发展出古代历史中可辨别的伦理生活的复杂形式？没有答案能告诉我们真实的历史。实用自然主义很难反驳潜在的竞争者所倾向的故事。但是，它的假设——没有神的启示，没有对价值或者道德法则结构的发现，没有任何的幽灵——导致了比最初的实践更为丰富和复杂的终点。为了回答怀疑论者所声称的"真正的伦理学"需要自然主义者不允许的资源，有些说明需要提出。实用自然主义者并不能宣扬自己的解释是"多么真实的"解释，只能说它是"多么可能的"解释。

解释有许多的类型，但对于本书的目的来说，两种类型就足够了。一种历史"多么真实的"解释旨在讨论事件的真相：如果有恰当的支持，其他的解释必须通过证据来排除它们。相反，一个历史"多么可能的"解释旨在告诉我们一个与证据和背景限制相容的故事：它的地位不会通过指出有其他可能的解释而被质疑（其他解释越多越好）。一个"多么可能的"解释之所以重要是因为我们有时想知道一系列事件是否真的能发生，或者一系列的事件是否能被某个具体的理论允许。比如，反对者想知道，达尔文和他的追随者所支持的进化的进程是否容纳细胞的进化。回答他们的疑问需要展示在达尔文式的进程中如何能产生细胞。能说明历史的真实发展当然是一件不可思议的事，但是，由于时间上久远的事件以及我们证据的限制，谦虚也是必要的。在反驳怀疑的挑战的背景下，谦虚——满足于"多么可能的"——就足够了。

实用自然主义能够提出关于伦理计划开始时的原初状态以及有记录的历史之中这一计划进化的特征的可能假设。至于发生在早期阶段和古代世界之间的转变，我们所能说的是，这些在不预设实用

自然主义拒绝的过程或者原因的前提下，都有可能发生。第一部分

13　中的历史自觉到了这一区分。我试图澄清在具体的讨论中我想要给出哪种解释——因此也给出了这些讨论所要满足的标准。所以，第二部分中元伦理视角有时能基于这些历史的进程如何展开的断言（来自"多么真实的"解释），有时只能基于某些最初的状态如何进化到最终状态的断言（通过"多么可能的"解释来反驳怀疑的挑战）。明确性也许是学究气的，但这也比因为违反了某些恰当的标准而引起质疑好。

　　本书目的在于用历史把对伦理学的讨论从造成了许多神秘感的境地中解放出来。现在让我们开始重构的工作吧。

第一部分
分析的历史

第一章　同情的起源

3. 心理的利他主义：基础

17 　　在我们进化历史的某些时间点上，在原始人这一分支从进化成当代黑猩猩和倭黑猩猩的分支上分裂出来之前（也许是很久之前），我们的祖先掌握了在一个由不同性别和年龄的个体组成的小群体共同生活的能力。这一成就需要利他主义的能力。这为前所未有的合作形式铺平了道路，也最终为社会共享的规范的成形和伦理实践的出现铺平了道路。利他主义不是伦理学的全部，但它是伦理学重要的一部分。①

　　我对伦理计划的分析因此开始于一个关于产生了这一计划的社
18 会群体的假设以及关于这些群体中成员的心理能力的假设。化石证据、原始人类以及早期人类遗址的遗迹，揭示了我们的祖先生活在与今天的黑猩猩和倭黑猩猩类似的群体之中：成员有老有幼，有男

---

① 从休谟、亚当·斯密和叔本华开始，把同情的能力看作是伦理学的中心问题有长期的传统。在近些年，这一传统被一些哲学家（Simon Blackburn, *Ruling Passions* [New York：Oxford University Press，1999]）以及灵长类动物学家 [Frans de Waal, *Primates and Philosophers* (Princeton，NJ：Princeton University Press，2007)] 复兴。虽然我将捍卫的方式与这一传统的一些主题相重合，但它并不会认为同情（或者利他主义）占据了主导角色，参见 "Ethics and Evolution：How to Get Here from There," in *Primates and Philosophers* 中我的讨论。

有女；群体的大小是（大概）30—70 个成员。[①] 这一章我将论证在这种生活方式下原始人和人类必须有利他的能力，当代的人类几乎完全保留了这一能力。为了解伦理道德在历史上如何展开，我们将需要仔细区分各种错综复杂的概念，以及原始人 / 人类的利他主义的变化和限度。下一部分将补充一些必要的准备工作。

区分三种类型的利他主义极为重要。一个生物体 A 在生物学上对受益者 B 是利他的，指的是 A 行动的方式会降低他自己繁殖的成功率并且增加 B 繁殖的成功率这一情形。达尔文之后的一个世纪，人们对于生物利他主义是如何可能的一直有深深的困惑。但是在过去的五十多年，这一问题被解决了。指向同类亲属的生物利他行为能促进潜在的基因的扩展。此外，当生物体重复地与其他生物体互动时，在一些机会下展现生物利他主义能使其从未来的互惠中获得好处。[②]

生物利他主义不要求知觉和认知的能力。即使植物也能有一些特点使它们成为生物学上利他的角色，因为它们一些生根或者种子的传播的习性会限制自身的繁殖从而帮助邻近植物的繁殖。但是对

19

---

① 不同的人类学家用不同的方法来估算原始人群体的大小，有些人支持直接与其他种类的动物（进化的近亲或者生活在类似生态下的灵长类动物）相比较，有些人以现存的游牧—采集者的群体为标准或者寻找与可测量的解剖特征（比如颅骨的大小）之间的相关性并根据原始人的颅骨（被看作是为新大脑皮层相对的增长提供了线索）来推断群体的大小。参见 Robin Dunbar, *Grooming, Gossip, and the Origins of Language* (London: Faber, 1996); Steven Mithen, *Prehistory of the mind* (London: Thames and Hudson, 1996); Christopher Boehm, *Hierarchy in the Forest* (Cambridge, MA: Harvard University Press, 1999); Clive Gamble, *The Palaeolithic Societies of Europe* (Oxford, UK: Cambridge University Press, 1999); Peter MacNeilage, *The Origin of Speech* (New York: Oxford University Press, 2008). 虽然我倾向于接受一个较小的数值（30—70），即使这个数量扩展到80—140，我的结论也不会受到太大的影响。

② 最早提出这一观点的论文是 W. D. Hamilton, "Genetical Evolution of Social behavior," I, II, *Journal of Theoretical Biology* 7 (1964): 1–52; Robert Trivers, "The Evolution of Reciprocal Altruism," *Quarterly Review of Biology* 46 (1971): 33–57; Robert Axelrod and William Hamilton, "The Evolution of Cooperation," *Science* 211 (1981): 1390–1396. 清晰易懂的总结参见 Richard Dawkins, *The Selfish Gene*, 2nd ed. (New York: Oxford University Press, 1993); 以及 Robert Axelrod, *The Evolution of Cooperation* (New York: Basic Books, 1984). 我将在第八节中探讨这一重要的观点。

于能够辨别周围其他动物愿望的动物，我们可以发展一个与生物利他主义这一概念类似的有用的类比。[①] 一个动物 A 对受益者 B 行为上是利他的是指 A 行动的方式会损害他自身当下欲望的满足并且促进它所感知到的 B 的欲望的满足。[②] 行为的利他者会做它们认为周围的动物想要它们去做的事。它们这么行动并不是出于对其他动物的特殊关心，而是因为它们认为通过这样行动，它们自己的一些欲望在根本上会得到更好的满足。行为利他主义也许会被马基雅维利式的利己主义者所使用（并且，正如我们会看到的——在第 11 节——它也会被处于利己主义和心理利他主义之间的个体所使用）。

不管是生物利他主义还是行为利他主义对于理解伦理计划的起源都没有太大的帮助。对我们的目的来说，有意义的概念是心理利他主义。心理利他主义与行动者的意图有重要联系，与基因的传播没有关系，甚至与他人愿望的满足也没有关系。假设真的存在心理利他主义者的人类，他们中的大部分人对于遗传了解并不多，即使了解的人也很少关心基因的传播。他们为了促进他们所认为的他人的愿望或者利益实现而行动。[③] 有时候他们成功了。然而，即使没有成功，他们为了这一目的所做的努力也让他们成为心理的利他主义者。

20 许多人相信心理利他主义并不存在，即便它不是不可能的。他们经常被一个简单的推理链条说服：当一个人行动的方式能被赞扬为利他的时候，他或者她是有意的行动；有意的行动就是明确一个自己想要的结果并且试图实现这一结果；因此，任何潜在的利他主义者都是在试图获得他或者她想要的；但为了自己想要的去奋斗是利己的；所以，潜在的利他主义者就变成了一个利己主义者。反驳这一论证的关键在于区分不同类型的愿望和目标。我们有一些欲望

① 关于行为利他主义的讨论，我感谢克里斯汀·克拉维安（Christine Clavien）。
② 在这有一些我忽略了的复杂情况。但我将在阐释第三种类型的利他主义时更全面地处理这些复杂性。这一类型的利他主义对伦理学的考察是极为重要的。在呈现了第三种概念之后，如何准确地描述行为利他主义就会变得简单许多。
③ 心理利他主义的详细说明会表明，这一解释开始于愿望，利益是之后要考虑的。
（21 节）

也许是指向我们自身以及我们自己的福利的，另一些也许是指向其他人的福利的。前一种欲望是利己主义的标志，而后一种欲望是利他的。因此利他主义者是有意向的行动者，他们有效的欲望是指向他人的。①

我将通过给出一个对指向他人的欲望的特征更详细的解释来进一步发展解释心理利他主义的这一方式，并且揭示利他主义概念的一些复杂性。为了聚焦于欲望，我暂时忽略了其他心理态度——希望，理想，特别是情绪——它们同样能被看作是利他的。对这些类型的状态的关注将会占据我们下一部分的内容。因为欲望与意图和行动之间的联系，利他的欲望有一定的优先性。因此它们是基础解释的主题。

对于捍卫利他主义的可能性来说，最重要的指向他人的欲望是利他的行动者意识到他或者她的行动对他人会产生什么影响时，回应这一认知的欲望。成为一个利他主义者就是在你的心理生活中拥有某种特殊类型关系性的结构——当你发现你想做的事情将会影响他人，相比于你没有意识到你想做的事情对他人的影响，你感受到的情绪，你所形成的意图将会发生改变。因为在你看到了你计划要做的事情对他人产生的影响后，你所采取的心理态度是不同的。你会被你感受到的对他人的影响触动。如果你的反应导致你利他地行动，那是因为你的欲望受到了影响。②

目前为止，这仍然是抽象和模糊的。我将用一个简单并且模式化的例子来激起一个潜在的观点，然后提出一个更精确的定义。

想象你在很饥饿的时候进入了一个房间，房间的桌子上摆满了食物。进一步假设周围没有其他同样饥饿并且想要全部或者部分食物

21

---

① 这一回应最早出现在 18 世纪约瑟夫·巴特勒（Joseph Butler）在罗尔斯教堂（Rolls Chapel）所做的一些著名的布道中，许多后来的学者都跟随了巴特勒的这一做法——我也将会这样。

② 你也许会被其他人的困境影响，并且形成利他的情绪，但这不一定会产生导致行动的欲望。伦理学所关注的利他主义的最基础的类型是最终在行动中所表现的对他人的回应。

的人。在这一条件下，你想吃掉这些食物，事实上，你想要所有这些食物。但是，如果条件有轻微的差别，如果有另一个饥饿的人在房间里，或者你相信周围有这样一个人，你的欲望会变得不同：现在你倾向于与他人分享食物。你的欲望回应了你对他人需求和愿望的感知，因此你调整了欲望，使它与你认为的他人的欲望相协调。

这是一个开始，但这不足以让你成为利他主义者。因为当你看到他人会被你的行为影响时你也许会形成新的欲望，这是因为你看到了帮助他人会在未来有获得好处的机会。也许你预见到了一系列的情形，你和同伴将来都会在饥饿的时候处在同一个有食物的房间中。你看到了不争斗以及所有食物都简单地归属于第一个进入房间的人的好处。那么你决定分享是因为从你自己的角度来看未来的合作对你是更有利的。对于真正的利他主义，欲望的改变绝对不是由这种自利的计算所产生的。

对于"在 C 背景下，A 对 B 是心理利他行动"，我给出的定义：A 是行动者，B 是受益者，C 是背景（或者一系列情况）。我们需要的第一个概念是在有对他人（人类或者非人类的动物）的影响可辨认的结果下，两种情况彼此是不同的。让我们这么来说，假设背景 22 C 以及相对应的 C*，它们之间的差别仅仅在于，在一个背景中（假设是 C*）A 可能采取的行动对于 B 来说不会产生可感知的影响；而在另一个背景中（C）这些行为对 B 会产生可感知的影响。那么 C* 就是 C 的自私的对应物，C 就是 C* 的社会的对应物。如果 A 在 C* 中形成了与在 C 中不同的欲望，C* 中呈现的欲望的集合就是 A 自私的欲望（相对于对应物 C 和 C*）。假设这些前提说明：

在 C 背景中，A 对 B 是心理利他的行动是：

（1）A 的行动基于的欲望与在 C*（C 的自私的对应）中促使 A 去行动的欲望是不同的。

（2）相比于在 C* 中促使 A 去行动的欲望，在 C 中促使 A 去行动的欲望与 A 认为 B 所拥有的需要更一致。

（3）在 C 中促使 A 去行动的欲望是由 A 对 B 在 C 中的需要的感

知所造成的。

（4）在 C 中促使 A 去行动的欲望不是由 A 对这些欲望造成的行动会促进 A 自私欲望的满足这一期望而造成的（相对于 C 和 C*）。

条件（1）告诉我们 A 调整了他或者她本来与现在不一样的欲望，当他/她的行为对 B 的愿望有影响时——更准确地说，当他/她发觉了对 B 有影响时。[①] 条件（2）补充了一个观点：欲望和它所导致的行动与 B 的需要更为和谐，相比于如果 B 不会被他/她的行为所影响时行动者所具有的欲望。（你可能会因为你所感知到的别人的欲望而调整你的欲望，但你调整欲望的方式与他们感觉到的需求背道而驰，导致怨恨。）条件（3）解释了这一和谐的增长是因为对 B 需求的感知，不是因为 A 的善变而有不同的欲望产生了。最后，条件（4）否认了这一调整应该被理解为 A 试图满足那些在没有考虑到其行为会帮助或者伤害 B 的情况下所具有的欲望；这把 A 与那些之所以分享食物是因为他希望未来当 B 能分配利益时给他回报的人区分开来。条件（4）要求真正的心理利他主义者与目标是满足他们在自私的条件下所具有的需求的马基雅维利式算计者不一样（我有时将把条件（4）称作"马基雅维利"条件）。

基于心理利他主义的这种解释，我们可以更仔细地刻画行为利他主义的特点了。行为利他主义者看起来很像心理利他主义者。这是说他们会采取与具有心理利他欲望的人一样的行动。但是，认为某些东西是行为利他主义的，我们没有假设任何行动的某种心理解释。也许它们确实是心理利他欲望的产物，或者是由与受益者的满足毫无关系的欲望造成的——为了某种名望的欲望，或者为了让自己感觉到与社会赞赏的行为模式是一致的，或者是自我利益的计算。（我们之后将会探索行为利他主义的可能性，参见第 7、11 节）

那个模式化的食物的例子允许我们引入一个对于未来的讨论极为重要的概念，能进一步给出关于利他的欲望更准确的解释。对自

23

---

① 我之后将考虑行动者的信念是错误的这一情形。我暂时假设目前这些部分大致上是正确的。

私欲望利他的调整的剧烈程度可以是不同的。我已经说过,利他主义者使他或者她的需求更契合于他/她认为受益者所拥有的需求。①而这种契合通常是有不同程度的,比如,在完全的利己主义(在社会对应者这一背景下完全保留了某人自私时的欲望)以及完全让自己自私时的欲望服从于他所感知到的他人的欲望(他想要的完全是他所感知到的其他人所欲求的)之间有处于中间状态的连续性。分享食物的方式很容易用这种分隔的模式来表示:利己主义者不分享任何东西,放弃自我的人会给别人所有东西,而在这两者中间是中等的利他主义者。一种明显的利他主义的方式是黄金守则的利他主义,它的特点在于平等地衡量自私的欲望和受益者被认为具有的欲望。

受食物这个例子的启发,我们可以用一个简单的方式来表示心理利他主义的程度,这一方式在一些(绝不是所有)例子中将会很有用。假设人们的欲望能用与他们给予结果多么重要的价值相对应的(实数)数字来表示。如果一个结果,例如,吃掉所有食物对我来说,价值是10,而另一个,吃掉一半食物,价值是7,那么我倾向于吃掉所有食物而不是一半,但我也会倾向于我能得到一半食物这一确定的结果而不是由抛硬币决定我是能得到全部或者什么都没有。(因为在后一种情形中,我预期的回报的数值是5——10的一半加上0的一半——这是比7少的。)

当你处在这一情景中时,我也将考虑到你对不同的结果所给予的价值。我的社会欲望能用代表我自私欲望的价值和我用来衡量你自私欲望的价值的加权平均值来表示。因此,分配给我社会欲望的数值可以由一个简单的公式给出:

$$V_{Soc} = W_{Ego} V_{Sol} + W_{Alt} V_{Ben}$$

---

① 对于利他主义许多方面更为准确和正式的讨论参见我的论文 "The Evolution of Human Altruism," *Journal of Philosophy* 90(1993): 497–516, 和 "Varieties of Altruism," *Economics and Philosophy* (2010): 121–148。正如我将在许多地方所指出的,这一章中提出的利他主义的解释有几个方面能用数学来处理,而这些文章就是从这一点开始的。

V_{Soc} 衡量的是我的社会欲望，V_{Sol} 是我的自私欲望，V_{Ben} 是我给予受益者（你）欲望的分量，W_{Ego} 和 W_{Alt} 是给予我自私的欲望和我给予受益者欲望的价值的权重（所以 $W_{Ego}+W_{Alt}=1$）。我利他主义的程度可以用 W_{Alt} 的大小——以及相反的 W_{Ego} 的大小来表示；如果 $W_{Ego}=1$（$W_{Alt}=0$），那么我就是，至少在这次情形下对你而言，一个心理的利己主义者；如果 $W_{Alt}=1$，那么我就是一个完全放弃自我的利他主义者；如果 $W_{Alt}=0.5$（$=W_{Ego}$），那我就是一个遵守黄金准则的利他主义者。

我们不应该假设所有类型的利他主义者与其他人愿望的契合程度都能用这种非常简单的方式来构想。分享的例子表明了一种简单的方式有时也是有效的，用加权平均值来简单地表示社会欲望的这一方法，对于在后面的部分中用来解释和阐明一些观点是有用处的。

4. 多样的利他反应

25

正如已经看到的，利他主义并不总是欲望的调整，虽然我们经常有理由怀疑一些所谓的利他主义的例子并没有激发行动的欲望：仅仅"感受到他人的痛苦"是不够的。我们能分享他人的希望，调整我们自己长期的意向和追求使其适应于我们看到的他们所努力争取的，以及最重要的，因为我们能意识到他们的感觉或者他们所发现的自己的处境，所以我们能感受到不一样的情绪。对于一些类型的心理状态，比如希望或者长期的意向，对这些状态利他的情况的解释与前面的部分中的阐述是直接对应的。但是，对情绪应该有特殊的考虑，这既是因为它们是我们将会考虑的心理状态的常见要素，也是因为相比于我们目前为止关注的心理状态，它们所涉及的反应类型为更广泛的动物所分享。

对他人的利他情绪的回应也许是——也许经常是——受到知觉和认知的调整的。我们看到另一个人受到痛苦——或者感到开心，因为利他情绪并不总是灰暗的——我们的情绪会改变到更契合于我们所认为的他人所具有的情绪的状态。或者，有另一种不同的利他的回应的模式，当我们理解了另一个人的处境后，我们的情绪在某种程度上会变成我们处在那一情形中时会有的状态。[①] 当人们，或者其他动物，因为理解了他人的感觉或者困境而调整他们的情绪状态时，我们能用第 3 节中分析利他的欲望的方法来处理情绪的利他主义。情绪的利他主义者在自私的对应者中有某种感受，在社会的对应者中则有不同的感受；在社会的对应者中的情绪更契合于他人所具有的情绪（或者更契合于利他主义者假设他或者她如果处在别人的情况中将会感受到的情绪），并且产生这种契合是因为意识到了他人的感觉（或者他人的处境）；最后，它不是由任何背后的自私的情绪或者欲望所造成的。现在，为了理解利他的欲望，最后一个条件回应了一个真正的忧虑——因为我们早已认为人们能够在自私的计算的基础上形成表面上指向他人欲望（我想与你分享是因为我认为从长远来看这对我是有好处的）——反马基雅维利的条件在情绪这一情形中看起来很奇怪并且是毫无理由的。我们很自然地认为，甚至这可能是正确的，指向自我的心理状态并没有能力产生指向他人的情绪，我们的感情生活并不在这种控制之下。有的人也许会假设，情绪的回应是由比我的分析所考虑的知觉和认知更为直接和自动的活动所造成的。因此，与利他的欲望的分析类似的情绪的利他主义的解释至少是不完整的，甚至可能是极度有误导性的。

这是一个严肃的挑战。要回应这一挑战，我们必须考虑情绪的特点。我将论证有些种类的情绪的回应能够用已经勾画的线条来理解，而有一些则不能，但我不会事先站在这一未解决的争论的任何一方。更基础的利他的情绪反应或者我称之为"情感状态"的解释为之前的心理利他主义的解释提供了一个有价值的补充。

情绪包括了我们生理的改变，一些研究情绪的学者已经把情绪

---

① 这两种利他的情绪回应的模式的不同之处——"同情"的形式——亚当·斯密早已清楚地注意到了，参见他的 *Theory of Moral Sentiments*, Knud Haakonssen, ed. (New York: Cambridge University Press, 2002)。

看作是生理状态的改变。其他一些人主张在那些没有假设某些人因为有某些信念、欲望和意向而感受到某些情绪时就无法辨别的情绪中有重要的区别：意识的某些特定形式对愧疚和羞愧，憎恨和愤慨，以及特定类型的满足和愤怒是必需的。对神经科学家、心理学家和人类学家发现的一种自然的回应方式是假设许多情绪是复杂的实体，也许某些类型的生理状态的活动中伴随着特殊类型的认知和意志状态。当一些人憎恨他人麻木的表现时，他或者她经历着与对他人说了些什么以及对接下来会发生的事情的判断相连的生理反应。这些联系的因果细节是思辨的对象，但是，在了解它们之前，我们能拒绝忽略了生理的或者认知 / 意志的特点的研究情绪的方法。[①]

　　然而也许有一些情绪状态，能为非人类的动物或者婴儿所感受到，而对这些状态而言，认知 / 意志的状态是可以忽略不计的，甚至是完全缺失的。对于我们自己这一种类，已经有许多关于存在一些基础情绪的争论，这些基础的情绪能在所有的人类社会中发现以及会引起相同的面部表情。[②] 虽然人类心理或者行为的许多方面经常被当作在所有环境中产生了共同特征的生物（特别是基因的）基础的证据，但其仍值得我们仔细考虑。一般地，在一些环境下，我们种族的成员不会如此发展并表现出一些典型的反应——神经和心理发展会被许多方式干扰。有意思的问题是，是否存在能够导致差异的人类社会环境的微妙属性（因此广泛发现的共同特征是因为所研究的人类社会中缺乏这些微妙的属性），以及如果真是这样，潜在的环境在某种程度上是病态的。这些问题并没有被解决，但为了当下的讨论，我将假设人类在物理和社会的环境中的发展，如果没有出现毁坏性的干扰，那么所有人都拥有对基础的情感反应的倾向——就是他们拥有基础的情感状态的能力，像讨厌、愤怒和恐惧，他们

27

---

① 　在这一点我深受珍妮佛·罗宾逊（Jenefer Robinson）在《比理性更深刻》的前三章中所采取的有思想性而又普世的方式的影响。Jenefer Robinson, *Deeper than Reason*（New York：Oxford University Press，2005）。

② 　参见 Paul Ekman and Richard Davidson, eds., *The Nature of Emotion*（New York：Oxford University Press，1994）。

会表现类似的面部表情，这些表情表示了个体情感状态的特点。[①]

28   这一退让并不会导致任何从中可以获得的某些结论。第一，这并不会暗示属于不同社会的人的情感反应是由相同的东西、事件以及世界的状态所产生的：事实上所有的人都会感觉到恶心，但不同的群体会对不同的东西感到恶心。第二，承认基础的情感反应并不代表否认之前许多情绪有认知 / 意志的成分这一判断：每个情绪也许都包括了基础的情感状态，但是各种各样的情绪也许能通过与那些状态相连的认知和意志区分开来。第三，对当前的目的来说最重要的，是我们应该拒绝这种想法："因为它们是生物的。"情感反应就基于某些比人类认知更直接、原始的机制。我们很容易混淆两种意义上的"能力是生物学上的能力"的说法，一种是这些能力的发展发生于所有的（非病态的）环境中，另一种是这些能力被激发的方式超越了我们的信念和愿望。在第一种意义上承认情感反应的"生物"地位并不会招致我们第二种意义上的"生物的"假设。

    我们现在可以处理关于利他的情绪的一个重要的问题。即使不要求存在不依赖于对他人的感觉和困境的因果上在先的认知的情感反应（比如，基于他们正在遭受痛苦的信念），但存在着激发某些具体情感回应的机制是可能的，这种机制并没有在先的认知的调节。在那个著名的例子中，医院的同一个育婴室中的婴儿对其他人的哭泣有反应：最开始的哭泣能导致整个育婴室的哭泣。[②] 假设一个人的不开心传递到许多人是因为每个人相信周围的人不开心，一个更审慎的解释将会把这一过程看作一种传染，受到某种种族类型的神经机制的影响，一个婴儿的悲惨情绪传递给了周围的婴儿。最近被称作镜像神经元活动的研究（主要是在短尾猿身上所做的研究）也许会提供关于潜在机制的线索。知觉，或者甚至感觉，能够导致一

[①] 既然社会环境的角色在我研究利他倾向和伦理计划的特点的方法中具有核心地位，如果这一退步被证明是错误的，我的立场将会得到进一步加强。

[②] 参见 Martin Hoffman，*Empathy and Moral Development*（New York：Cambridge University Press，2000）。

个动物激发了那些与导致他们所感知的行为或者造成感觉的神经元 29
相同的神经元：A 对 B 的面部表情的观察导致了神经元放电激发相
关的肌肉，并且导致 A 对 B 的模仿；也许一个婴儿的哭声导致了神
经活动的某种模式，这一模式反射了哭泣来源者的神经活动模式并
且导致本来满足的婴儿开始哭泣。[①] 这一种类的机制要求对利他情
绪的不同解释。

一旦我们明白了我们面临的挑战，就不难看出如何把从第 3 节
开始的对利他主义的解释从它对认知的依赖中解放出来。我们的任
务是对"在 C 中 A 对 B 感到利他的情绪"给出一个定义。和之前一
样，我们将假设孤独的和社会的相对应环境。条件如下：

1. A 在环境 C 中感受到的情绪与他在环境 C*（环境 C 的孤独的
对应环境）中所感受到的情绪不一样。

2. 相比于 A 在 C* 中感受到的情绪，A 在 C 中所感受到的情绪
更契合于他认为 B 所具有的情绪；或者在 C 中 A 的情绪更契合于 A
处在 B 的位置上时会具有的情绪；或者更契合于 B 在 C 中事实上所
感受到的情绪。

3. 如果在 C 中 A 所感受到的情绪更契合于他认为 B 所具有的情
绪，或者在 C 中 A 的情绪更契合于 A 处在 B 的位置上时会具有的情
绪，那么 A 在 C 中所感受到的情绪是由 A 对 B 在 C 中的处境的感知
所导致的；如果对 B 的状态的认知没有扮演任何因果上的角色并且
如果 A 的情绪与 B 的更为契合，那么 A 所感受到的情绪是由某些自
动的神经机制所导致的，这种机制由 A 对 B 的观察所触发（镜像神
经元的激活可能就是这样一种机制）。

4. 在 C 中 A 感受到的情绪不是因为 A 期待感受到这一情绪将会
促使 A 孤独的欲望的满足（相比于 C 和 C*）。

这一解释在第二和第三个情形中引入了新的条件使利他情绪产 30
生的方式不需要认知成为可能。虽然第四个情形被保留下来，马基

[①] William Damon, *The Moral Child* (New York: Free Press, 1998); and Hoffman, *Empathy and Moral Development*.

雅维利式的对我们情感生活的操纵超过了我们的能力完全是可能的，如果真的是这样，这一要求也是多余的。

　　刚刚给出的这一分析保留了我最开始描述的心理利他主义的根本特点（第3节）：利他主义者在他们的心理生活中有一种特殊的关系性结构——当其他人在周围时，利他主义者的欲望、愿望、意向和情绪将与他们周围没有人时不一样，在某种方式上更接近于其他人的情绪，并且这一差别是由对其他人的某种回应，而不是由自我内部所导致的（比如对未来利益的计算）。对利他情绪更复杂的解释所增加的是这些反应的产生也许包含了某些前认知机制的可能性。

　　我们很容易过度诠释最后一点。有的人也许会假设情感状态总是由一些不包含认知的机制所产生的，但是，我不仅看不到这种笼统的普遍化的基础，而且这一假设已经被我的情感的反应总在复杂和清晰的理解中所产生这一事实证明为假了（当我看到逃难的犹太儿童在英国的港口受到警察和自愿收养他们的父母的欢迎时，我感到一种复杂的混合的情感，这当然包括了情感状态，但这些状态很显然依赖于我对这幅照片所展示的东西的有意识的理解）。情感和认知状态之间的因果关系也许是多种多样的，并且当我们还没有得到关于它们的确切解释前，我们应该悬搁判断，留下更多的可能性。

　　我们也不应该假设非认知的机制无可避免地被包含在非人类动物的利他反应中。虽然关于动物辨别它们同类的欲望和思想的能力的程度有许多争议，但我们没有理由要先处理这些问题。我之后将捍卫我们进化上的近亲有利他的欲望（在第3节所说的那种意义上；参见第7节）以及和我们原始人祖先有类似的能力的观点。[①]

31

----

① 对于相反观点的捍卫，参见 de Waal, *Primates and Philosophers*；Derek C. Penn and Daniel J. Povinelli, "On the Lack of Evidence that Non-human Animals Possess Anything Remotely Resembling a 'Theory of Mind,'" *Philosophical Transactions of the Royal Society B* 362（2007）：731-744。

5. 利他主义的维度

在我们获得探究原始人前伦理状态所需要的所有工具之前，要强调心理利他主义更进一步的一个方面。根据上一部分的解释，利他主义是多种多样的。或者用一个提示性的比喻，利他主义是一个多维度的概念。对于有心理利他主义能力的动物而言，每一个个体在多维度的空间里占据了一个具体的位置，而粗暴的（非马基雅维利式的）利己主义则有一个平面代表，各种形式的利他主义分布于这个空间的其他各个位置。[①]

一个动物利他主义的状态（他或者她在利他主义空间中所处的位置）由五个因素决定：该动物对其他动物回应的程度，该动物准备对其他动物进行利他的回应的界限（广度），该动物倾向于回应的背景的范围（深度），该动物意识到对其他所产生的影响的辨别力，以及该动物识别其他动物所有的欲望或者它们所处的困境中的移情能力。非马基雅维利的利己主义者在任何环境下都不会对任何人作出回应：对于程度，广度，深度的维度都是 0，0，0；对于它们的辨别力和移情能力，你喜欢它们是什么样子都可以，因为它们从来没有出现过。

利他主义者并不是如此。他们调节他们的欲望和情绪使其与感受到的至少是某些动物在某些环境下的欲望和（感受到的或者实际的）情绪相一致。正如第 3 节已经提出的，他们的回应也许或多或少具有不同的剧烈程度。至于利他的欲望，一个利他主义者也许会给予感受到的受益者的欲望或多或少的权重。我用加权平均的方法为剧烈程度提供了一个清楚的范例——利他主义的程度由你愿意放弃多少食物来代表。如果

$$V_{Soc} = W_{Ego} V_{Sol} + W_{Alt} V_{Ben}$$

32

[①] 关于这一空间的比喻的具体讨论，参见 Kitcher，"Varieties of Altruism"。

利己主义者把 W_{Ego} 设定为1，并且把 W_{Alt} 设定为0。对于那些 $W_{Ego}=1-\xi$ 的人来说，当 ξ 非常小时，他就是非常低程度上的利他主义者：他们只有感受到别人获得的利益相比于他们自己丧失的来说相差巨大时才会采取满足他人愿望的行动——他们也许会忍受擦破自己的手指来避免世界的毁灭，但拒绝更大的牺牲。相反地，对于那些 $W_{Alt}=1$ 的人来说，他们是完全自我牺牲的。他们完全放弃了自己一个人时的欲望，承担了他认为获益者所有的愿望。在这二者中间，我们能发现黄金准则的利他主义者，对他们来说 $W_{Alt}=1/2$，他们把感到的他人的愿望当作和自己一个人时的欲望一样。

即使平均数并不能恰当地代表利他的欲望，通常也可提供一个关于感知到的他人的愿望的度量。此外，关于利他的情绪，存在一个类似的概念。众所周知，即使是对我们最亲近的人，当我们全神贯注或者分心做别的事情时，我们会相对的没有同情心。在其他时候，我们会完全进入朋友或者爱人的感觉，甚至陌生人的感觉。像在分享食物的例子中描述所允许的剧烈程度那样精确描述情绪的剧烈程度是难以实现的，无需争辩的是在情绪的回应中利他主义的程度是变化的。但是，需要注意的是，这种程度不应该和情绪的程度相混淆：它取决于与他人感觉契合的强度（或者某人处在他人的情况下会有的感觉），而不是一个人感觉的强度。

大多数的利他主义者，事实上也许是所有的利他主义者，对于所有条件下的所有潜在受益者的回应都没有固定的强度。我们对一些人很少作出利他的回应：这些人落在了我们利他主义的范围之外。甚至对于我们倾向于回应的人，在许多背景下我们也不会考虑（或者记住）那些感受到的他们的愿望或者感觉。对于许多人来说，也许我们准备好了给予有限形式的支持和帮助；对少数人来说，我们愿意牺牲一切。通常我们对一些人利他的回应会产生对另一些人冷漠的结果：那些为帮助自己孩子获得他们热切希望的东西的家长往往不会考虑其他孩子的愿望（或者其他孩子父母的利他欲望）。

有些人的利他主义只会对相对少的一部分人进行高强度的回应。

受益者处于这些个体利他主义范围中心，对这些受益者的利他的回应范围也是广泛的。对那些离中心更远的潜在受益者，回应的背景范围就会缩小（相比于更中心的人，只有更小的背景范围会引发利他的行动），并且强度也会逐渐降低，直到那些个人完全不会对他们作出利他回应。之后，我将用中心和边缘的比喻来构想 A 的利他主义的范围：中心是那些 A 在相对广泛的背景下会有相对强烈的回应的潜在受益者；在边缘，回应的强度和范围都会逐渐减小直至消失。

一些人作为利他主义者的特征并不是简单地由目前所考虑的这些因素决定的——剧烈程度，进行回应的人的范围和背景的范围——因为对利他主义还有十分重要的认知维度。A 也许在某个特定的背景下因为没有理解会对 B 产生的后果从而没有进行回应；也许 A 没能区分个体和社会的背景条件。通常这是一个可原谅的特点，因为其对他人生活的影响可能是非常微妙的；我们也许就是没有看到一些习惯性的行为——在价格最有吸引力时进行购买，或者投资有前景的股票——所以对我们关心的人的福利有破坏性的后果。但是很明显，对后果的敏锐度是有不同程度的，我们欣赏那些能辨别可能对他人产生影响的人，同时责备那些本应该看到他们会造成的破坏的人。

同样，人们衡量他人的欲望的能力也是分程度的。几乎每个人都熟悉那些试图帮助受益者但却不明白受益者想要什么东西的人：几乎每个人都有一个坚持给不符合受赠人年龄或者生活环境的礼物的朋友或者亲人。我认为很难说这些错误地理解了受益者的欲望或者忽视了给试图帮助的人所带来的后果的人并不是利他的——毕竟他们的意图是做好事——但他们的利他主义需要与其他人更准确的利他主义区分开来。因此我增加了两个认知的维度，一个代表 A 理解与孤独的背景相对应的社会背景的本质的能力，一个是评价 A 同情 B 的能力，理解 B 事实上具有的欲望的能力。

对人类利己主义前景的一个简单回应是主张共同生活在一个群

体之中的人类应该是利他的；一些人甚至用新约的第二条诫命构建出了一个完整的伦理系统。利他主义的不同维度会削弱这一思想。不存在一个单一的方法来变成利他主义者，所以对利他主义的赞美也必须给出更为具体的内容。我们应该鼓励人们成为什么样的利他主义者？此外，假设每一个成员（每一个人）体现出相同的利他主义状态就能实现群体（或者整个族群）最好的状态，这是不是正确的？你也许认为这些问题都有直截了当的答案。根据认知的维度，准确性总是优先的：理想的人类应该清楚对他人可能产生的影响以及了解他人想要的东西。而对于利他主义的强度、广度和深度这些问题，我们应该追求在所有背景下面对所有人的黄金准则利他主义。

认知维度中对准确性的要求是更可行的，但不是毫无争议的。关于这一主张的第二部分的争论以一种非常明显的方式出现。对人类来说发展出与其他人牢固的联系是有价值的——人类利他主义的范围应该有一个确定的中心，从弗洛伊德对文明发展中利比多的减弱的担忧，到一些父母思考当自己溺水的孩子离自己太远而更难救援时是否应该先救离自己更近的溺水的孩子这种常见的哲学例子，这样一系列伤脑筋的例子唤起了对完全不偏不倚的利他主义的怀疑。[①]
35 此外，在一个资源有限的世界中，人的欲望总是互相冲突的。如果 A 准确地感知到了 B_1 和 B_2 都想要某些不可分割的利益，A 不应该自动形成同等地对待 B_1 和 B_2 的欲望。（比如，我们也许想要 A 能根据历史的某些方面进行回应，包括 B_1 和 B_2 之前做过些什么。）所有这些都并不意味着否认在某些层次上我们希望利他主义的状态是不偏不倚地对其他人进行回应，而只是坚持我们所想要的不偏不倚无法完全由在所有背景下指向所有人的黄金准则利他主义所表现。

之后我们将进一步讨论心理利他主义这一概念的复杂性。但是，

---

① Sigmund Freud, *Civilization and Its Discontents* (New York: Norton, 1961); Bernard Williams, "Personhood, Character and Morality" in *Moral Luck* (Cambridge, UK: Cambridge University Press, 1981); Peter Railton, "Alienation, Consequentialism, and the Demands of Morality," in *Facts, Values, and Norms* (Cambridge, UK: Cambridge University Press, 2003).

对目前来说，我们有了足够的准备，通过理解心理利他主义最基本的形式如何进化以及在伦理计划开始时的社会环境中如何构成一个重要的部分，来勾画我们伦理实践的历史。

6. 母亲的关心

在我们的祖先发明伦理之前，已经有了心理利他主义的能力。有几种方式反驳这一论点，但是其中一个担忧概括了我们之前提到过的（第3节）对于利他主义的怀疑。明白了心理利他主义的解释的要素，第一个任务就是去判断是否真有这样的能力存在，以及它们是否能被赋予当代的人类、我们的原始人祖先以及我们进化上的近亲。让我们从一个最直截了当的例子开始。

试图保护幼儿使其得以生存的行为在动物王国中是非常普遍的，比如，在鸟类以及哺乳动物之中都会发现这一行为。对于一些动物来说，假设它们的这些行为是由利他的欲望引导的似乎过于夸张了，因为这预设了明显超过相关生物认知能力的欲望和希望。但是我们也许能把动物看作是被利他的情绪促使去行动，这种情绪是由自发的神经机制的运行所产生的。不过，在灵长类中，尤其是那些与我们最为接近的物种——我们进化上的近亲类人猿，有相当的证据表明它们具有欲望以及识别其他人欲望的能力。[①] 出于准确性的缘故，我们可以认为照顾幼儿的心理利他的倾向会出现在类似于猿类的智人中，但很有可能这些倾向也在更为古老的灵长类动物（或者甚至

36

---

① 有许多文献把复杂的认知状态归给非人类的灵长类动物。比如，参见 Dorothy Cheney and Robert Seyfarth, *How Monkeys See the World* (Chicago: University of Chicago Press, 1990)，特别是第三章和第八章；Jane Goodall, *The Chimpanzees of Gombe* (Cambridge, MA: Harvard University Press, 1986)；C. Bachmann and H. Kummer, "Male Assessment of Female Choice in Hamadryas Baboons," *Behavioral Ecology and Sociobiology* 6 (1980): 315–321；R. Byrne and A. Whiten, eds., *Machiavellian Intelligence* (Oxford, UK: Oxford University Press, 1988)，特别是 Nicholas Humphrey ("The Social Function of Intellect," 13–21)。

哺乳动物）身上出现。

即使是那些赞同灵长类动物学关于我们进化上的近亲认知复杂性的正统观点的人也会怀疑有父母的关心是由利他的欲望所引导的，这种引导是我在第 3 节中所说明的那种意义上的引导。他们也许会怀疑，比如任何这类的倾向是否能在达尔文式的自然选择下进化出来，或者明显的利他行为是不是一些完全不同的机制的产物。也许动物真的是在计算如何实现未来的利益，而这就违背了我解释中的条件（4），也就是反马基雅维利的条件。许多灵长类动物学家认为灵长类动物生活中的社会组织揭示了"马基雅维利式的智力"，而且进化心理学家经常主张原始人增长的认知能力反映了操纵他人和避免被别人操纵的需求。[①] 又或许造成对幼儿的利他反应的原因是情感上的或者自发的。这考虑到了利他的情绪，甚至是牵引行为，但并不必然表示是情绪产生利他欲望。为了解决后一个问题，我将从一个涉及严肃的认知和计划的例子开始。

灵长类动物在热带草原上游荡，有时它们会碰到可以当作食物的动物尸体。想象一个雌性灵长类动物发现了动物的尸体，而她的幼崽并不在她身边。她迅速呼唤她的幼崽而不是当场狼吞虎咽地吃完食物。很难想象这种行为是由本能还是由情绪促使的。显然，母亲必须认识到这是她能分享的食物，并且倾向于分享而不是独自吃完所有食物。感知到与她幼崽分享的可能性后，她形成了一些欲望，这与当这些幼崽完全不在她关心范围内或者幼崽完全成熟被驱逐后她所形成的欲望不同。这些欲望成为她在食物腐烂或者被其他动物夺走前努力呼唤幼崽出现的原因。这看起来似乎是在第 3 节中的那种意义上的利他欲望的例子。

对于利他欲望的一种担忧是，形成这样的愿望的能力在自然选

---

① 在 Byrne and Whiten, *Machiavellian Intelligence* 中，许多但不是所有的文章都采取了这一观点。对于智力是利己主义者计算的工具这一观点更为强硬的说明见 James Barkow, Leda Cosmides, and John Tooby, eds., *The Adapted Mind* (New York: Oxford University Press, 1992). 在 "The Social Function of Intellect" 中，Nicholas Humphrey 提供了一个更广阔的视野。

择下不能进化出来也无法维持下去。为了解决这一担忧，我们可以用解决生物利他主义问题的办法。假设食物有递减的边际价值（就促进繁殖的成功而言），因此，虽然吃掉所有的食物有更好的效果，但在适应性上的效果远不如双方只吃一半的效果。假设母亲对她的后代有黄金准则利他主义的倾向（或者近似的倾向），并且只有一个她的幼崽在附近，那么不难看出这一倾向能被亲缘选择理论支持。[①]

更为严峻的挑战是判断心理利他主义的条件是否全部被满足了。也许调整欲望使其适应于她所感知到的幼崽的需求是基于"马基雅维利式"的计算。这些假设的指向自我的过程是什么形式的？这一开始于怀疑的论证很少使得这点变得清晰，但支持这一观点的一个原因是认为把这种行为看作心理利他主义是感性的自我欺骗。根据这一观点，对后代的利益计算支持了利他主义在进化上的成功。但是，在之前描述的场景中，母亲必须进行一些心理上很复杂的行为——她必须辨别出这是一个寻找幼崽的机会，而不是仅仅表现出一些本能上的反应。那么对其他替代因为马基雅维利式的计算而调整偏好的认知的解释是什么？假设母亲能分辨出分享在进化上的优势是不可信的；只有少数几种灵长类动物能够计算基因上的得失（通过这种方式来作出判断的动物至少是被误导了）。因此如果她的计算需要通过某些中介来进行，把自私的目标与繁殖上的成功联系起来，那这中介是什么呢？

最可行的答案是，母性的关怀来自对未来互惠的期待——幼崽被期待成长为未来的伙伴，也许最终成为护理员。因此，现在行为的后果将会用我们能想象的，作为母亲概念的选项来表示，但我们假设了动物具有把握当下环境的重点并且预见与现在有很大差别的未来的能力，从而忽视弱小的幼崽并且看到未来一个强壮的同伴。即使我们假设动物有这样神奇的深谋远虑，问题仍然存在。如果与幼崽分享的倾向在自然选择下得以进化是出于广泛的适应性的考虑，

38

[①]　详细的讨论参见 Kitcher, "*Evolution of Human Altruism*"。

那么对未来帮助的期待不应该是自然选择将会支持的行为的准确引导——这个所谓的中介并不能很好地匹配进化的"最终货币"的变量（基因的频率）。从广泛的适应性的角度来看，母亲在未来只有很小的机会实现互惠的情况下也应该对幼崽提供帮助（即使没有互惠，帮助后代也是扩散基因的好办法），并且她们应该对那些未来能够为自己提供帮助的后代给予额外的帮助。如果这一假定的计算要为与适应性相关的东西赋值，从互惠中感受到的收益将会贬值。为什么母亲会认为她的照顾将被记住，或者，如果幼崽回忆起了她的照顾，为什么会激起回报的倾向？如果分享是基于对回报的期待，幼崽看起来是一个糟糕的目标。群体中其他更成熟的成员对于母亲未来获得帮助似乎是更好的选择。

39　　最有力的怀疑诉诸与幼崽的幸福紧密相关的心理变量，因此可能与相关的等位基因的传播有关。坚定的"马基雅维利者"也许承认我描述的那种情形——母亲与孩子分享食物——牵涉到认知能力，但他们也许认为在这一情形中发生的计算会朝向来自更简单的、更本能的反应所带来的利益。然后，从对忧伤的母性进行回应开始。他们也许会声称母亲会通过防止哭泣、悲伤的面部表情和沮丧的肢体动作来使自己更放松；或者更为正面的，母亲发现看到笑脸或者听到快乐的笑声能带来心理的愉悦。这可以被承认为一种情绪利他主义。因此，当后代在场时，母亲的行为（拥抱，爱抚，给予食物）是由避免不愉悦的状态（由对幼崽不开心的情绪的反应所引起的"痛苦"）或者获得快乐的状态（类似地，由对幼崽满足的情绪的回应所产生的"开心"）的欲望所引导的。① 当幼崽并不是直接在场但却被带到尸体旁时，母亲能意识到开心（通过把幼崽带到食物旁）或者体验到痛苦（如果她吃完了所有食物而又遇见了她饥饿的幼崽）的

---

① 在 *Unto Others*（Cambridge，MA：Harvard University Press，1988）中，Elliott Sober 和 David Sloan Wilson 正确地把这一怀疑的回应看作是对心理利他主义存在的最重要的挑战。我认为他们处理这一问题的方式是过于复杂化了的，并且提供了一个更简单的处理办法。不过，我们在认为这一挑战能够被解决这一点上是一致的。

可能性。因此她计算出她自私的欲望能够通过分享获得更好的满足。由于这违反了反马基雅维利的条件，她并不算一个心理利他主义者。

这一回应面临至少两个问题。首先，也是最明显的，这一回应赋予了这一母亲在看到动物的尸体时不合情理的极高的认知能力。她被看作不仅能够理解不在场的后代以及它们对食物的需求（如同把她看作心理利他主义者的解释那样），而且能够意识到潜在的行为会给她带来高兴和痛苦的方式。她必须有这样的想法：如果我找到幼崽并且和他分享，我将感到快乐；或者如果我吃掉了所有食物，当我看到幼崽时会感到痛苦。最慷慨的认知动物行为学家也会怀疑我们的灵长类亲属是否有这样的思维能力。此外，为了产生恰当的行为，预想的快乐和痛苦必须足够强烈以至于克服当下想要吃掉食物的欲望。只有反利他主义者的偏见才能认为这些假想的计算能够重建动物心理生活。 40

这个故事早已预设了一种类型的利他主义的倾向：母亲感受到利他主义的情绪。在这一回应所设定的描述中这是可以接受的：母亲在看到大哭的孩子时感到痛苦，看到微笑或者咯咯笑的孩子时感到快乐。根据这些怀疑者自己的看法，利他主义的情绪反应（在第4节所说的意义上）成为马基雅维利式计算的原因。令人好奇的是，这些怀疑的抱怨假设了这些会产生复杂的认知和意志状态（关于开心和痛苦的信念和欲望）的情绪反应，却否认那些更为简单的欲望。母亲对饥饿幼崽的情绪回应不会让她产生喂孩子的欲望，但对快乐的期待和对痛苦的恐惧会让她产生喂孩子的欲望。运用复杂的马基雅维利式的计算而忽略了更为简单的，会使情绪变为简单欲望的心理途径，使得这种说法看起来更像是利己主义者的偏见而不是一个严肃的假设。

如果我们暂时把进化的历史放在一边而关注与人类父母明显的利他主义，这些观点就能得到进一步的支持。想象一个母亲，她的孩子有迫切的需求，一个难以满足的需求——孩子需要被营救；母亲必须经过一个复杂而又危险的过程来挽救自己孩子的性命。下定决心的母亲追求这一目的时有非比寻常的能量和坚持，对她们来说，认为她们是为了未来的回报、他人的尊重或者更高的社会地位而做这些事的假设是非常糟糕的玩笑。这种怀疑论的假设的最困难类型是它主张这些母亲是受内在机制——特别是避免痛苦的欲望——驱使的。我们发现我们会很自然地假设她们无法面对自己，除非做了所有能为孩子做的事（有趣的是，在人类中，我们倾向于认为心理状态，快乐和痛苦，都与良心结合在一起，这一点在之后的讨论中很重要）。因此，怀疑者主张母亲之所以做了令人钦佩的事是因为她们想要避免未来痛苦的自责和自我折磨。

41

至少有两件事让我们怀疑这一假设。首先，母亲预见未来的自责这一事实证明了她对孩子愿望的意识有动机性的力量（或者，在这个例子中，更像是孩子的利益——参见第 21 节）。通常来说，假设母亲会因为在乎社会的态度而责怪她自己是很荒谬的——大多数情况下，她身边的人会因为她比她所实际做的要少而表扬她，因为她做了比其他人所期待的更多的事而安慰她等等。追求所有可能性的动力来自她内心，它们不会因为任何数量的好心的赞扬和安慰有所减少。如果她失败了，这个母亲会感受到痛苦，不管她做了多少事以及别人怎么说，这种痛苦来自她内心深处希望孩子活下来和成长的欲望。至少我们一开始相信是这样。而根据怀疑者的假设，这一欲望必须被拒绝。相反，这个母亲必须被看作是能够对她的孩子作出利他情绪的回应的。这种能力，以及它产生的情绪，并不会在对孩子福祉的欲望中表现出来。相反，这种能力让她对未来某种特定的状态感到害怕，并且这种恐惧代替了希望孩子幸福的欲望，成为她行动的动力。我们没有理由接受这种投机的心理学。

最后一个重要的反驳：我们的世界没有这么多聪明的灵魂，愿意不停地计算，尽管母亲也许会有倾向对特殊的诱惑进行回应。想象一个魔鬼看到她并直接给她提出了一个建议："我给你一种药片，保证当你的孩子发生不幸的事时让你不会感到愧疚。药片会抹去你良心感受到的痛苦——你反思自己的努力时会感到你已经尽你所能了——以及任何关于这段对话和接受这一药片的决定的记忆。负面影响是极小的。你不吃药片时挽救你孩子的概率是 p；如果你吃了药片，概率就会变成 $p-\varepsilon$（ε 的数值极小）。难道不是理所当然地接受这一提议吗？"我们毫不怀疑，许多母亲会叫魔鬼走开。她们自己未来心理上的安慰与挽救孩子相比毫无价值。她们认为挽救孩子成功概率的降低都是巨大的损失，未来的遗忘并不能补偿这一损失。

心理利他主义是真实的，它在母亲的关怀中得到了例证，并且它一开始是从最基础的亲缘选择中进化出来的。因为很难想象心理利他主义如何在没有引导母亲关心孩子的情况下得以保持——在我们的进化史上没有其他社会纽带像这一关系那样普遍，没有其他常见的情形与繁殖的成功如此紧密相关——这是最基础和原初类型的利他主义。

7. 更多形式的利他主义？

心理利他主义能扩展到什么程度？它仅仅是母亲（或者父母）对孩子才具有的心理吗？

第一个例子，我们可以倒转刚刚考查过的关系，让情形变为子女对父母的帮助。在珍·古道尔（Jane Goodall）对贡贝的黑猩猩的研究中，她讲述了一个关于成年母黑猩猩行为的感人故事，小蜜蜂（Little Bee）一直照顾她部分瘫痪的母亲——蜜蜂女士（Madam Bee）。[①] 在数次情况中，小蜜蜂和她的母亲掉队了，经常比其他黑猩猩晚几小时才到达巢穴。母亲和女儿总是需要休息，并且当需要食物时，小蜜蜂就会爬到树上收集果实并与蜜蜂女士分享。显然，小蜜蜂调整了她的偏好使之契合于她感知到的母亲的需求，而这样做使得她自己暴露在本可以避免的危险中。阅读古道尔的故事，我们可以清晰地看到我所提的心理利他主义的前三个条件都得到了满足。

---

① Goodall, *Chimpanzees of Gombe*, 357, 386.

最重要的要求，也是经常让人怀疑的，就是反马基雅维利的条件。

43　　小蜜蜂对自己偏好的调整是否狭隘地基于对自己利益的计算？这种观点很难得到承认。她这一明显帮助她母亲的努力并没有真正的可能性会在未来获得蜜蜂女士的回报。她也无法在她的群体中获得更高的地位，因为他的同伴并没有看到她的行为——事实上因为她与群体中其他成员互动的时间被大大地缩短了，她与其他成员合作互动的机会反而更少了。如果她的行为来自算计，旨在提高她自我的欲望，那么唯一可能的结论就是她的计算出现了失误。但这一错误显得过于明显了，与她在社交上显示出来的智商不相匹配。更合理的假设是小蜜蜂就是她所看起来的那样——一个心理的利他主义者。

　　根据弗兰斯·德·瓦尔的观察，年轻雄性的黑猩猩也是一样的。[1]一个早上，德·瓦尔看到阿纳姆黑猩猩群体中的两只进入了室外的领地。克罗姆是一只智力迟钝的成年母猩猩。杰基是一只健康的年轻雄性黑猩猩。昨夜下了一整夜的雨，雨水在一个水平悬挂在攀爬架上的轮胎上聚集起来。克罗姆想要拿到装满水的轮胎，但不幸的是这个轮胎是五个中最里面的一个，而她没有能力把五个轮胎都移走。在她坐在领地内的一个角落后，杰基来到攀爬架旁边，他把轮胎一次性全部移走了，然后把装满了雨水的轮胎小心翼翼地端到克罗姆面前，轻轻地放在她前面。而她并没有作出表示感谢的样子。

　　与小蜜蜂展现出的复杂的行为模式一样，我们很难认为杰基的行为是自发的前认知机制运作所造成的。这一奇怪的假设是当他看到克罗姆的努力后，他自己的镜像神经元被激活了，促使他产生了推动轮胎的意愿，而这体现在他对克罗姆行动的模仿之中。但这一猜想只有在我们忽略了杰基拿出最里面的轮胎的目的以及之后他小心翼翼把轮胎搬给克罗姆的行为时才能使我们相信。要解释他的行

---

[1]　Frans de Waal, *Good Natured* (Cambridge, MA: Harvard University Press, 1996), 83.

为，我们必须相信他意识到了克罗姆想要最里面的轮胎——里面有水的轮胎。

杰基调整了假如克罗姆不在时他会具有的欲望，而他这样做的 44
原因是他感知到了她的欲望。他把自己的想法和她的契合起来。我们是否有理由怀疑他的利他主义？如果有，它们必须来自违反了反马基雅维利的条件这一考虑。也许杰基期待某些未来的回报——但这得归咎于他对克罗姆未来回报他能力的严重错误估计（这一估计与他的社交智商并不匹配，杰基很清楚克罗姆在群体中的地位）。也许他的目标是想给其他人留下好印象——但杰基很清楚四周唯一的灵长类动物是德·瓦尔（社交上不相关）。或者我们应该认为杰基不仅仅能感受到痛苦与开心，同样有感受到造成未来事件的当下的原因的认知能力？对利他主义的怀疑总是会认为利己的理论没有引入同情他人能力的假设那样夸张。但是在这我们可以看到，关于快乐和痛苦的这一猜想是一个非常夸张的选择。

因此我们可以扩展非人类世界中心理利他主义的范围。这对于理解伦理计划十分重要，因为它使得我们能够赋予并没有伦理考虑的动物利他的欲望。我研究利他主义路径的一个中心的主题就是存在利他主义的前伦理形式以及它们在那些没有掌握伦理实践的动物身上已经出现。但我们还是要非常小心。除了这些明显的以及清晰的例子，还有许多灵长类动物的行为都似乎体现了利他主义的例子，但在这些例子中怀疑的挑战更难得到反驳。对黑猩猩和倭黑猩猩的观察经常让我们得出特定的一些伙伴形成了真正的友谊这样的解释，它们互相调整自己行为体现了潜在的、基于对彼此欲望的意识而对偏好和意图的调整。当明显的稳定联盟打破时，当一个朋友抛弃一个紧密的伙伴时，存在着两种回答：我们可以把这看作体现了两方一直在算计，彼此利用以提升利益（或作明显的双边利益）；或者我们可以假设这暴露了在我们所区分的利他主义的多个维度中所没有注意到的利他主义的界限。在这一章的后面，我所倾向于的关于心理利他主义的进化的解释将会支持我们至少在某

45 些例子中发现了真正的利他主义这一假设。

最近关于人类行为的研究通常主张利他主义在我们这一种族中比在进化上与我们最接近的近亲中更为普遍，而这一区别归功于人类文化上进化的能力。虽然这一结论可能是正确的，如果心理利他主义像在第 3 到第 5 节中理解的那样，但它不能像实验者所相信的那样容易得出。事实上，用来支持"人类利他主义的普遍特性"的实验结果根本就不是心理利他主义，而是行为利他主义；正如我们将会看到的（第 11 节），一些类型的行为利他主义本身也是非常有趣的。

那些参与存在着分享的互动活动的个体愿意把钱分一部分给同伴，即使他们本来有机会可以把所有东西都占为己有，而且这一发现在各个文化中都普遍存在。① 只有当这些实验对象的行为是回应他们感知到的受益者的愿望，以及这一回应并不是他们试图满足自己自私的欲望时，他们的行为才能算作心理利他主义。有的人也许会担心这两个条件都无法成立。第一，这些参与者几乎不知道受益者的愿望，因此很难把他们的行为看作是因为对他人愿望和需求的感知而调整了自己的偏好。第二，认为利他的行为显然是由获得快乐和避免痛苦的欲望所造成的这一怀疑的假设在这些条件下被看作是合理的。我们很难排除那些认为人们之所以分享是想要符合（或者不想违反）被认可的社会规范行为的这种观点。这些人是行为的利他主义者，因为他们的动机不能被简单地看作利他的或者利己的。

对这些实验的反思导致了令人困惑的想法，就是认为行为利他主义者的行动和在更早的实验中那些愿意施加痛苦和惩罚的人——
46 他们被训练成了一个有效的"监狱保安"或者起到了"监狱保安"②的功能，对他人实行电击——的行动是类似的。在这两种类型的心

---

① 我在这忽略了分享行为产生的机会的不同方式，特别是有一点，有时候实验对象会给那些没有分享的人一定的钱作为惩罚。更详细的讨论参见第 11 节。

② 关于这些实验的简洁而又信息丰富的介绍参见 John Sabini and Maury Silver, *Moralities of Everyday Life*（Oxford, UK: Oxford University Press, 1982），第四章。

理实验中，不管他们的行为体现的是明显的冷漠（甚至扭曲的）态度还是明显的利他主义态度，主要表现的是服从社会期待的欲望。

也许关于分享行为准确的和想象的实验并不是心理利他主义真要考虑的问题。证明心理利他主义的条件是极为苛刻的。我们应该把利他主义看作包括了我们之前已经讨论过的非人类动物的例子以及现在这些心理实验对象的行为，而不会引起关于动机的困难问题。对于一些目的来说，专注于行为利他主义来说是更恰当的——比如，如果一个人想要仔细考查经济的行动者总是表现为理性地满足自我利益的行动者这一假设，探究行为利他主义正是他所需要做的。

但是，对于我们的目标而言，有两个原因让我们聚焦在心理利他主义这一更为严苛的概念之上。那些意识到他人的愿望而进行了回应的人与那些单纯为了满足让自己获得好名声的欲望或者自我感动而去帮助别人的人，在许多重要的方面是有差别的。关于分享行为和愿意折磨别人行为的研究中都充斥着相似动机的猜想让我们意识到一点——即使我们也许不愿意把分享者和这些在非常危险的范围内实行电击的人相提并论，对这两种情形中潜在的服从的倾向的认识提醒我们，服从会使我们无法看到他人的需求并带来破坏性后果。

更重要的是，如果我们想要理解伦理实践如何从人类心理利他主义的能力中发展起来，心理利他主义的概念必须先于符合或者遵循社会规范或者伦理准则而作出的行为。如果像看起来的那样，许多实验对象的行动都表现出了他们想要体现分享这一规范，那么他们的"利他主义"（如果我们把这称作利他主义的话），就是他们进入所在群体的伦理实践的产物。这一类型的行为利他主义不能在伦理计划刚刚开始的社会中被发现。如果我们假设已有的倾向是行为利他主义的表现，而它们又是基于已接受的伦理准则，那么我们不能把伦理计划追溯到先于利他主义的倾向。

除了心理利他主义的行为以外，我提倡一个极为严格的行为利他主义的概念，它可以包容许多有趣的和有价值的人类行为的形式。

47

我想重申一遍，利他主义是一个复杂的概念。正如我们之后将会讨论的，人类行为的分类更为复杂——假设除了心理利他主义之外，其他所有行为都是相似并且极度自私的，这是错误的。为了解人类伦理计划的进化，更进一步的区分以及概念是必需的（参见第 11 节）；在那一阶段，将会有可能获得一个更准确的关于实验研究的观点，而目前这种研究是模糊的。

目前来说，除了母性关怀这样基本的例子外，还有承认在其他灵长类动物以及人类之中表现出心理利他主义的一些例子就足够了。接下来就需要了解利他主义的倾向如何在自然选择中发展并得到维持。我们接下来将转向本章开头所说的第二部分的任务：表明心理利他主义的倾向对于我们原始的祖先——黑猩猩以及倭黑猩猩所共有的社会类型来说是必要的。

8. 进化解释的可能性

心理利他主义最基本的形式，也就是对后代的关心，或者更广泛的对近亲的利他主义的倾向，很容易通过亲缘选择来理解（正如已经在第 6 节中所指出的）。如果一个生物体倾向于调整它的偏好来回应所感知到的他人的需求（符合第 3 节中所提出的条件），如果这一倾向的原因是等位基因，如果那些从这一倾向中受益的人是亲属的话，以及如果相比于个人的牺牲，这一利他生物所带来的益处的范围足够大的话（通过繁殖成功率来计算），那么等位基因以及这一倾向就会通过自然选择扩散开来。[①] 亲缘选择承认心理利他主义是导致对亲属帮助行为的一种机制，但它同样支持任何能达到同样效果的机制。心理利他主义造成的对亲属的帮助是亲缘选择所支持的这一事实并不能说明它必然存在。在第 6 节中，心理利他主义被看作是对幼崽的某些分享和帮助行为的最佳解释从而得到辩

---

① 详细的讨论，参见 Kircher，"Evolution of Human Altruism"。

护。鉴于利他主义的倾向，亲缘选择是最为可能的解释。（当然，如果没有合理的进化上的解释，这可以被看作是反驳了一开始把心理利他主义赋予灵长类动物母亲的做法。）

第7节开始于小蜜蜂和它母亲那个例子，我们同样可以用亲缘选择的理论来解释这一现象。想象一下在最初的状态，心理利他主义唯一的形式是对后代的利他主义。假设一个新的变化出现了，一个基因的改变造成了（在相关的环境下）一种拓宽利他主义范围的倾向，使得除了子女之外，其他动物也会激发构成心理利他主义的那种偏好调整。这种动物对它想要帮助的对象不是那么挑剔，但它们的利他主义回应仍然主要是对那些近亲。准确来说，假设有这一变化的动物有那种回应的原初倾向，也就是当它是父母时对感知到的幼崽的需求进行回应，它们也同样会回应所感知到的父母和兄弟姐妹的需求。帮助兄弟姐妹和父母（虽然意愿没有帮助自己后代那么强烈）有助于不同的等位基因的扩散：因为兄弟姐妹同样有机会产生有这一等位基因的后代，同样地，父母也有机会产生新的后代。因此心理利他主义的扩展一开始集中于亲缘选择所支持的父母的关怀。

这一进化的描述能解释小蜜蜂的行为。对感知到的母亲的欲望和需求进行回应的倾向得到了亲缘选择的支持，因为通常来说，利他的倾向所导致的帮助行为能够增加母亲预期的繁殖成功率以及增加导致这一更为宽泛的心理利他主义的等位基因产生的频率。但是，有时有这一倾向的动物可能会作出比预期的回报大得多的牺牲——正如小蜜蜂对蜜蜂女士的投入所表现出来的。如果说它们的帮助行为是基于计算，这是非常荒诞的误解，这完全不符合动物的智商。最好把这看作是非算计的、情绪的回应，这种回应通常会增加广泛的适应性，但在这一例子中，它对于潜在的等位基因的扩散有负面作用。（蜜蜂女士的困境唤起了小蜜蜂利他的情绪，并且通过这种方式被唤起的倾向通常是适应性的；利他的情绪引起了具体的利他的欲望；在这一情形中，根据利他的欲望去行动不利于繁衍的成功。）

49

这一设想的进化论的解释是否适用于杰基和克罗姆的例子？也许能。它们之间的关系更为生疏，但相比于小蜜蜂长达数月的奉献，杰基所做的牺牲也同样微不足道。对周围社交群体中任何成员的轻微的心理利他主义的倾向也许能得到亲缘选择的支持，因为总有（极大的？）机会帮助到自己的亲属，因此有助于相关的等位基因的传播。与这一思路相符的所有猜想都需要小心地说明，因为繁殖的代价和收获绝不像牵涉近亲的例子那么容易衡量，并且它也预设了灵长类动物社会生活中这种特性的进化优先于对群体成员的心理利他的倾向的扩散。没有广泛出现这一倾向的动物必须进化出能群体生活的能力，因此，当群体出现之后，亲缘选择促使了心理利他主义扩展到更大的范围。在第 9 节中我将直接质疑这一预设并且论证心理利他主义对灵长类动物的社会生活来说是基础性的。

亲缘选择仅仅是解决长期以来生物利他主义谜题的两个机制中的一个。另一个机制是互惠的倾向。与其他生物互动的倾向能够进化，在互动中彼此都放弃一些东西而在之后的合作中有更大的收获，这也就解释了非亲属间的合作。[①] 最开始的想法很简单并且优雅。如果两个动物都有作出微小的牺牲（通过繁衍的成功率来衡量）来促进另一方更大的（繁衍上的）利益的倾向，如果他们重复的互动，并且如果这一倾向有基因基础，那么它们都会从一系列的互动中获得（繁衍上的）优势。假设你和我是这两个动物，今天我帮助你获得了生物上重要的利益，而我所付出的繁衍的代价也很小；明天你则回报了我的帮助。我们彼此都获得了净收益（用繁衍的前景来衡量）。我们的合作持续得越久，我们获得的利益就越大。对于衡量的

---

① 这一方法来自 Robert Trivers，William Hamilton 以及 Robert Axelrod 重要的著作。他们这一方法引起了之后一系列大量的进一步研究。参见，比如，Alexander Harcourt and Frans de Waal，*Coalitions and Alliances in Humans and Other Animals* (Oxford, UK: Oxford University Press, 1992); Karl Sigmund, *Games of Life* (New York: Oxford University Press, 1993); Ronald Noë, Jan van Hoff, and Peter Hammerstein, eds., *Economics in Nature* (Cambridge, UK: Cambridge University Press, 2001).

术语——"生物的"和"繁衍的"——明显学究式的介绍是极为重要的，因为对生物利他主义的进化论解释模式并不会自动地为我们提供心理利他主义进化的有说服力的解释。相比于亲缘选择，这一情形中的条件是不同的，因为亲缘选择在心理利他主义是不是各种帮助他人的行为的原因这一问题上是中立的：某个人可以论证心理利他主义是这一（帮助的）行为最佳的解释（正如母亲的关怀这一例子，参见第 6 节），把这一倾向看作是亲缘选择的产物并不会有损这一论证或者它的结论。相反，互惠的利他主义的简单性招致了认为计算的机制是有用的怀疑论观点，而这违反了反马基雅维利的条件。坦白来说，无论何时，当行为模式的倾向能通过互惠的利他主义进化出来时，似乎拥有心理利他主义所要求的复杂认知能力的动物都会有计算行为的偏好如何满足它们自我的偏好的能力，这就为对所谓的心理利他主义的怀疑提供了基础。至少当行为的倾向可以通过假设它们能从互惠利他主义进化出来时，反对者似乎对把这一倾向看作心理利他主义的做法有了强有力的反驳：动物能够辨别交换帮助而获得的长期好处。 51

如果互惠利他主义是没有亲属关系的动物之间进化出的合作行为的根本机制，我们就必须直面这一看法，表明真正的心理利他主义可以因为互惠的（繁衍）优势而出现并得以维持。我将通过不同的路径来说明这一问题。互惠的模式必须依赖于某些更为基础的、互惠利他主义的解释所预设了的东西。这一更为基础的进化机制导致了对心理利他主义倾向的出现。让我们先看看传统上是如何对没有亲属关系的动物间的合作进行研究的。

动物之间的互动可以被看成游戏，在这个游戏中玩家都追寻"策略"（它们也许是有意识地，也可能是无意识地采取这一行为）。每一次策略组合的结果都通过对玩家的"回报"表现出来，分配的数值表示对它们来说发生的结果的价值（对于进化研究而言，这些价值就是对它们繁衍成功率的影响）。进化博弈理论通过研究涉及合作与竞争的可能性的博弈来理解非亲属的动物之间的互惠。一种特定的博弈获得了巨大的关注，也就是著名的囚徒困境（PD）。

在囚徒困境中，每一个参与者有两个选择：合作或者背叛。如果一个合作而另一个背叛，前者获得的是受骗者的回报，而后者获得的是叛徒的回报。如果双方都合作的话，它们就会获得互相合作的奖励。如果双方都背叛的话，它们就会获得相互背叛的惩罚。这个表格表示了双方会获得的结果（先列出的是给竖排参与者的回报，第二个列出的是给横排参与者的回报）。

	C（合作）	D（背叛）
C	<R, R>	<S, T>
D	<T, S>	<P, P>

（T 指叛徒的回报，R 指相互合作的奖励，P 指相互背叛的惩罚，S 指受骗者的回报）假设 T>R>P>S，并且 T+S<2R。[①] 如果游戏只进行一次，背叛对双方来说都是最佳策略，因为 T>R 并且 P>S。在这一形式的社会经济互动中，理性行动者被看作将会落得相互惩罚这一不合作的下场，而非获得相互合作的奖励——如果他们能够确定对方的选择的话，他们会倾向于互相合作这一选择（因为 R>P）。通过同样的方法，如果动物时常和非亲属的动物互动，而在这些互动中，通过繁衍成功与否来表现的回报符合囚徒困境的条件，自然选择显然将会选择背叛这一策略。

但是，如果互动重复进行的话结果就不一样了。在一个重复出现的囚徒困境中（IPD），参与者能够根据之前与他们互动的人的表现来调整自己的策略。对于重复的囚徒困境来说策略是在第一轮中如何选择，同时要考虑到对某个搭档 / 对手的选择所带来的一系列后果的回应。假设你知道合作将会重复，但却不知道究竟会重复几

[①] 第二个条件意味着，如果游戏重复的话，参与者都选择合作比转换合作与背叛的角色（也就是指在每次游戏中，一个参与者承担了受骗者的角色而另一个是叛徒，但之后他们互换角色）更有利。

次。[①] 你的策略要明确地告诉你如何开始，以及如何根据你搭档过去的选择来行动。

　　阿克塞尔罗德（Robert Axelrod）用实验的方式研究了不同策略的成功率，他邀请了一些学者给出他们在重复的囚徒困境中所倾向的主张，并在计算机上进行比赛。在每一轮比赛中，不同的策略进行对决（如同循环赛那样），然后在多次的重复中进行一次特定的囚徒困境让他们反对彼此。[②] 而最后的胜利者采用最简单的策略中的一个，以牙还牙（TFT），这一策略首先选择合作，如果对方背叛那他也会背叛，如果对方合作他也合作。通常来说，以牙还牙是"善意，可被挑起的，以及宽容的"。

　　对重复囚徒困境中各种策略会产生的种群数量的数学分析会表明以牙还牙在进化上是稳定可靠的；也就是说，在这种策略普遍存在的种群中，可以抵御可能会出现的其他低频策略。[③] 这一分析解释了一旦合作行为得到普及，它在自然选择中能够得到维持，但却没有解释这样的行为如何产生，如何从这一行为极为罕见的原初状态进化而来。除非他们强烈地倾向于只和同样的合作者而不与其他成员进行互动，否则以牙还牙的个体，在一个充满了不合作者的群体

53

---

① 　最后这一限制是为了解决这样的担忧，即参与者总将在最后一轮合作中倾向于背叛，一旦在最后一轮背叛成为共识，理性的选择就会是在倒数第二轮背叛，等等。这存在着许多我将不会去探究的复杂情形。对于当前的目的而言，遵循标准的处理方式就足够了。

② 　关于详细的讨论，参见 Axelrod, *Evolution of Cooperation*。需要注意的是重复的数值大概是 200 次，在游戏中的回报——T，R，P 和 S 的数值——在每一轮的每次重复中都是相同的。

③ 　关于（进化上稳定的策略的）进化的稳定性这一重要概念，参见 John M. Smith, *Evolution and the Theory of Games*（Cambridge, UK: Cambridge University Press, 1982）。从一开始，以牙还牙的种群很显然会被侵蚀。在这样的种群中，各种各样的无条件的合作者和以牙还牙者没有差别，因此它们也就得以进入这一种群。一旦这些无条件的合作者的数量足够多，就会面临不合作的策略通过利用这些无条件的合作者来侵蚀这一种群的境地。［参见我的讨论，*Vaulting Ambition*，（Cambridge, MA: The MIT Press, 1985), 100–101］进一步的研究揭示了不合作策略的组合也能侵蚀［Robert Boyd and J. P. Lorberbaum, "No Strategy Is Stable in the Repeated Prisoner's Dilemma," *Nature* 327（1987): 58–59］。

中低频地出现，会被自然选择淘汰。

现在伴随着对非亲属的心理利他主义（或者比仅仅是亲缘选择所支持的心理利他主义更强烈的心理利他主义）也许能通过互惠的利他主义进化出来这一假设出现了两个问题。第一，虽然互惠的利他主义能帮助我们理解合作，但对预测的计算的服从让人们怀疑心理利他主义是不是合作的机制。第二，合作的倾向（马基雅维利式的或者利他主义的）如何能在最开始的时候获得坚实基础让人难以理解。还有第三个困难，重复的囚徒困境加入了一个特殊的条件：两个动物在相同结构的一系列的囚徒困境中都被指定为合作者；而在最后，它们被释放出来并且在一系列重复的合作中被指定了新的不同的合作者。像这样的情形发生在我们灵长类动物的历史中是非常不可能的。肯定没有一只巨大的手降落到大草原上迫使动物们参与重复相同形式的互动。

为了解决互惠利他主义的困难，我们从最后一个开始。更真实的是另一个不同的场景。假设我们的灵长类祖先有重复的机会与同种的动物互动，并且在这些机会中，它们既可以参与互动与合作也可以独自行动。同样假设，他们有时能够选择合作的搭档，发出他们愿意（或者抗拒）加入合作行为的信号。这将会代替重复的囚徒困境的标准结构，重复的没有选择的游戏变成了一些不同的东西——重复的有选择的游戏（我将这么称呼它）。有选择的游戏的框架既更为真实，又解决了一些困扰互惠利他主义正统理解的困难。

一个例子能帮助我们理解这一观点。我们的灵长类祖先必须去除他们皮毛上的寄生虫。这一任务可以通过两种方法来重复完成。一种可能性是自我清理——虽然这带来了一些问题，因为身体的有些部分自己很难碰到。另一种可能性是和一个搭档合作——但这会冒着被利用的风险；在第一个动物提供了彻底的清洁之后，第二个动物可能会提供敷衍的清洁然后离开去参加更有趣的活动。灵长类动物能向另一个动物发出信号表达参加、提出、接受和拒绝邀请的意愿，因此合作的搭档能够被选择。

一些关于清洁和花费时间的成本所获得利益的可行假设，可以体现这些想象的情形有可供选择的囚徒困境。如果两个动物彼此互动，合作的策略是为彼此提供彻底的清洁；违背这一策略的做法就是草率迅速的清洁。所有的结果中最好的就是从搭档那获得彻底的清洁而给予少量的回报。稍次一点的结果是获得认真的清洁并且回报它的帮助；更次的结果是获得草率的清理并且给予同样的回报；更差（但不是极为糟糕）的是认真清理对方但只得到简单清理的回报。不合作、"退出"和自我清理处于互相合作和互相背叛的中间。因此，通过略为随意给出的数值来表示互动的结构将会如下所示：

55

	C	D
C	<9, 9>	<0, 10>
D	<10, 0>	<1, 1>

合作

退出 ⟶ 5

数学分析揭示了高层次的合作在成员有大量的机会彼此进行有选择的囚徒困境的种群中很可能获得发展并且能够持续下去。更准确地说，差别合作（DC）的策略在自然选择下能够产生并且维持下去。[1]差别合作者准备好和任何之前没有背叛过它的动物合作；如果它们唯一合作的对象之前背叛过它，它就会退出合作；无论何时只要有互动，它们就愿意合作。我们假设从某个反社会的动物种群开始，这些动物在互动中一定会背叛对方。在这一状态下，非社会将得到支持：唯一的策略（总是退出）会有更好的效果。但是，在一个非社会的种群中（所有个体都是独来独往），一个孤独的差别合作者同样可以活得不错；它们没有机会合作，差别合作者没有搭档只

---

[1] 这个结论最早出现在 Kitcher，"Evolution of Human Altruism"。我需要注明这儿所描述的差别合作者在更早的论文中被称作差别利他主义者。

能独自行动。但是，一旦第二个差别合作者出现了，它们俩联合起来获得了互动合作的快乐生活，相比于它们非社会的同伴而言，这是巨大的优势。因此，从反社会开始，一个种群会通过非社会进步到高度合作的状态。这些高度的合作能一直得到维持直到非差别的合作者出现的频率变得足够高（在差别合作中，无差别合作者是不可见的，它们从来不会被剥削），允许反社会的类型进入并利用它们。当这发生时，这一种群会重新变成反社会的状态。计算机的模仿解释了高度合作的历史相当长。[①]

　　合作的机制还有更为振奋人心的结果。假设我们从第 3 节的心理利他主义中提取某些条件，特别是对马基雅维利式计算的关注。让准利他主义者满足（1）–（3）这三个条件而不必须满足条件（4）：他们调整自己的偏好使之更契合于他所认为的其他个体所具有的愿望，但他们这么做是基于对未来收益的考虑。正如在第 3 和5 节中的讨论，用给予感受到的他人愿望的数值来衡量准利他主义者回应的强度是可能的，在多种形式的可选择的博弈重复出现的机会下，自然选择将会使得更强烈的准利他主义者上升为黄金准则的准利他主义者，因为回应更为强烈的准利他主义者将会和他人参与更广泛的有利互动。[②]

　　用有选择的博弈来取代强迫的重复出现的囚徒困境是有帮助的。不仅仅是它为合作的进化提供了一个更为真实的场景，它同样克服了理解合作如何持续进行的问题。它甚至指向了一些关于合作背后机制的结论：自然选择将会选择给予其他人偏好与自己的偏好同样重量的倾向。但是，很明显的是这一转变并没有解决用互惠利他主义来解释心理利他主义进化的最根本困难——因为它保留了简洁性从而引起怀疑。拥有认知能力从而能被算作心理利他主义者的动物

---

① 参见 John Batali and Philip Kitcher, "Evolution of Altruism in Optional and Compulsory Games," *Journal of Theoretical Biology* 175（1995）: 161–171。

② 这一结果来自 Kitcher, "Evolution of Human Altruism"。需要注意的是准利他主义者类似于行为利他主义者，虽然有些行为利他主义者没有满足第 3 节中的条件（3）。

能够发现差别合作的优势并且准备好在各种形式的互动中合作。这一情景表明了马基雅维利式的计算者也许能进化成黄金准则利他主义者并像其那样行动。

要解决这一问题，表明完全成熟的心理利他主义如何超越了亲缘选择所进化出的利他主义，需要与互惠利他主义的机制有一个更为彻底的决裂。基于强制的和有选择的博弈的分析在我们理解人类的社会实践中扮演了一定的角色，但是，灵长类动物社会性的进化是基于一个不同的情境，一个能支持心理利他主义出现的情境。

因为有选择的博弈预设了一些尚未得到解释的合作能力形式。

9. 联盟游戏

对目前所设想的情境的真实性的怀疑仍然存在。过去几十年，灵长类动物学研究了一些数学分析背后所隐藏的假设。假如我们进化上的近亲是我们进化历史的模板，我们能否真的假设我们的祖先会像差别合作者那样行动？一方面，黑猩猩和倭黑猩猩似乎没有像它们所作为的差别合作者那样去合作。此外，它们经常没能和正确的搭档合作——比如，在联合的狩猎中，那些帮助打败猎物的个体并不是总能得到奖励，而一些没有参与这一行动的个体反而得到奖励，而没有得到回报的个体之后仍然愿意参加相同的狩猎活动。[1] 更广泛来说，黑猩猩和倭黑猩猩的社会充满了这一解释不能说明的不平衡。互相清理的伙伴关系体现了这些不平衡，对前述动物梳毛行为更为仔细的观察表明它是比第 8 节所列出的分析更为复杂的现象。如果对清洁的考虑是唯一一因素，那么我们就无法理解黑猩猩和倭黑猩猩为清理彼此而花费如此巨大的时间。在灵长类动物族群有记录的历史中的一些阶段，特别是当社会关系较为紧张时，动物们

---

[1]　比如，参见 Goodall, *Chimpanzees of Gombe*，288-289。

57

往往每天花费 3 至 6 小时来梳理彼此的皮毛。①

58　　灵长类动物社会的这些特性指出了互惠利他主义解释的一个更根本的预设：这些动物是能够忍受其他个体的存在，能和其他个体在相同时间分享相同空间。在最开始的重复的囚徒困境这一假设中，这一点是通过强迫实现的；动物们在长时间的互动中是被锁在一起的。虽然向有选择的博弈的转变增加了真实性，但它预设了许多潜在合作者的存在。动物被假设为经常能遇到其他个体并且发出愿意互动的信号。对此而言，最小形式的社会性必然已经存在——动物必须能足够容忍其他动物的出现来形成潜在的合作者。互惠利他主义预设了一种把其他个体当作潜在合作者而非危险的竞争者的能力。

　　这一能力应该成为进化解释的第一个目标，也是基本的目标。产生这一能力的过程也产生了比第 8 节用亲缘选择来理解的利他主义更为广阔的心理利他主义的能力。

　　让我们从关于类人猿社会生活的已有的丰富成果开始。在一个相对较小的群体中，社会关系、包容以及合作的范围远远超过了家族的范围。长臂猿分成许多典型的对外来个体有敌意的小型的家庭群体（母亲、父亲和幼崽）。雄性猩猩是最为孤独的，随时准备抵抗入侵的雄性以维护自己的领地；它们只是草率地和那些分布在它们领地内的雌性互动；雌性之间的联盟范围是一个有争议的问题（传统理论认为雌性和一到两个子女行动，而新的观察表明断断续续的有其他雌性加入）。大猩猩的群体往往包含几个成年的雌性但只有一个成年雄性；最接近合作的是大猩猩，它们的社会生活包含了没有亲属关系的雌性的合作和成年雄性间的只有攻击性的合作。② 对于更
59　大的社会单元中没有亲属关系的两性成年个体间的合作，我们必须

---

① 参见 Frans de Waal, *Chimpanzee Politics*（Baltimore：Johns Hopkins University Press, 1984），以及 *Peacemaking Among Primates*（Cambridge, MA：Harvard University Press, 1989）。

② 关于类人猿社会生活的有价值的讨论参见 Barbara Smuts; Dorothy Cheney, Robert Seyfarth, Richard Wrangham, and Thomas Struhsaker eds., *Primate Societies*（Chicago：University of Chicago Press, 1987）。

转向进化上的近亲，黑猩猩和倭黑猩猩。

　　黑猩猩生活在两性群体中（群体的大小为 20 到 100 只），在群体中存在联盟搭档的转变以及支配性的关系。倭黑猩猩中，群体更大（大致为 50—150 只），也存在着同类型的内部结构的变化。① 这两个族群中一个重要的差别在于野生黑猩猩的主要联盟是雄性联盟而野生倭黑猩猩的联盟是雌性联盟，虽然在两个物种中另一性别成员间都存在着重要的互动（也包括了异性间的互动）。原始人的研究仍然表明我们祖先生活在混合的群体中，他们群体的大小也与现存的黑猩猩和倭黑猩猩一致。那么黑猩猩—倭黑猩猩—原始人这一类型的社会如何进化呢？

　　任何对这一问题的回答必须找到把黑猩猩和倭黑猩猩从其他类人猿中区分开来的特点。我将发展一个首先由理查德·兰厄姆（Richard Wrangham）提出的方法。他主张雌性的行为直接受到生态因素的影响，尤其是该物种所需要的食物分布；雄性必须适应这些分布，调整它们的行为以获得更多和发情的雌性交配的机会。② 对我们的目标来说，重要的是推测相互敌对的黑猩猩社群进化来自假设　60

---

① 我将把黑猩猩而非倭黑猩猩当作我们原始人的模型。这一决定部分因为许多与我们祖先生活环境相似的小型的人类社会似乎与黑猩猩的社会生活一样，有对邻居相对的不容忍。更重要的是，心理利他主义的倾向这一假设在倭黑猩猩中比在黑猩猩中更为明显和普遍。因此我假设如果能够给黑猩猩一个有说服力的社会进化的解释以及这一进化心理利他主义的根源，那么给倭黑猩猩一个类似的解释就更容易得到辩护。（在这我要感谢和弗兰克·德·瓦尔的一次宝贵的讨论。）

② 参见 Richard Wrangham, "On the Evolution of Ape Social System," *Social Science Information* 18（1979）：334—368；"An Ecological Model of Female-Bonded Primate Groups," *Behaviour* 75（1980）：262—300；"Social Relationships in Comparative Perspective," in *Primate Social Relationships：An Integrated Approach*, ed. Robert Hinde（Oxford：Blackwell, 1983）；and "Evolution of Social Structure," in Smuts et al., *Primate Socities*, 282—296. 兰厄姆的分析基于雌性繁衍成功的主要决定性因素是她能获得食物，而雄性繁衍成功的主要决定性因素是它具有能尽可能频繁地和发情期的雌性交配的能力这一假设。因此，在他的解释中，猩猩过着相对孤独的生活是因为雌性独自一人时搜寻食物的效率最高，雄性有能力维护包括了几个较小的家庭范围的雌性的领地。我将不做这些特殊的假设。相反，我从兰厄姆具体的讨论中抽象出一个更为普遍的模型，而他的方法只是这一模型中一个具体的情况。

的雄性独立生存的系统，因为雄性能够以小型群体的形式活动，即使最优的寻找食物的策略是独自行动；它们被强迫群体行动是因为单独活动的雄性会受到结伴活动的雄性的攻击。[①] 把搜寻食物加以抽象化，我们可以认识到在一个资源缺乏的世界，脆弱的动物之间的竞争需要它们加入联盟和同盟。解决这一问题优先于意识到合作的可能性：为了理解非亲属的动物间的合作互动，囚徒困境（不管是有选择的还是强制的）不是根本的；设定给动物玩的这个游戏的框架是为了解决形成联盟和同盟的问题。[②]

想象一个单独行动的生物族群（最大的群体单元是母亲和依赖她的幼崽）在一个每个个体都必须获得一定数目的资源来生存和繁衍的环境中。假设这些资源是稀有的，动物为了资源互相争斗，更强壮的一方通常会胜利。一个由 5 个阶段构成的过程，可以使得从最初的情形——除了生命早期阶段母亲的照顾外没有任何合作——变成在黑猩猩、倭黑猩猩和原始人中发现的社会结构。（需要注意的是，这儿所需要的是我们已知的社会结构形式如何能从自然选择中出现并且维持稳定：一个关于"如何可能"的解释。）

1. 非社会性——动物单独行动（最多有依赖它的幼崽陪伴），发现了一些无需争夺（抢夺性的竞争）的资源，并且为了其他资源和个体竞争（争夺性的竞争）。

2. 初级联盟——一些倾向于在竞争中一起行动并分享所得的资源（不一定是平分）的动物崛起了。

①　Wrangham, "Evolution of Social Structure," 290. 比较霍布斯 "……最弱小者有足够的能力去杀死最强者，他们要么通过阴谋诡计，要么和其他与他面临同样危险的人联合起来"（*Leviathan*, 82）。但霍布斯没有想过这也可以应用到没有语言的野兽身上 "……身处在没有共同体、没有社会、没有契约、没有和平的人类中就如同身处在狮子、狗熊和豺狼中一样"（*Leviathan*, 20）。霍布斯低估了狮子和狼，对黑猩猩和倭黑猩猩一无所知（New York: Oxford University Press, 2008）。

②　一些灵长动物学家在他们对具体社会的研究背景中已经意识到这一点。参见，比如 R. Noë, "Alliance Formation Among Male Baboons: Shopping for Profitable Partners," in *Coalitions and Alliances in Humans and Other Animals*, ed. A. Harcourt and F.de Waal（Oxford, UK: Oxford University Press, 1992），285–321。

3. 扩大——因为初级联盟的成功，更大的联盟形成了，分享它们在竞争中获得的利益（不一定平等，并且可能包含了次级联盟间的互动）。

4. 社群稳定化——联盟的大小最终受限于维护领域内资源的难度，栖息地被稳定的社群分割开并由这些社群维护，资源被社群中形成的次级联盟分享。

5. 合作——通过参与有选择的游戏（有一些也许就是有选择的囚徒困境）并且合作行动，稳定社群的成员增加了它们的适应性。[①]

我将试图表明这一过程如何展开，但不沉溺于技术细节。

让我们从一个更温和版本的原始状态开始，一个包含了每个个体都有足够资源的卢梭式的世界。随着数量的扩张，竞争开始了。最终，只要竞争按照假定的方式进行，一些动物将无法找到生存所需要的资源。

如果动物采用独自行动的策略来获取资源，就如在上面所概括的过程中的第一阶段所设想的那样，存在为资源而进行的竞争。为了简便，假设没有任何事实上的争斗，竞争就得到了解决：动物仅仅衡量彼此的力量，较弱的那一方会自动退出（在力量均衡的情况下，可分的资源将会被平分，而不可分的资源则给予它们各自二分之一的可能性）。根据动物们整个一生中明显不同的阶段，它们的力量也是不断变化的。最开始，当一个动物还在它母亲的保护下时，它就有母亲所拥有的力量。一旦离开母亲的照顾，它就是最弱小的。随着长大成熟，动物的力量逐渐增长，它能获得足够的资源；最后，也许动物活得足够长之后将开始经历力量的逐渐衰退。

面临这些状况的族群是可能遭到灭绝的。对于成长起来的新一代，幼崽们在离开母亲照顾后的关键阶段必须生存下来。在这一阶段，它们是族群中最弱小的成员，想要有所收获就必须找到没人和

---

① 需要注意的是发生在社群成员参与的游戏（不管有选择的还是强制的）的回报模型中的适应性值必须反映出动物的行为对所在的同盟的后果。这阐明了对之前所说的动物互动的结构不能孤立于最根本的博弈要求，这里最根本的就是联盟博弈。

它们竞争的资源，并且在其他更强大的个体到达并赶走它们之前吃掉这些食物。如果竞争足够严峻，所有的资源都会被争夺，那么，在短暂的受母亲照顾这一阶段后，种族里所有年轻的成员都会死去。在一个敌意很重的世界，处于第一阶段的种族是很可能短命的。更准确来说，死亡的压力会淘汰这样的种族，这样就能回到一个更为温和的——卢梭式的——环境了。

但是，假设有些不同的个体出现了，它们倾向于和别人结盟。具体来说，想象某个个体在弱小时已经准备好了和其他同样弱小的动物一起寻找食物资源并且分享。（也许有的个体还有容忍不同区分方式的倾向。）如果两个这样的个体相遇，它们就会形成联盟。因为联盟的成员必须一起行动，联盟寻找到的资源只能和单独的个体寻找到的一样多。假设力量是可以累积的；也就是说，联盟的力量就是成员力量的总和。每一个联盟中的个体现在增加了获得资源的机会，因为双倍的力量肯定能在与其他年轻弱小的动物的争夺中获胜，甚至可能足够战胜一些族群中年长的成员。自然选择会选择这样的个体，即使获得的资源的分配不是平等的。

在发展我设想的情境时，几个参数必须设定好，但它仍然可以表明在所有非卢梭式世界的选择值上，任何在第一阶段的族群将会包含至少一对能够通过联盟来增加适应性的动物。当然这并不意味着联盟的倾向必然不断进化：也许没有任何办法能产生这一倾向。我将简要提议一种心理利他主义的更为基本的能力，为成功的变异提供了可能性。

正如第一阶段支持结伴的联盟的出现，伙伴这种关系的出现也会给那些独自行动的动物施加压力。结盟的动物的收获是通过驱逐那些比它们单独行动时更强大的动物所获得的。任何有合作倾向的个体将会得到进化的支持。如果种群里全都是联盟的搭档和其他联盟竞争，如果最弱的搭档准备好了接受其他成员或者融入其他联盟，它们就会获得更大的优势。自然选择有利于那些与其他人联合起来的变体，其组成的规模是联盟形成所需的实际扩张所要求的。

虽然联盟组成的起源和扩大很容易理解，这一过程的停止则显得较为神秘。但是，理性就是如果动物想要施展联合的力量，那么联盟必须一起行动这个事实带来的直接后果。没有联盟可以比单独的个体寻找到更多的资源。当一个环境中充满了大型的联盟时，对获得最小份额的联盟成员来说没有什么比重新抢夺那些大型的联盟未发现的资源更好的选择了。这一动态的过程导致栖息地被分割成由较大的联盟所掌控的领地，偶尔有一些活动在边缘、数量浮动的个体。①

这是在黑猩猩、倭黑猩猩以及原始人中发现的社会结构出现的 64
进化情境，这会导致混合了不同年龄和性别的群体，它们控制着相对稳定的领地，并和周围的对手竞争以维护这些领地。在群体内部，存在着分配群体获得的资源的合作模式。这一结构会决定合作的多种可能性的潜在利益，强化现有同盟会获得的收益以及瓦解同盟会产生的代价。在第 8 节所设想的有选择的博弈中，均质的搭档候选人会根据之前个体所遇到的搭档结构化。互惠的利他主义和互动在有选择的博弈中只能被看作是违反群体联盟结构背景的。

目前为止结论只强调了动物的行为，没有关于心理利他主义的直接暗示。为了更进一步，我们必须问产生了与其他同伴合作的倾向的个体变异是如何在心理上实现的。答案：形成联盟，以及最终构成稳定社会群体的能力代表了基础的心理利他主义倾向的进一步扩大。

母亲会调整它们本来所具有的想法和偏好来满足它们所感知到的幼崽的需求。灵长类动物进化到能把这一回应扩展到对待其他个体，所以它们的偏好反映了所感知到的近亲的欲望，这一扩展得到了亲缘选择的支持并且在小蜜蜂的行为中得到了证明。我认为存在更进一步的扩展：根据感知到的同龄搭档的需求和偏好而调整自己

① 所宣称的这一结果不难通过分析得出。它们与由赫伯特·罗斯曼博士设计的用电脑模拟的结果重合。参见他未发表的博士论文 "Altruism, Evolution, and Optional Games," 2008 Columbia University。

的需求和偏好，这是由它们二者都弱小且易受伤害而触发的。这是一种心理利他主义，是建立早期的友情的能力。伴随着这一扩大了的利他主义倾向，动物的伙伴关系收获了之前所提到的优势。年轻的动物，不再处于父母保护下，若想在竞争的世界中有所收获，就需要伙伴。这一类型的心理利他主义是它们寻找朋友的一种方法。

怀疑者会假设以自利的方式同样会达到这一结果。它们会达到什么样的结果呢？联盟的游戏绝不简简单单是互惠利他主义的一个机会。它没有给参与者强制的或者有选择的重复囚徒困境，让它们计算成功的策略。联盟游戏有许多个人参与——并且对参与者来说，参与者的数量是未知的。甚至什么能被算作"最好的策略"都是不明显的。某个动物能否做好的搭档取决于许多动物无法了解的复杂的事实。寻找玩这一游戏的最佳策略对数学家、经济学家和哲学家的智识都是挑战。动物的最佳选择就是找一个搭档，联盟，并且期待。

这看起来就是黑猩猩和倭黑猩猩所做的。它们的联盟似乎并不依赖于任何成本和收益的计算。相反，这些动物总是支持群体内和它有过互动的成员，这些互动经常可以追溯到它们幼年时——最牢固的联盟产生于幼年脆弱的时期。[1] 什么样的计算能成为这一行为的原因？

我们很自然地相信聪明的头脑总是会取代善良的心灵，但并不总是如此。当理性选择最佳策略的问题变得难以追溯时——正如在联盟博弈中一样——这种利他主义倾向的转变不仅仅是对其他动物的情绪反应，更带来了一种新的领域，也就是"初级友情"，有这样的倾向并不会比精明的马基雅维利式的算计者做得更糟糕，相反它们会做得更好。倾向于计算得失的动物会遭受巨大的困难，因为能够帮助它们做决定的信息太少了，并且它们可能因为当下没有更好的前景而放弃同盟。此外，它们会比那些盲目同情别人的同伴更为

---

[1]　参见 Goodall, *Chimpanzees of Gombe*, 379–385, 418–424。

65

犹豫，而会被其他动物看作不可靠和不稳定的联盟伙伴。

当弱小的动物必须为资源竞争时，它们自己没有能力赢得竞争反而给予了它们把自己和同类的利益等同起来的这一进化优势。这一优势支撑此前受限的心理利他主义的扩散，在此前一开始它只会对后代有这一倾向，然后是对近亲。这一扩展了的倾向允许了在我们进化的近亲中发现松散的联盟的形成。不像人格化、情绪化或者自欺欺人的那些解释，这里所提倡的假设看起来是我们原始人祖先社会性形成的最佳解释。它同样解释了为什么年轻时的友谊非常深刻和持久，不管是在人类还是其他灵长类动物中，以及为什么新来的动物有时能被一些灵长类动物的社会群体接受，尤其当群体中的动物与它们在幼年时有过交集并且形成了一定的社会关系时。[①]

66

心理利他主义是伦理实践成长的要点，因为它处于我们原始人祖先所经历的那种社会性的中心位置。但是正如我们将要讨论的，枝繁叶茂的树木远远比种子复杂得多。

[①] 德·瓦尔讲述了一个惊人的例子，一个普通的雄性（Ji-moh）被一个黑猩猩的群体接受了，因为它此前和群体中的两个年长的雌性有合作。参见 de Waal, *Good Natured*, 131–132。

第二章 规范的引导

10. 利他主义的限度

想象一个有利他倾向的动物族群。对于其中每一个动物而言，在各种情况下都有族群中的其他成员会和它一样调整心理状态——特别是欲望和情感——以此来反映它所感知到的其他动物的愿望、需求和感觉。这些倾向使得这些动物能够以族群形式，同时生活在同一片土地，每天遇见彼此而没有过高频率的社会摩擦和暴力。但这一倾向是有限度的：合作者有时会被剥削，回报不均等，以及当出现有极大私利的机会时，即使是长久的同盟也可能被抛弃。背叛会导致社会结构的撕裂，这就需要诸多信号的维持。这些动物参与了很多回合的相互梳理以及其他形式的身体放松。

我称这些动物为"原始人"，虽然把它们叫作"黑猩猩"也是同样合适的。它们的心理利他主义的限度造成了社会生活的张力，
68 并阻碍它们形成更大的群体和参与更复杂的合作活动。观察它们二三十万年后进化上的后代就能看到这一限度被超越了。一万年前，这些后代已经形成了拥有更庞大人口的定居点；他们已经学会了和许多在日常生活中不会碰到的同类和平互动；他们构建了复杂的合作系统，这些系统中包含了不同的角色。这些是如何实现的呢？

一种可能是他们获得了一些新的更强的心理利他主义机制。想

象原始人社会和当代的大猩猩（或者倭黑猩猩）社会一模一样是不恰当的，因为后期原始人社会的成员与他们的近亲在五百万（或者更早）年前开始分道扬镳。也许随着原始人的大脑容量扩大，这对于出生在早期发展阶段的婴儿来说是必要的（所以他们的头仍然能够通过产道），结果是他们依赖父母的时间变得更长了。自然选择的压力也许有利于在特殊的条件下为无所依靠的孩子提供照顾这种强化了的利他主义倾向。[①] 我们不要低估这些阶段的重要性，但很明显不管是原始人还是当代人类都没有完全从黑猩猩社会生活中的困难和张力、敌对和冲突中摆脱出来。如果说人类社会比我们灵长类近亲的社会更有韧性的话，那是因为发生了其他改变。

这是什么样的改变呢？我们要探索的假设是发生了其他改变，特别是，掌握了语言，这使得人类能够加强原始的有限的利他主义倾向，因此人类社会的成员不再在合作中经常无法表达。因为背叛更常被阻止，自然更少的时间被花在重新组织社会结构上。我们原始人祖先繁重的调停任务被新的工具取代，这是一个防止断裂发生而不是弥补断裂的工具，并且原则上它能在广泛的情境下运用。[②] 这一工具对于我们所认为的伦理实践来说是必要的。我将把它称作"规范引导的能力"。

之前的章节在尽力把互相帮助或者友善的行为归功于心理利他主义，并反驳认为在这些行为背后是马基雅维利式的算计的怀疑论观点。但是，这一解释和我们原始人祖先的心理利他主义是有限的这一结论完全不矛盾。回忆下利他主义的两个维度：广度和深度。

---

① 这一论证由克里斯汀·霍克斯（Kristen Hawkes）及其同事给出［参见，比如 Hawkes, James O'Connell, Nicholas Blurton Jones, Helen Alvarez, and Eric Charnov, "The Grandmother Hypothesis and Human Evolution," in *Evolutionary Anthropology and Human Social Behavior: Twenty Years Later*, ed. L.Cronk, N. Chagnon, and W. Irons（New York: De Gruyter, 1999）］以及 Sarah Hrdy, *Mother Nature*（New York: Pantheon, 1999）, and *Mothers and Others*（Cambridge, MA: Harvard University Press, 2009）。

② 因此它不是一个有特定目的的机制，比如亲子照顾这种假设的情绪倾向。

一个动物也许倾向于对特定的个体在相对广泛的背景下进行利他主义的回应，而对群体中所有的成员只在某些背景下进行利他主义的回应（比如，联合起来抵抗入侵者），但有时候即使是面对最亲近的朋友和忠诚的盟友它也会有自私的行动。黑猩猩－原始人在深度和广度上都有限的利他主义为规范引导的出现创造了条件。

利他主义的限度最明显地出现在抛弃已有联盟后所获得的回报极大的时候，比如一个雄性有机会在群体中获得领袖的地位。对阿纳姆（一个允许动物保持野外生活重要特点，但同时又为对它们进行系统观察提供机会的环境）一个黑猩猩群体的"黑猩猩政治"研究揭示了三个地位较高的雄性——叶荣（Yeroen）、鲁伊特（Luit）和尼基（Nikkie）——在权力过渡时彼此以及与其他地位较高的雌性相处的方式。① 每个雄性都表现了能被看作是想要获得头领地位的社会行为，或者，最差也是成为雄性头领最重要的副手。在早期的争斗中，鲁伊特帮助刚成年的尼基获得对雌性的掌控权，而尼基分散了叶荣的注意力使得鲁伊特把叶荣赶下了王位。一旦鲁伊特成为头领之后，它的策略就发生了改变。它通过支持雌性和叶荣并反对尼基来巩固自己的地位。这一突然而又坚决的改变很容易让人得出黑猩猩的政治是彻头彻尾马基雅维利式的结论。很显然，黑猩猩间的友情是有条件的。② 故事接下来的转变似乎削弱了这一判断。叶荣放弃了和鲁伊特的联盟，而与尼基形成联盟，所以最后尼基变成

① Frans de Waal, *Chimpanzee Politics*（Baltimore：Johns Hopkins University Press, 1984）.

② 德·瓦尔对他所观察到的关系给出了一个更谨慎的判断，"基于个体亲密关系的联盟应该是相对稳定的；相互的信任和同情不会一夜之间出现或消失……如果友情如此多变以至于能够随意适应于任何情境，那么它更恰当的名字应该是机会主义"（*Chimpanzee Politics*, 128）。德·瓦尔之后的著作［*Peacemaking Among Primates*（Cambridge, MA：Harvard University Press, 1989）; *Good Natured*（Cambridge, MA：Harvard University Press, 1995）; *Primates and Philosophers*（Princeton, NJ：Princeton University Press, 2006）］的读者也许会惊讶于他早期对计算的强调。之后的作品中他的态度温和了许多，并且更倾向于突出灵长类动物行为"本性善良"的方面。我在本书中给出的解释补充了一个他的判断所允许的视角。

了首领而叶荣则成为它的副手。在接下来两个联盟间较为紧张的阶段之后，鲁伊特重新成为头领，并且明显与尼基有较弱的同盟关系。这一复杂的情形通过一场夜晚间的战斗结束了，鲁伊特受到了它们二者致命的攻击。[①]

说黑猩猩群体中没有稳定的友情过于极端了，因为有些同盟持续了数年，甚至是一些动物的一生——如同第9节中所坚持的，动物脆弱的童年时期的朋友通常是它一生的伙伴。[②] 此外，在阿纳姆群体政治上不稳定之前，叶荣和鲁伊特有长时间的联盟关系。这一维持数月的矛盾所带来的精彩（但悲伤）故事揭示了——在野生黑猩猩中也有类似的例子，但记录不太充分——自我利益的出现如何暴露出利他主义倾向的限度。观察者观察到了足够多样的情境，在这些条件和背景下两个动物对彼此的回应都表现了一定的利他主义——直到动物们遇到了一个新的情境，此时利他的回应需要放弃巨大的潜在利益。这一情境中的自私行为并不说明过去的所有事情都是机会主义的表现，而仅仅是利他的倾向不是完全占主导地位的表现。即使对处于利他主义者中心位置的动物而言，仍然存在着一些情境不在利他主义的范围内。

在第3—5节中给出的心理利他主义的概念揭示了所发生的一切。黑猩猩（以及我们的原始人祖先）有稳定的心理倾向对群体内的其他成员作出利他的回应，程度则取决于当时环境的特点。即使某个动物经常展现出了满足某些特定成员——也就是朋友——的欲望和需求的倾向，仍然存在着一些环境使得它的利他回应强度降为0。在这些环境下，利他主义突然消失。友情是"与环境相关的"，因为并不存在一个单纯基于关系程度的关于利他主义倾向强度的固

① De Waal, *Peacemaking Among Primates*, chap. 2. 德·瓦尔指出了重要的一点，鲁伊特想要留在这一群体中的欲望极为强烈，所以要赶走它十分困难，甚至它被严重打伤之后依然如此。

② 参见 Jane Goodall, *The Chimpanzees of Gombe*（Cambridge, MA: Harvard University Press, 1986), chap.8.

定值。① 即使在最忠诚的彼此利他的关系中，环境也会给予一方巨大的利益而降低利他回应的强度。当利益足够大时，利他主义就会完全消失。

　　高度概括的对主导地位的争斗在更普通的环境中同样可见。黑猩猩群体每天的生活中，不是主要伙伴的成员会不管其他人的计划独自行动。获取有价值的物品的企图被阻止，分享食物的请求被拒绝，在冲突中寻求帮助被忽视。牵涉其中的动物并不是完全冷漠，因为它们在面对外来的威胁时会联合起来。它们的彼此利他主义的范围非常有限，只有在最危险的情况下才会得到体现。其他情形中，它们在容忍对方存在的基础上各自行动，虽然，当一方冷漠的行为与其他动物产生了强烈的冲突，矛盾也许就会爆发。②

　　因此心理利他主义的限度在特殊条件下紧密伙伴关系的破裂（叶荣-鲁伊特-尼基的故事），以及在对彼此利他主义的范围极为有限的动物间的日常摩擦中都得到了体现。利他主义的边界还通过第三种方式表现出来。即使作出了利他的回应，并且产生了帮助其他动物的行为，有时还是会有心理分歧的表现。内在的冲突偶尔是可见的。黑猩猩会在自私和利他的行为之间感到受折磨，这归结于它的两种欲望，在它行为的不同方面都有所体现。一个动物犹豫了，它拿着长满了树叶的树枝，坐下来准备把树叶拔下来吃掉，同时它身体的姿势表现出它清楚同伴的存在。最终，它伸出手臂，把一小簇树叶推给朋友，但它僵硬的肢体和背过去的脸表明了矛盾的欲望。肢体和肌肉表现表明了真实存在的混合的欲望。这一刻的张力也是

---

① 这里采用的路径与沃尔特·米歇尔（Walter Mischel）对有稳定人格的个体在不同环境下并不一致的强调是相似的。参见 W. Mischel and Y. Shoda, "A Cognitive-Affective System Theory of Personality: Reconceptualizing Situations, Dispositions, Dynamics, and Invariance in Personality Structure," *Psychological Review* 102（1995）: 246-268。感谢乔治·曼德勒（George Mandler）建议我阅读米歇尔的作品。

② 用第 9 节中的讨论来说，在这些例子中体现出来的极为有限的利他主义表示了它们属于不同的次级同盟，并且通常是竞争的。

明显的。[①]

　　动物拥有根据环境变化表现出不同程度的利他主义回应的稳定倾向。反复出现的一些环境的特征可以引发特定程度的利他反应。对不同的特征，动物会倾向于作出不同程度的利他主义的反应。直到动物遇到有两组特征的环境，矛盾才会出现：祈求的行为引起了分享的倾向；茂盛的树叶激发了它大快朵颐的倾向。这一矛盾也许会通过只体现其中一个欲望的行为来解决，或者通过妥协的方式，给予最低程度的分享，又或者肌肉的紧绷表现出心理的挣扎。

　　人类行为展示了类似的现象。减肥的人被从厨房飘出的香味吸引。他们描述自己既想又不想要吃食物，这些冲突的欲望体现于唾液的分泌和立马控制自己。虽然存在着整理这些例子，以发现代表某人真正想要的某个倾向的哲学诱惑，但是，黑猩猩的例子挑战了存在一个一致的倾向的观点。努力学习掌握一门新语言或者给自己制定定期健身计划的人，有时会被看作决心不坚定或者不愿去做这些事也正常。为了找到没有矛盾的真实的自我，我们需要决定哪个欲望是杰奇（Jekyll），哪个是海德（Hyde）。[②]

　　如果黑猩猩（以及原始人）利他的倾向是通过我所描述的三种方式表现出有限度的话（在极端环境下最强的利他回应的消失，普通朋友日常生活中的摩擦，以及内心的冲突），它们的社会生活将会非常困难。事实上也是如此，至少曾经如此。和平与相互包容是通过努力争取来的。正因为如此，对黑猩猩社会的观察揭示了一些高强度的社会互动阶段，长时间为他人梳理毛发是为了让那些最近对它行为感到失望的朋友放心。在群体内关系极为紧张的时候，黑猩猩可以花上六小时粘在一起，这远远超出了清洁所需要的时间。即使日常生活顺利的时候，较小的困难和愤怒也会从不完全的利他主

73

---

① 因为这一现象是司空见惯的，因此在黑猩猩的研究中很少被提起。即使是短短几小时的观察就可以提供很多例子。

② 这儿所引用的例子以及杰奇–海德的比喻都来自托马斯·谢林有价值的讨论，参见：*Choice and Consequence*（Cambridge，MA：Harvard University Press，1984），特别是 chap. 3，"The Intimate Contest for Self-Command。"

义中爆发出来，特别是对属于其他次级联盟的成员无动于衷，这需要花费时间和努力让彼此重新放心。心理利他的倾向让这些动物能够生活在一起，但这些倾向的限度使得它们的社会生活变得紧张。日复一日，社会结构被撕裂并且需要数小时的调停来修补。

74 　　曾经，这也是我们祖先的困境。[①] 他们通过获得加强以及重塑利他主义倾向的机制克服了这一问题，找到解决矛盾的方法。这一机制的进化，规范引导的能力，对于从原始人转变为人类是重要的一步。

11. 遵循命令

　　理解和遵守命令的能力改变了一些原始人的倾向与意图，使他们与同伴能够更融洽地行动并创造了合作更为顺利的社会。[②] 遵守命令的能力能够表现在所有类型的行为中，它们中的许多并不直接能够弥补利他主义的不足。自律，一种常见的人类的能力，能够解决我们所提到的那些问题。

　　利他主义的失败存在于这样的情况中：当一个动物 A 对同属于一个群体的，曾经在其他背景中对它有过利他行为的动物 B 没有作出利他的回应，要么根本没有形成利他的偏好，要么它是基于超过已经呈现出的利他愿望的自私欲望而行动。最简单的——也是最原始的——规范引导的形式就是改变本来会导致利他主义失败的情形，方法是承诺遵循规则：你遵守考量他人愿望的命令。A 和 B 属于同一群体，对于一系列的背景 R，A 形成了满足心理利他主义的条件（第 3 节中的条件）的偏好。但是，在背景 C 下，A 没有对 B 作出利他的回应而是仍然保留了 C^* 中的欲望，也就是对应 C 的自私的情形（或者，比如内在冲突的情形，是自私的欲望最后导致了 A 的行动）。

---

① 如果我们的原始人祖先生活在更类似于当代倭黑猩猩的社会中，他们的处境将没有在黑猩猩的社会中那么紧张。但是，这只是程度而非本质的差别。

② 最终这同样改变了我们祖先的情感生活。

在规范的引导下，遵守命令的 A 选择了行为利他主义：A 将会以心 75
理利他主义者的方式来行动；也就是说，相比于它本来所具有的自
私欲望，体现在行动中的欲望与 B 的欲望更为一致。

正如开始于特殊例子（分享食物）的心理利他主义的讨论，这
里用一些特殊的例子也有帮助。想象同一个社会群体中的两个成员，
A 和 B。它们在许多不同的环境中都彼此分享过东西。但是，面对
一个极有吸引力的食物，A 没有形成在其他已经分享过的背景下所
产生的利他主义的偏好，A 利他回应的强度完全消失了。（用平均模
型的话来说，虽然 A 有时会给 W_{Alt} 设定一个大于 0 的值，在这一特
定的背景 C 下，W_{Alt} 的值为 0。）如果 A 现在有了规范引导的能力，
并且如果规范引导对于 A 在 C 中命令要分享食物的承诺采取了特定
的形式（也许命令是："总是和 B 平分！"），那么在 C 中 A 形成的
偏好就会通过设定 $W_{Alt}>0$ 来考虑 B 的愿望（如果命令是平分的话，
$W_{Alt}=1/2$）。[1] 如果形成的偏好导致了行动，A 表现了利他主义的行为。
这一新形成的欲望满足了心理利他主义解释的条件（1）和（2），但
并不必然满足条件（3）和（4）。A 遵循命令，并不需要回应对 B 欲
望的感知，A 也不需要不受马基雅维利式思想的影响。规范引导改
变了动物的心理生活，因此，从外表看起来，一些类似利他主义的
倾向在许多广泛的背景下形成了（或者在起作用）。

心理利他主义是通过感知他人的存在（或者需求）来改变自己
的欲望，规范的引导则是通过认识命令来改变引导行为的倾向。[2]
但是，这一调整后的偏好不需要完全是心理利他的——它们只是与 76
完全自私的欲望不同。重要的是用给予了他人偏好一定价值的引导
行为的欲望来取代无法包容所感知到的其他个体需求的欲望。即使

---

[1] 在心理利他主义的讨论中，A 的视角对于利他倾向的形成极为重要，我把这一倾
向看作包含了 A 对 B 愿望的感知。在这里我假设这一命令要求与 B 真实的愿望
相符。当 A 有准确的感知时，二者是一样的，现在我将假设 A 不会犯错。

[2] 显然，某个个体可以意识到命令并且按照它行动，但它这么做的原因可能和心理
利他主义毫无关系。我们之后会考虑这一点，但现在，规范引导与利他主义的重
塑是紧密相关的。

不是由感知他人愿望所产生的欲望也可以做到这一点，甚至它可以违反反马基雅维利的条件。行为利他主义（就是受这样的偏好所引导，它们与获益者的欲望更为接近）有时也能如此。

规范引导产生了代替遵循秩序的动物的心理利他主义。规范引导的产物（最简单和原始的形式）是造成行为利他主义的欲望。为了理解规范引导的过程，对命令的遵循解决了行为利他主义的利他失灵，必须对心理原因做更彻底的研究。我们很容易被诱惑去采取一种对规范引导和完全心理利他主义背后的机制的区别过于简单（也十分简洁）的描述。

根据这一过于简单的看法，心理利他主义由对受益者的情感回应产生，规范引导则包含了认知观能（也许是"理性"）的运作。心理利他主义是"热心的"，规范引导是"冷漠的"。这两个观点都应该被放弃。让我们从心理利他主义的各种形式开始。

可能存在不同类型的心理利他主义的个体。想象一个利他主义者在背景 C 下通过调整自己在对应的孤独的背景 C* 下所具有的欲望进行回应，因为他（她）感受到了对 B 的欲望；新的欲望也许伴随着对 B 的情感而出现，并且，如果这一情感出现了，它可能会也可能不会产生新的偏好。用原始的和未经分析的情感概念来考虑这一情形，我们可以区分四种情况：

a. A 的新欲望是由对 B 的情感所造成的。

b. A 的新欲望不是由对 B 的情感所造成的，或者不伴随着对 B 的情感。

c. A 的新欲望不是由对 B 的情感所造成的，但是产生这一新欲望的因素也在 A 中产生了对 B 情感的回应。

d. A 的新欲望不是由对 B 的情感所造成的；对 B 情感的回应伴随着这些欲望，但这些新的欲望是由独立的因果进程所产生的。

这一过于简单的观点假设 a 代表了最根本（原始）的心理利他主义形式；b—d 表明只能从规范引导中出现的回应。

为什么要持这一观点？这一观点背后显然可行的论证是：欲望

的调整只能根据一种情感的运作或者思考过程的结果；在伦理实践形成之前，行动者（人类或者非人类的）所具有的唯一思考的形式是对自私优势的计算。因此，基于理性的前伦理的欲望调整不能满足反马基雅维利的条件；同样地，遵守命令的唯一方法能够产生包含调整欲望的理性认知的利他主义。

根据第 3 节的解释，这四种类型都可以被当作心理利他主义的例子。刚刚所描述的这一论证否认了构成心理利他主义的欲望调整可以出现在 b—d 的情形中。为了评价这一点，需思考上一章中我们所提到的例子。有一些例子符合这一简单的观点。心理利他主义明显的例证体现在灵长类动物对其他动物困境的情感回应：母亲对幼崽不舒服的迅速反应，或者小蜜蜂对它母亲的耐心。但是，杰基和克鲁姆的例子不能被归于这一观点。此外，正如第 6 节所论证的，母亲的关心并不总是由情感所造成的。偶然发现动物尸体，并把这看作召唤幼崽的时机的灵长类母亲似乎进行了更为复杂的心理活动，这是将理性和激情对立起来的哲学实践难以把握的。

根据第 4 节采取的融合的观点，情绪是包含了认知和情感状态的复杂过程。这些状态间的因果关系是多种多样的，没有理由假设认知不是主要的部分。也许认知——意识到克鲁姆需要轮胎但却无法移动它，以及把尸体看作是幼崽的食物——导致了新的情感状态。或者也许认知没有改变感知者的情感背景，而仅仅是在已有的情感倾向上形成了新的欲望。动物可以有不进入新的情感状态便形成新的欲望的倾向。结果就是 b—d 也能被看作心理利他主义。

不仅仅是认知可以在不改变情感背景的情况下产生情感状态，或者新的欲望，而且存在着感知产生新信念，新信念产生情感状态，这些情感状态又反过来导致信念的转变，再产生新的情感状态这样复杂的因果链条。这些过程都伴随着欲望的形成：事实上，这些现象都是我们复杂情感生活中常见的。a—d 中使用的简单词汇不足以清晰呈现产生心理利他主义的所有方式（即使我们还不知道完全令

78

人满意的情感的概念会是什么样的形式）。此外，我们也并没有理由否认至少这些复杂的可能性同样适用于一些非人类生物。

对我们情感生活复杂性的这一简要介绍否认了简单观点的一半。而另一半，规范的引导必须是理性的，也同样被困扰着。神经心理学最近的成果表明，把热烈的激情看作"冰冷的"理性的反面是存在问题的，并且有证据表明情感在通常被我们看作冷静的慎思中扮演了一定的角色。[①] 在这一抽象的观点背后，我们有理由在一些规范引导的例子中给予情感主要的地位。

首先考虑一下规范引导的个人心理发展的方式。最开始，一个人，作为生活在我们祖先族群中的一员，不愿对伙伴的困境进行回应。规范引导的能力使得他遵循命令作出行为利他主义的回应，并且回应让他产生了对受益者的情感反应——同情的原始感觉（如同之前的情况 C）。这一感觉会通过受益者对他行为的回应而得到加强，此人或者基于原始的过程，或者通过——心理利他主义的——与他人感同身受来作出行为上利他的行动。因此情感上的变化也许是对遵循命令的承诺的直接产物：你既然同意用特定的方式来对待你兄弟的命令，你对兄弟的感情也会调整，新的感觉产生了用特殊方式对待他的欲望，而这是你之前所避免的（或者拒绝的）。一开始规范的引导产生了行为利他主义，但它最终导致了完全的心理利他主义。

那第一步是如何踏出的呢？它是否必须基于理性——是否必须以理性为基础——或许是通过马基雅维利式的认识来了解服从的好处？并不一定。认同某一命令可以是因为情绪，有时情绪可能是针对命令者的：你也许该接受它，因为你害怕。

这一点也许会激起一个明显的回应。如果规范引导的概念允许基于恐惧的服从，那么规范引导能力的获得不能被看作向伦理实践转变的关键点。一个两难困境令人担忧。如果具备遵循命令、规则

---

① 参见 Antonio Damasio, *Descartes' Error*（New York：Putnam，1994），and Marc Hauser, *Moral Minds*（New York：Ecco，2006）。

和信条的能力，是掌握真正伦理实践关键性的步骤，那么这一特殊
类型的能力需要一个解释——因为它不能来自恐惧的情绪或者审慎
的计算。另一方面，如果人们因为害怕不服从的后果而选择服从对
人类的祖先来说也是可行的，并且导致了规范引导的实践，那么就
只有作为假象的伦理实践与之前的前伦理状态联系起来了，因为人
们没有朝真实的东西转变。这些成为规范引导对象的个体没有获得
独特的"伦理视角"。规范引导广义的概念允许缺乏这一能力的原始
人进化成有这一能力的人类，但代价是失去了本来所主张的目标，
也就是伦理的出现。为了使规范引导与伦理相联系，我们根据命令
行动的倾向需要基于不同（以及更纯粹）的心理因果形式。

　　并不存在这种更纯粹的形式。至少自从 18 世纪以来，围绕着伦
理行动者特征争论的哲学家们设想了一种"伦理的视角"，根据这一
看法，人们给予自己命令——命令不是来自外部而是来自他们自己，
即"心中的道德法则"——并且要求情感对它的服从，如果不是消
灭情感的话。① 其他人把情感看作伦理能动性的中心。对自然主义
路径最主要的挑战经常被假设为如何证明伦理视角能从更为原始的
能力中进化出来；因为这一思维的引导，有自然主义倾向的思想家
经常试图把"这一视角"还原为特定类型的情感的感受来解决这一
挑战。他们与反对者的争论建立在一个共同的错误之上。

　　获得规范引导的能力——根据上面的理解，也就是遵循能代替
利他主义命令的能力——并没有表明"伦理视角"的转变。这不是
因为还有进一步的举动来回应批评者接下来的质疑，表明一种特殊
类型的规范引导（比如说，内化命令的一种特殊方式）构成了"伦
理视角"，而是因为"伦理视角"是哲学家们发明的一个心理虚构。
存在着许多能够引导人类认知和遵循命令的方式。不可否认的是一
些类型的因果过程使得伦理进步比其他过程更为高级（第六章中所

---

① 这一观点主要的来源当然是康德，以及伦理理论中康德传统下所提供的最为精致
　的解释。虽然康德的反对者经常反对贬低情感的做法，但也同样强调独特的伦理
　视角。我主张应该拒绝他们争论的前提。

说的方式），我们不应该由此推测构成真正伦理动机的过程与那些没有构成伦理动机的过程存在双边差异。

历史上大多数人都把他们的伦理实践嵌入了信仰，把要遵循的信条看作是上帝、灵魂或者祖先意志的表达（或者偶尔体现了非个人力量的趋势）。恐惧、敬畏和崇拜是这些人所做的重要决定和考虑的情感背景的一部分，并且事实上所有这些决定都是需要考虑超验存在的态度。这些人预设了他们对宇宙有着极为错误的信念的事实并没有降低他们作为道德行动者的地位。他们想要的是由恐惧和敬畏的情绪所造成的这一事实也不会降低他们作为道德行动者的地位。坚持从这些情感中解放出来的"伦理视角"是为少数冷漠的世俗主义者保留的。此外，因为那些不再算作完全伦理行动者的个体所采用的视角，对所谓的伦理视角是否能够独自成立的怀疑是合理的。在文化的进化和个人的发展中，"尊敬道德法则"的能力也许依赖于先天的情绪，这种较简单的尊敬感觉已经被看作伦理上的原始情感。

通过对遵守命令的承诺，有许多方法可以导致人们表现出行为利他主义。他们也许清楚地明白不遵守的后果，并且发现这些后果会影响他们的身体、行为或者计划，令人不愉快或者恐惧。他们也许没有清楚地意识到这一点，而是出于对命令者的恐惧或者尊敬才遵守命令。他们也许把命令的来源看得比自己更为重要，遵守命令因此也就很重要。他们也许积极地想要与他人的欲望保持一致。他们也许把命令的来源看作他们自己的一部分，担心不遵守它会带来内心的冲突。他们也许明白这一特定类型的命令所属的一般的命令会带来的后果。他们也许想要成为按照之前所认可的命令来生活的人。他们也许想要和那些遵守命令的人和平共处。他们也许有对自己的一般想法，包含了遵守所在社群的命令。或者他们把自己看作某个联合的计划的成员，在这个计划中需要发出和遵守命令。这些当然没有穷尽所有的可能性，并且有一些想法还能同时出现，并有不同的强度。

规范引导概念的好处现在应该很明显了。我们的决定涉及各种考虑和情感的杂烩，如果限制各种心理可能性，认为有些决定需要摆脱情绪，有些则不是，有些是 " 伦理观点 " 的构成因素，有些则不是，有些符合反马基雅维利条件，有些则不符合，那么这是愚蠢的，也是不必要的。情感是典型的既包含了认知状态又包含了情感状态的复杂过程（第 4 节），因果联系可以是从情感到认知或者从认知到情感，我们的行为有时产生于包含了不同类型状态的复杂循环。与我所提倡的观点相对的那种简单观点，则用不充分的语言来描述这些可能性（即使我们仍然缺少清晰和准确的语言来对相关的状态和过程进行分类）。

心理利他主义发生在感知到他人的愿望后调整自己的欲望使之更符合所感知到的愿望的情况下。规范的引导发生在当对命令的认知导致某人按照它去行动并且（在目前已研究的条件下，也就是伦理计划开始的背景）用行为利他主义取代了利他失灵的情况下。情感、欲望和认知状态在这两种情况下都是互相交织的。心理利他主义和规范引导的原因也许是极为不同的。存在许多成为心理利他主义者的方式，同样地，也存在许多导致规范引导的方法。后者的模式中没有一种能被看作优先的"伦理视角"。

毫无疑问的是存在着一些极端的例子。一些想要帮助他人的个体，仅仅是因为他被命令如此行动并且他意识到了不服从会遭受痛苦的惩罚，这样的人不是心理利他主义者并且（至少）处在伦理实践的初级阶段。另一个极端是某个人有关于他人愿望的一般概念，并且他遵守规则是因为能促使他人愿望实现，这样的人至少看起来更接近心理利他主义并且参与了更为高级的伦理实践，就算她想要帮助实现的这些愿望甚至环境对她来说都是未知的，或者她有成为帮助他人实现愿望的人的欲望。规范的引导正如所描述的，适用于这两种类型的个体，在一个例子中产生了行为利他主义，在另一个例子中则产生了类似完整的心理利他主义。

鉴于可能原因的多样性，为什么我们一定要实现其中一种类型才能成为真正的伦理行动者呢？"伦理视角"成为对自然主义的挑

83

战，是因为它反对把伦理行动者看作对他人需求进行回应的有同情心的个体。虽然看起来吸引人，但这些人存在缺陷。[①] 他们善良的情感是不可靠的："热爱人性的人"的思想有时会被"遮蔽"，在这一条件下，乐于助人的感觉不再起作用，这个人将会变得自私，对此的担心是合理的。即使我们严肃地处理了对稳定性的担心，"恰当的"动机看起来也是不可能的。什么样的基础能让谨慎地控制激情以及参与抽象的道德推理（哲学家所建议的任何类型的推理）被证明是稳定的？我们理性的能力就不会被"遮蔽"吗？抽象的反思和推理并不会比多变的情感回应更为稳定。20 世纪许多可怕的行为都是因为抽象的原则而实施的。

正如我们之后将会看到的，可靠性是一个问题（第 21 节）——对"情感的遮蔽"的担心表现了非常重要的一点。但是寻找一种单一类型的，稳定的或者至少比其他选项都更为稳定的心理因果性是愚蠢的乌托邦式做法。引导人们通过遵守命令而调整他们偏好和行动的不同方法有不同的优点和缺点。规范的引导因为具有能够说明不同的环境下有与之相适应的不同心理过程的这一优势而成为更好的解释。也许规范引导与类似的生物变化是以同样的方式进化的，最初产生某些重要结果的系统得到了更进一步的机制的补充：有机体有许多方法来产生所需的东西并以此抵御灾难性的后果。

几乎可以肯定规范引导开始于由于恐惧而服从原始的外部命令；许多规范的引导也许受到了对假设的超验存在命令的尊敬，这种尊重混合了希望与恐惧（第 17 节）。这些希望与恐惧造成了许多其他激发服从的情感性资源，敬畏和尊重的感觉，社会的团结感和与他

---

① 这一回答的经典来源是康德，*Groundwork of the Metaphysics of Morals*，Mary Gregor, trans.，（Cambridge, UK: Cambridge University Press, 1998, Akademie pagination 398）。这一段经常被看作是对休谟的反驳，但我怀疑康德实际上是想反对亚当·斯密。不仅仅是因为斯密大大地发展了休谟的同情的理论，也因为我们知道康德阅读了《道德情操论》（Kund Haakonssen, ed. Cambridge, UK: Cambridge University Press, 2002）而不确定他是否读过休谟的《人性论》（Oxford, UK: Oxford University Press, 1978）。

人共同行动的满足感，以及对某人行动的骄傲感和对同伴的责任感。规范引导形式的历史展现了某些类型的进步，并且相对于更早、更原始的心理因果形式，试图通过遵循行动者自我设定、思考和认可的命令去行动经常被看作是更为进步的。然而，这些是种类的差别而不是程度的差别。一些进步（也许是包含了一种特别纯洁的情感的形式的进步，也许是完全控制情感的进步）对我们的基本能力来说是极有价值的补充，但它们与之前的规范引导的模式相比并没有特殊的地位。无需假设它们构成了可以被看作理性权威的"伦理视角"，它们的价值也能得到认可。[1]

85

我所捍卫的路径允许对经济学实验中的研究对象的行为给予更为系统的处理方法。这些人是由研究者所招募的，对彼此的愿望和需求知之甚少，甚至一无所知，他们被置于能够决定与合作者分享多少金钱奖励或者给予不合作者多少钱以作为惩罚的条件下。有一点是清楚的，既不能完全假设参与者的偏好是由他们对金钱的考虑所造成的，也不能完全假设是由对非金钱的考虑所造成的：他们并不是虚构的理性经济人。[2] 那么为什么他们分享奖励或者给钱来惩罚他人呢？不是因为他们被那些要空手离去的人的困境触动，而是因为他们没有根据判断这会对陌生人产生什么影响。一个与证据相符合的解释是某些形式的规范引导扮演了一定的角色。参与者们做他们想做的事情，与其他人分享，因为他们遵循了一个他们已经接受和认可的命令或者一个他们看作是当前社会固有的命令。

如果他们真的为对公平的认可，对一种清晰的关于分配资源中

---

[1] 参见 Thomas Nagel，*The Last Word*（New York：Oxford University Press，1997），chap.6；同时参见 *The View from Nowhere*（New York：Oxford University Press，1986），chap.9。

[2] 这被用来证明经济学研究中非常重要的一点，因为它可以产生效用的函数就是金钱增长的函数这一模型，但这一点不太符合真实行动者的行为（对他们来说其他的事情也非常重要）。事实上，对于高级经济学来说，研究对象因为何种方式而产生表现在行为中的欲望都是不相关的。不清楚的是这些巧妙的实验如何能带来关于利他主义和它在伦理实践中的角色的哲学思考。关于这些实验工作阐明性的陈述参见：Ernst Fehr and Urs Fischbacher，"Human Altruism–Proximate Patters and Evolutionary Origins，"*Analyse & Kritik* 27（2005）：6–47。

体现的平等价值的观点所激发，从而想要分享（或者惩罚不合作者），我们就可以把他们的偏好看作是利他主义的。虽然他们不知道他们所奖励的人的需求，但他们从受益者的视角来看，会认为那些什么都没有得到的人（或者得到的少于一半的）对这一结果并不满意；公平感支持了这些抱怨，也正因如此，没有任何自私的动机，他们只是想要一个公平分配的结果。这一猜测也许表明了关于一些实验对象的真相，但我们绝不应该被迫接受它。因为许多证据表明规范引导的其他模式仍然是可能的：也许参与者想要快乐（或者避免痛苦）；也许他们想要成为遵守分享这一社会主流规范的人；他们知道他们的父母、配偶、朋友或者孩子不会赞同他们贪婪地获取所能获取的一切；他们也许想要获得实验者的认可并且不希望在他或者她的记录（即使只是思维上的）中留下不好的印象，比如"一个吝啬的人"；没有任何对平等的美德的认识，而是因为他们知道这是人们会赞许的做法，并且牺牲并不巨大（他们离开实验室时能有所收获）。这些心理情境的详细描述引起了对反马基雅维利的条件是否得到满足的严肃质疑。更明显的是，调整的愿望不是对其他人的反应；事实上，在一些实验中，真实的受益者是不可见的；对话发生在行动者和周围的社会之间（也许在实验中得到了体现）。[1]

规范引导在一些本来会导致利他失灵的环境下可以产生完全的心理利他主义。最初，它总是会产生行为利他主义。人们的动机十分复杂，在包括经济学实验等的许多情况下，我们不能说明（至少在没有进行很多研究——也许还有一些运气的情况下）如何准确地对让他人受益的人进行分类。[2]

---

[1] 主要的动机是给实验者留下好印象（或者避免让他失望）的实验对象很容易和准备给他人施加折磨的实验对象联系起来。

[2] 这一结论引起了设计这一实验的研究者的反对，他们认为重要的概念是行为利他主义。我关于伦理计划的解释同样承认心理利他主义倾向的重要角色。不同形式的研究下需要不同的概念，并且不需要争论哪种利他主义的理解是"正确的那个"。

12. 惩罚

用这种方式来看待规范引导有一个明显的预设，遵循命令倾向的 87
背后，不管是来自外部的还是内化的命令，必须存在惩罚。除非存在
着对不服从的惩罚，否则恐惧很难成为规范引导原始能力的重要部分。
相反的，当惩罚在群体中出现时，它可能进化出复杂的合作形式。[1]

这一假设能否得到捍卫？伦理计划被认为实际开始于从有限的
心理利他主义向出于恐惧而服从命令转变之时。除非能够解释惩罚
的可能性，否则这一看法的可行性将会大打折扣。[2]

从原始的惩罚已经出现的黑猩猩社会开始。这些群体中的矛盾
往往通过占主导地位的动物的干涉而得到解决。[3] 这些社会中等级
或者力量（或者两者是伴随出现的）占主导地位，矛盾是通过给一
开始引起冲突的动物施加痛苦和折磨来解决的——当然并不是总能
解决。本来想要帮助受到首领严厉管教的动物的伙伴预料到这样做
的代价，就会控制自己。

惩罚不需要总是以这种戏剧化的形式出现，它也能在动物意识 88
到有彼此合作的机会时出现。一旦被当作黑猩猩 – 原始人社会基础
的对非亲属的利他主义基本倾向出现，有选择的博弈（第 8 节）就
变得可能了。许多潜在的伙伴能被召集起来一起行动。因为有与亲
近的朋友和同伴合作的倾向，一些背叛的行为将会被容忍——动物

---

① 这一点我是建立在 Robert Boyd and Peter Richerson, "Punishment Allows the Evolution of Cooperation (or Anything Else) in Sizable Groups" [Originally published in *Ethology and Sociobiology* 13 (1992): 171–95; reprinted as Chapter 9 of Boyd and Richerson, *The Origin and Evolution of Cultures* (New York: Oxford University Press, 2005)] 这一杰出的文章之上。
② 在这回忆第 2 节的方法论要点极为重要。一个关于伦理计划真实起源的猜想得到了此前原始人状态以及对类似的人类处理社会困难能力的认知等证据的支持。这一猜想必须通过表明它的假设与实用自然主义所承认的限制相兼容才能得到辩护。
③ Goodall, *Chimpanzees of Gombe*, 321–322; and de Waal, *Peacemaking Among Primates*.

不会表现得像严格的区别对待的合作者，当潜在的合作伙伴是心理利他主义的目标和长期盟友时，动物不会表现得像有鉴别力的合作者那样严格，拒绝联合活动的邀请。尽管如此，这一纽带是脆弱的，并且互动的机会又是有限的，区别对待的合作这一策略同样也是可能的。利他主义出现于联盟博弈让动物倾向给同伴获得的利益赋值，因此增加了赋予团体所获得的以及个人失去的结果的总价值；结果，动物不会那么严格地将好友与潜在合作伙伴区分开来；但是，随着关系的生疏，对有选择的博弈的基本结构的偏离就会越来越小，策略就会更支持区别对待的合作，基于单次的背叛而拒绝进一步的合作。

这本身就是一种形式的惩罚。剥夺一个动物合作互动的机会将迫使它有时采取满足需求的次优手段。只要有和别的动物共同行动的机会，即联盟中仍然有动物愿意和它进入伙伴关系的话，影响并不严重。但如果同盟总是不能形成，或者被拒绝合作的范围足够广，它的生活将会变得十分困难。放逐是非常严重的惩罚。①

89 刚刚所提到的行为使得个体对它所不喜欢的行为进行回应。这些个体既可以通过他们的力量（或者通过基于等级的不受质疑的权威），也可以通过拒绝合作（甚至是弱者也能作此反应，有效地对犯罪者造成痛苦）。在这些事件中社会参与是微弱的：在某些情形中因为惩罚者的力量（或者等级），旁观者在一旁观察而已；在其他情形中，它们的态度或者行为不会完全削弱惩罚者的成功——它们会继续和惩罚者反对的动物合作，但无法强迫惩罚者去这么做。②当动物形成了对惩罚的条件的社会期待时，更复杂的惩罚系统出

---

① 社会孤立和放逐在小型人类社会中被用作一种形式的惩罚。对于这一影响的生动描述参见：Jean Briggs, *Never in Anger* (Cambridge, MA: Harvard University Press, 1970)。

② 原则上，正如当一些动物通过身体来惩罚他人时会增加暴力，当区别对待的合作者把其他个体从潜在合作者的名单上划去时也会增加不合作。在前一种情形中，明显的力量或者等级的认知会终止武力；在后一种情形中，我怀疑 A 对与 B 进行有选择游戏的拒绝并不总是能被察觉到，当被察觉到时，它也不会让 B 的伙伴放弃与 A 进行有价值的合作的潜在机会。

现了。

与简单的群殴这类行为不同，对于惩罚行为，即使是非常原始的，旁观者不被牵涉其中是极为重要的。因此，惩罚所要求的第一步就是群体中的其他成员，即使是受到威胁的动物的同伴，不应该牵涉其中。惩罚对象的朋友会任由惩罚进行。下一步就是伴随着简单的规律而出现的广泛期待，其他人在这种背景下不会进行干涉。这一期待会抑制被惩罚一方的反抗，被惩罚的动物知道其他人不会干涉并且只能承受所发生的一切。进一步的要求是持续存在着对于是谁进行了这些争斗的行为的关心：也许是与背景有特定关系的动物；也许它们扮演了特定的社会角色。最后，产生了对引起矛盾的动物的身份的预期。在最后这一阶段，我们就实现了在当代人类社会（以及我们有历史记录的社会）中发现的惩罚系统。

惩罚的实际进化可能会偏离刚刚所描述的步骤的顺序，同样也没必要确定在哪个节点上"真正的"惩罚出现了，这也没有解释为什么一代代的原始人会经历这些阶段。关于最后一个问题的可靠观点需要建立在从一个阶段到下一个阶段的优势的准确模型上，并且建立这一模型需要的信息比我们从关于在远古环境中造成繁殖成功的原因中获得的多得多。① 挑战不在于理解惩罚真实的进化，而是回应对这样的进化不可能的担忧。把进化分解为可以逐步实现的条件足以证明渐进进化的可能性。重要的是，为了支撑规范引导的解释，惩罚的出现不需要先实现伦理实践。

早期的阶段可以在没有语言的情况下出现：正如之前所说的，黑猩猩有时通过原始形式的惩罚解决冲突，以及有选择的博弈的可能性也同样产生了惩罚。后期的阶段就需要已获得的语言技能的支持。更复杂的惩罚形式的出现也许混合着语言的进化——并且两者

① 我们不难构建出一种模式，允许在启动和完善惩罚制度时具备适应性优势的可能性。这些模型的作用是避免惩罚计划渐进进化这一假设受到它们是无端出现的，与达尔文进化论不相容的这类指控。然而，没有关于远古环境的大量知识，也就不知道相关参数的数值，主张任何这一类的模型描述了惩罚进化的实际进程是得不到辩护的。在这点上谦虚是恰当的。

可能都混杂着规范引导能力。

假设某种利他失灵，比如说，把食物留给自己通常会引起他人进攻性的报复。黑猩猩和类人猿能够发现这一规律，从而使某些个体认识到如果不分享就会对它们造成潜在威胁，它们的恐惧产生了服从性。随着语言的出现，这些个体的后代可以为他们自己和其他人构建命令。母亲通过命令自己的孩子分享来训练他们，由于这些命令，幼崽不会惹来麻烦并且避免了受伤的风险。反复出现的命令在以后的情形中留下了回响，而且原始的分享倾向也通过受母亲训导的记忆得到了巩固。

通过清晰的命令和对惩罚的恐惧，即使是最早阶段的原始惩罚，规范引导也能够获得支点。能够辨别和遵循命令的动物相比于没有这些能力的动物更有优势。[1] 一旦这一能力出现，它就能产生更高级的惩罚形式所要求的社会合作行为。动物——现在当然是指人类——能够形成干涉所造成后果的规律描述。干涉的旁观者似乎会受到和那些导致利他失灵而被惩罚的违规者一样的惩罚。群体成员为他们自己、亲属和朋友构造了让规则执行的命令。当这些规则变得普遍时，彼此就会意识到对方都有服从和除了看着以外不会做任何事的社会期待。违规者意识到这一期待，预料到抵抗的徒劳无功，命令他们自己服从惩罚而不是采用更危险的还击这样的策略。因此规范引导一旦存在，就能够转变为更为精致的惩罚形式。随着惩罚的精炼，进一步的规律更醒目了，为额外的规范引导提供了空间。

认识到特定——而且是吸引人的——行为痛苦的后果，受到对结果恐惧的驱使，会让他们自己（和他们的后代）避免这么做。下一步将会考虑自我命令和自我控制的能力如何能够得到加强。

---

[1] 需要重申的是，这一能力有没有优势取决于环境的细节。如果对于即使是很小概率的严重破坏都会实行惩罚，并且如果遵循命令的个体只是轻微地倾向于避免利他失灵，那么对保持完整和健康的预期收益就会胜过因为分享而失去的食物。重申一遍，我们不知道这些情景是否可行，这只是对"如何可能"的解释。

13. 良心

莎士比亚笔下两个著名形象呈现了关于良心的一种观点。理查三世为我们对行为的内在压制提出了一个猜想：

> 良知不过是懦夫所使用的词语，它的发明只是为了让强者存有敬畏之心。

哈姆雷特用类似的语言，担心一旦自我节制的倾向出现，良心会对行为产生影响：

> 这样，重重的顾虑使我们全变成了懦夫，决心的赤热的光彩，被审慎的思维盖上了一层灰色。（译文选自朱生豪《哈姆雷特》）

这两段文本向我们建议了这样一幅明显的画面：有自利意图的强大的人被内化的规范引导压制，用恐惧取代了"决心"。这一图景有时使得思想家们悲叹内化使人软弱。[①] 不论他们对或错，实用自然主义需要解释内化的命令如何变得可能。[②]

第 11 节中所考虑的第一种形式的规范引导侧重于遵守明确命令的能力。人类（因为他们已经获得语言也就不再是原始人了）在童年时期学习到了这些规则并且记住了传给他们的命令。但是，随着

---

① 尼采的指责最明显体现在 *On the Genealogy of Morality*（Cambridge，UK：Cambridge University Press，1994）前两篇文章中；有类似思想的还有弗洛伊德，在他许多后期的作品中，特别是 *Civilization and Its Discontents*（New York：Norton，1989），以及威廉·詹姆士关于道德生活的"费力"的作品［James，"The Moral Philosopher and the Moral Life" in William James *Writing 1878–1899*（New York：Library of America，595–617）］。

② 重申一点，第 2 节中方法论的观点在这是相关的。

93　它们力量的增长，然而，旧命令的记忆可能会变得太弱，无法覆盖
"决心的本来颜色"。他们也许重新陷入了规范引导所承诺要避免的
利他失灵。

　　但是，随着更为复杂的惩罚系统的发展，对没能被规范地引导
的个体和其他社会成员来说被记住的无效命令的代价都相当大。有
倾向回应那些强化自律的社会化模式的变异个体，将会有更为彻底
的合作以及遇到更少的麻烦。这一规范引导的拓展包括了社会创新
和个体的心理改变。在社会方面，它要求训练群体中的年轻成员，
让他们把违反命令的后果和不愉快的情感联系起来。在个人心理层
面，它存在于对个体感情生活的控制上。

　　恐惧是内化过程的根源这样的莎士比亚式观点并不是排他性的：
其他的情感同样可能是由规范引导造成的。想想一个早期人类的社
会群体，他们能够发出和记住命令，但是这些命令仍然可能不起作
用，因为有的个体会认为自己足够强大。一个创新改变了群体中传
统的做法，对青年发出命令的行为造成了一种长久的恐惧：也许他
们被诱惑而违反了其中一些命令，受到了极为严厉而且印象深刻的
惩罚；也许这发生在某个易受影响的年纪。在这之后，即使他们成
长了，这种训练仍然会使他们一想到违背命令就会有心生恐惧。良
心没有让他们变成懦夫。然而，相似的后果可以通过不同的方式达
到。如果年轻人被引导把某些命令与群体等同起来，如果他们把遵
守命令看作是归属某个特殊社会群体的构成性部分，他们也许会有
更为复杂的反应情感。当他们继续执行这一命令时，会感到骄傲；
当他们没能遵守命令时，则感到内疚或羞愧。因为这些反应伴随着
相应的结果，它们也许会代替对惩罚的恐惧，在不同的基础上促使
相同的合作行为产生。

94　　我们对于人类情感的复杂性知之甚少，所以不能非常详细地描
述这一情形，但是对于大致结构是清楚的。内化最简单的模式是利
用恐惧来实现社会化。更为复杂的训练方式会培养其他情感，也许
在不同的发展环境中这些情感不一定会出现，这些情感与潜在的行

为模式结合会加强行为利他主义的倾向。这样的结果是形成能够更广泛实现合作的社会，并且也不再经常需要代价高昂的惩罚。此外，在伦理计划的早期阶段，不同的群体也许培养了不同的情感，来支撑他们用不同的方式展开伦理实践。也许存在着许多不同的建立良心的方式。

不论它是如何建立的，良心是遵循规则能力的内化。社会化的个体不仅仅能够听到外部命令者的声音，或者记住儿童时期接受的禁令。命令的声音似乎来自内心，一开始是恐惧，之后也许是对特定社会群体的归属感。相比于原始的遵循和记住外部命令的方式，这两种模式都提供了更为有效的对违反规则的后果的预判。受良心驱使的人更容易适应社会生活，更少引发惩罚并且会遇到更少的麻烦。

如果，从哈姆雷特中再借用一些台词，社会对个体的操控就如同吹奏竖笛，成功引导规范的社会教导能通过许多不同的复杂情感来实现，即使是不同的群体技能都成功地保证了合作行为。虽然良心开始与恐惧相关，但之后它会被羞耻或愧疚，骄傲或希望替代，情绪在更原始形式的规范引导已经出现的社会环境中才是可能的。①

内化的规范引导的评价并不会带来什么结果。受到恐惧（或者其他负面情感）驱使的良心当然会扭曲和软化人们的心理生活，②但来自内化权威恐惧的自我约束总是有害的这一点并不清晰。与他人和谐互动的后果可以胜过对表达自私欲望的牺牲。事实上，社会参

95

---

① 根据我的策略所勾画的情境，我没有给出这些情绪应该如何理解的详细说明，也没有受到一些人类学家和哲学家观点的影响，而因此认为存在着一些文化是以羞耻为中心而其他一些文化则以愧疚的情感为中心。正如在文章中我所注明的，我不认为这些情感穷尽了所有的可能性；我也不认为它们彼此如同其他观点所说的那样是不相容的。
② 这一点尼采在他对基于怨恨的"畜群道德"（herd morality）的批评中得到了详细表述。如何发展能够产生带来重要好处的良心而又不伤害个人，这当然是伦理计划要持续处理的问题。

与或许能被看作对一个人欲望和追求的集合更为深刻和重要的描述。简单来说，这很大程度上取决于人们的良心感到必须遵守的具体命令，以及它们是否干扰到了个人生活最为中心的需求。规范引导的内化形式有两个不同的维度，一个的特点是基于情感而实现服从，另一个是基于命令的内容。良心压抑的形式在任何一个维度中都可能出现，如果它以一种不健康的方式发展。社会灌输使得所有的思考都围绕着恐惧，愧疚和羞耻，会扭曲社会化的个体；同样地，大量的禁令，不论如何得到情感回应的支持，也会完全限制个人。[1] 另一方面，一个人的良心可以通过多种方式体现，有时包括了通过恐惧、愧疚和羞耻这些方式，但他可以意识到自己正在通过良心的合作促进社会交换来实现更为丰富的情感生活。[2]

96
14. 社会嵌入

人类群体的成员通过两种重要的方式实现社会嵌入。首先，如同所假设的，规范引导内化的方式取决于群体内所采取的训练。其次，所给予的命令的内容取决于群体成员的讨论。这一讨论的特点在各个群体以及不同的时间段差别巨大，这些差别包含了对应不同年龄、阶级和性别的不同程度的参与。但是最初，共同商议的规则，[3] 通过社会接受和支持的训练传承给了年轻一代。

平等，即使只是对平均主义的承诺，在伦理计划的早期阶段也是十分重要的。在形成规则时，群体中所有成年成员的声音都应被听到：他们以平等的地位参加。此外，规范行为的主张只有群体中所有成员都满意时才能被接受。

---

① 理解弗洛伊德《文明及其不满》的一种方式是认为他宣称任何实现文明所要求的社会合作的方式都必然包含了大量范围广阔的禁令以及普遍的负面情感。他的看法是基于对我们根本欲望和本能的一种特定的观点。

② 这显然类似于《利维坦》中认为恐惧扮演了建构性角色的霍布斯式观点。

③ 我这一观点接近于 Allan Gibbard, *Wise Choices*, *Apt Feelings*（Cambridge, MA: Harvard University Press, 1991）。

虽然这些可能看起来是不切实际的严格要求，但它们是基于三种证据的。对生活方式最为接近早期人类祖先的社会的人类学研究表明了所描述的这种类型平等的存在。[①] 此外，如果规范引导是为了解决社会矛盾，讨论必须解决旧冲突而不会产生新矛盾。最后，对于小型群体，他们必须合作并联合起来抵抗外部威胁，没有一个成年成员是不重要的。这些群体是联盟博弈的产物，这一博弈的动态产生了平均主义的压力。

平等在当代较小以及和周围群体关系经常较为紧张的社会中得到保存。我们的祖先一直这样生活直到大概一万五千年至一万年之前。这样的结果是伦理计划有四分之三的时间花在了当代极为罕见的社会环境中。小型社会对周边群体的干涉和侵略的担心是合情合理的。社会团结极为重要，在规范的讨论中没有成年成员可以被边缘化。如同联盟博弈（第9节）早已揭示过的，孕育了人类社会的原始人群体形成于通过构建联盟而获得的领地。领地的稳定性取决于和周边群体力量的平衡，并且，对那些较小的群体而言，每个成员的贡献都是必需的。包括了所有成年成员的讨论的目的在于解决所有成年成员的需求，这也就模糊了等级的区分，而这对伦理计划发展的前四万年来说很重要。[②]

这些讨论会为共同生活制定彼此都同意的规则——但不仅仅是这样。伦理规则是多维度的：除了明确的规则之外，还包括了给行动进行分类的类别，描述示范性行为（包括命令和反对），社会化的模式，以及行为的习惯模式。在最早的阶段，我们应该记住所有元

97

---

① 参见 Christopher Boehm, *Hierarchy in the Forest*（Cambridge, MA：Harvard University Press, 1999）；Richard Lee, *The !Kung San*（Cambridge, UK：Cambridge University Press, 1979）；Raymond Firth, *We*, *The Tikopia*（Boston：Beacon, 1961）, Marjorie Shostak, *Nisa*（Cambridge, MA：Harvard University Press, 1981）。

② 我的推测是思考性的。我假设伦理计划开始于获得完整语言的时候，也就是最迟在五万年前，人类社会一直较小，一直到最早大概一万五千年前。我认为在当代游牧－采集部落观察到的社会平均主义对伦理计划前三万五千年来说来说是极为核心的。

素都为群体内的所有成员所接受。在营火旁，他们在规则、模范行为、训练年轻人的方式、惩罚的实践、奖惩的习惯上，也许偶尔还在目前使用的概念的变化上，达成共识。这一社会嵌入的规范引导形式为伦理计划的进化打好了基础。

伦理规范可以自行修正，坚决反对任何改变的可能性或者接受修改性的讨论。也许在早期阶段，通常坚持要有清楚的规则来服从并且永远不被调整。更早期的原始人/人类社会生活的困难显然是足够广泛的，最初的主张并不完全成功，社会群体为了进一步解决他们的利他失灵几乎必然要通过允许调整已经实现的道德规范的尝试来达到这一目的。因此这些规范的发明和修正都是社会产物：它们是对此前困难群体的利他失灵的共同回应，目的是降低未来类似困难的频率。它们预设了个体规范引导的能力，但成员该如何被引导是需要共同决定的事。原始的功能是减少利他失灵，而规则取决于对合作是以何种方式被打破的社会理解。

这是否过于强调伦理计划的社会特性了？根据对伦理起源的另一种——生物学的——猜想，我们早期人类祖先不仅获得了对命令进行回应的倾向——最终获得自己命令自己的倾向——也获得了命令的内容，这些内容不是通过社会讨论确定下来的，体现了对于具体规则的共同观点。不同于基于利他失灵（也许反映了特定群体失败的真实历史）而产生的规范引导的能力，这一推测把个人看作基于进化而朝向特定的自我命令的模式。①

生物学假设设想了心理变化。人们获得通过不同方式来遵守规则的倾向（也许比现在更频繁地分享），伴随着感受到特定情感或者给出特定类型的判断（对那些不分享的人的负面判断）的能力。他们都具备了道德感并在对他人行为的反应中体现出来（有时是对自己之前的行为）。但这一感觉并不会产生伦理计划。有了这一感觉作为条件，群体的成员可以更频繁地根据我们——参加伦理计划的

① 这儿所考虑的这一类型的观点在马克·豪瑟（Marc Hauser）的书中得到最清晰的表述，参见他的 *Moral Minds*（New York：Harper Collins，2006）。

人——所认可的标准行动，但他们，也就是原始的行动者，并没有 99
这些标准或者看到他们过去展现的行为和现在的行为之间的区别。
从我们的视角来看他们也许比他们的前辈更公正，也许更善良，但
这并不是他们所能作出的评估。

他们要开始伦理计划就必须把特定类型的行为看作示范性的，
或者把特定的规则看作要求他们服从的东西。他们如何能从他们自
身的倾向和能力中获得这些认知性的能力？或者如何从对促使他们
行动的东西的反思中获得？他们如何发现欲望或者促使行动的情
感？他们感受到许多类型的情操（虽然他们的情绪依赖于社会环
境），但他们如何确定哪一个属于"人性的部分"呢？[①] 为了弄清某
些东西是真正的命令，他们需要区分命令和其他的压力，而且最明
显的可能性是确定来源——命令者。基于他们的环境，唯一可能的
来源存在于群体的成员中。如果存在着为群体讨论和构造规则的明
显实践，他们就能划出重要的界线了。在他们的心理或者周围环境
中没有其他东西能够给予这一能力了。那么，伦理计划只能开始于
规范引导被嵌入社会的时候。[②]

即使存在着不同的遵守规则的倾向，它们也都被看作是伦理
上进步的——克制暴力倾向，更多地分享，安慰受苦的人或者其
他——这些都是善良的倾向，服从规则的方式（伦理计划，一旦开
始之后，所认可的规则），但不是遵守规则或者信条的能力。作为伦
理计划的开端，他们必须有识别能力，而且为一定权威认可的规则
和命令所管理。伦理计划要求规范的引导，并且因为不存在与群体 100
（或者一些次级群体）抗衡的其他权威的来源，它要求规范引导被嵌
入社会。

---

① 我从休谟那借用了这一表达，参见 Hume，*Enquiry Concerning the Principle of Morals*（Indianapolis，IN：Hackett，1986），77。它能够有效地提醒我们一个事实，
那就是相信存在着特定类型的道德感——或者道德判断——的人需要解释行动者
如何能判断它们属于这一类型。

② 这一段的论证和维特根斯坦著名的私人语言论证（private-language argument）类
似。（*Philosophical Investigation* §§243 ff.）

　　如果想要说明伦理计划的某一个方面，就需要对生物学的猜想作进一步提炼。因为它假设的新能力依赖于社会环境。

　　考虑这一假设的多种形式。最强的猜想会假设人类获得服从特定类型的规则——或者更恰当地说，遵守特定类型的规律——的能力，这一能力独立于规则的社会背景。因此，相对应的分享行为，也许可以宣称，超越了有限的原始的分享倾向，人类获得了更广阔的倾向来弥补特定类型的利他失灵。正如在之前所提到的，规范引导没有扮演任何重要的角色；相反，人类更广泛的分享能力来自导致心理利他主义的额外机制。可能是我们的祖先获得了某些额外的机制，但这些机制无法与扩大人类合作倾向的复杂工作中的规范相媲美。强的猜想必须坚持人类和非人类心理利他主义或者行为利他主义的差异来自两类不同方式，一些来自原始人已经具有的利他主义的倾向的强化版本，一些来自自我命令的人类的能力。

　　较弱的猜想假设自然选择下的进化使得人类具有了一些使用规范引导能力的基础。也许人类，不管处于何种社会环境，都会发展出对特定类型的行为的特定情感，比如对分享（某人自己的分享行为或者其他人的分享行为）具有正面的情感，对不分享具有负面情感。引导分享的社会法令看起来更像是人们主动采取的而并非强加的自私行为规则。在极端的情况下，也许可以假设一些命令对我们来说是不可能遵守的，它们类似于我们无法学习的语言。[1]

　　分享的实验揭示了在人们成长的真实环境中，实验对象会和其他人分享并惩罚那些不分享的人。[2] 对这一结果跨文化的认同使我们对潜在环境有了一定的理解，但它不能排除当代社会化的共同特点扮演了重要的因果角色的可能性。为了证明相反的行为对人类来说是不可能的，就需要表明没有环境允许人类通过不同的方式发展。

---

[1] 豪瑟（*Moral Minds*）使用了这一类比，并且假设存在着与普遍语法对应的伦理法则。基于我在本书中给出的理由，我对这一说法持怀疑态度。

[2] 对这一结论最系统的阐述来自费尔（Fehr）和他同伴的工作。豪瑟清楚地总结了这一点。

由于极度不了解潜在的环境，这一类结论几乎不能得到有效的辩护。① 此外，我们已经知道在一些环境中——可以确定的是不健康的环境——人类的行为违背了我们被假设倾向于遵循的规范。冷漠的自我引导的行为，集中营里的挣扎，以及心理实验的对象对他人施加折磨的意愿提醒我们，在恰当的条件下（或者更恰当地说，错误的条件下），设想的普遍后果不会出现。②

我们行为的倾向的可塑性很强。基于假定的基因组变化是所谓利他主义倾向扩大的基础，在人们可以生活的社会环境中（许多是未知的），大家可能会有一系列的行动倾向。如果之前所得出的关于分享的实验中实验对象行为的解释的结论是正确的（第 11 节），行为的倾向似乎依赖于社会所嵌入的规范引导和引导所采取的形式。较弱的生物学假设坚持特定类型的情感反应在不同的环境中都是可能的，以及情感反应所采取的特定方式独立于社会环境，因此不能成立。

更为合理的观点是由于我们的心理不断发展，灌输规范的尝试并不总有一样的效果。也许我们确实对一些类型的行为有情感回应的倾向，因此在普遍的情况下，遵循某个规范对我们来说也许很难受（实验对象遵守实验者的命令施加痛苦时感受到的那种难受），而遵守另外的规范时或许很轻松。调整一下语言上的类比，基于目前已创造的社会环境，一些语言也许更难学习——一些命令同样更难遵守。人类进化历史也许赋予了我们一些形式的盲目性从而能够服

① 这一问题和困扰许多社会生物学和基因决定论的主张是类似的——从少量的样本中推断行为的规范的困难度。对这一问题的说明参见 Kitcher, *Vaulting Ambition：Sociobiological and the Quest for Human Nature*（Cambridge, MA：The MIT Press, 1985）and "Battling the Undead" in Rama Singh, Costas Krimbas, Diane Paul, and John Beatty（eds）*Thinking About Evolution：Historical, Philosophical and Political Perspectives*（Cambridge, UK：Cambridge University Press, 2001, 396–414）。
② 参见 Colin Turnbull, *The Mountain People*（New York：Simon and Schuster, 1972）; Primo Levi, *Survival in Auschwitz*（New York：Touchstone Books, 1996）; and John Sabini and Maury Silver, *The Moralities of Everyday Life*（Oxford, UK：Oxford University Press, 1982）。特恩布尔的人种论是有争议的，但除非他的观察是完全错误的，否则仍然有理由怀疑我们的先天倾向使得相反的规范是不可能的这一假设。

从一些困难的命令。实用主义建议社会努力训练成员，使他们遵守在他们看来重要的命令。

我们早期的人类祖先，拥有规范引导的能力，能够探索在社会施展这一能力的多种可能性。这些探索在两个维度进行，一个是考虑用伦理规范训练年轻人，另一个则关注于这些规范的内容。因为到目前为止，我们对进化历史所给予我们的偏见知之甚少，我的解释试图给出伦理探索更为可见的、更具社会性的特点。这一方式不是把人类设想为完全可塑的，或者（改变一下图景）把社会当作可以随意书写的白板。伦理计划的历史，从获得规范引导到现在，是一些社会群体所进行的试验史。

重述一下：原始人社会面临着许多重复出现的利他失灵，这一困难限制了群体的大小和合作的层次。通过获得规范引导以及它的社会嵌入，这些失灵能够通过发展伦理规范得到解决。随后的伦理计划是发展这些规范的一系列冒险，主要的机制是类似于自然选择的文化选择。原初利他主义的小部分失败通过其他机制得到纠正是可能的，一些机制强化了早已出现在灵长类动物身上的利他主义的倾向（虽然我们有支持这些机制的证据，但它们的效果取决于特定的背景）。①

人类心理的进化使人类获得了某些偏见（目前还不明确），这些偏见也可能会干扰或者加强特定类型的伦理准则。这些可能不会削弱我们试图理解因为获得规范引导而成为可能的文化进化过程的主要特点的尝试。

---

① 主要的一个例子是照顾幼儿方面的合作。参见注释1当中的引用。

第三章　生存的试验

15. 从彼到此

在伦理计划刚开始时，我们的祖先生活在小群体中，所有的成年成员都能够参加讨论，而在讨论中他们所说的能被其他所有人听到。在营火周围，他们从社会生活中寻找解决利他失灵的方法。他们会讨论什么样的问题呢？

资源短缺也许是一个选项。也许有的时间段非常困难，他们经常为了贮藏的食物不足进行争吵。假设今天是不错的一天，群体中每个成员都有足够的食物。他们聚集在一起并且反思他们最近的争吵，他们所有人都能脱离在困难的环境中自己的角度，至少暂时能，并且思考当食物的数量太小以至于无法给予每个人想要的数量时可能产生的后果。他们想象针对不充足的食物的可能分配方式，每个人不仅仅考虑她／他自己的部分也考虑其他人的部分，并且试图了解他人所感受到的结果。从他们的反思和交换中出现了一致同意的分配方案以及执行这一分配方法的规则。①

不管他们是否会如所假设的那样进展顺利，关于分享的对话是能够想象的。同样，讨论者会同意目标是增加食物的供应，考虑到每个群体成员减少饥饿的愿望是应该得到支持的，或者他们也许都同意放弃那些导致暴力的行为。社会嵌入的规范引导能够开启伦理计划，但这些可能产生的规范看起来简单而粗糙。这些开拓者的计划是如何发展成当代生活中极为丰富的伦理道德的？我们如何从当时的开端发展到如今的局面？

我们没办法通过提供伦理计划的实际进化过程来回答第二个问题。线索太少。因为对于长达五万年（或许更多）的伦理计划，我们仅仅只有最后五千年的文字记录。在书写出现时，详细的规则系统已经存在了。很明显，在旧石器时代和新石器时代早期发生的许多事情，仅仅留下了社会变化的间接指标。知道起点（小型群体的讨论）和后期阶段（现在的伦理生活和过去几千年的历史记录），我们就可以辨别出发生了什么改变。

其中有一些明显的改变。在五千年前，人类组成了比伦理计划
106 开始时的群体要大得多的社会。这些大型的群体中，早期阶段的平均主义已经让位给了复杂的阶级制度。伦理生活已经和宗教纠缠在一起了。同时伦理生活也开始解决早已超过前人概念认知的问题：城邦的公民追求的是不同于决定如何分配稀缺资源的世界的美好生活。新的角色和机构出现了，产生了关于财产和婚姻的规范。在更

---

① 我并不认为一致同意的规则必须是每一个群体成员的第一选择，也不认为它有任何特殊的形式：也许它要求平等的分配或者获得资源的成员之间的平等分配，或者根据刺激群体分配并对年轻的成员的需求进行特殊的考虑。关键在于存在着获得一致意见的压力以及每一个讨论者都试图满足他人的观点。最后一点是我的观点不同于约翰·罗尔斯（John Rawls）的地方［*A Theory of Justice*（Cambridge, MA: Harvard University Press, 1971）］。不同于把讨论者都看作那些处于（部分的）无知条件下来考虑对自己来说可能的后果的理性利己主义者，我把他们看作心理利他主义者，他们能够通过思考自己所面临的问题，根据他们对其他人的了解来解决问题并以此提升心理利他。另一个不同点在于这一事实不是假想的契约，并且它不会指向任何"基本的社会结构"。

为细节的方面，利他主义的概念得到了扩展，超越了目前所讨论的概念，发展了关于人类关系的新的伦理观点。

毫无疑问这些改变的确发生了。承认解释这些改变事实上如何发生的困难给实用自然主义留下了一个问题。反对者批评说伦理实践起源的解释只有通过改变对象才说得通——一些东西确实出现了，但它不是真的"伦理"。这一指控的不同版本在之前的章节中已经出现过了：我们如何获得"伦理视角"？命令如何内化？惩罚的系统如何进化？这些疑问通过质疑用实用自然主义的语言给出解释的可能性而变得更强烈。没有可行的从远古到现在的路径。

这些疑问可以通过给出一个满足所有约束的故事而得到解决。反对者否认某些东西是可能的，而一个满意的回答需要提供"何以可能"的解释（第2节）；宣称事实上这些东西是这样发生的并不是必需。在之前的章节中，已通过否认需要任何"伦理视角"（第11节），通过给出粗糙和精细的惩罚系统出现的环境（第12节），并且通过建议几种产生良心的可能方式（第13节）回应了这些挑战。本章的目标是给出一些类似于伦理生活丰富特征的东西，与早期的小型群体中的特征极为不同。那么所回答的就不是"我们究竟如何发展成这样"而是"我们如何可能变成这样"。

"何以可能"的解释得以发展的根本是在获得语言的种族中文化传播的力量不断增强。第一个任务就是考察这一改变的机制。

16. 文化竞争

在伦理计划最初的四万年间，我们的种族由小型群体组成，每个群体都发展了一套嵌入社会的规范引导的模式。第一个建立起一套回应利他失灵的规则的群体是最醒目的，也许群体间的差别早已存在。或者，即使这些群体面临着同样的利他失灵——稀有资源分配或者控制暴力的问题——社会慎思后所接受的命令在不同群体间是不一样的。这些差异为新的进程做好了准备：文化竞争。

在规则的内容和社会化以及执行的系统中都会出现差异。但为了简便，我们只考虑所采取的规则的不同。假设种族中的群体都有同等有效的社会化和惩罚系统。一个群体宣布：获得的食物在所有人中平分；另一个宣布：食物只给努力搜寻的参与者分享；还有一个群体宣布：食物根据对个体付出努力的共识判断来分配。每一个群体对所采取的所有规则都同等程度地服从。这些群体参与了"生活的实验"。① 文化竞争来自一些实验比其他的更成功这一事实。

较小和更大的成功在这指什么？一种衡量方式把握了达尔文进化论根本的指标，那就是不同群体中成员的繁殖成功率。因此伦理规范成功与否通过生活在采取这一伦理规范的群体中的成员留下的后代的数量来衡量。② 这并不意味着在接下来的几代中接受这一规范的个体数量就会增多，因为更大的留下后代的成功概率可能会被抛弃这一规范的倾向所抵消。设想有两套规范，E 和 F。生活在选择了 E 的社会中的人平均能留下 3 个后代而生活在选择了 F 的社会中的人则留下两个后代；如果两个社会都无差别地把他们的规范传递给生物上的后代，并且假如存在着所有个体都同等操练的生物竞争，那么社会 E 将会以社会 F 的牺牲为代价而得到成长。但如果社会 F 的成员无差别地将他们的规范传递给了生物上的后代，而社会 E 的成员有六分之一的后代迁移到社会 F，那么比例将会维持不变。因此，规范也许获得一种类型的成功（生物繁衍）而失去另一类的成功（遵守命令的成功）。

文化竞争考虑的是后一种类型的成功，并且通过比较采取这一规范的群体的大小得到准确的衡量。③ 把通过不管是个人的还是社

---

① 这一术语来自约翰·斯图亚特·穆勒（John Stuart Mill）：参见 *On Liberty*［Oxford：Oxford University Press（World's Classics），］1998，第三章。

② 我不会讨论要多久的未来才是可靠的衡量成功的标准这一问题。再一次简化，我们可以假设第一代的后代中相对的比例在接下来几代中得到维持。

③ 还存在着进一步决定的空间，因为，如果一个规范要求大型群体中少部分人服从，那么它相比一个受到更多人遵守但是群体规模却更小的规范是更成功还是更失败呢？注意到这一可能性极为重要，但是对现在的讨论而言，关于究竟何种手段是衡量文化成功与否的手段并不是必须明确的。

会的忠诚度来表现的文化成功与繁殖成功（达尔文进化论的衡量标准）区分开，似乎看起来多此一举。因为你也许会假设文化形式的传播与加强繁殖成功的能力毫无关系的可能性是极小的。留下的后代增加但又通过放弃这些规范而抵消了文化成功这一令人惊讶的后果仅仅只是幻想。这一类的倾向会受到自然选择的阻碍：没有转变倾向的个体会选择留在生物繁衍上更成功的文化中，他们会留下更多的后代。因此我们应该期待在文化能够保证许多忠诚于它的人和文化实践所提高的生物繁衍间有松散的关联。用一句著名的口号："基因牵着文化走。"[①]

　　对文化传承的机制以及它和达尔文进化论的相互作用的细致关注揭示了学习他人的优势如何产生模仿，在自然选择下维持稳定，并且有时出现不适应生存的倾向。[②] 为了辨别伦理实践解释中的历史可能性，并不需要一般性的解释：我们不需要任何基因－文化共同进化的复杂理论就可以处理这些问题。但是，注意到生物和文化成功之间没有联系这一点十分重要。要求服从的规则不需要是那些促进繁殖成功的规则。尽管如此，重要的一点是在一些场合下，特定的伦理规范产生的一些达尔文式后果，比如服从这些规范的后代更容易生存和繁衍，在其他族群接受这一规范中扮演了一定的角色。

　　文化竞争并不会产生成功的规范在不同群体间传播这种殖民征服式后果。一系列的规则可以零散地传播，其中的某些被其他群体

①　这一口号是在人类社会生物学的经典讨论中提出的，参见，比如，Charels Lumsden and E. O. Wilson, *Genes, Minds, and Culture* (Cambridge, MA: Harvard University Press, 1982)。论证这一口号的正确性远比在刚刚所提到的书中所作出的简单陈述要复杂得多，一些有争议的前提对推出这一结论来说是必要的【比照 John Maynard Smith and N. Warren 的评论和我的 *Vaulting Ambition* (*Evolution*, 6, 1982, 620–27) 的第十章】。对文化成功和生物成功似乎能成对出现这一观点最重要的批评来自对基因和文化共同进化的详细解释。最早的分析出现在 Robert Boyd and Peter Richerson, *Culture and the Evolutionary Process* (Chicago: University of Chicago Press, 1985)，进一步发展的解释参见他们的几篇论文：*Origin and Evolution of Cultures* (New York: Oxford University Press, 2005)。

②　对这一重要问题的简要的解释参见 Boyd and Richerson, *Origin and Evolution of Cultures*, 8–11；更为技术性的详细解释参见同一本书的第一章和第二章。

接受，但一些可能会被拒绝。一个群体所信奉的规则可以影响其他群体所接受的规范，即使后者没有完整地接受所有规则：我们这些根据猎人的贡献来分配食物的人发现邻居给部落里所有成员平等的奖励，就会被激励用一种包含两种规范特点的方式来调整我们的实践行为（"参与联合行动的人都能获得平等的食物！"）。新的移民带来关于规范引导的观点并在讨论中提出，有时能够调整现有的规定，即便在他们没有掌控全局的时候。[①]

110　　对于伦理计划的前四万年来说，人类的小型群体通过社会嵌入的伦理规则来引导他们的生活。面对现有的规则无法解决的困难，他们尝试新的办法。有时，他们和其他群体互动，从中看到一些激发修正自己规则的东西。最终，一些群体融合在一起，一方或者两方此前规则的特点在之后的社会实践中持续出现。一些群体灭绝或者解散了，他们的伦理实践随之一块消亡了，虽然一些幸存者也许会把此前规范的一些方面带到他们加入的群体。有时新的成员加入，也许作为伴侣而被接受，他们为篝火讨论带来了新的观点，产生了两个（母体的）群体此前没有想到过的综合规范。这一类型的过程结合起来就造成了一些种类的规则变得普遍而另一些慢慢消失。

　　当代伦理规范最为广泛接受的特点也许是通过许多不同方式出现的。如果人类进化出了获得特定类型的规范的心理倾向，一个共同的规则也许能反映这些倾向（第 14 节中条件的对象）。这个规则也许是对所有社会群体所面对的困难的最简单反应。这个规则（或

---

① 虽然我采取的过度简化的模式导致了个体的规则在伦理实践的历史中是以原子化的单元传递的想法，更为细微的影响和调整的可能性揭示了这种想法的不足：文化"原子"的搜寻必然更细致地分割规则。此外，还有许多原因支持不要把一般的文化实践和特定的伦理规则看作能被打乱和重新组合的独立的原子式集合。这些单元间的互动也许对于文化实践的本质至关重要，因此并不存在稳定的、独立于实践的文化原子所产生的贡献。也许只有在特定背景下一整套伦理规则才有特定的含义。参见丹·斯帕波（Dan Sperber）的作品，特别是 *Explaining Culture*（Oxford：Blackwell，1996）。我试图表明建立模仿生物进化的文化理论——模因（memes）传播的理论——的复杂性，即使是在运动学的层次上；参见我的 "Infectious Ideas," Chapter 10 of Philip Kitcher, *In Mendel's Mirror*（New York：Oxford University Press，2003）。

许是一个更基础的）也许产生于某个群体并且传播到其他群体，因为它承诺了满足最广泛存在的欲望。还有可能，群体没能获得这些规则，因此处于不利的地位，他们就有灭亡的可能或者被外来者取代。传承给我们的伦理法则的特点便是产生于这些时刻——毫无疑问还有更多的可能。

17. 看不见的执行者

111

为了终结对实用自然主义能够产生伦理（"真正的伦理"）的怀疑，表明文化竞争如何能从简单的社会嵌入的规范引导这样的早期冒险演变成最近几千年复杂的伦理实践是必要的（也是充分的！）。让我们从伦理和宗教的纠缠开始。

从理想来看，冷静的讨论会解放和拓展已有的心理利他主义倾向。但从现实来看，与他人完整的互动也许只能偶尔（如果有的话）实现。思考也许是由那些厌倦了频繁的争吵和渴望带来和平的共识的人所承担的。为了方便，他们寻找共享的规则，希望以此来规范那些没有成功与他人合作的同伴，但他们也准备好了当他们认为可以避开这些规则时就打破规则。讨论们会讨价还价，为了从施加给他人的限制中受益，他们会放弃一些他们想要（真正想要）履行的行为的限制。

这些争论也许是好事，尤其是存在惩罚的时候，很多类型的潜在的利他失灵都会被避免，因为旁观者很简单就可以明白发生了什么并且推行彼此同意的准则。虽然当群体的其他成员没有办法检查你是否遵循了准则的时候，你会倾向于违反它。如果你的内心有反对的声音，它也不会特别坚定或者很强烈。

在规范引导的早期历史中，人类群体从公共规则中获得了好处，这些规则公开应用到公开的环境中，但是群体中的许多——也许是所有——个体都愿意在他们认为自己无法被发现的时候不服从这些规则。鉴于引入和调整这些规则的人的精心选择，对这些规则的服

从通常来说有利于提升群体成员平均水平的繁殖成功率。比如，考
虑通常会保证每个人都有食物的分享规则。群体通过社会嵌入的规
112　范引导，在达尔文式的生存挣扎和文化竞争中获得进步，即使对规
则的服从仅限于行动者能够预料到他人可以观察到他的行为时。文
化竞争的优势同样也会以一种或者两种方式出现：通过他人对这一
群体成员可以满足普遍共享的愿望的感知，以及通过给他们更健康
的食物或者任何有利于额外的达尔文式的适应性的东西。获得在更
广泛的条件下对规则的服从的能力可以在文化竞争上产生额外优势，
同时通常都会增加个体所期待的繁殖成功率。① 提高服从的技能促
进了文化的（也许还包括了生物上的）成功。

　　这是什么样的技能？当他们在一起反思他们的伦理实践时，慎
思者会发现不服从经常是由不会被发现的信念造成的。他们记得是
那些自信自己不会被发现——也因此可以避免惩罚——而违反规则
的人犯了错误。在群体中，成年成员精炼这一项目来社会化年轻成
员。也许他们反复灌输对违反规则后果的持久恐惧，灌输原始形式
的良心（第13节）来使得人们在没有明显的观察者在场时能够遵守
规则。他们在一定程度上可以有效地完成这些行为，群体的后代就
会倾向于更频繁地服从规则，随之而来的是正面的达尔文式效应和
文化效应。但这一恐惧是如何被激发的？在人类的文化中——在成
功生存下来的实验中——较常见的做法是诉诸不可见的，对违反伦
理规则作出回应的实体。西方的一神论使用这种方式：存在着无所
不知的神，他观察一切，作出判断，惩罚没有服从命令的人。前辈
113　继续观察后辈的行为并且如果发现命令被打破了就停止帮助。神灵
往往和特定的地点与动物结合在一起，如果规则被违背的话，就会

① 规则的目的在于解决利他失灵的问题，这一可能的假设很可能促进个体在达尔文
意义上的适应性以及提高这些伦理实践得以实现的社会群体的文化竞争性，这
使我可以抛开对文化和达尔文式的竞争往往会朝不同的方向前进的这一考虑。
对此更为一般的解释需要探索对立于达尔文式的适应性的规则如何能因为文化
竞争上的有效性而得到支持。对此更为全面的解释可以参考 Boyd and Richerson,
Origin and Evolution of Cultures。

报复整个群体。在自然中存在着隐藏的力量，人们只有和它们结盟才能获得成功，而违背那些规则就会威胁或者摧毁这一结盟。民族志证实了不可见的力量（通常是人格化的，但并不总是这样）的流行性：正如有人告诉他们，当他们做了不应该做的事，一个住在天上观察着人类所有活动的"全能的父亲"会对他们感到非常愤怒，比如他们吃了被禁止的食物。[1]

一旦看不见的执行者这一观念深入人心，对恐惧的惩罚就可以被嵌入到复杂的情感反应系统中。长者所颁布的命令可以被当作上帝或神灵的愿望（或者影响人类成功的非人格化的力量的倾向）。如果神是某个特定群体的，他们也许会被看作为特定的群体制定了规则，这些规则既表现了神灵的帮助也构成了群体的认同感。后来群体的伦理实践会回溯到他们的祖先获得神灵帮助并且得到了神灵的命令这样的故事。[2] 对惩罚的原始恐惧转化成了更为积极的情感——敬畏，尊敬——并且命令被看作是获得神灵帮助的标志而让人乐于接受。群体成员把这些规则看作是他们身份的构成部分。

对一些超验存在的信念，与伦理命令的起源和执行结合起来，在所有已知的人类社会中都是普遍存在的。为什么会这样？正如第16节所提到的，文化竞争存在着许多成功的方法，想要对人类文化的任何方面进行解释的人最好谨慎行事。虽然，在此有理由支持这种历史性的推测：宗教渗透了人类社会，因为那些没有发明看不见的执行者这类形式的群体无法充分获得社会嵌入的规范引导的优势（达尔文式的和文化上的）；由于合作和社会和谐的层级更低，他们是文化竞争中的失败者。

另外一种可能性是达尔文式的自然选择产生了把超验的实体看

114

----

[1]　Edward Westermarck, *The Origin and Development of the Moral Ideas*, 2nd ed.（London: Macmillan, 1926）, Vol. 2, 671. 整个章节（chap. 50）都充满了令人着迷的例子来说明"上帝是道德护卫"。

[2]　这一概念直接呈现在了最早的犹太教的传统中；此外，古代近东地区法则的序言里明确标明了类似的观点，这些现象出现在从美索不达米亚到埃及的社会中。我猜测这些仅仅是发展和繁荣了上万年的口头历史的文字记录。

作规范的来源和行动的监督者的倾向。然而任何认为遗传变异使得某个个体倾向于特定形式的宗教信念的想法都是非常不合理的：变异，不管是点突变还是基因组的改变都会产生造成细胞中蛋白质的结构和相对比例的差异，这一类型的改变，即使被加入早期人类的环境也不能产生特定的效果。在原始社会中也不可能一开始就描绘出看不见的执行者这种观点的文化传播。缺乏这一观念的群体，在听外来者讲述帮助了他们的某些存在命令他们按照特定的规则行动的故事时，很难会相信这一解释的结构对自己的情形是适用的。

提出的推测过于简单了。在一个充满了明显不可预测的现象和无法解释的改变的世界中，我们的祖先求助于有特殊能力的看不见的实体。[①] 一些群体更进一步，把社会秩序与这些存在联系起来：非人的力量会回应破坏规则的人，祖先或者神灵会报复这些不服从规则的人，神灵通过为群体所认知的命令来表达他们的意愿并且能够监视人们的行为，即使行动者认为他是独自一人。采取了这种方法的群体获得了强有力的保证成员服从的机制，并且比那些援引与道德领域无关的看不见的力量的竞争对手做得更好。与宗教纠缠的伦理学是极为普遍的，因为看不见的力量和伦理行为之间的特定联系在文化竞争中有极为重要的优势。

哲学家通常反对极为普遍的把伦理学嵌入宗教的做法。他们论证，从柏拉图开始便否认宗教能够为伦理学提供特定类型的基础。[②] 但是，他们没有触及因为具有增加服从性的能力，宗教也许对伦理实践来说是有价值的，甚至是必要的这一观点。神谕式的伦理学方法绝不是非理性的行为模式，它可能反映了文化竞争的深刻事实。然而，对于其所带来的短期优势而言，诉诸一个看不见的执行者会

115

[①] 杜威在这些解释中支持一种人类学的解释，认为它不仅是宗教的来源，也是哲学和科学的来源。参见 The Quest for Certainty vol.4 of John Dewey：The Later Works（Carbondale IL：University of Southern Illinois Press）的开篇，还可以参见：Pascal Boyer, Religion Explained（New York：Basic Books, 2001）, and Daniel Dennett, Breaking the Spell（New York：Penguin, 2006）。

[②] 这一论证的完整表达在第 27 节。

通过一些危险的方式修正伦理计划。因为它威胁到了规范慎思中最初的平等。那些能令人信服地宣称自己可以接触到这些超验警察的意志的人——萨满巫师、教士和圣徒——就会拥有其他人所没有的伦理权威。

我们接下来的任务就是更广泛地审视对最初平等的破坏，考虑地位和角色的分化，以及拓展这些分化的制度的起源。伦理计划如何引入、忍受甚至支持这些差异？

18. 需要联结的点

数万年以来，基础资源的平均主义分配对伦理计划来说十分重要。弱小的小型群体需要所有成年个体的参与。他们当然会使用许多当代狩猎－采集部落所使用的，促进成员间平等的策略的原始版本。比如"!Kung"这一部落采取措施来保证狩猎能力的差异无法扩大。他们对吹嘘自己杀死猎物的行为有严厉的惩罚，培养被用来阻止骄傲和傲慢的嘲笑行为，并且有把猎杀猎物的行为归结给箭的拥有者的习惯，同时分享箭的行为是非常普遍的，这就能有效地减少狩猎上的差异。[①] 违反这些传统被看作会招来厄运。在早期人类生活的环境中，没能发展出类似策略的群体将会失去规范引导所带来的优势。[②] 但是，在文字记录中第一个可见的社会已经包含了不同的地位和等级。是什么导致了这些差异？

早期城市（杰里科、加泰土丘）的考古发掘使得这一点变得清晰起来，直到八千年以前，人类能够生活在比伦理计划早期阶段大

116

① 参见 Richard Lee，*The !Kung San*（Cambridge，UK：Cambridge University Press，1979）。
② 对于平均主义重要性的一般讨论，参见 Cristoph Boehm，*Hierarchy in the Forest*（Cambridge，MA：Harvard University Press，1999），具体的例子参见 Lee，*!Kung San*。在类猿的原始人等级社会和有历史记录的社会之间，对史前人类处于平均主义这段时间的状况已有了详细的说明，参见：B. M. Knauft，"Violence and Sociality in Human Evolution，"*Current Anthropology* 32（1991）：391–428；特别参见著名的U形弧线。

得多的群体中。① 当一千人或者更多人生活在同一个城市之内时，通过面对面的保证来维持和平的策略也就不再适用了。必须有彼此同意的规则系统来解决潜在的冲突以及陌生人间的关系。一些涵盖了小型群体之外的个人间交换的重要命令在更早的时候一定获得了实质性进步。最终，直到一万五千年前，人类群体能够阶段性地联合起来，因为一些遗迹中留下了可以证明存在更大联盟的东西。② 此外，存在着早期阶段群体间和平合作的间接证据——甚至还可能证明不同群体间贸易的存在。

117   最早期的原始人的技术都是一次性的，二十万年前，我们的祖先制造出需要的工具，当他们离开时就会扔掉这些工具。对他们来说，工具不会对人们的迁徙产生重要的约束（人们不需要带着工具跑），工具也不会被看作财产（如果一把斧子被他人拿走了，制作者能够轻易制造新的斧头）。但随着原始人逐渐分散开来，他们把工具资源留在了原地，到了二万年前，这些群体要到距离他们发现制作工具原材料（对于用黑曜岩制作的工具，这一特点非常显著）的地点极远的地方（相距一百公里或者更远）搜索食物。这些群体需要携带工具（虽然没有在记录里保存下来，出于可理解的理由），也需要配合彼此以及其他群体的行为，从而使得长距离的交易网络或者获得他们所需物质的旅程成为可能。③ 距离会导致明显的被剥削以及攻击，群体的规范也就需要包括那些能够处理这些危险的规则。即使他们没有与其他群体交易，他们的伦理规范需要包括至少在某

---

① 参见 James Mellaart，*Çatal Hüyük*（New York：McGraw- Hill，1967）。

② 参见 Clive Gamble，*The Palaeolithic Societies of Europe*（Cambridge，UK：Cambridge University Press，1999），chap. 8；Paul Mellars，"The Upper Palaeolithic Revolution," in *The Oxford Illustrated Prehistory of Europe*，ed. Barry Cunliffe（Oxford，UK：Oxford University Press，1994），42–78。

③ 旧石器时代交易网络的假说最开始是由柯林·伦弗鲁（Colin Renfrew）和他的同伴基于黑曜岩工具在离最近的原料地较远的地方被发现而提出的。参见 C. Renfrew and S. Shennan，eds.，*Ranking，Resource，and Exchange*（Cambridge，UK：Cambridge University Press，1982）。因为面临着解释这些旅程如何进行的难题，交易网络的假说看起来比群体成员长距离旅行的观点更合理。

些条件下禁止伤害群体外个体的规则。这类的规则预示了后期城市发展的可能性，比如杰里科和加泰土丘、乌尔、乌鲁克及巴比伦。

在人们聚集到一起建造金字塔和金字形神塔之前很久，我们的祖先就开始用远方的材料制造工具，把特殊的材料带到山洞中画动物，用特殊的人造物品埋葬死者。到一万五千年前，人类群体开始制造雕像并放到墓穴中，如果不假设超验存在的福祉也是人们实践考虑的一方面的话，这一行为很难得到解释。几千年前，人们花时间来分离出用于装饰山洞岩壁的颜料，发展绘画的技术，并且在法国和西班牙等地区制造了非凡的艺术。[①] 这些活动不太可能出现在任何仍然在为了满足基本的食物和庇护需求而挣扎的社会，也不太可能出现在没有初期劳动分工的社会。距离现在三万年前，为群居生活创造规则的行为，即伦理计划，必然获得了较好的发展。

早期的法律规则为发生在史前后期的伦理规则的进化提供了最清晰的指示。古代近东地区的文字记录包括了体现理想行为的故事、来世的神话以及部分法律规则。比如，"吉尔伽美什史诗"告诉了我们对苏美尔和巴比伦等级社会中高等人士期待的图景；类似地，埃及《亡灵书》[②]中纯洁的宣言向我们展示了什么类型的行为算作违反伦理，也因此说明了伦理规范的结构；最明显的是，美索不达米亚的法典里所发现的规则列表，从公元前两千年的里皮特·伊什塔法典到汉穆拉比法典（一个世纪之后）以及之后的规则告诉我们哪些行为是明确禁止的以及各种社会违约的相对重要性。

法典的开篇通常强调立法者带来了和平和解决矛盾的方法，法律被看作超越充满原始暴力和恃强凌弱的社会生活的方式。残存下来的石碑和石柱不能提供给我们对当时所执行的法律的完整解释。它们修正了已存在的法律，提供了能够解决在创造社会秩序时出现

118

---

① 参见 Jean-Marie Chauvet, Eliette Brunel Deschamps, and Christian Hillaire, *Dawn of Art* (New York: Harry N. Abrams, 1996)。

② *The Egyptian Book of the Dead*, trans. E. A. Wallis Budge (New York: Dover, 1967), 194–198; also in James B. Pritchard, ed., *Ancient Near Eastern Texts* (Princeton, NJ: Princeton University Press, 1969), 34–36.

的问题的规则。这些"法典"体现了从文字出现时开始的社会规则发展的多级过程。它们碎片化的特点极为明显。它们为每种特定类型的事件都制定了条款——高层的女儿是否攻击了另一位高层的女儿并造成了流产，牛是否顶伤了行人，女人是否打碎了和她丈夫打架的男人的睾丸。这些都是越来越复杂的社会所出现的新问题。

　　新石器时代的牧民和美索不达米亚平原上的农民早已发明了控制暴力、保护他们劳动果实和管理性关系的规则。当他们被整合进需要社会合作来提供足够灌溉的世界中的更大的单元时，新的问题出现了：准则该如何标准化，一个人如何保证他的土地被恰当地使用，公共的沟渠和堤坝要如何维护？残存的法典极其仔细地处理这些问题，以及由于大量的人口聚集在相对较小的区域而产生的社会摩擦导致的各种类型的暴力和性关系。它们产生于对暴力行为该如何制止，性关系该如何规范以及财产该如何保护的共同理解的背景下。

　　后期巴比伦法典的扩散揭示了史前文化传递的普遍性（一旦伦理计划进化到允许群体间和平互动时，扩散很快就会消失）。希伯来《圣经》继承了苏美尔和巴比伦法律中发现的一些部分：出埃及记21：28-29——考虑了牛的控制问题——重述了汉穆拉比法典250-251的条文；申命记25：11-12重申了美索不达米亚禁止妻子踢碎睾丸这样的条文。美索不达米亚的神权政治对宗教仪式和神的奉献（或者他们的代理人，可被看作牧师的统治者）有复杂的规矩。里皮特·伊什塔法典早已把神圣的命令和法律联系起来，埃及的《亡灵书》认为来世境况依赖于当下的行为。看不见的执行者这一观念充满了这些文本。[1]

──────────

[1] 有一本巴比伦的智慧文学，其年代可以追溯到公元前七百年之前（很可能远早于这段时间），在这本书中那些被我们认为是基督教伦理概念的态度得到了阐述。它说："不要对你的敌人做坏事／对坏人要以德报怨；／用正义来对待你的敌人。"另外的文本，其时代并不确定但可能是非常早期的文本，提出了相同的主题："不要对你的敌人还以邪恶；／用善良报答那些伤害你的人。"并没有理由认为这些文本的作者发明了这些观念。像其他从他们那里借用宽容这一主题的作者一样，他们也许是从之前的传统中借用了这些观念。史前的伦理规范在这些早期文本中保存了下来，并且伴随着处理新问题的规则。

这些碎片化的记录提供给了我们一小部分散点，而对早期伦理 120
计划如何能产生当代和历史上的伦理实践的充分解释必须能将这些
点连接起来。这些证据能够限制"何以可能"的解释，但不足以产
生仅有一个解释能够阐述它们的自信（第2节）。接下来的部分我将
建构一种可能的解释，满足实用自然主义的要求，追溯社会分化、
贸易、私人财产制度以及最有特权的人可以思考什么是好的生活的
社会的出现。

有一点非常重要。之前的文章聚焦在有记录的法律规范上，并
且把它们当作能够告诉我们伦理实践的东西。然而，正如每个学生
在开始学习哲学时所学到的，法律不同于伦理规范：有的法律并不
是伦理问题，同样伦理准则也不能看作是法律。追溯伦理计划可能
的进化，从对行为规范的社会讨论开始，以法律规范为终点，这样
的做法合理吗？[①]

对我们的目标来说，界限应该是模糊的。几乎所有的社会，在
所有的时间里，都不仅仅通过教育伦理规范（至少是当代哲学所理
解的伦理）来社会化新成员。年轻人被告知什么是宗教义务，什么
是法律，什么是礼貌和社会习惯。哲学讨论中伦理学的特殊概念来
自历史的进程。后来的判断区分了伦理义务，它们都来自早期不分 121
类别的规范实践。

规则类别的区分通常来说很有意义，因为规则有时会互相冲突，
并且有时（但并不总是如此）会通过更为抽象的方法来决定什么样
的规则有优先权。若人们被命令参加特定的仪式，但是，在典礼进
行时，参与者听到其他群体成员的生命受到了威胁，群体中保护其
他人的规则是否优先于完成仪式的命令？不同的群体也许会有不同
的决定。一些群体，也许是文化上最成功的群体，宣称帮助和保护

① 许多重要的思想家都愿意提倡与我对伦理学主张相似的对法律的看法，参见 H.
J. S Maine, *Ancient Law* (Tucson: University of Arizona Press, 1986); Benjamin
Cardozo, *The Growth of the Law* (New Haven, CT: Yale University Press, 1924);
and H. L. A. Hart, *The Concept of Law* (Oxford, UK: Oxford University Press,
1961)。

同伴的命令比要求完成仪式更重要。(粗略来说)许多社会,当代的和历史上的,都把命令划分为三类。最根本的一类是与超验存在有关的命令;第二类被用来巩固并且有时也可以改变从社会讨论中出现的规则(比如法律的问题);这两类命令对于相对而言不重要的命令来说具有优先性,而最后一类规则是用来引导人们行为和习惯的。对这些类别的区分没有解决所有优先性问题,因为两个神圣的命令可能是相互冲突的(崇拜的规则可能和救人的规则相冲突)。

这些类别,以及把一些规则看作服从于另外一些规则的方式,都是规范引导文化发展后的产物。并不存在某种不可避免的结果。对特定规范类型的等级划分——或者说,对任何的等级划分——都可能被审视。(也许不同类型的命令间的关系是不变的——类型1总是优先于类型2——或者它们的地位是相对的,这取决于不同的背景。)规范间的冲突促使了区分规范类型的实践,包括那些被当代哲学看作伦理学构成要素的特定实践。①

122 19. 劳动分工

伦理开拓者的生活方式与当代狩猎–采集部落一样,在人人平等的社会中,几乎所有成人都承担相同的日常任务来保证个体和社会的生存,并且所有人的贡献对生存来说都是必需的。(第14、18节)。也许存在着最低程度的性别分工,主要是在女性对孩子的照顾以及不同类型的搜寻食物上。关于如何分享稀有资源的思考当然承

① 值得注意的是,即使那些把伦理看作不同于法律、宗教和礼仪的传统内部,也存在着不同的声音。世俗主义者的先驱(休谟、亚当·斯密)通常模糊了道德和礼节之间的区分:18世纪道德感的解释让很多读者惊讶于他们把智慧、快乐和优雅与诚实和慷慨融合在一起。即使那些承认宗教命令和道德要求之间区别的思想家也不总是给予伦理要求优先性。克尔凯郭尔以其坚持亚伯拉罕作为信仰骑士的伟大之处在于对"道德的悬搁"而闻名(臭名昭著?)。宣称宗教命令的优先性对伦理准则来说是构成性的,这一说法并不比"你最喜爱的非演绎的推理规则(或者策略)必须被采用,因为它是理性的基本要素"这一说法更具说服力。更好的办法是试图去理解为什么是这一个而非其他伦理被囊括进了我们的实践中。

认群体内所有成员的基本欲望，并且认可这些欲望，在资源足够的情况下尽可能满足所有人的欲望。认可的态度创造了把不足的状态转变为更富足的压力。此外，群体所获的资源越多，避免利他失灵的任务也就越轻松。那些有加强合作规范的社会更有可能参与那些合作采集资源的活动，并且资源的增加使得社会所认可的结果变得更有吸引力了，因此也就会促进更多的合作。随着群体为合作活动发展的新策略增加了共有的资源，他们会进入前馈循环。

　　为了获得更多每个人所需的资源，一个显而易见的策略是某些形式的劳动分工。如果我们中的一个人更擅长于寻找树根，而另一人能造出更好的弓箭，如果第一个人主要负责寻找树根，而第二个人主要负责制作弓箭，那么我们就有可能获得更多的食物或者在更短的时间内获得相同数量的食物。这不仅仅是把任务分解成子程序并且指定人们重复特定的动作。[1] 然而，工作的划分利用了技能分配的优势。执行这一计划取决于每个人做好他/她自己的部分，并且要求规范引导来限制可能存在的偷懒行为。然而，在规范引导的庇护下，这一策略对每个人来说都是有益的：群体发现了更多的树根，他们锋利的箭射中了更多（或者更大）的猎物；通过平分战利品，每个人获得了更多的资源。

　　有时群体发现他们所处的环境非常优越，因此这些复杂的更有效率的策略并不是必需的。对于许多，甚至可能是所有旧石器时代的群体来说，有时候环境是极为困难的，而劳动分工也就相应地重要起来。意识到困难时刻的可能性时，有些群体就贮藏资源，为了应对以后将出现的即使是最有效的任务分工都无法满足他们需求的资源的情形。在一个波动的环境中，劳动的分工，伴随着当生存较为容易时储存多余资源的实践，既提升了群体成员达尔文式的适应性，也满足了不同时间段的基本需求。

　　到目前为止，群体内仍然是人人平等的：生存的必需品被发现

---

[1]　如同亚当·斯密所设想的那样，参见：*Wealth of Nations*（New York：Modern Library，2000），book 1，chap. 1。

或制造出来，并且根据成员的需要来分配。这一伦理规范扩展到规范所有合作行为，要求个体完成指定给他们的任务，并且要通过劳动来获得比所需更多的东西。但群体对剩余资源生产的承诺为第二次的劳动分工开辟了道路。假设多变的环境的要求足够严苛，那些不懂得储存的人不能生存。结果将会是一些小型群体都在生产多余资源。这些群体的关系会变得谨慎而多疑，甚至是有攻击性的敌意。然而，如果相邻群体的大小和力量都相差无几，那么他们清楚侵占彼此领地或者夺取彼此的资源的企图无法带来什么收获。同样清楚的是邻近的群体有类似的技能分配，使得群体内的劳动分工产生了许多益处。因为当地环境的特点，或者因为特地培养的某种技能，一个群体或许拥有另一个群体没有的食物，或者不同类型、质量的工具。在不威胁到各自在不同时期的环境挑战下的生存能力时，他们都能够意识到获取多种多样的资源更有价值，也就是放弃自己多余的一些资源而从邻居那获得他们所剩余的东西。贸易就这样产生了。①

　　一旦贸易开始了，就存在着进一步发展原始劳动分工的动力。如果我们的群体要和河对岸的群体进行交换，如果我们还要留下足够保证在未来可能的困难时期生存下来的资源，就要有比足够我们生存的多得多的资源。此外，对贸易持续的追求需要一种新的合作形式，让来自不同群体、祖辈互相怀疑甚至敌对的个体能和平互动。在邻近的群体中所实践的不同的规范引导有了新的发展，新加入了规范此前不在命令框架内的人的伦理准则。这是重要的一步。加入了关于与其他群体成员合作的规范后，规范引导覆盖了更多的人群，范围得到了扩展。

　　这个情景把原初的，只有解决群体内利他失灵的规则的小型群体引向了更晚出现的社群，这些社群仍然很小，每一个都有自己成

---

① 在描述这一故事时，我不同于斯密，他把贸易归结于天生的"交换和易货"的倾向。我没有假设劳动的分工会带来更高的效率———一些群体也许满足于更少的工作和更多的休息时间。参见 Adam Smith, *Wealth of Nations*, book 1, chap.2, esp.16。

员共享的资源储存，并且每一个社群都和周围的邻居有一定互动。这些社群必须通过那些看起来似乎微不足道，但文化后果非常显著的方式来扩展劳动分工。首先，为之后困难的时期保留资源，并且用一部分来和周围的群体交换的需求会带来新的工作。更重要的是，现在所执行的任务要求特定的工具和装备，并且如果群体内的一些成员花了大量的时间在相关的任务上，而其他一些成员从来不做这些工作，保证使用者对所需要的工具的使用权不受那些非使用者的影响就变得非常重要了。这些进步引入了财产这一概念的雏形。

即便群体的基本资源（食物、制造房子的原料等等）都被分配给各个成员了，而群体作为一个整体还拥有多余的部分。这些资源被用来在困难的时候进行可能的交换，同时保证这些资源不被人拿走也非常重要。允许贸易的规则必须表明贸易一方所带来的东西不会简单地被另一方拿走。同样，如果执行特定任务所需要的工具属于群体的一些成员而不是其他人，那么就必须存在允许使用者持有它并且禁止非使用者来干涉这样的规则。这些规则不会准许使用者把工具转移给任何他或者她选择的人——相反，他们坚持这些工具只能传承给之后执行这一任务的人——但他们有暂时使用这一工具的权利。公共财产和有限的私人财产的形式出现了。

20. 角色，规则和机构

劳动分工给不同的社群成员分配了不同的任务，也就创造了角色。群体需要一个个体来追踪食物，另一个和周围的群体谈判，还有一个则寻找或者建造居住的地方。为了让这些角色能够有效地发挥作用，承担这一角色的人必须是经过精挑细选并且可以实现这一角色所要达到的目的的。为了更好地利用劳动分工，群体将有效地辨别特定角色所需要的物理和心理能力，并且要求承担这一角色的人来履行规则。

就算通过劳动分工获得的资源也被平分给群体成员，寻找一种有效的角色分配方式已经带来了社会不平等的开端。群体的成员必须体现个体差异，有一些其他人所没有的"天分"，适合于承担某个角色。应用于这些角色上的最简单的伦理规则体现了群体对任务如何能够最好实现的认识。然而许多类型任务的完成度都会随着练习和训练而提高，并且相对应地，角色的分配也会变得更完善，因为分配者能够更准确地发现有天分者以及培养其对规则的服从。而在年轻人社会化的内部，则可能会赞赏那些有益于社群的差异，为自我发展提供规则。

要想成为善于寻找食物或者制作工具的人，就必须向知道如何完成这些任务的人学习，勤勉地完成这些训练所规定的任务。一些规范训练的规则是针对特定任务而言的，另一些规则适用于广泛的角色。年轻人需要变得服从而非任性妄为，专注而不是分心，勤劳而不是懒惰。更普遍的是一种命令形式，它将必要工作形式的所需的天赋差异与熟练掌握任何角色所需的一般特征相结合："发展你的才能！"相互合作的群体把这些压力施加到个体上，促进了对重要美德，如勤劳、勇敢、谨慎和节制的欣赏。

虽然规范引导是为解决利他失灵而出现的，在历史记录中发现的伦理规则，从古代到现在，也包含了指导那些不会明显影响其他人生活的行为：人们应当是谨慎和坚定的，即使他们的不谨慎或者不坚定只会影响到他们自己。这些自我引导的原则从何而来？一个可能的答案是：劳动的分工引入了天分的差异，而这些差异对增加群体福利是有潜在价值的；福利需要这些天分得到恰当的发展才能实现；一旦理解了这一点，伦理规则就会要求承诺的发展（伴随着禁止懒惰的衍生规则）。隐藏在背后的依然是与原初目标的联系，因为忽视一个人的自我发展可以被看作某种形式的利他失灵。但更为私人的基础也随之产生。

对社会群体成员偏好的差异的关注也许早在规范引导得到准确描述之前就已经开始了。有选择性的博弈策略要求辨别潜在合作者的特性（第 8 节）：最起码，你必须分辨谁在过去是不可靠的，以及该选择有特定特征的个体。① 伴随着劳动分工的发展，更仔细地审视变得重要起来。审视开始改变群体平均主义的态度，因为一些任务能够由相对较大的次级群体成功地完成（他们不需要特殊的技能和训练），而其他一些任务可能很难。对角色的要求是不同的，相应的也就有更多或更少的潜在候选者。

　　假设一个特定的工作——比如说，追踪猎物——既是要求极高的任务，也需要大量的训练和努力。优秀的潜在追踪者是罕见的，他们的技能需要经过相对较长时间的磨炼。群体对学习和完成这一角色设定了极为严苛的规则。然而，这一任务独立行动的本质使得强制难以实现，仅仅靠看不见的执行者这样的观念还远远不够。新的观念也就被加入进来了：成功完成工作对群体的巨大贡献会特别得到制定伦理规范的人的嘉奖。尤其是那些特殊天分能够娱神的人，他们充分发挥这些天分，并用来增加共同利益。在用这种方式来发展劳动分工的社会里，新的人类欲望即将出现：人们开始希望得到赞赏，甚至是同伴的崇拜；他们希望得到神的偏爱。

　　伦理规则开始提倡新的好的人类生活概念。它的早期是用基本的欲望来定义共同利益，把好的人类生活看作是基本欲望得到满足的生活。伦理计划早期的阶段引入了那些旨在提高能满足更多基本欲望前景而因此生活得更好的规则。引入看不见的执行者把神的愿望和对群体的关心联结起来。② 现在特殊天分的发展和使用——用来满足群体成员的基本欲望——被看作是能得到神偏爱的行为。良好社会化的群体成员希望得到这类赞赏。至少对于有特别天分的成员来说，好的生活包含了获得神的偏爱。

　　一旦这一广泛的概念被引入为有特殊天分的人的一个动机，它就能扩展到其他人身上。虽然鼓励那些扮演不那么重要的角色的人

128

---

① 考虑共同狩猎的活动。如果有两个同样可靠的同伴可供选择，其中一个比另一个行动更迅速，这个人也许更值得合作。但这很容易被其他考虑抵消：如果更慢的人是长期合作者，在这一情形中失败的互动会导致该人拒绝未来的请求，那么竞争者的优势就更应该被忽略。

② 为了保持简化，在我给出的情况中看不见的执行者是人格化的。

不是迫切之事，但广泛的勤劳对群体是有益的。神的赞赏降临在那些完成工作的人身上，是看不见的强制这一观念有价值的拓展。它把发展天分的规则和它们衍生的地位，分离开来，视其为看不见的立法者的直接命令。完善一个人的天分也许会有益于群体的成功，但它之所以能作为对每个成员的要求，是因为它是神的意志。[①]

文化竞争有利于社会的进化性的转变，也就是从道德规范只针对利他失灵的初始阶段，转变到内部更加复杂的社会，其中有劳动分工、与群体外成员互动的规定、特定的角色、履行这些角色的规则，以及对一些行为的禁令，即使这些行为对他人产生的影响不是关注的重点。在伦理计划的这一阶段，接下来对主要伦理规范的讨论有时需要考虑群体的制度：规定的行为模式集中于群体生活的某些领域。关于我的"如何可能"的故事结束于一个以著名的伦理准则属性为前提的制度的出现和演变。[②]

129　　贸易已经引入了公共财产的概念，对合作伙伴而言彼此都必须遵守禁止暴力抢夺另一方资源的规则。劳动的分工导致了较弱的群体内私人财产概念出现，在被指定的任务内有优先权获得所需的任何工具。这一优先权依赖于扮演相关角色的人能够恰当地使用工具：制作携带工具的人或挖掘植物根茎的人不能随意抛弃、破坏、滥用特殊的斧子或者铲子，甚至也不能把工具闲置在一旁；这些工具被指定在相关的任务中使用，并且在劳动结束之后，工具的折旧程度应该符合社会期待。[③] 使用者也不能把工具转交给任何他或者她选择的人；一旦使用者的工作结束了，新的接替者将会获得她或他现在所拥有的优先权。

① 一旦发展天分的命令和对社会的后果分离开来，它就可以作为一个不依赖其他东西的、自我引导的准则而得到维持，即使当支持它的神的观念被抛弃之后。在柏拉图的《理想国》里公民的态度可能就是把好的生活看作天分的完善——因为这是城邦的组织结构的目标——即便他们已经读过游叙弗伦篇（Euthyphro）。

② 第七条和第十条戒律都已经预设了私有财产制度。

③ 通常来说，工具应当有一点，仅仅是一点使用痕迹；但是，可能存在一些情形，在有繁重的劳动时，工具可以被严重损害。关键在于这一情况发现的范围不是由使用者决定的。

更强的私有财产的概念——允许拥有者根据他们的选择使用和处置自己的所有品——是如何出现的？一个很自然的想法是：特定任务的有效执行者，特别是在群体生活中扮演了重要角色的人，也许会拥有处置之前由所有人拥有的资源的权利；他们的效率也许会通过这些奖励而得到进一步提升。[①] 如果只考虑对工具使用的优先权，任何这类型的转变看起来都不可思议，因为很难想象之前由全体成员所拥有的处置工具的权利如何能被当作勤劳工作的奖励和激励。如果我们审视与现在较为接近的历史阶段，这一谜团就会解开。

距今一万年前（五千年前发明了文字），我们的祖先已经学会了如何驯化植物和动物。群体所拥有的植物和动物成了暂时由占据特定角色——种植植物的人或者牧人——所管理的资源。不同于用优先权的方式将工作分配给特定工作者，这些资源是有吸引力的潜在奖励。想象一下社会创新。在一个田园社会内部，决策者决定牧羊人可以保留一小部分新生的健康羊羔，以后者认为合适的方式处理它们。假设群体的成员喜欢拥有这一新的权利，[②] 牧羊人也许会被激发去工作，让羊群的繁殖变得更成功，花更多的精力保护羊群不被捕食者吃掉，发现新的牧场，哺育小羊羔等。[③] 这一创新可以增加群体的成功，如果以共同和个人的资源增长为衡量标准的话；它还能促成与其他群体更成功的贸易，也包括相比于田园社会内更显著

130

---

① 这是政治经济学中一种标准的概念（是由斯密和其他人一起发展起来的），并且对于努力工作来说，私有财产是必要的动机这一想法甚至出现在像约翰·斯图亚特·穆勒这样担心这一概念的思想家的著作中（参见他的 *Principles of Political Economy*, *Works* [Toronto: University of Toronto Press, 1963], 2: 207, 2: 225–226, 3: 742–755）。

② 这是一个重要的假设，因为我们可以想象一个社会化的实践会把它看作令人厌恶的群体。

③ 我的解释和《创世记》里著名的故事是可以对应起来的，也就是雅各与他岳父拉班的交易。类似地，之前关于在条件较好的年份存储多余的粮食在困难的时候做准备的讨论，让我们想起了约瑟在埃及制定的政策。我们也许可以认为古代宗教的神话蕴含了史前人类重要的社会和伦理形式的转变记录？

的不平等。如果对资源使用的不平等转化成了权利的差异，在对规则的思考中有些声音被给予了更大的比重，资源在公共和私人财产上的分配将会逐渐倾向后者，直到公共资源与私人财产相比变得微不足道。随之而来的是对资源的私人控制的概念能够轻易地拓展到其他领域，最明显的就是当家养动物和其他群体成员所制造的产品进行交换时。

但现在处理有些问题需要十分小心。私人所有权作为对群体生产力的激励这一想法在经济学讨论中已经被过度使用了，被看作对生产力而言是最根本的。"何以可能"的说明并不把私人财产当作人类社会发展的根本原因，好像我们一旦有了规范引导，劳动分工、贸易和动物的驯化都是不可避免的。相反，在某些特定的条件下，因为社会化产生了特定类型的欲望——控制本来由群体所有的资源的欲望——私人财产制度能够在文化竞争中成功。[①]

131

21. 扩展的利他主义

之前的章节试图表明阶梯式的伦理计划的进化如何改变社会环境，并且产生新的欲望、渴望和情绪。最后的任务就是说明这些转变如何能扩展利他主义的范围和特点。最开始，规范引导被看作产生了行为利他主义，以此来回应利他失灵。随着伦理计划的进化，它能够产生心理利他主义，甚至是比目前为止所考虑的更为复杂的利他主义形式。

利他失灵能够通过利用一些情绪如恐惧，对看不见的执行者的畏惧、敬畏和尊敬，与神的计划或愿望一致的欲望，甚至通过在某种意义上把社会幸福等同于获得神的偏爱来解决。同样的目的，可以通过激发人们不仅仅是模仿利他主义而是拥有在更广泛背景下真正的利他主义倾向来达到。良好社会化的人们能够通过多种混合的

---

① 在之后的章节中（第62节）我们将用更为批判的态度讨论这一制度。

动机帮助别人，包括认真考虑他人的愿望，同情的情感，对伦理规范的尊重，对群体某种意义的认同，以及对打破规则后果的担心。没有哪种特定的心理过程能够在所有条件下都产生合适的行为；"人性的朋友"的想法也许能适应一些情形，但他或她的理性同样会迷失（第11节）。从实现文化成功的角度来看，可靠性是完全合理的标准，它的目标就是找到能够在尽可能多的环境下产生被偏好的行为的社会化策略。多元化有明显的优势。提供多种对利他主义回应的心理倾向的群体更能摆脱利他失灵。

文化成功施加的压力使得群体社会化计划拓展了心理利他主义的范围。这可能源自促进行为利他主义的手段。改变行为模式而使得人们能够彼此没有摩擦地进行更广泛的互动，同时拓展的心理利他主义也会随之而来。和 B 合作使 A 倾向于认为 B 的欲望应该得到满足并且对其产生友好的感觉，有效的社会化会强化这一效果。父母掌握了许多方法使得敌对的兄弟姐妹能够和平相处，他们的方法并不是最近的发明。

社会嵌入的规范引导内的成功计划在多大程度上扩展了真正的心理利他主义而不是用行为利他主义取代之前的利他失灵，这一点仍然是不清楚的，正如当代人许多日常帮助他人的行为和在特定实验环境下分享的行为该被归类为真正的心理利他主义还是其他（第11节）那样。在规范引导下，心理利他主义同样还可以通过其他方式得到拓展，本节的剩余部分将考虑对这一概念进行一定的修正，相较于之前的解释，引入一些更复杂的情况（第 3—5 节）。

我将从非常明显的一点开始，一个人能够认识到一些常见类型的利他主义，不包括对受益者实际欲望（或者说对那些事实上归结于受益者的欲望）的正面回应。利他的母亲不会把她的愿望和年轻的孩子拒绝吃药的愿望等同起来。然而母亲肯定是在回应某些可以被归结于受益者的愿望：她可以想象孩子未来的生活，意识到后来她的孩子会有的欲望，而在现在给出不同类型的回应。用第 3 节中同样的解释，我们可以用对感知到的他人的利益进行回应的方式来

132

理解利他主义。

　　该如何区分利益和单纯的愿望？许多思想家倾向于把利益看作基于所有事实，在清晰（并且冷静）地思考后所拥有的欲望，但这一解释将会使这一区分变得无足轻重。（一个事实是关于如果我们知道所有事之后会想要什么。）这里存在一个洞见：通过归因于他或她的某种无知，我们把某人表达的愿望与他或她的真正利益分开。当下的愿望不同于真正的利益，当这一欲望需要让位于真正的利益所体现的偏好时，人也就摆脱了当下错误的概念或者某种形式的无知，并且在有了进一步的知识后就会调整偏好。①

　　根据愿望而非利益来回应幼儿通常会被看作是有缺陷利他主义的形式——甚至也许不配这个名称。这是否要求利他主义把重点改为归结于受益者的利益而非愿望，所以家长制是更恰当的名字？反思一下我们对心理利他主义的一般理解，将伦理计划作为其框架，你也许会说：成为一个利他主义者是认同其他人，也就是说你要把他人看作一个行动者（至少一旦他或她成熟了）。因此，即便你认为一个人的愿望是错误的，这些愿望仍然需要被尊重。或者你会有不同的说法：成为一个利他主义者是关心他人的善，而这不是人们实际的欲望，而是他或者她能够更好地判断时所想要的东西；因此一个人应该把他的欲望和他人的利益协调起来，利益是人们在清楚重要的事实之后所形成的欲望。

　　一旦伦理计划引入了"认同其他人"和"他人的善"这样的想法，下面两种观点都是可能的：存在着家长制和非家长制的利他主义。伦理考虑现在也包括了关于心理利他主义的决定。在一些情况

---

① 一个完全严谨的解释还需要进一步的条件，因为有人有可能获得误导性的信息，从而颠覆修正后的愿望。当然，这样做会带来另一种误解或无知，而进一步的知识可以使人摆脱这种误解或无知。也许，理解利益这一概念的最佳方式是从对无知的纠正这一观点出发，将其理解为对误解或新知识的澄清。利益是一个人的愿望，如果对当前的无知有一种纠正措施，那么这个愿望就会存在下去，只要在获取知识的过程中辅以适当的无知补救措施。我们并不知道这是否解决了所有的难题。无论如何，就我们的目的而言，文本中较为简单的方法是可行的。

下，某人用他自己的判断来替代目标受益者所想要的，这是非常傲慢的。如果 A 有证据表明 B 的判断是经过深思熟虑的，是对他所想要的后果进行了认真评估的，如果 A 自己对这些后果的反思是仓促而缺乏批判的，A 无视 B 所表达的愿望是错误的，即使 A 在这一情形下的具体判断可能更接近于 B 在获得了更多信息并且冷静地反思后将会实际希望的东西。同样地，如果 A 有非常确凿的证据表明 B 忽视了一些重要的信息，如果他没有机会向 B 说明这些重要的事实——从而引起 B 的愿望发生变化，使其与 A 自己的估价相一致——那么对 B 实际欲望的回应看起来就像要么不在乎 B 的福祉要么不尊重 B 理性的纠错能力。

　　有一种心理利他的前伦理学概念，在伦理计划的发展之外，也会引发一种有伦理意义的心理利他主义概念。后者可以修改之前关于"利他主义"回应的判断。在介绍第一条共同同意的规则之前，一个行动者在特定的背景下，也许已经倾向于正面回应同伴的欲望：B* 是群体内一个与 A 和 B 没有太多联系的成员，他发现了诱人的资源并且提出和 B 在公平的基础上共同分享这些资源；A 察觉到相比于公平的分配，B 想要更多的资源，并且帮助 B 抢到所有资源。[①]一旦社会嵌入的规范引导的系统已经包括了自愿和他人分享他们所发现的东西的人不应该被干涉（也就是 B 所试图用的方法）这样的命令，A 干涉的状态就会发生改变。A 不再认可 B 的欲望：A 已经同意了一条规则，这条规则可以区分 B 的愿望与 A 希望满足的愿望。心理利他主义概念的第一个调整是从把受益者的任何欲望都看作是需要正面回应的情形转变成把心理利他主义限制在回应那些符合伦理规范的欲望上。在一开始，因为原始的规则是解决利他失灵

---

① 注意这一想象的情景并不涉及 A 直接的利益；对 A 来说只有代价而已（花费时间和精力，冒着受到怀有怨恨的 B* 的伤害的危险）。用第 9 节的解释来看，我们应该把 A 和 B 看作一个次级联盟，而这个联盟中不包括 B*；B* 是群体中关系被疏远的一个成员，这个包含了 A 和 B* 的次级群体比包含了 A 和 B 的次级群体更大，更有包容性（对 B 和 B* 来说也是一样的）。

的，被这些限制排除的欲望将是那些体现利他主义回应失灵的欲望：你并不算一个利他主义者，如果你对某人体现了利他失灵的欲望进行正面回应的话。[①]

一旦伦理实践包括了自我认知的命令（第20节），一些欲望就会被看作是有缺陷的，因为它们会阻止一个人用特定的方式发展。这也就成了成熟且良好社会化的人的愿景，这些人参与了关于规则命令的慎思，他们在这些慎思中所表达的欲望是真正的欲望。那些在不同情形下表达的不同欲望甚至可以被看作是利他失灵，而在这一情形中行动者和潜在的受益者是同一个人。用这种方式去行动就是没能回应你要想成为的人的欲望。家长制进入了这一图景，因为利他主义者回应的不是那些波动的力量所造成的实际的欲望，而是人们在"冷静的时候"所认可的欲望，那些符合伦理规范的欲望。

部分利他主义存在于满足他人的利他主义愿望中：A 能够成为一名利他主义者是因为希望满足 B 想要帮助 B* 的利他主义的愿望。这些人中对 B 有利他主义愿望的当然是 A，并且这形成了一种独特的利他主义的基础，我将称这种利他主义为高阶的利他主义（不过，如果该词没有被抢先使用，"互惠利他主义"可能更贴切一些）。

有时允许其他人表达他们对你的利他主义也是利他的，即使你自我的欲望因此得到了满足。你与其他人有长时间的心理利他主义互动。通常你们希望一起行动，虽然你们彼此都有关于如何行动的不同看法。如果你们都自私地行动，你们将会遵循自己的偏好，但你们也就丧失了对彼此来说首要的东西——一起行动和思考。如果你们都如同心理利他主义者那样行动，根据目前的分析，情况会变得更糟糕：彼此都会做自己不那么偏好的事情，但仍然无法获得共同行动的好处。为了摆脱这一困境，你们中的一个必须成为不同类

136

---

① 在此我要感谢詹妮弗·怀廷（Jennifer Whiting），她对更早的心理利他主义讨论敏锐的评论让我意识到这一类型限制的重要性。正如怀廷所说，表面上看起来像利他主义回应的那种"感染"能够导致无限长的链条（A 满足 B_1 的欲望来满足 B_2 的欲望……来满足 B_n 想做某事的欲望，这对 B_{n+1} 来说是反利他主义的），使得心理利他主义的条件变得十分混乱。

型的心理利他主义者，一个调整愿望以契合于其他人利他主义的欲望的利他主义者。①

虽然高阶利他主义的概念会被滥用这一点很明显，它能为追求自私欲望的人提供掩护，不过反马基雅维利的条件（第3节）能够区分这些情形。利己主义者只有自我的愿望，或者把对他人利他主义的回应的模仿看作是实现这些愿望的良好策略（"当然，如果你真的想要通过这样做来帮助我，我不想阻止你"）。心理利他主义者会反思他们同伴的愿望，考虑到自己的欲望以促进这些愿望，造成他们满足同伴愿望的因素是，相对于满足同伴其他非利他主义的欲望而言，他们把这些愿望看作是同伴的生活中更重要的愿望。②

人类经常重复的互动中，利他主义的回应都是由双方共同表现的，这也就带给了他们与高阶利他主义不同的另一种利他主义的可能性：通过利他的过程而实现的目的成为参与者快乐的来源。相比于从与他人的愿望互动的过程中所获得的价值，最初赋予一个结果单一的价值，是可以忽略不计的。为了别人调整我们的行为可以比这些行为实际能实现的东西更为重要。

我们的试验开始于规则的主要系统被用来弥补利他失灵时。最开始所做的努力背后的欲望相当基础。规范引导的发展可以产生新的欲望，互动的欲望最终展现了利他主义回应的相互表达。利他主义的成功扩展能够产生一系列人们可以满足彼此欲望的情形，人们可以在给予和接受快乐以及这一快乐受社会认可中获得快乐。婚姻这样的制度（也许也包括其他的伴侣形式）使这些情形和参与其中的人把满足他人欲望的努力看作是有价值的。接下来，对相互回应的价值的认可可以重塑婚姻或者最重要类型的友谊。对个体来说，

137

---

① 对此更完整的解释，参见 Kitcher，"Varieties of Altruism"。

② 我极度怀疑这些考虑是否准确———一个人单纯有某种感觉，而这种感觉用特定的方式表现了利他主义对朋友、伴侣、父母或者子女来说都十分重要。因为这些判断都是不准确的，角色的转换通常是一个重要的考量。你允许你的朋友慷慨，因为在之后类似的情形下他们能够表达友善的感觉。在这里，互惠在真正的利他主义中扮演了一定角色——仅因为互惠是真正的利他主义的回应。

规范引导只是缓和社会矛盾的方法，一系列的生存试验能够让持久的关系中的相互认可成为他们极为重要的欲望。

人类欲望的拓展自然会伴随着我们情感生活的改变。通过伦理计划的进化，即使我们情感的回应没有改变，新类型的认知和欲望也会影响情感状态。正面的情感回应，也许就会被对那些使我们的欲望与他人的欲望相协调或者他人的欲望与我们的欲望相协调的认可激发，甚至放大。我们就开始懵懂地理解爱的起源了。

所有这些都改变了我们祖先关于什么是活得好的概念。安全、健康、果腹以及交配都不再足够了。我关于"何以可能"的解释以极大丰富了的好的生活的概念结束。发展某人天分的欲望变得重要起来，对社群的正面贡献相当重要，以及特定的关系比其他东西都来得重要。一步步地，伦理计划能够从社会嵌入的伦理规范这一简单的起点发展成我们在古希腊所能发现的道德感。柏拉图是对伦理实践的历史的一个注脚。

第四章　一件接一件的事情?

22. 仅仅只是改变?

实用自然主义的目标在于通过了解伦理计划的进化特征来理解其特点。探测更深层次的历史是很困难的，因为只有片段化的线索。但是，文字的发明提高了调查伦理进化的机会：过去五千年的纪录或许揭露了当代社会如何发展出现有的实践。更准确地说，历史调查承诺可以处理当下人们所关心的挑战性问题。

伦理的进化仅仅是改变么？它是否类似于达尔文式的生命历程，仅仅展示了部分的适应而没有任何整体上升的趋势？伦理规范是否通过那些和真相或者知识或者进步毫无关联的过程来传播和变化？它是否只是一件接一件的事情而已？

这些疑虑在相对应的文化多样性的背景中得到广泛的关注。随着人类学家记录了文化实践的多样性（通常的困难只是用西方伦理的概念来理解它们），并论证我们应该用这些文化自身的术语来理解这些实践，伦理相对主义开始得到重视。[①] 相对主义者的核心观点 拒绝任何独立于不同社会的伦理实践的标准或者衡量方式，反对一

[①] 总结相对主义事实上所宣称的东西以及评价它们的可信度是一件非常复杂的事。对这些问题的敏锐的讨论，参见 Gilbert Harman, *The Nature of Morality* (New York, Oxford University Press, 1977); Michele Moody-Adams, *Fieldwork in Familiar Places* (Cambridge, MA: Harvard University Press, 1997); Carol Rovane, "Relativism Requires Alternatives, Not Disagreement or Relative Truth", *Blackwell Companion to Relativism*, ed. S. Hales (Blackwell, 2011); 罗文（Rovane）关于相对主义观点的看法在即将出版的书中有进一步发展。

个社会的规范比另一个更高级。这一观点激起了显而易见的回应。想想那些你认为做了极为可怕的事的人吧。类似的例子：纳粹试图清洗有害的欧洲（甚至可能是世界）或者越南的杀戮战场。许多人感到有强有力的冲动要反对这些行为，并且任何道德规范都会说这些行为在客观上是错误的，这一谴责不仅仅表达了特定的视角。这就必然存在着一些道德必须回应的外部标准。

探索不同时代的伦理变化避免了与关于相对主义的跨文化争论混杂到一起。历史的研究提供了这些社会的案例，它们不仅仅是间接相关的，更是为了伦理转变而积极参与和竞争对手的互动的。这也许会表明"仅仅是变化的观点"是正确的，或者通过揭示人们如何作出"客观的"决定，提供关于道德慎思者感受到的约束的线索。正如我们将看到的，这一任务比最初看起来要难得多，但出现了两个有用的结论。第一，存在一些看起来是进步的，非常有说服力的转变的例子——仅仅是变化的观点很难得到辩护。第二，在一定程度上，第一个采取进步方式的先驱者们所做的决定能够被检验，他们并不是对外部约束进行回应。这些问题将会产生第二部分所要解决的困境。

重要之处在于在实现了伦理创新的社会中，所做的这些创新不仅仅准确描述了已有的观念，同样代表了道德的进步。首先，我将简要看看对仅仅是变化这一观点提出质疑的三个例子，但不会提出对那些明显是进步的变化背后过程的理解：古代世界同态复仇的转变，从古希腊的英雄气质到城邦理想公民的变化，基督教所引入的对同情的强调。为了获得对参与者如何作出决定的更清晰的认识，我们需要更晚近的例子。

23. 三个古代的例子

在最早的法律规则中，复仇的观念——以眼还眼，以牙还牙，杀人偿命——是用一种古怪的（在我们看来，是令人厌恶的）方式来表达的。如果某人造成了"比他高等的人的女儿的死亡"，"这个人的女儿"就要被处死。① 虽然存留下来的文本更多地考虑的是女儿，这些法律也不是完全建立在不把女性当作独立的人之上的——也存在着关于儿子的类似规则。② 类似的法律有时确实体现了把女性当财产的观念，她们的生命和身体是由男性亲属控制的：关于强奸的法律规定强奸者的妻子将被受害人的父亲所选择的任何人强奸。③

几个世纪之后，这一阐述复仇的规定就消失了。现在是犯罪者自己必须付出代价，并且要符合他所造成的损害程度：他或者她必须为受害者的生命付出代价。④ 伦理实践（而不仅仅是法律）发生了一个转变：之前的观念是当家庭中的一个成员受到了伤害时，对犯罪者家庭中相应关系的亲属进行相同的伤害是正确的，现在变成了作出犯罪行为的人应该遭受惩罚。两千多年过去了，我们也许不认为这是最后的结果，但很难否认这是进步的改变。在我们设想的情形（绝对的主流情形？）中，相应的亲属对犯罪行为毫不知情，他或者她只是个孩子或者作为受害者的朋友而感到悲痛。不论是什么样的情况，如果亲属没有参与到谋杀行为中，而他或她却因此而失去了性命，那么正义就没有实现。即使犯罪者"透过他或者她"而受到了惩罚，这仍然不能维持这一实践，因为亲属不能被当作惩罚机器的一部分。当社会开始直接追究犯罪时，这怎么能不是一种进步呢？

早期文明的神话和诗歌体现了他们对伟大偶像的崇拜，影响了后来的伦理学家们。明显的例子就是《荷马史诗》中的英雄。⑤ 我们不需要知道《伊利亚特》是否有历史基础，关键的问题在于其中

141

---

① James Pritchard, ed., *Ancient Near-Eastern Texts* (Princeton, NJ: Princeton University Press, 1950), 170, 175.

② Ibid., 176.

③ Ibid., 185.

④ 当然，不是所有古代社会都持有这种同态复仇的法律。北欧和撒克逊群体发展起了"人命价格"的概念，表示付出一定的金钱可补偿被夺取生命者。但是，在古代近东地区，谋杀者必须被剥夺生命仍然是最中心的规范。参见希伯来《圣经》。

⑤ 其他包括了德国、古代挪威和日本传统中的高贵武士。

体现的道德态度是不是当时历史上的主流。假设它们确实如此的一个基础是，如果道德观念没能代表观众事实上的看法的话（或者观众和听众能够认同的历史），一个有明确的道德视角的口头阐述不可能流行这么多年。

在荷马和梭伦之间的某个时间点发生了一次改变，对共同利益的贡献取代了个人的荣耀成为主要的道德目的。[①]《荷马史诗》中的英雄的战争生活是为了获得个人荣耀；他的勇敢也许在战利品中得到体现（往往是在同时标志着英雄的慷慨和他以前的功绩的行为中体现的）。[②] 为了解这一转变，比较一下《伊利亚特》和修昔底德后期对伯里克利葬礼致辞的"解释"的文本。[③] 赫克托通过肯定荣誉的要求而对许多希望他不要和阿喀琉斯参加争斗的请求进行回应。他知道他的死亡将会为他的城邦（以及他的家庭）带来灾难，但他不能接受拒绝挑战而失去荣耀。[④] 相反，当我们读修昔底德的"伯里克利"时，集体利益是第一位的。"伯里克利"提到阵亡的战士时说：

> 毫无疑问，他们中的一些人有各自的缺陷；但我们应该记住的是他们为了保护故土而抵御敌人的英勇行为。他们用这种善良赶走了自己的邪恶，相比于在私人生活中造成的伤害，他们为城邦作出了更多的贡献。[⑤]

---

① 这绝不意味着西方道德传统中荣耀观念的结束。这一概念不断地出现，在中世纪以骑士精神出现，在莎士比亚的戏剧中、在 18 世纪绅士和淑女的标准中、在 19 和 20 世纪早期富裕国家的军事理想中都有体现。

② 对于英雄规范的主要特点的清晰描述，参见 Walter Donlan, *The Aristocratic Ideal in Ancient Greece* (Lawrence, KS: Coronado Press, 1980), chap. 1; Moses Finley, *World of Odysseus* (Harmondsworth, UK: Penguin, 1980); chap. 5; and Joseph Bryant, *Moral Codes and Social Structure in Ancient Greece* (Albany: State University of New York Press, 1966), chap. 2.

③ 修昔底德明确说明他通过结合他说了什么以及<u>应该</u>是什么来重构这一讲话 [*Peloponnesian War* (Harmondsowrth, UK: Penguin Classics, 1972), 47]。

④ 对这一故事非常优秀的讨论，参见 Finley, *World of Odysseus*, 115–117。

⑤ Thucydides, *Peloponnesian War*, 148.

这些话是为了纪念一个群体而非个人，他们通过突出个人对群体利益的贡献来实现这一点。

在记录《伊利亚特》和修昔底德所纪念的这一事件之间，希腊的战争发生了深刻的改变。此时的军事行动主要是把武装部队组织成方阵。（战士们穿着厚重的盔甲，拿着巨大的盾牌，肩并肩排在一起，举着长矛前进。）战争中的成功不再取决于那些杰出的个人——比如阿喀琉斯，比如赫克托——的力量、耐力和技巧，而是有纪律地维持一个人在队伍中的位置。《伊利亚特》中的行为方式——阿喀琉斯的拒绝参与，赫克托对谨慎的忠告的拒绝，狄俄墨德斯和他的客人格劳克斯之间的私人约定——现在看起来都是自私、不负责任、任性和奇怪的。占据主导地位的荣耀让位于谦逊、自律和忠诚这些美德。

追随尼采的脚步，用团结一致来追求共同的目标取代由对荣誉的渴望所主导的个人冒险，至少在一些方面来看，是一个进步。追求荣誉所带来的牺牲通常看起来是不负责任的，甚至是荒谬的：赫克托的决定对他和他所关心的人有可预见的、可怕的后果。这一转变可以被看作是恢复了更健康的规范引导，更接近于人人平等这一考虑的早期阶段，即关于共同目的的实现和其特点的思考，甚至是对极具破坏性的利他失灵的纠正。① 143

许多人的看法是基督教改变了希腊 – 罗马世界的道德框架。他们试图说的是：大多数社会群体道德态度的特点是受到耶稣启发，而这正好是生活在罗马保护下的其他群体所没有的东西。那这些特点究竟是什么？

答案显然是：基督教信念的成长增加了古代世界中的同情。耶稣命令他的追随者原谅他们的敌人，爱他们的同伴。他的影响改变了罗马野兽般的制度。据维多利亚时期一位著名人物所说：

---

① 在此我们应该回忆一下穆勒关于对后果的关注不会排除自我牺牲而仅仅是要求这一牺牲是值得的这一洞见。参见 John Stuart Mill, *Works*, Vol.10（Toronto：University of Toronto Press，1970），217。

　　我认为，没有什么比讨论奴隶制，或者屠杀战争中的奴隶，或者角斗表演，或者一夫多妻制是否根本上是错误的更浪费时间了。它们现在也许是错的，过去却不是，当一个古代人这么做时，他并没有犯罪。[1]

144　　基督教对古代世界的影响并不简单，即使是在战争行为，奴隶制度的废除，公共奇观的特征，或者对婚姻的观点等方面。在君士坦丁之后的几个世纪最显著的就是基督教徒以及在他们首领的命令下制造的一系列暴力行为；基督教没有在农奴制取代奴隶制的过程中扮演直接的角色。[2] 爱和宽恕在基督教的经典文本中也不总是一以贯之地具有优先性。[3]

　　根据莱基（Lecky）的解释，基督教引入了进步的变化，主要是采取了一种新的利他主义理念。回想一下利他主义的维度：程度，范围，广度，对后果的认知以及对同情性的理解（第5节）。即使不考虑进一步的复杂性（在第21节所提及的），这一理念也可以用几种方式来构建。在极端的理解中，人们会赞扬一种"黄金准则的利他主义"，这要求利他主义是针对所有人和所有情形的，并且要求对他人偏好准确而全面的理解，[4] 这种利他主义几乎不可能做到。任何

---

[1]　W. E. H. Lecky, *History of European Morals from Augustus to Charlemagne*（New York：Braziller, 1955），1：110。莱基关于伦理进步的观点可同时参见：vol. 1, 100–103, 147–150；vol.2, 8–11, 73–75。莱基非常明显的相对主义的表达方式是非常具有误导性的：他并不是真的认为什么是对或错发生了改变，而是什么被看作是对的（或者错的）发生了改变。这从他对维多利亚时代的价值的自信中可以看出。

[2]　对奴隶制的问题富有远见的讨论，参见 Moses Finley, *Ancient Slavery and Modern Ideology*（London：Chatto and Windus, 1980）。吉本（Gibbon）之后的历史学家注意到了早期基督教不同教派间野蛮的冲突。

[3]　正如第18节中所标注的，这些主题在美索不达米亚的法典中就出现了，而它是早于福音书的（参见 n. 20）。

[4]　我用偏好而不是利益来描述这一理念，是因为基督教对利益的表述采取了非常特殊的一种理解，这种理解并不能显然易见地带来这一理念标志着伦理进步的方向这一判断。

试图采取这一观念的社群，在个体针对不可分割的物品的原始偏好不相容时都会遇到困难（在众所周知的"阿尔方斯－加斯顿"的情形中，双方都为克制自己的愿望来满足另一方的愿望所触动）。任何可行的观念要求这些原则系统能够解释什么时候某个个体的需求比其他个体的更急迫，以此来区分利他主义者和受益者的角色。

基督教代表了伦理进步的一个能够成立的重要主题是，这些运动可以被看作促进了对边缘人群的利他主义回应，这些人最基本的需求之前得不到满足。维多利亚时代关于从罗马帝国到基督教化的世界是伦理进步的自信假设了这一类型的扩展。在不同区域和不同时代有差异，因为在不同的群体的各种进步中，利他主义会扩展到不同的对象和范围。[①] 我们应该更好地考察更广泛的趋势，而基督教对此提供了强有力的表达。

这些例子并没有告诉我们人们如何以及为什么发生了这些明显进步的改变。为了解这些问题，我们需要考虑更近时期的情况。

24. 第二性公民

在最近的两个世纪，在西欧和北美国家，女性的公民地位以及在那些此前由男性主导的领域获得地位和权利的能力都发生了改变。这一改变没有在社会的所有部分中以同样的步调发生，也没有消除之前反对女性进入她们被拒绝进入的领域的态度，这些运动也没有最终实现许多它们所试图实现的目标。[②] 然而，事情发生了改

① 这种方式的利他主义扩展很难被看作是基督教独有的现象。正如所注意到的，对爱和宽容的命令，甚至是对敌人的，在基督之前几个世纪的巴比伦文献中就出现了。并且在古代世界的一些非基督教的群体（比如，犹太人和斯多亚学派）中，他们的伦理规范也是对之前传统利他主义的扩展。

② 凯瑟琳·麦金侬的著作为我们提供了一个重要的提醒，仍然有许多女性（同样包括一些男性）需要去完成的事情；参见她的 *Feminism Unmodified*（Cambridge, MA: Harvard University Press, 1987）and *Towards a Feminist Theory of the State*（Cambridge, MA: Harvard University Press, 1989）。

变：声名显赫的英国法学家把他女儿脱光绑在床柱上，抽打她直到她同意嫁给心理不正常的贵族，而这个贵族是他为女儿选择的丈夫，这样的事情不再被看作合理的；或者寡妇被迫放弃自己的孩子，把其交给丈夫家，即使通过她所在的群体得知她的母亲（而不是婆婆）属于正统教派，这也不应该被看作合理；或者妇女不能接受任何教育也不再合理；或者，当勉强同意让她们接受教育时，罔顾她们中的一些人在当时那些最负盛名的数学考试中表现出了比男性更杰出的能力，而阻止她们获得学位，这也是不合理的。[①] 历史上这些恐怖的例子数不胜数。在这些领域内，伦理进步的合理性在许多当代民主社会的公民的反应中得到了体现，他们不仅仅坚决相信这些实践是完全不正当的，甚至无法想象具有反思能力的人能够允许这些事情的发生。

进步的特点体现在两方面。第一，阻止女性在社会中扮演要强的角色，阻止女性进入特定的机构，阻止女性获得男人想要的东西，阻止女性进行某些选择的种种规则，都被看作是道德上错误的。第二，女性出现在传统上由男性占据的角色和机构中改善了这些角色和机构。[②] 第一种类型的改变早已得到了肯定，而第二种类型的观点更具争议。我把它们都看作是伦理进步的例证。

这些进步是如何出现的？在古代的例子中，不可能弄清个人和群体进行道德发现的心理过程。然而，调查者通过某些材料有希望

---

① 对于爱德华·库克（Edward Coke）爵士对女儿的强迫的解释参见 J. Morrill, ed., *The Oxford Illustrated History of Tudor and Stuart Britain*（New York：Oxford University Press，2001），97；乔治·沃克（George Walker）得到了他孩子的监护权，虽然是贵格会成员，但她的前妻，安妮（Ann），是圣公宗成员——弗吉尼亚的法律把父权排在了宗教之前（参见 Julia Cherry Spruill, *Women's Life and Work in the Southern Colonies*［New York：Norton，1972］，345）；在1889年，夏洛特·安佳斯·斯科特（Charlotte Angas Scott），作为格顿的学生，在剑桥的数学荣誉学位考试中获得了最高分，虽然她并不是正式注册的能获得学位的学生。

② 许多人把女性对职业生活的影响看作是有益的事。比如在学术界，包括女性促进了更具合作性的研究方式，并且把这一方式视为不同于男性的进攻性的竞争性方式。

了解造成伦理进化的新感知或者新推理。一系列的文本，对我们有回顾性的启发作用，从 18 世纪末期的玛丽·沃斯通克拉夫特（Mary Wollstonecraft）到 19 世纪美国女权运动的记录，从由约翰·斯图亚特·穆勒（John Stuart Mill）和哈莉特·泰勒（Harriet Taylor）合作写的经典论文，到夏洛特·柏金斯·吉尔曼（Charlotte Perkins Gilman）的小说和弗吉尼亚·伍尔夫（Virginia Woolf）的社会评论，从西蒙·德·波伏娃（Simone de Beauvoir），到贝蒂·弗里丹（Betty Friedan）、凯瑟琳·麦金侬（Catharine MacKinnon）和她们的继任人。①

　　和科学革命一样，极端不同的视角的胜利比我们所假设的要复杂得多。②一旦革命结束，对男人优势自信的坚持就会因为其盲目性被看作是畸形的。爱德华·库克怎么能把他的女儿绑在床柱上？索菲·杰克斯－布雷克（Sophie Jex-Blake）的父亲怎么能阻止她加入医疗活动的愿望？这些故事中的贵族男人类似于科学史旧叙事中的讽刺形象，是无法理解伽利略精彩论证的头脑简单的亚里士多德主义者，他们甚至拒绝看他的望远镜。通过更仔细地调查，我们发现不是一个序列的文本，用一套极具说服力的洞见祛魅了毫无根据的偏见，而是两个序列的文本——每一个都与历史上伦理实践特定

147

---

① Wollstonecraft, *A Vindication of the Rights of Woman* (New York: Modern Library, 2001); Alice Rossi, ed., *The Feminist Papers* (New York: Bantam, 1997); John Stuart Mill (and Harriet Taylor, 此处为我加上的共同作者), *On the Subjection of Women* in Mill *On Liberty and Other Essays* [Oxford: Oxford University Press (World's Classics), 1998]; Charlotte Perkins Gilman, *Herland* (New York: Pantheon, 1979), and *The Yellow Wallpaper* (New York: Routledge, 2004); Virginia Woolf, *A Room of One's Own* (New York: Harcourt, 1957); Simone de Beauvoir, *The Second Sex* (New York: Vintage, 1974); Betty Friedan, *The Feminine Mystique* (New York: Norton, 1963); Germaine Greer, *The Female Eunuch* (New York: Bantam, 1972); Catherine Mackinnon, *Feminism Unmodified* (Cambridge, MA: Harvard University Press, 1989); Donna Haraway, *Simians, Cyborgs and Women* (New York: Routledge, 1991); and bell hooks, *Ain't I a Woman* (Boston: South End Press, 1981)。虽然我主要关注英语文本，但仍然有许多其他重要的资源，比如，奥兰普·德古热（Olympe de Gouges）对法国大革命中（男性）领导者所写的《（男）人权和公民宣言》的回应。

② 库恩（Kuhn）在重要的科学论辩中所辨别的复杂性 [*The Structure of Scientific Revolutions* (Chicago: University of Chicago Press, 1962)] 在道德事件中更为明显。

的部分相关联。

　　女性主义洞见的中心是一个主张：社会中（女性主义作家写作的那个社会）主要的实践把女性的欲望限制在了一个非常狭窄的范围内，而在不同形式的社会化中她们的欲望会更广阔。之后，这一主张得到了扩展："男人也面临着同样的问题。"这一主张直指保守的例子。在许多社会中，从古代世界到现在，女性被假定不想要某些类型的财产和地位，被看作没有能力进行某些特定类型的选择。如果她们偶尔做了，表达了对某些物品或者工作的欲望，或者想要进行某些选择，会被看作是怪癖。保守主义者看不到无法回应女性成员愿望——或者说恰当的欲望——的社会有什么问题。在一定程度上，社会能够有效地社会化年轻女性，"异常的"欲望就不会频繁地出现，这些欲望和能力的缺乏也很少受到挑战。有时这些通过神圣意志的声明而得到强化。

　　一旦女性某些类型的欲望是异常的这一态度变得根深蒂固，这些欲望也就得不到认可，而这些态度在善于社会化年轻女性的社会中也难以得到改变。少数有"异常"愿望的女孩和女性能够被忽视，并被看作需要得到纠正的人；她们几乎没有机会来挑战关于她们无能的通俗观点。而在一些条件下，一开始无法解释的态度不再显得畸形，虽然鞭打女性使其服从这样极端的例子只能被看作是病态的。不鼓励女儿参与公共生活的父亲犯了深刻的错误，但他们的社会不仅仅向他们灌输了这些志向是不恰当的思想，还让他们难以获得这些愿望得到满足后将会发生什么的证据。

149　　抵制家长制的一种方法是表明那些有少量女性偶尔表达的愿望在没有如此压抑她们的社会中会得到更广泛的传播。如何能够做到这样呢？沃斯通克拉夫特的《女权辩护》（*Vindication of the Rights of Woman*）在当代读者看来太过于小心翼翼了，但他们都误读了她修辞上的策略。沃斯通克拉夫特准确地论证了一个具体的目标——允许女性接受教育——因为她能把这一目标和提高传统女性所被赋予的角色的能力联系起来。她那些保守派的反对者，不管他们是否坚持生育和抚养孩子、支持丈夫是神给予女性的任务，或者像卢梭那样，强调对（男性）公民恰当的培养可以让女性获得能最好地满足妻子和母亲角色的东西。因此，沃斯通克拉夫特可以通过表明受过教育的女性的杰出能力能更好地扮演其角色来论证她所提倡的改变。她在文中所强调的重点，通常让当代读者感到难堪：没有受过教育的和受过教育的妻子以及她们孩子的命运被拿来做比较；这一比较最突出地表现在一个受过教育的寡妇，成功地培养了她的家庭（"她的工作就完成了"），她来到天堂和她的丈夫重聚这样的故事中。因为她的反对者坚定地相信传统角色的划分，这一修辞是非常有效的。这样做的收获是什么？受教育的女性是否仍然被限制在家庭当中？[①]打开了教育的大门，或许如同沃斯通克拉夫特所预见的，会削弱社会化女孩和年轻女性传统的系统力量，并因此增加女性表达对更广泛的社会角色的欲望的机会。这是正常化这些欲望的至关重要的第一步。

《论女性的服从》更进一步，通过诉诸个人自由来取代女性教育是为了培养更好的妻子和母亲这一论证。如同穆勒和泰勒所认为的那样，教育可以被看作是男性和女性用来构建他们生活最重要部分的核心工具，"用他们自己的方式来发现自己的价值"。[②] 他们呼吁社会实验，为年轻人提供一些潜在的模范，让他们可以形成自己的关于如何生活的概念，而且恰当地表达他们所想要的，这些表达不会受到限制，除非伤害到了其他人。[③] 之后，受到教育的女性想要参与公共生活的欲望——并且，在有的情况下，想要改变公共生活特征——变得更为广泛了，伍尔夫记录了这些欲望仍然受到抵制的

150

---

① 在《女权辩护》中的第九章，沃斯通克拉夫特有更进一步的观点，提倡女性也许能做一些其他类型的工作（"开一家小商店"，参加医疗护理）。我认为这是对那些对她抱有同情性理解的读者（那些坚持读到了这一部分的人）的一个信号，她所正式提倡的那些改变的后果仅仅只是一个开始。

② 参见 John Stuart Mill, *On Liberty*〔Oxford：Oxford University Press（World's Classics，1998）〕，chap. 1。

③ John Stuart Mill, *On the Subjection*.

方式。①

为什么这些限制仍然存在？伍尔夫引用的那些压迫女儿的男性的话解释了保守思想的结构。假设采取了沃斯通克拉夫特所推荐的步骤：一个社会由受过教育的女性组成，其中包括了那些前所未有的，成功履行了妻子和母亲角色的女性。不仅是受过教育的女性将会扩展其参加的活动范围这一点需要论证，而且根据已有的教育妇女的例子，这很可能会适得其反。如果教育旨在强调提高妻子和母亲的能力，宣扬女性参加公共生活看起来就是一个糟糕的主意，因为这似乎会导致脆弱的婚姻和对孩子的忽略。保守主义者反对穆勒式的坚持个人发展的重要价值，每个人要规划自己的生活——通过诉诸更高的人类存在的目标，通过强调个人或者社会的健康和繁荣——但它们同样可以通过调整来满足反对者所认可的框架。欲望只有在不伤害他人时才能被尊重。如果女性获得了进入公共生活的途径，他们会造成伤害：她们的丈夫和孩子会遭受痛苦。女性对消耗时间的职业的追求，对社会中重要位置的追求，被看作是利他失
151 灵。已婚而无子的女性会更少地体现这种失败，但女性对职业的追求只有在她们完全没有家庭责任时才能得到豁免。既然对家庭的欲望是女性最核心的欲望，穆勒 – 泰勒的方法会造成错误与不幸。②

所以开始了（新）一轮的困境。从改革者的角度来看，一旦女性对公共事业的渴望不再被看作病态的，不对这些渴望进行回应就会构成利他失灵；丈夫和父亲的欲望被认可的代价是压抑女性。公平的原则，是保守主义者和改革者都认可的原则，反对总是要求配偶中的一方牺牲来满足另一方。保守主义者认为存在着不对称的情形——女性在照顾家庭中体现出了特殊的天赋和能力，她们的幸福

---

① Virginia Woolf, *A Room of One's Own*（New York：Harcourt, 1957），以及 *Three Guineas*（San Diego：Harcourt Brace Jovanovich, 1966）。在后一本书中，主要的改变是认为作为"局外者社会"的女性的压力改变了公共生活。

② 这一类型的论证到目前为止是成立的。他们的坚持是无法解决更广泛的，关于公共利益和青年人教育这一问题的延续。因为这些问题十分复杂，所以很难解决。参见第十章（第60节）。

与家庭的繁荣捆绑在一起。对此一个明显的反驳是：这是现存的社会化条件的产物，是已经形成的特定的婚姻制度的产物，事情本来可以是另外一番情形的。我们应该进行实验。但是，保守主义者坚持，如果存在巨大损害的风险，实验应该被取消。基于"性别天生的欲望"，构造丈夫和妻子不同的角色会摧毁有价值的制度（婚姻）和导致父母和孩子的沮丧与不幸。一个明显的批评是：保守主义者回避了问题。对这一反驳的反驳是：你也一样。假设实验不会腐蚀人类的本性已经预设了男性和女性的欲望是可以改变的，这同样是回避问题。两边的人必须从他们偏向的观点来论证人类偏好的可塑性。①

对这一争论的简要重述突出了伦理转变的几个重要方面。穆勒－泰勒对于女性的能力是未知的这一观点是无法争辩的，因为揭示女性能力的社会化实验从来没有得到验证；这些实验应该得到尝试的结论就是反对保守主义的观点，于是产生了之后的僵局。那么这一革命如何才能解决？ 152

通过反复的证明，投票权运动的反抗，包括了女性牺牲生命来揭示她们对能够完全参与社会活动有多么强烈的愿望，让她们的志向变得无法被忽视。在二次世界大战期间，女性工人证明了女人的能力，也证明了兼顾工作和养育孩子的可能性。美国和英国都在战后赋予了女性投票权也并非偶然。女性在第二次世界大战后期所做

① 归类为保守主义者的这一推理在当下的许多社会中仍然出现，甚至是出现在那些正式认可女性有权利追求苛刻职业的社会的一些角落中。因为调节工作和家庭生活平衡的问题仍然没有解决，对于很大一部分女性以及一小部分男性来说，重构婚姻制度的问题仍然存在。这些和其他当代社会关于劳动分工形式的问题，关于劳动分工体现出的压力的问题，关于资源分配的问题，关于公共利益规定的问题等结合在一起。这些组合纠结在一起使得保守主义者和改革者之间的争论更难解决。在女性的生活可以有效平衡苛刻的工作和家庭的地方，代价往往是把包袱转嫁到其他女性身上，而这些女性的选择受到的限制更多（社会经济地位较低的女性履行照顾和管家的职责）。沃斯通克拉夫特所设想的对家庭内部事务进行管理的仆人的出现这一假设并非像它最开始看起来那样是时代误置的，伍尔夫所提出的由其他人来完成购物和烹饪的想法也没有这一问题。（我在此感谢玛莎·霍威尔关于沃斯通克拉夫特的报告，使我更清晰地看到问题的这些方面。）

的贡献，以及在接下来的战后时期她们退回更为传统的家庭角色，为在 20 世纪 60 年代表达她们被压抑和无法满足的渴望的女性运动提供了背景。女权主义中崛起的意识中心论让我们想起了沃斯通克拉夫特早已提倡过的：第一步是表明有些欲望是广泛存在的，因此不容易被看作是病态的，这些欲望之所以没有被表达出来是因为社会期待阻碍了它们。20 世纪 60 年代的女性参加了一些聚会，分享她们的梦想和经历，她们既能在战时需要的前辈身上看到那些已经得到证明的能力，也能看到她们所拥有的部分欲望的满足。她们的声音无法再被忽略。僵局也就此打破。伦理进步得以实现。

153　　我们能从中发现什么？事实性的知识得到了提倡：人们明白了在不同的社会化条件下，女性想要那些在传统被看作不属于她们的东西；她们能在获得这些东西时得到满足；对这些欲望的满足也不会威胁到那些之前被看作是女性最重要的欲望——公共生活能或多或少地和家庭生活满意地结合在一起。① 增长的知识促进了进入公共生活的欲望，巩固了对这些欲望是普遍的和非病态的观点的接受。对这些欲望的抑制和压抑唤起了我们的同情心，把男性变成了女性在改革运动中的同盟。正如早期规范引导的进步，如果某个特定的利他失灵造成了太多麻烦，性别平均主义的增加部分是因为传统主义者最终想要更平静的生活。

25. 放弃动产奴隶制

　　如果有一个几乎毫无争议的能被看作是进步的例子，那就是废除某个"特别的"制度，也就是动产奴隶制。② 反对奴隶制在 18 世纪晚期的英国和 19 世纪上半叶的美国不断加强，在《解放奴隶宣

---

① "或多或少"是提醒之前提到过的困难，因为为了平衡工作需要有特定的社会环境。参见第 60 节。

② 我认为只可能通过论证伦理进步并没有明确的定义来反对这一点。感谢艾迪·杰弗瑞对我确信这一例子对任何伦理进步的解释都是没有争议的观点的补充，并且对如何调查这一点给出了优秀的建议。

言》和内战时达到了顶峰。奴隶制在道德上是允许的观点被这一宣言中对奴隶制的拒绝替代。这一进步是如何实现的？

17 和 18 世纪的北欧人，无论是居住在祖国还是被派遣到殖民地，都试图把奴隶制嵌入他们的道德规范。护教士们引用几个世纪之前形成的概念和区分，努力为拥有其他人类的权利来做辩护。一种传统的辩护是区分允许被奴役和不允许被奴役的人——通过希伯来《圣经》对被上帝选中的人和在战争中被俘虏的人的区分，通过亚里士多德对不同个体的天性的区分，通过中世纪教堂对有信仰和无信仰者的区分。殖民地的基督徒在《圣经》中加入了另外一项支持的理由。《摩西五经》中主教拥有奴隶（并且和女性奴隶有性关系），《腓利门书》中认可了奴隶制。此外，在北美洲被奴役的那些人（非洲人的后代）是含姆（Ham）的后代（或者，在一些版本中是迦南的后代），是圣经诅咒的继承者。新教同样也区分了通过上帝的荣耀而获得的灵魂的自由与单纯的身体自由。在这一基础上，有的人宣称奴隶贸易对俘虏来说是一种帮助。①

奴隶主构建了他们自己对奴隶贸易的解释。奴隶们在非洲本来的境况被描绘成霍布斯式的自然状态，充满了争斗、野兽般的行径以及极度的无知。把这些不幸的人运输到大西洋彼岸之后，仁慈的奴隶主为他们提供食物和住所（还有父母般的情感），以此来交换他们的劳动。更重要的是，奴隶被给予了聆听真正的宗教和获得灵魂救赎的机会。

这些当然都是胡说八道，但是不了解这种自私自利的解读就无法理解人们对奴隶制的接受。在 1700 年，塞缪尔·休厄尔（Samuel Sewall）出版了一本小册子，将殖民地的奴隶制比作对约瑟的奴役（非法的）。他的小册子在 1701 年收到了约翰·沙芬的回应，他通过"把奴隶带出异教徒的国家，带到能获得上帝知识的地方，改变宗教

① 在 *The Problem of Slavery in Western Culture*（Ithaca，NY：Cornell University Press，1966）一书中，大卫·布利翁给出了对所有这些护教士策略的解释和它们与古代及中世纪思想的联系。

信仰而获得永恒的救赎并非邪恶之事"来解决"我们不应该做邪恶之事,哪怕好的事情会随之而来"这一问题。[1] 五年之后,科登·马瑟把非洲奴隶看作是殖民者的宗教机遇:

155

> 你们黑人在这个世界上的地位,必须是低下、肮脏和卑贱的,也就是奴隶的地位。在这个世界上,他们无法作出伟大的事情。让我们为未来的世界里他们的福祉做一些事情……我们每个人都应该把自己交给上帝。[2]

在 18 世纪中期,这一论证的影响力逐渐消失,因为传播教义的努力是不成功的。奴隶们更喜欢以跳舞、交易和休息来度过周日。并且,如同大卫·布利翁·戴维斯注意到的,他们并不会聚集在"那些给予他们主人权威,让他们无法休息只能更勤劳工作,并且剥夺他们本就不多的快乐和自由"的宗教身边。[3] 然而,殖民者的结论是,奴隶是无可救药的。支持奴隶制的一种论证的崩塌却支持了另外一种论证。

沙芬对休厄尔的回应声称非洲人和欧洲人在道德和智力气质上是不同的:他的文章以一篇把天生的恶习(懦弱、残忍、好色等等)归咎于黑人种族。[4] 这一判断直到 19 世纪依然存在。到了 1852 年,玛丽·伊士曼(Mary Eastman)对《汤姆叔叔的小屋》写了一篇回应,在这篇回应中她模仿了这本书的论证结构写了一个不同的故事:非洲人是含姆的后代,受到了上帝的诅咒,伴随着需要更为睿智(并且仁慈)的欧洲人管教的特点;与捉摸不定的孩子一样,奴隶不

---

[1] John Saffin, "A Brief Candid Answer to a Late Printed Sheet Entitled *The Selling of Joseph*" (1701), in *Against Slavery: An Abolitionist Reader*, ed., M. Lowance (New York: Penguin, 2000), 16.

[2] Cotton Mather, "The Negro Christianized: An Essay to Excite and Assist That Good Work, Instruction of Negro-Servants in Christianity," in Lowance, *Against Slavery*, 19.

[3] Davis, *Problem of Slavery*, 218; see also 211–222.

[4] Lowance, *Against Slavery*, 17.

再是恰当地持有自由和自主的人。[①] 这样的想法不仅仅在基督教文学家中是潮流，在启蒙运动中也同样是潮流。虽然孟德斯鸠，作为最有洞见的早期批评奴隶制的人，拆穿了归咎于天生差异的说法，[②] 但 18 世纪的人类学使得伏尔泰、休谟、布丰以及他们的追随者提倡非洲人的智力低下。亚当·斯密是为数不多的异见者，但他遭到了弗吉尼亚·亚瑟·李的有效反驳，他引用了他和黑人奴隶打交道的丰富经验来批评斯密。[③]

156

　　对种族等级制的一般观点伴随着对非洲人在本土和奴役状态中行为的看法。试图描绘被奴役的非洲人的高贵的文学作品（阿芙拉·贝恩的《皇家奴隶》是一个典型代表）总是遭到大量来自那些声称自己最了解奴隶的人（奴隶主）的反驳。奴隶个体所取得的成就遭到了系统性的贬低。黑人注定只能获得较少的成功（同样是令人不悦的，如果不是恶心的话）这样的信念在美国两位最高尚的总统的话语中同样得到了体现。杰斐逊写道：

　　　　不管黑人的黑色是存在于表皮层和真皮层之间的网状膜还是存在于表皮层之中；不管它是来自血液的颜色、胆汁的颜色或者来自其他分泌物，差异是天生注定的，就如同我们更了解的地位和原因一样真实。难道这一差异不重要吗？这不是两个种族审美差异的基础吗？高贵的红色与白色的混合，充分地表

① 参见 Mary Eastman, *Aunt Phillis's Cabin: Or Southern Life As It Is*, excerpted in Lowance, *Against Slavery*, 296–300。

② 参见 Charles Montesquieu, *Spirit of the Laws*（Cambridge, UK: Cambridge University Press, 1989），在这本书中孟德斯鸠著名的说法是非洲人不能是人类，因为如果他们是的话，那么我们（欧洲人）也不是基督徒。他的反讽没有获得足够的重视。对孟德斯鸠的一些不理解的回应参见 Davis, *Problem of Slavery*, 403。同样值得注意的是孟德斯鸠反对奴隶制最重要的一个论证是，奴隶和主人的角色是由很多因素造成的。

③ Arthur Lee, *An Essay in Vindication of the Continental Colonies in America, from a Censure of Mr. Adam Smith in his "Theory of Moral Sentiments"*（"Printed for the author" London, 1764）.

达了不同颜色所代表的激情，这难道不比永恒、单调的，在人的面部遮盖了其他种族所拥有的情感的，无法除去的黑色更让人喜爱吗？此外，飘逸的头发，更为优雅对称的体型，他们自己对白人更高级的判断，这在他们对白人的偏好就如同猩猩对黑人女性这一高于它们的偏好一样中得到体现。①

157   杰斐逊评价他所知道的奴隶的性格和成就：他们的情感是短暂而原始的，他们缺乏理性的力量，没有想象力，没有艺术能力。杰斐逊承认他们的道德过失（撒谎，偷窃等等）有时可以归结为遭遇的困难，但即便美德会变成缺陷——非洲黑人的勇气被看作是缺乏思考的。虽然他总结说，"黑人在理性和想象的能力上是低人一等的，这样的观点一定是让人带着极度不自信和怀疑的态度"，杰斐逊之前的分类没有体现对这些观点任何怀疑和不自信的态度。几十年以后，林肯重复了杰斐逊的判断，声称"我相信白人和黑人之间的生理差异将永远禁止两个种族以社会和政治平等的名义生活在一起"②。

从允许奴隶制的伦理实践——不管是毫无疑问的还是有所怀疑的，总的来看依然是可接受的——到把奴隶制看作是明显的道德错误的转变当然是一种进步。这是如何实现的呢？一系列的反驳的论证系统地解除了护教士对奴隶制的辩护。他们仔细分析了把黑人看作继承了圣经诅咒的证据；他们注意到了引导非洲人的灵魂走向神圣的其他方式，而不是把非洲人的身体赶上奴役之路，或者奴隶拍卖或者无止境的劳动和性虐待；他们展现了奴隶或者曾经的奴隶的

---

① Thomas Jefferson, *Notes on the State of Virginia*, in *The Portable Thomas Jefferson*, ed. Merrill D. Peterson (New York: Penguin, 1975), 186ff. 有趣的是，不知写下这些文字的人如何看待他与莎丽·海明斯的关系。

② 引自 "General Introduction," to Lowance, *Against Slavery*, xxiv。也许如同编者所注明的（xxv），林肯只不过是屈服于政治压力。

个人成就，这些奴隶的话语和工作都驳斥了天生的种族差异。① 整个
废奴主义者阵营都基于摧毁所有避免把广泛接受的、被看作规范文　　158
明人之间和平互动的态度和原则应用到非洲人后代身上的工具——
这反驳了允许欧洲人把非洲人看作工具而非人的曲解。

　　废奴主义的阵营除了否定性的一面，同样有正面的发现。少数
勇敢的人探访了非洲内部地区，那些奴隶被强行拖拽出来的地方，
惊讶地发现这些有着不同风俗的群体同样有着稳定的社会关系，以
及相同的人类的需求和感觉。随着对贩卖奴隶和穿越大西洋旅程特
点的了解的增多，许多被吹嘘的奴隶的利益被揭示出不过是一堆毫
无意义的废话。事实性的发现，伴随着对经典的复杂解读，最终让
奴隶被看作和成为同情的对象。听众最终回应了道格拉斯和其他人
的演讲，但他们的掌声依赖于早先以更抽象的神学为基础的进步。

　　虽然没有始终如一地谴责奴隶制，美国的贵格会教徒总是特别
关心这一问题，并且有时会为废除这一制度进行辩护。废奴主义的
先驱是约翰·伍尔曼（John Woolman），他的日记记载了他是如何形
成这些观点的。伍尔曼的公共活动在他的《对拥有黑人的一些思考》
（1754 年第一次出版）中达到高潮。在书中他论证道："黑人是我们
的同胞"。伍尔曼的辩护把奴隶的苦难和因为被拒绝而获得耶稣同情
的经历联系起来。② 他的精神旅程来自他对《新约》的反思以及他
和奴隶打交道的经历。人们从来没有什么对奴隶的道德地位和价值　　159
的感知；困扰伍尔曼的是这一制度和他宗教义务之间的冲突。

　　日记的前面一部分解释了 16 岁的伍尔曼如何"开始喜欢那些随

---

① 弗雷德里克·道格拉斯的写作和演讲是后一种策略最典型的代表。在《反对奴
　隶制》的介绍中，曼森·劳恩斯告诉了我们一个关于道格拉斯某个演讲的趣事：
　"曾经在伦敦某个讲座的开场时，一个听众对他曾经是动产奴隶表现了带有敌意
　的不信任，因为他的演讲和修辞术都非常高明。（众所周知，奴隶是不识字和无
　知的，这是控制他们的手段之一。）"没有说任何话，道格拉斯迅速撕开他的衣
　服，转过身把后背展现给那些不相信的听众，让他们看到鞭打的伤痕。"（*Against
　Slavery*, XXX）

② 节选自 *Some Considerations* appear in Lowance, *Against Slavery*, 22–24，也可参
　见 John Woolman's *Journal*（New York: Citadel, 1961）。

心所欲的朋友"，自我放纵的阶段如何被更长间隔的后悔打断，以及他最终如何"恢复"并且回到"十字架下的生活"。[①] 随着拒绝诱惑能力的增长，他开始为其他人的堕落所困扰，并且无法与他们一起抗议时就会感到"焦虑"；不友好地说，我们或许会把这个 23 岁的人描绘成爱管闲事的人。第一个（提到的）他对奴隶制的关注起源于当他被要求执行一项任务时：

> 我的雇主拥有一个黑人女人，准备把她卖掉，因此他希望我写一个销售的票据，等待有人来买走她。这件事情十分突然。虽然我一想到要把同胞写成工具一般的奴隶就让我感到不安，但我还是记得老板指导我如何做这件事情，购买了她的人是一个老人，我们社会的一员。因此我向自己的软弱妥协，写下了这一票据，但在执行它的时候我内心受到了折磨，就像在我的老师和朋友面前说的那样，我相信拥有奴隶是与基督相矛盾的行为。[②]

不久之后，伍尔曼拒绝为一个年轻的朋友，同样也是"我们社会的一员"，撰写类似的文件。[③]

这一段文字很有说服力。被卖的女人仍然是匿名的。也许伍尔曼并不认识她——他照看老板的商店，独自居住在里面，离他雇主的家有一段距离。然而这一模糊的描述（"一个黑人女性"）是整部《旅程》里的典范。奴隶仅仅以抽象的描述出现，从没有被看作是个体。伍尔曼没有提供更多关于他们行为和能力的描述，这些描述会让人们把奴隶看作人。同样地，他对自己心理状态的关注，特别是在对销售票据的犹豫中，是无所不在的。当他向老板和买主（以及他的读者）表露了不快之后，他声称基督教和奴隶制是不一致的。

160

---

① Woolman, *Journal*, chap. 1; quotes from 4, 5, 8.

② Ibid., 14–15.

③ Ibid., 15.

这一不一致的本质通过把黑人女性描述成"同胞"暗示出来。

什么使得伍尔曼书写了这一文件？他清楚地把这一行为看作是给他的命令（信仰基督的仆人服从他信仰基督的主人），并且他知道奴隶经常受苦（这显然是最开始造成他困扰的原因）。他暂时压制了怀疑——买主是一位年老的朋友，品德高尚，似乎不会进行性和其他形式的虐待。但是，正如他的反思，他意识到他参与了使"同胞"遭受折磨的制度后，虽然在这一事件中奴隶受到虐待的机会看起来很渺茫，但仍然不是完全不可能。一旦文件被签署，这一女人就会被运送走，没有什么能保证她不会被虐待。他也对此负有部分责任。

也许我过度解读这段文字了。但这一理解符合伍尔曼接下来日益增长的对奴隶制的反感的讨论。他经常担心因为生活在通过奴隶制来支持生活的人之中而受到影响——他同样也想把他们从堕落中拯救出来。[①] 此外，比前人更彻底的是，他确信基督徒要为奴隶制道歉，并引用《圣经》来反对把奴隶刻画成继承了含姆诅咒的人，反对拯救这些"迷失的人"这一目标的优越性：

> 如果对非洲人的同情，基于对他们内在困难的同情，是购买他们真正的目的，友善的精神应该会随之而来。让我们友好地使用他们，正如从折磨中救出的陌生人那样，他们生活在我们之中应该是快乐的。并且正如他们也是人类，灵魂和我们的一样珍贵，在《圣经》中受到和我们一样的帮助和安慰，我们不能忽略在这一点上引导他们的恰当的努力。[②]

伍尔曼和奴隶主的谈话以及和读者的对话提到的这种情形，存在于基督教的义务抽象框架中。他的目的在于除去社会中的瑕疵，不管这些瑕疵是个人"放荡"的倾向，奴隶所有权的"沉重负

161

---

① Ibid., 22, 39, 53.

② Ibid., 54；也可参见 53–56。

担"，还是"不纯洁通道"的贸易，这些都使得他对英格兰的访问变得非常痛苦。①

伍尔曼迈出了非常重要的一大步。我们很难不崇敬他对奴隶制的拒绝，或者在多次尝试劝说他人时表现出的勇气和坚持。但是，他的理由并不属于当代任何世俗的伦理框架。和在早期的例子中一样，进步不是通过一些新的清晰的伦理观点实现的。当然，存在着许多真正的认知上的成就，体现在认识到了之前被掩盖的事实上。伍尔曼和他的继承者承认非洲人的血脉是被诅咒的这种说法是毫无根据的，在所谓的"野蛮的非洲"，这一情况很难通过束缚和控制人类，把他们和亲人分开，鞭打虐待他们来得到改善；他的后人意识到了奴隶（以及前奴隶）没有机会和动机去做伟大的事业。后期的废奴主义者，在伍尔曼的进步之上，意识到了利他主义的倾向如何因为受到主流道德实践的影响而无法扩展到非洲人身上，而这些人仅仅因为被排除在视野之外，而被描绘成没有高级情感的野兽。对奴隶态度的改变，以及对奴隶的同情增长的后果即使在 18 世纪末期和 19 世纪（比如杰斐逊，也许还包括林肯）都是不稳固、不完全的。它的出现仅仅是因为人们对经典诠释的角力，最终产生了看到施加给真实人类的苦难的可能性。最终，那些被买卖的人们不再是无名、没有差别的"同类生物"了，而是有个性的以及平等的人。

26. 罪恶的消失

我最后的例子体现了在（某些）伦理规范世俗化的过程中发生的一种类型转变。曾经被看作是邪恶、堕落，或者罪恶的行为逐渐被看作是伦理上可被允许的，也许对某些人来说甚至是恰当的。之前的讨论中一些重要的伦理概念被抛弃了或者得到了提炼。因此许

---

① Ibid., 54, 212.

多富裕社会的公民不再谴责那些对同性表达性欲的人。有时这些转变只是部分的：同性恋不再是罪恶，但仍然是让人惋惜的——一种病态，一种缺陷，一种不完整的性满足形式。但转变进行得彻底的时候，同性偏好变成了仅仅只是人们表达性欲的一个方向而已。此前被用于描述同性恋的词语因为歧视、令人困惑而且残忍，而被拒绝使用；甚至更广泛的词语——"邪恶""罪恶"——都被看作是扭曲的。一种更平等的观点得到广泛的传播。同性性行为，和异性的性行为一样，可以是爱慕的或者利用他人的，可以是温柔的或者残忍的，可以是深切的表达或者肤浅的愉悦。同性关系可以和异性恋关系一样有多种不同的维度。

伦理学并不仅仅是关于规范性行为的。尽管如此，可能从一开始，伦理规范就评价了各种性行为，允许某些性行为，禁止另外一些。当同性恋不再被描述成邪恶的，评价框架便得到了调整。不再关注伴侣的性别之后（或者彼此接触的解剖学器官），取而代之的是基于其他原因而对行为进行的判断：他们是不是被强迫、利用的，违反了之前的承诺等等。因此，人们曾经必须努力压抑自己内心的强烈欲望，曾经被强迫只能在隐蔽和令人难以满足的机会中寻求短暂的性欲与激情的表达，曾经担心他们的秘密生活会暴露，曾经无法公开表达从而完整发展对他人的爱恋，而对现在的人而言，这些问题都已经被克服。这很难不被看作是道德进步。

从老的角度来看，对"不正常的"性行为的容忍都是腐化的标志，是道德沦丧的表现。这一角度依赖于两个重要的主张，这两个主张在不同的情形中用不同的方式强调。首先，同性欲望是真正的变态，他们应该被鼓励去压抑这些欲望而发展那些健康的（异性恋的）倾向。其次，这些欲望是为神圣命令所禁止的。

如同在第 24 节中讨论的女性的抱负，欲望的常态在一个把它们看作是变态的社会中很难被意识到。当同性性行为被看作是邪恶时，当做出了这些行为的人被谩骂、嘲笑甚至是被处决时，这个社会就会缺少关于同性欲望和其行为表达的可靠数据。最终，这些关系将会深刻地受到反对的压力，从而被隐藏起来：这些男性和女性不仅仅要挣扎着寻找遇到潜在伴侣的方式，被迫秘密地在肮脏的地方寻找爱情，他们同样接受了社会谴责，即使在他们获得了片刻的满足之后也会感到羞愧与内疚。

部分地，这一图景通过从 19 世纪晚期的性科学家开始，到近几十年的心理学家和社会学家的科学研究得到了修正。[1] 不论方法和数据是否完全可靠，金赛（Kinsey）的著名报告对不再把同性恋看作是变态的观点发挥了重要的作用。[2] 如果男性和女性参与的同性性接触比例如同金赛所宣称的那样，这一行为的后果很难是糟糕的。

同样重要的是伦理实践中相关的转变，接受了把双方自愿的个人行为看作罪恶是错误的做法。基于法律只应该禁止对他人造成伤害的行为的这一条件，许多国家废除了（通常是严厉的）相关的法案。[3] 这些法律措施既没有改变把同性性行为看作不道德的（邪恶的）公共判断也没有移除强加给同性恋的污点。[4]

然而，正如意识的崛起对人们理解女性在公共角色上的志向的

---

[1] 即使把同性恋看作是有缺陷的性行为研究，仍然可以扮演解放的角色，正如沃斯通克拉夫特对女性教育有限的诉求为女性抱负的表达开辟了更广阔的道路。弗洛伊德对同性性欲广泛存在的认识修正了主流观点，尽管他把这些欲望同不完整的发展联系在一起。

[2] Alfred C. Kinsey, Wardell B. Pomeroy and Clyde E. Martin, *Sexual Behavior in the Human Male* (Philadelphia: W. B. Saunders, 1948); Staff of the Institute for Sex Research, Indiana University, Alfred C. Kinsey, Wardell B. Pomeroy, Clyde E. Martin and Paul H. Gebhard, *Sexual Behavior in the Human Female* (Philadelphia: W. B. Saunders, 1953); E. O. Laumann, John H. Gagnon, Robert T. Michael, and Stuart Michael, *The Social Organization of Sexuality* (Chicago: University of Chicago Press, 1994).

[3] 这依赖于之前的伦理转变，采取了穆勒式的法律概念（《论自由》中所表达的）。在 20 世纪 60 年代到 70 年代，这一概念结合逐渐增长的事实性知识，在欧洲国家和北美洲部分地区（加拿大和美国的一些州，首先在伊利诺伊州）产生了巨大的自由化改革。丹麦（1933）早就采取了行动，并且有趣的是，对私人领域的关注促使法国（他们本身并没有反同性恋的法律）立法禁止公开展示同性恋情。

[4] 如穆勒所清楚看到的（在《论自由》中），社会偏见的效果有和刑法一样的约束性。

普遍和广泛有重要作用,"出柜"展现了同性恋不同的一面。曾被看作"正常"和"值得尊敬"的个体突然展现了他们私人生活的"黑暗"和"污秽"。对许多人来说,"普通"和"尊敬"的标准必须改变。不管一个人的性取向是什么,都有与他人亲密的需求。一开始认为这些"不一样的人"违反了"法律与秩序"的反应,让步给了对那些为自己选择如何爱和爱谁的权利而斗争的人的同情。[①]

165

使得同性欲望和同性恋生活的真实情况为人所知是这一革命的一部分。另一部分是弱化这一形式是被上帝禁止的观念的力量。正如一些社会,特别是在欧洲,经历着接受特定宗教文本权威的人的比例逐步下降这一变革,通过诉诸经典的权威来辩护对某些行为的禁令变得越来越让人怀疑。然而,即使在信徒中,强调关于"男人和另一个男人睡在一起"的禁令也是比较罕见的。社会自由派的神学家指出这一禁令出现在一类有很多规则的禁令中,而这一类别的禁令几乎完全被基督教抛弃,很多也被犹太人忽略。他们赞扬的是经典中的中心信条,那些被一遍遍重申,用著名的寓言阐述的信条。如果想要尊重神的意志,我们应该关注他最中心的想法。

正如前两节的例子,声称现在的进步已经到了终极状态是愚蠢的。将对伴侣性别的考虑剔除出对性行为的评价——只关注同性恋和异性恋关系的相关且类似的特质——仍然是不全面的。罪恶的消失依赖于获得更精细、复杂的对神圣命令的看法。但这一过程通过更深层的对整个观点的怀疑而获得加速。

27. 神圣的命令者

166

如果另一种革命发生了的话,前面部分的一些段落或许会变得不一样——更快或更远。从柏拉图开始,哲学家们审视了把伦理规范建立在神的命令之上的观点。虽然他们给出了极为有力的论

[①] 这一转变可以追溯到报纸对正在进行的同性恋骄傲运动的回应;参见《纽约时报》在石墙运动之后和接下来多年的具体报道。

证，但还是没能移除一个在世界范围内依然流行的观点。① 我之后会讨论为什么会这样。不过，先来讨论哲学家的论证。

柏拉图提出了一个两难困境。要么存在着一个评价神所给出的命令的独立标准，② 要么不存在这种标准。如果存在这一标准，神的命令可以被看作好的或者坏的，因此当这些命令是好的之时，我们就能遵循这些命令。但创造这种可能性也同时取代了神作为伦理学来源的观点。存在着衡量伦理上善（正确或者美德）的最终标准，而这一标准是先于神的命令的。另一方面，如果没有这一标准，我们就无法再说神是好的，他们的命令仅仅是他们意志的断言。结果就是，命令不再有道德力量。康德简要重述了这一观点，声称道德命令必然有先验的来源，因为如果没有这些来源，我们就无法辨别出"神圣的福音书"。③

在 20 世纪出现了导致人类野蛮大屠杀的社会机制之后，我们应该对遵守命令这样的伦理规则保持警惕。在俄罗斯和卢旺达、约翰内斯堡和耶路撒冷，大屠杀的被告们都试图为自己开脱，声称他们只是在执行当局发布的命令。大屠杀的被告们声称他们仅仅是遵守当局的命令。判决他们有罪，就像法院和公民们所做的那样，假设了命令者的道德特征会影响遵守的人的道德地位。你可以遵守坏人的命令而不犯任何错误——你并不知道你的老板是贪污犯，他让你打印一份明显无害的文件；但如果你已经发现了他的贪污行为，你应该拒绝他的命令。通常来说，当你被命令把囚犯送到毒气室时，这会导致人们对发出命令的人的品格的怀疑。

---

① 我在这简化了实际情形。一些宗教假设神是非人格化并且没有意志的。在这些情形中，人们需要说出神的命令来让他"代表"神的力量。在这采用更精确的语言会过于复杂并且模糊论证的逻辑。

② 在柏拉图的《游叙弗伦篇》中，神是复数的——伦理学研究的是众神所爱的东西——苏格拉底在与游叙弗伦的第一次谈话中利用了众神有不同的偏好这一可能性。这是论证主线的起点。

③ Kant, *Groundwork of the Metaphysics of Morals*，玛丽·格雷戈尔（Mary Gregor）的英文翻译是极为出色的（New York: Cambridge University Press, 1998）（Akademie pagination 408）。

假设伦理真的是建立在神圣命令上的：除了神的意志外，善与恶、对与错没有先验的来源。你听到了神的代表发出的命令，或者在神圣的经典中读到了这些命令。你应该遵守吗？世界上并不存在独立的标准来判断这些命令。给出另外一套不同的命令既不代表更好也不代表更坏：事实上的命令反映了武断的选择。你也许会遵守这些命令，就好像许多国家都遵守靠右驾驶的规则。同样，你也可能拒绝遵守。神命令了服从，但它同样可能命令了不服从。为什么服从现实的命令而不是那些他也许会给出的命令？除了另一项命令之外，没有任何东西要求我们这样做，而遵从这一命令并不比仅仅让你服从命令有更高的支持。

事实上，你的情况更糟糕，因为有时神命令人们去伤害他人。他命令人杀自己的孩子，声称必须通过武力从居住其中的人那里抢夺地盘，大部分居民要被屠杀，并且坚持我们中那些被发现"睡在一起"的男人必须被处死（或者至少被驱除出群体）。① 你会对遵守这些命令感到不快，但你在《圣经》中发现并且遵守了这些。遵守这些命令的你，和那些在死亡机构中履行职责的公务员有什么差别？

你有关于神的意志的独立证据。显然，他要求完全的服从和服务：在特定的地方树立起对他的崇拜敬爱；他的意志在每天的生活中都要得到执行。这些没有遵守命令的人会得到惩罚，并且惩罚在任何情况下都将令人感到永恒和无限的痛苦。② 了解了这一点，你也许被迫服从，正如20世纪的独裁者们的手下是出于恐惧而服从命令。神明非常强大，是所有事情的书写者。然而，强大的力量并不意味着应该遵守他们武断的意见。

168

---

① 《利未记》18和20提出了对"睡在一起"的不同惩罚。类似地，迦南人的未来也有不同的版本，然而，在最好的情况下也只有年轻的女人能活下来。

② 参见大卫·刘易斯（David Lewis）死后出版的论文，"Divine Evil"（in *Philosophers without Gods*, ed. Louise Antony［New York：Oxford University Press，2007］，我完成了刘易斯因为早逝所留下来的草稿）。这篇论文考察了基督教所有可能的方法以避免假设他们的上帝比世界上最恶名昭著的坏人造成了更大范围的无尽的痛苦。

来更仔细地考虑一下你的困境。你意识到神作出了许多命令，其中一些明显毫无意义，并且表现了他的自恋（要求崇拜具有繁复的形式），还有一些是极度邪恶的。你不知道是否存在着独立的道德标准来衡量这些命令和命令者。如果有的话，你自己独立的判断意味着有些行为和神的命令会不一致。如果没有的话，你仅仅被命令满足一个武断的命令，它完全让你和你作为人类的同情心分离了。服从最多是道德上中立的，甚至很可能是道德上不正确的。因此，你当然不应该仅仅遵守命令。

一个很显而易见的回应是：你没有评判我的资格。你是一个彻底的有限的理性存在，你的知识极为有限。但你应该清楚与你的困境相关的知识。如果不存在独立的道德标准，没理由认为神比你更清楚应该做什么。此外，没有理由认为满足他随意的命令比回应人类的同情心更好。他比你更强大，知道更多关于他所创造的宇宙事实（可能是所有事实）。尽管如此，没有独立标准的话，遵守更强大、有更多事实性知识的存在的命令不能看作比遵守更弱小、对事实性的知识更无知的人的命令更好。另一方面，如果存在独立的标

169 准，也许神能够认识到它，而他有限理性的创造物认识不到：他有更多的伦理知识，并且用他的命令来传达这些知识。当我们自己的判断认为这些命令是令人害怕的邪恶时，我们应该怀疑我们的道德知识是有局限的，神能比我们更清楚地看事情。但是，遵守这些命令需要的不仅仅是神卓越的洞察力。我们要么必须有证据认为命令者有认识道德正确标准的特殊能力，要么必须是没有理由地对此深信不疑。前一种选项是不可行的，除非我们用自己的标准来判断神的能力，并且，如果我们这么做了，神命令我们所做的事情在我们眼里是邪恶的这一事实就会反驳神有特殊的认知这一假设。那么，我们就不得不相信神明，把他们作为道德知识的来源。

这是思考神圣的命令的最好的方式。根据这一观点，道德标准不是由神的命令创造的，但神对这些标准有更高的了解并且把这些知识告诉我们（或者我们之中少数的一些人）；我们应该信任他们并

且服从他们。我们现在已经在那些为参与大屠杀和种族灭绝辩护的公务员的位置上了。这些人说："我的工作是遵守命令。虽然我对这些命令感到不悦，但我不需要质疑他们。因为我相信它们是那些更清楚地看到了我所无法看到的大局的领导所给出的。我相信这些领导，这是对他们比我有更好判断的信任，对不允许我自己判断的信任。这就是我服从命令的原因。"这一辩护在遵循神圣命令的背景下也并不比发号施令的是人类独裁者更充分。

构想一个看不见的执行者对于伦理规范在群体成员的社会化中是一个有用的技巧，因此在文化竞争中也是有价值的（第17节）。把伦理看作神圣意志的表达的知识问题已经被柏拉图和他的继任者们准确描述出来了，但这些论证没能消除群体认为他们的戒律是由他们的神所命令的这些观点。为什么会这样？

答案使我们回到了本章的中心问题：仅仅是变化的观点可接受吗？对道德通常的观点接受道德进步的可能性，并且寻求独立的标准来判断伦理实践。除了一些更伟大的存在之外，这些标准能是什么呢？抽象的哲学解释很难理解，也很难说明道德进步的例子。[①] 因此，即使有这么多缺陷，神圣命令的图景还是留存下来了。

对伦理计划的起源、进化和历史节点的理解支持了对道德进步的一种解释，这一解释能够把我们从没有说服力的哲学抽象解释和有问题的宗教基础上作出选择的困境中解放出来。表明这一点是本书接下来的工作。

----

① 下一章我将辩护这一主张。我怀疑许多人对这一点都未充分地理解。

第二部分
元伦理学视角

第五章　真理的困扰

28. 盘点

第一部分所讲述的历史的目的是提供一个能让我们从无法满意的概念中跳脱出来的想法。现在让我们转向元伦理学的解放，问题的焦点是伦理学中真理和知识的可能性。第一个目标是展现对道德真理和知识可能性的标准解释，也就是指出"仅仅是变化的观点"和它的近亲们，并不契合历史。对此的理解将为在第六章提出的正面观点打下基础。

上一章的例子表明了存在明显的道德进步。但是同样有很多例子说明不能把伦理实践的历史描绘成不断的进步。在历史上，进步的转变其实非常罕见，远远不是普遍的。基于数量众多的规范传统，以及它们所进化的漫长时间，伦理实践中发生的改变的数量非常巨大。这些改变大多数都是未知的，并且，在可以研究道德改变的时间和地点，人们很少了解伦理实践的特征和它演变的方式。我们有"伦理学的历史"，但这主要讲的是哲学家和宗教思想家所构建的理论，很少有探究社会伦理实践及其变化的系统研究。[①] 结果就是对伦理实践中进步的普遍度知之甚少。

不系统的评价会导致对伦理进步可靠性的怀疑。废除动产奴隶制是具有进步意义的一步。然而在此之前，也就是三个世纪之前，买卖人口的重新制度化却是一种倒退，因为这一行为在欧洲已经消失很长一段时间了；而且在废除奴隶制之后的几十年，随之而来的是对刚解放的奴隶和其后代的歧视。也许每一次的进步都有退步的副本？

否认"仅仅是变化"这样的观点并不是维护伦理进步的普遍性。它只意味着进步的可能性。如果这种可能性是存在的，就必然存在区分进步的转变和其他转变（退步的或者仅仅是非进步的）的条件。是什么东西控制了伦理实践的进步？

为了研究进步的可能性，从导致关于进步的判断的原因（上一章的例子试图引出的判断）开始是有帮助的。假设今天的人都同意废除动产奴隶制。他们对买卖人口、虐待和家庭的分离感到厌恶。他们判断当奴隶制被废除时道德进步就实现了，不再想倒退回去。[②]

---

① 即使是莱基（维多利亚时代）对伦理历史长时间段的研究也集中于更理论的观念而不是群体中实际的实践。对于古代世界，以下作品指出了正确的方向：Kenneth Dover（*Greek Popular Morality in the Time of Plato and Aristotle*［Oxford：Blackwell，1974］and *Greek Homosexuality*［Cambridge，MA：Harvard University Press，1978］）；Moses Finley（*World of Odysseus*［New York：Viking，1978］）；Walter Donlan（*The Aristocratic Ideal in Ancient Greece*［Lawrence，KS：Coronado Press，1980］）；and Joseph Bryant（*Moral Codes and Social Structure in Ancient Greece*［Albany：State University of New York Press，1996］）。以下作品对古罗马世界的讨论也同样指出了正确的方向：Peter Brown，*The Body and Society*（New York：Columbia University Press，1988）以及 Jerome Carcopino，*Daily Life in Ancient Rome*（New Haven：Yale University Press，2003）。我没有找到对其他地方和之后的时间段内关于普通公民道德生活的描述。许多历史作品提供了具体的观察，但是，没有对实践改变的关注，道德变化很难得到严肃的研究。这才有了我前一段（不专业）的研究。

② 或者，至少没人公开承认能够忍受 17 世纪和 18 世纪的制度。他们也同样对当代的一些人口买卖的行为（非法的行为）感到愤慨，并且相信应该有更强的判断，不管是法律的或道德的，来反对这些行为。

当他们思考奴隶制重新建立之前的世界和奴隶制回归之后的世界时，他们更倾向于前一种状态（至少在这一方面是如此）。

很简单，第一个关于进步的主观标准基于这样的回应：伦理规范的改变在这种情况下是进步的——那些生活在改变之后的世界的人不想再过此前的生活。这一主观的标准是否对伦理进步提出了充分的解释？存在着许多理由怀疑这一点。在伦理进步的归因中所表现出的欲望完全是相对的。是那些作出了和传统对立的判断的个人，在伦理实践中作出了不同改变（通常是和实际所偏好的判断相反的），他们很可能作出和进步的判断相反的判断。[1] 人类也许相当容易被训练成在相同的条件下也可以给出完全不同的意见——通过正确或者错误的训练系统。即使当许多传统都认同伦理实践的改变并且是反思性的认同时，历史仍然可能很容易有不同的进路，因此意见一致的判断完全是偶然的。

这一怀疑带来了一个挑战："如果愿意的话，你可以把这些改变称作'进步'，但这不过只是你安慰自己的一种方式罢了；你认为好的那种生活，不同于你的前人的生活，不过是社会塑造出来的看法而已；你用标签神圣化这些偏好，但这不过是一种荣誉的称号而已，掩饰了你的反思判断和这一事件的偶然性。"如果真如反对者所说，就存在两种可能性。要么没有什么能够用来细化或者捍卫主观的标准，反对"仅仅是变化"这样的观点也就毫无用处了，或者主观的标准可以发展为更精细的理论来回应这些挑战。我们先从后一个选项开始。

必须向反对者承认一点，在伦理实践的历史中，通常在某个阶段发生的改变之后可能又会倒退回来。为某一群体提供保护和机会的决定总是不够稳定：考虑一下从中世纪到现在，西方社会对犹太人的态度；类似地，社群改变了他们关于公平的财富分配或者富人帮助穷人的责任的看法。暂时不讨论对这些明显摇摆现象的修正性

---

[1]　事实上，经历过进步的转变的人作出了相反的评价。并不是所有经历过解放的人都更喜欢它所带来的世界。

重构，仅仅是后革命时代的人的满足不足以被看作是伦理进步。这一限制允许进步发生在任何人们对改变感到快乐的时候。背道而驰的改变同样能算作进步。

对此有一个显而易见的解决办法。进步的改变不仅仅要求后革命的人更喜欢新的生活而非旧生活，而且这一偏好必须是持续的。正如伦理计划的进化，人类的后代必须认可这一偏好，把这一改革看作是进步的。强化这一观点后，主观的标准就可以避免轻易摇摆所带来的困难，但这需要一定时间来证明过去的进步。这一偏好必须持续多久？任何命令看起来都是独断的，而且都可能面临着缓慢的倒退：对于任何选定的时间段，一个偏好或许可以在整个时间段内持续，但可能之后又倒退回去。

假设这些都是对的。还可以存在更强的要求：这些欲望不仅仅在改革后的某个时间段内是稳定的，还必须在"某些限度内"是稳定的。① 现在这一主观标准对摇摆不定的回应包含了比之前更弱的要求，但伦理实践的"限度"需要解释。这一概念需要和人类历史的实际过程绑定在一起吗？还是应该用理想化的未来这样的概念来理解？真实的历史上发生了明显是进步的伦理改变最后却倒退的事件——比如特定的群体得到了道德规范的保护，但之后却又被排除在外。把包容看作是进步的，也就意味着其反面是可怕的社会盲目事件。在人类社会的某些时间段，人们——社会上盲目的人——倾向于生活在倒退的世界里，并且存在着某些潜在的原因可以导致任何群体的社会盲目。什么能够保证在伦理实践扩展的范围内没有这些导致盲目的原因呢？通过人类历史的实际进程来理解这一标准无

177

----

① 存在一些和经典实用主义明显有关联的观点，特别是通常被认为由皮尔斯（Peirce）提出的那种观点，参见 Nathan Houser and Christian Kloesel, eds., *The Essential Peirce*, vol. 1（Bloomington: University of Indiana Press, 109–123）。这种观点也显而易见地出现在詹姆士的作品中。在伦理学的文本中，这一观点出现在詹姆士所说的"最后的人所说的最后的话"中。参见 William James, "The Moral Philosophers and the Moral Life", in *The Will to Believe and Other Essay*（Cambridge, MA: Harvard University Press, 1979）。

法让我们准确地判断进步。

同样，对此有一种显而易见的解决办法。要求这一偏好能够持续在限度内，并且在历史按照理想状况的条件下前进时持续：伦理实践内的转变是进步的，当且仅当这些转变和调整后的实践发生之后，在理想条件下的未来，不存在对偏好再发生逆转的阶段。这一解释比之前考虑过的都要高级，但它的核心包含了一个未解释的概念：未来必须满足的理想条件。理想条件依赖于某些干扰力量的消失，各种各样的原因产生了我们过去道德的盲目。历史学家对于如何解释社会化的道德盲目争论不休，即使是研究得最透彻的某段历史也是如此。[①] 因为我们对伦理实践早期的改变知之甚少，更不用说其中导致退步的潜在原因了，引导道德进化朝理想状态前进的因果很难得到具体的说明。我们也没有希望能找出进一步影响我们后代的因素。我们关于理想伦理计划进程能得到的结论仅仅是人类偏好的扭曲：干扰的力量只是诱导人们偏爱活在倒退的转变所带来的世界里。对"干扰力量"的强调会使得主观标准变得非常没有前景。转变被看作进步，仅仅是他们带来的世界为某些人所喜欢，这些人没有被能够导致对进步与否作出错误判断的力量干扰。

即使是在这一解释里，主观标准仍然不够好。它被视作无意义的循环。此外，它引入了知识论的问题。我们判断上一章的那些转变是进步的，我们是否承诺了对伦理进化未来路径的预测，无论是理想化的还是实际的？如果真的创造了进步，对废除奴隶制之后的生活或者女性有更平等地位的偏好，同样也应该是后代所具有的——只要他们没有受到难以名状的力量使其"不恰当地摇摆"。我们如何能评价这一点？进步的判断是基于历史事实的一些方面，而不是因为我们预料到了人类欲望最终的稳定性（假设没有干扰）。如果一切都是恰当地发展，我们对未来的信心是基于认为改变中的某些东西是后人会继续支持的（只要他们的想法没有被扭曲）。他们的

---

① 有大量而且复杂的文献研究在纳粹的统治下，德国人如何能够忽视对"贱民"的所作所为，但却无法得出准确的潜在干扰力量的类别。

欲望和我们的一样，是改变作为进步的次级标志，而不是构成进步的部分。

29. 明显的问题

相对于"仅仅是改变"的观点，最显而易见的另一选项引入了道德真理的观念。进步发生在当伦理实践用真理代替错误的时候。更广泛来说，把伦理学看作对外部限制的研究，这些限制超越了人们偶然的偏好。在本章剩下的部分，这一想法将会面对伦理计划历史上演化的挑战。

过去几千年内有显然是进步的改变的例子，而且有一些对于我们知之甚少的遥远的古代来说是巨大调整的例子。这些例子招来了一个显而易见的问题：古人究竟在哪碰到了这些外部限制并且认可了它们的力量？这些限制如何在旧石器时代和新石器时代早期的巨大变化中扮演某些角色？我将提出一个直接的回答，并且会在这一部分以及接下来的两部分做更仔细的辩护：记录在历史上的转变，以及对史前历史的假设，最好被看作"局部适应"而不是道德发现的历史。① 改变的出现是对个体和群体在社会环境中所发现的困难的回应。"道德洞见的时刻"是难以捉摸的。第一个目标是表明这些回答是可行的。

道德转变中的历史人物，大部分都不能仅仅被看作是个体，他们不是从那些没有任何道德信念的环境出发，遵循推理的过程或者观察到了实在的某些方面，从而获得了道德判断中有正当理由的信念。历史上真实的行动者（以及他们史前的同伴）出生在社会之中，并且在幼年就开始被社会化。他们掌握了表达道德评价的实践，学会了许多道德概念，而他们也不会质疑这些实践中的大部分东西。对于那些站出来改变历史的人来说——比如玛丽·沃斯通克拉夫特、

① 在此我将重述出现在杜威文章中的中心思想，参见 John Dewey, *Human Nature and Conduct*（Amherst NY: Prometheus Books, 2002）103。

约翰·伍尔曼——道德信念发生了改变：道德观念在社会内发生了转变并且在周围的人群中得以分享，人们反对与之不相容的判断。

这些人所经历的心理过程完全不同于伦理辩护中那些典型的哲学解释所给出的形式。并没有什么抽象的推理形式，没什么可以被看作"感知"或者"直觉"。改革者在他们的文化之中理解伦理计划，基于他们所发现的重要的经验性信息来提出自己的意见。[①] 在社会中，道德观点作为背景知识被反复灌输，女性通过履行特定的职责，比如妻子和母亲，来体现良好的行为，而黑人奴隶需要获得信仰。沃斯通克拉夫特意识到关于世界的一个事实：没有受教育的女性经常无法胜任重要的任务。伍尔曼也一样：奴隶并不会因为他们经常被虐待就会更怕上帝，并且他们的主人也没有表现出信仰。意识到这些事实之后，改革者构建出了包含主流道德假设的论证。他们对世界的新发现并不神秘。也许作为一个敏锐的观察者，他或者她受到了自己对个人救赎担忧的影响，看到了社会接受的行为如何影响了奴隶和奴隶主，但普通形式的观察也能传递伍尔曼获得和使用的那些信息。推理的形式从其他背景来看十分好理解：如果女性应该履行特定的职责，比如母亲和妻子，而受过教育的女性能更好地完成工作（基于现有的标准），那么女性应该受教育。揭露这样的事实，看到它们的重要之处，并且促成改变是重要的成就，但他们并没有开启全新的对"道德实在"的理解。

比较一下主流科学信念的改变。历史研究已经呈现出了揭示彻底的创新时所面临的困难：把摇摆的熊熊燃烧的火炉看作是钟摆需要转变成难以达到的视角。[②] 然而，有时候，某些意想不到的力量

---

① 他们对道德规范辩护的成就以及他们所支持的规范的限度，在第九章给出的伦理方法中才能得到完全清晰的答案。就现在而言，我仅仅强调与那些把道德看作服从外部约束的观点的差异。

② 对此的经典论证参见 Thomas S. Kuhn's *Structure of Scientific Revolution*（Chicago: University of Chicago Press, 1962 and 1970）和 N. R. Hanson, *Patterns of Discovery*（Cambridge, UK: Cambridge University Press, 1958）。钟摆的例子来自库恩，这一例子在我看来是他所说的"格式塔转变"中最有说服力的。

落在了观察者身上：伦琴（Wilhelm Conrad Röntgen）无法对屏幕上的荧光视而不见。在伦理转变中我们能否发现相似的情况呢？改革者经历了什么样的心理历程，对伦理进步的限制如何影响他们的思想和感受？理性、直觉以及感知究竟如何让他们产生了新的伦理观念？伍尔曼和沃斯通克拉夫特看到了周围的人没有注意到的方面；古代的贵族或许认识到没有重装步兵的方阵，他们的城邦无法得到有效的防御。一旦这些特点为许多人所了解，延续下来的传统伦理实践就会成为社会问题。

思考一下历史如何可以支持对"感知到"或者"直觉到"善与恶、对与错的哲学讨论。伍尔曼也许仅仅是"看到了"用虐待的方式对待奴隶的不正义之处；沃斯通克拉夫特也许"直觉到"对她同性别成员错误的压抑。通过反思这些至关重要的过程，他们能够帮助其他人获得道德观念。虽然他们劝说他人的努力是充满激情的，但他们没有诉诸感知这样的东西。他们完全不像那些进行了观察转变的科学家。伽利略告诉他的读者要从不同的视角来看带摇摆的香炉；伦琴展示了荧光屏。

如何才能了解外在的限制究竟是什么样子的？一些哲学家认为我们能够接触某些值得被称作"道德实在"的东西，并且人们有获得有充分理由的道德判断的心理能力。[①] 想象一下你看到一群男孩给一只猫淋上汽油然后点燃。你判断这一行为是错误的。这一判断是即时的，让你认为你看到了这些男孩行为中的错误。同样的方式，我们可以通过感知来获得关于猫、汽油和男孩的知识，我们也能够学习到事态中的善与恶，行为中的对与错。或许判断还会伴随着厌恶感，即对发生的事情的强烈的厌恶，因此负面的回应就成了我们

---

① 这一观点在尼古拉斯·斯特金（Nicholas Sturgeon）那得到了最清晰和准确的说明，尤其是在他和吉尔伯特·哈曼（Gilbert Harman）宝贵的通信中。参见 Nicholas Sturgeon, "Moral Explanations," in *Morality, Reason and Truth*, ed. David Copp and Dean Zimmerman（Totowa, NJ: Rowman and Littlefield, 1985），以及 Gilbert Harman, "Moral Explanations of Natural Facts," *Southern Journal of Philosophy* 24（1986）: 57–68。在接下来的文章中，我将会多次用到这次讨论中的例子。

道德判断的基础。感知让我们进入一种情感状态，它会让我们作出相应的道德判断。

但还有更好的解释。你作出了一个判断，并且如果你是不假思索地作出这一判断的，那么你这样做的原因是社会已经灌输给你一种心理倾向，来表达你的想法。如果你感受到了某些特定的情绪——恐惧、厌恶——这是因为社会已经把情感状态和认知以及意志联系起来了，并把特定类型的感觉看作"道德的"，而不仅仅是特定的回应。不管是哪种解释，你的心理被塑造成了这样：会通过感知到特定的提示（猫痛苦的尖叫和扭动）而产生即时的或者相对即时的判断。① 你所在的社会的伦理实践背景在社会化的早期就开始影响你，成为你判断的基础。对于那些主张调整实践的人来说，不存在这样的直接回应。没有像伦琴的荧光屏那样的东西，伍尔曼或者沃斯通克拉夫特没办法作出直接的判断。

社会化在日常的观察中和在更准确的科学观察中扮演了类似的角色。技术人员观察气泡室或者测序机以获得关于粒子碰撞的类型和基因特点的判断。同样，即时的反应依赖于之前的训练：这个人没有任何特殊的能力来"看到"亚原子粒子；她不同于那些仅仅被教导要用特定类型方式进行回应的人。她之所以能如此是因为通过一些历史事件发现了本来无法了解的事实。通过当下观察得到的知识依赖于之前观察者的成就，他们把未知的粒子世界转变成了通过仪器能够探测到的世界。历史学家和哲学家可以重构我们观察自然的能力提升背后观察和推理的过程。可观察的现象为显微镜的使用提供了基础，显微镜技术被拓展到揭示布朗运动，对布朗运动的认识使得我们获得了关于原子的知识以及生产探测原子属性的机器的能力，用这些机器所做的实验导致了对亚原子世界的探知等等。这些历史是漫长且复杂的，但如果我们不能看到背后的这些历史的话，我们对在气泡室观察到运动路径的技术人员迅速作出的判断的信心

① 你的评价基于你如何看待自己的情绪回应这一解释，存在着中间步骤，但从感知到判断这一过程仍然是相对直接的。

会大打折扣。[①]

回到你对虐猫这一恐怖场景的见证。如同在气泡室的科学家作出判断"存在着正电子！"，你立马作出了判断，"这是错误的！"。你通过社会灌输给你的心理倾向而作出这一判断。用这种方式看待你的判断并不否认你认识到了外部约束并因此获得了新的伦理知识这一观点。但支持这一观点需要关于你信念的历史背景，以及灌输给你的倾向（"技术"）的历史背景，这一背景应该类似于探测亚原子世界的故事。重构历史需要追溯辩护的路径——展示推理，感知，直觉或者其他东西的过程——这一路径导致人们从看到动物痛苦的扭曲无动于衷（对造成痛苦的行为不做道德判断），到这一判断（"这是错的"）被广泛接受并且在年轻人社会化的过程中包含了作出这一判断的倾向。

这一特殊的道德改变并不适用于上一章的分类。它的历史是模糊的——甚至它究竟发生在哪个时期和社会都是无法确定的。[②]但我们能够把有历史证据的道德革命和这些例子是否有证据的疑问看作类似于亚原子事实是可能的这一发现故事。像沃斯通克拉夫特和伍尔曼得出并且捍卫他们所主张的道德实践改变的方式绝对是批判性的，这就是外在来源的约束力开始出现的地方。拒绝动产奴隶制为这一目的提供了一个绝佳的例子，因为我们对作出了这些"道德发现"的人的心理生活有较好的了解（虽然关于约翰·伍尔曼心理发

184

---

① 科学史家和科学哲学家对这一例子给予了足够的重视，因此我们可以有信心地作出这一判断。参见 Mary-Jo Nye（*Molecular Reality*［London：McDonald，1972］），Wesley Salmon（*Reality and Rationality*［New York：Oxford University Press，2005］），Ian Hacking（"Do We See Through a Microscope？" in *Representing and Intervening*［Cambridge，UK：Cambridge University Press，1985］），以及 Peter Achinstein［"Is There a Valid Experimental Argument for Scientific Realism？," *Journal of Philosophy*（2002）vol 99，pp. 470–495］。

② 我怀疑这一改变发生在非常久远的时期。一个显而易见的猜测是它首先发生在与家养动物接触时，但这仅仅是个猜测。一些思想家有许多理由坚持对非人类动物痛苦的回应这一革命还远远没有完成。（比如 Peter Singer，*Animal Liberation*［New York：Random House，1975］）。正如我们将看到的，关于非人类动物的道德结论会导致对我的解释的怀疑。相关的讨论，以及解决的办法参见第 47 节。

展的许多事情依然是未知的）。[①] 废奴主义者被记录下的言论中没有揭示任何类似于对外部约束不同理解的批判性观察——类似于伦琴对荧光屏的观察。伍尔曼的日记，向我们更多地揭露了他的思想，其中没有提到什么时候他用新的方式看待奴隶的困境（对他面前饱受虐待的躯体突然感到愤怒，而这或多或少会带来道德看法）。如同我在第 25 节中所说的，黑人奴隶并没有在伍尔曼的叙述中以个体的身份出现，伍尔曼也没有突然"感知"到作为个体的奴隶主的"堕落"。

伍尔曼确实感受到了一种情绪——一种"不安"——在他的雇主要他起草销售单据的时候。日记展现了他对过去"无所事事"的批判，他有了新的准则，这经常体现在他对别人的谴责上。我们获得了这样一个年轻的男性形象：他认为传统的行为习惯，甚至是朋友间（贵格会教徒）的行为，都是不够谨慎的，他尽可能地审视他的每项活动来避免可能犯的错误。"不安"有非常明确的表现形式，在反思中这一情绪引导他如何解决这一问题并且履行任务：买主是一位老人，而他是一个贵格会教徒，这就会降低奴隶受到性和生理虐待的概率，并且获得精神引导的机会将会增加。伍尔曼在考虑该怎么做时的背景是奴隶经常被殴打，女性奴隶被性虐待，对奴隶精神发展的关心则少之又少。他突然被要求做的事情让他和奴隶制度成为同谋，哪怕这些事是无关紧要的。对于一个对自己精神世界很敏感的年轻人来说，这种无关紧要的参与也造成了他的不安。这一心理解释比其他任何模糊的发现（神秘的）外部约束的过程更符合我们已有的记录。

这对比较伦理情境中的历史来源和哲学家想要探究新知识（有争议的）的可能性是有指导性的。在《宗教经验种种》中，詹姆士研究了获得关于"超验"的信念的人的记录，他的讨论完全基于人

---

① 它同样是展现这一目的的绝佳例子，因为那些为能够认识外部约束的观点辩护的人经常引用这一例子。伍尔曼在早期的废奴主义者中是解释环境导致新的道德立场的重要例子。

们"看到"一些新东西时的情况。不管我们对詹姆士的研究对象所经历的可靠性有什么样的顾虑，原则上，这些记录是能够为获得新宗教知识这种观点提供辩护的重要来源。历史记录描绘了他们的经历和力量。在放弃动产奴隶制的阶段里，关于相似的经历、突然顿悟的时刻的记录都是缺失的。

如果追寻道德进步会增加对外部约束的服从性，那么在这些事件中对这些限制被认识到（哪怕只是很模糊地认识）的记录的缺失是令人困惑的。当我们反思上一章所提到的伦理革命的例子，没有关于这些外部约束如何影响道德实践发生的时间和地点的证据，从而允许可靠的机制来进行日常"观察"。对于某些转变，这一想法是荒谬的。希腊用团结一致取代英雄主义的勇气，对战斗技术的考量远远大过认识到荷马英雄和步兵们的道德瑕疵。没有人会坚持伦理洞识的出现，是类似于科学观察影响主流的关于自然的观点那样。

到此为止，对于把伦理学看作是对外部约束的认知的观点，是一个主要的问题。捍卫这一观点的人必须解释外部约束如何在伦理计划的进化中扮演了实质的角色。否则引入这些概念是没有意义的，只是让人感到安慰的修辞学是容易被删去的。但这一问题不应该就停在这里，应该让大家说出他们不同于现有的对第一部分的历史的解读与理解。诊断流行哲学观点的错误会带来更好的伦理进步方式。因此，刚刚所提出的问题应该得到更深层次的研究，来表明这一挑战有多严重。

30. 真理，实在论和建构主义

把伦理进步理解为获得新的真理具有显而易见的吸引力。虽然伦理规范以其规则和行为的标准而出名，其中行为的标准通常体现在那些激励人心的故事中，但大多数社会的规范使用了特殊概念从而把命令的内容重新组织为描述性陈述：将"做 X！"或者"像 Y

那样做！”改为“做 X 是对的”和“Y 做的是好的”。① 如果这些陈述是对的或者错的，某个新命令带来的改变的进步可以通过考虑命令和规则（评价行动是对的、好的和高尚的，从而要求这样来行动的陈述）的对应描述方式来理解，用这些方式消除错误并支持真理。

187　　回到上一章的例子中，对法律中以牙还牙的改变是一种进步，因为“惩罚犯罪者以外的人是错误的”这样的陈述是正确的；动产奴隶制的废除是进步的，因为“奴隶制是可允许的”是错误的（科顿·马瑟和其他人都明确相信“奴隶制是一件好事”）。

　　上一节提出的挑战现在可以被重新理解为：你如何将伦理进步是用伦理真理取代伦理错误的解释和伦理计划实际的演化整合起来？存在着两种可能。要么存在道德洞见，从中新的伦理真理被发现；要么有进步的转变，也就是获得新真理，被看作盲目试探最后获得成功这样的幸运情况。

　　后一种选择主张伦理实践的进化不要求对约束的理解，但结果是服从这些约束。这一情况发生时，历史人物并没有意识到这一事实。他们彼此争论并且最终达成一致，尽管是基于不同的原因。比如，人们把道德命令扩展到与之互动的邻近的群体，是因为他们意识到贸易带来的好处（第 19 节）。很久之后的思想家，也许只有那些对伦理计划的整体有综合了解的人，才能够理解他们如何无意地对外部约束进行了回应。这对原始观点是不是一个满意的修正，是否能够承认伦理计划的历史为外部约束找到了一个位置？

　　人们通过不同的方式进行真的陈述，包括了不给他们新的信念提供辩护。如果伦理进步在我们实践的历史上是普遍的，很难相信这些进步都是“梦游”。进步是系统和稳步发展的，就好像数学和科学一样，就会存在着把进步看作真理不断累积和否认洞见的观点整合的问题：怀疑人类如何能够如此一贯的幸运是合理的。但是关于

① 人类学家发现了用群体的名字取代用来命令或者建议行动的词汇的情况。对本章的目的而言，谓词究竟是“好”/“坏”，或者“对”/“错”，或者“高尚的”/“邪恶的”，或者甚至是适用于特定群体的名字以及被看作是外人的名字，都无所谓。

伦理学，进步看起来并不稳定，没有一系列令人愉快的巧合。梦游者笨拙地前行，他们甚至可能在绝大部分时候，都是从一个错误走到另一个错误，但偶尔会突然找到新的伦理真相。之后事情就变得更为清晰了，关于道德进步的判断表现出了自信。最终这些后世的评价将会被理解，被看作是知识——这就会要求对如何获得知识的解释。提供这一解释有它的困难。但就目前来说，通过假设外部约束并没有被参与者理解，而只被后世的思想家理解，他们有看到道德变化特征的洞见，也就扩展了满足上一节挑战的可能性。

所以，这一挑战可以用三种不同的方式来回应：通过给出一个对伦理真理的解释，这一解释是基于道德改变的历史能够被重构来表明个人参与者如何理解了这些真理；通过使用伦理真理的解释来理解那些能够认识外部约束的后世思想家的能力；或者通过给出对道德陈述的一个解释，这个陈述并没有真值。[①] 怀疑上一节最后那些问题只是表面困难的人，坚持这一表象产生的原因是外部约束这一未经分析的概念被简单地理解了，因此对外部约束的认识比它本身更神秘。他们希望有一个对伦理真理的解释来扫清这些困难。那么下一步，就是理解伦理真理这一概念。

理解真理适用于外部约束的方式是类似于科学和描述我们周围世界的方式。在这些领域，进步能被看作是获得了有意义的真理，这些领域的真理的定义是类似的，是对真实存在的对应。[②] 相应的概念没有预设特殊的混合实体或者"事实"来对应这些真的陈述。不同于学究式的阐述，一个原子式的陈述，比如，"杰克帮助克罗姆"是真的因为伴随着包含的集合论关系，这一陈述指称了逻辑上构成陈述的名称和实在之间的关系。"杰克帮助克罗姆"是真的，因为

---

① 最后一个可能性需要对外部约束有一个更为细致的解释，以此来补充这一主张，表明这些约束如何被历史中的参与者和后世的人认识。

② 我的 *Advancement of Science*（New York：Oxford University Press，1993），以及通过 *Science，Truth and Democracy*（New York：Oxford University Press，2001）的修改，提供了这种类型的理解方式。其他类型的解释也是可能的，比如，把进步看作解决问题。这些更接近于我最终在伦理学中会采取的视角。

"杰克"和"克罗姆"是单数名词，指出了世界上具体的对象，而"帮助"是一个两价的关系名词，它指出了一种关系（有序的双方的集合），以及双方＜杰克，克罗姆＞属于这个集合。[1] 真相的更复杂陈述通过塔尔斯基为一阶逻辑的语言定下的条件来理解。[2] 这种对科学陈述真理的理解很好地结合了用真理来解释进步以及科学的实际历史发展。[3] 对于谦逊的科学陈述，我们没有发现什么神秘之处：弗兰斯·德·瓦尔能够意识到"杰克帮助克罗姆"的真理，因为他能够观察到杰克、克罗姆以及帮助这一行为。当一些实体的属性通过更遥远的真的陈述体现出来，必须有额外的哲学工作来表明如何接近这些实体：但这一工作可以并且已经被完成了（正如在前面的章节所考虑的亚原子粒子的案例那样）。

190　　因为这一理解真理的方式很容易带来对外部约束的接受，我们应该先从这一方式开始；其他真理的概念将会在之后被讨论。相应的解释如何能适用伦理情形呢？回想一个简单的例子，"一些男孩给猫淋上汽油并点燃它"。把这称作事件 E。"E 是错误的"看起来是一个为真的伦理陈述（我们也许通常会使用更宽泛、更抽象的词）。根据符合论解释，它的真来自"E"挑出了一个事件，而"错"指称一系列包含了 E 的事件。这一条件的第一部分没有任何问题；任何疑问必然都来自对伦理谓词指称的理解的困难。

---

[1] 在此我基于塔尔斯基对一阶语言逻辑简单的句子（不包含连接词和量词的句子）的真值的解释。我在此处不处理时态的问题。

[2] Alfred Tarski, "The Concept of Truth in Formalized Languages," in *Logic*, *Semantics*, *Metamathematics*（Oxford University Press, 1956）, 152–278; 在他的重要论文 "Tarski's Theory of Truth," *Journal of Philosophy*（1972）中，哈特里·菲尔德（Hartry Field）表明了塔尔斯基如何从指称的概念中获得真理的概念。根据菲尔德的文章，我所展示的理论并没有假设能够把指称的概念还原成物理主义的基础。参见我的文章 "On the Explanatory Power of Correspondence Truth," *Philosophy and Phenomenological Research* 64（2002）: 346–364。

[3] 有一种理解，来自库恩的《科学革命的结构》，否认这一说法。关于辩护，参见我的 *The Advancement of Science* and *Science*, *Truth*, *and Democracy*。也可参见我的 "Real Realism: The Galilean Strategy," *Philosophical Review* 110（2001）: 151–197, 和 "On the Explanatory Power"。

"错"如何指称一个特定的一系列事件呢？有两种可能性。根据建构主义对道德指称的理解，我们把一个特定的事件打上了"错误"这个标签；这一类型事件的区分取决于我们的决定，而不是在我们决定前就已经被确定的。而根据实在论的立场，错误和正确的行为之间的区分已经预先存在了，对人类的构建和契约来说，唯一的可能性是用什么样的声音或者标志来表明这一区别。在这两种广泛的路径内，应该先作进一步重要的区分。

首先考虑实在论的观点。在整合道德真理和对道德实践历史的理解的尝试中，这一理论可以采取两种对立的态度来考虑对属性的感知。由谓语表示的那些属性也许是简单的且不可还原的，这意味着不需要说明这些属性出现的充要条件来解释人们如何感知到有这些属性的对象（至少一些对象）。成为近似直线的属性似乎就是这一类型。虽然几何书有时候把直线定义为两点之间最短的距离，我们并不是通过调查两点之间所有的可能并找到这些线条中最短的一条，来获得某条线是直的的信念。其他的属性，复杂的和可还原的，需要附加的条件来解释对它们的感知。你基于叶子的形状而把超市中绿色的东西看作具有胡荽叶这一属性，也许你担心可能和欧芹混淆了，还会闻一闻；在你感知之前你明显注意到了一些条件。看起来简单和不可还原的属性也许事实上是复杂和可还原的，但是，这不是因为附加条件被注意到了，而是因为对它们感知的解释包含了对这些条件无意识的理解。如果肉眼可见的物体的颜色属性是因为它能够散射特定波长的光，我们对这些颜色属性的感知就会通过对特定模式的散射的反应得到解释。① 实在论者对道德真理的理解也许会假设道德谓词（"好""错误"等等）所指出的属性是简单和不可还原的或者复杂和可还原的；相对于后一种选择，附加条件也

191

———————
① 我并没有假设这是对颜色的正确解释。这是一个流行的解释，因此它对我们介绍关于道德真理的实在论者可能利用的模式是有帮助的。这一例子可能使得一些人收回成为近似直线的属性是简单和不可还原的这一假设：也许这一属性在几何学上是更基础的，或者根本就没有这样的属性。我不需要与这些回应来辩论。既然我将说明实在论者的真理不能用这种方式理解，最好对能够允许的可能性更包容。

许被有意识地注意到了，或者无意识的理解在感知中扮演了一定角色。

对于这些选择，还有很多可以讨论的，但简要的解释足以提炼第 29 节的疑问了。接下来考虑一下建构主义的可能性。对道德真理最简单的建构主义理解把道德谓词（比如"错误的"）的指称看作传统的决定。任何群体，或者任何个体，能够基于任何理由或者不需要理由，把这些谓词应用于某些他们选定的对象、事态或者事件。这是对伦理真理"破罐子破摔"的理论——对于关键的伦理词汇而言，我们，不管是集合的还是个体的，都很重要——这就允许，从造成道德变化的人的角度来看，任何转变都是进步的，或者说，既然所有都可以被吸纳进来，也就放弃了进步和退步之间的任何差异。这不过就是另一种"仅仅是改变"的观点而已。

更有趣的建构主义假设道德谓词指称的决定过程中存在着一些条件。被看作错误的事件的集合是由那些遵循了特定程序而获得了特殊地位的事件组成的。因此，比如，存在着一些每个个体都能够进行的推理的形式，这些推理形式把行为分成几种类型；或者存在着一些假想的社会过程，群体可以参与这些过程，从而产生了对事件的区分；或者存在着某些真实的社会过程，这些过程要么产生要么修改了这些区分。康德和他的追随者们追寻的是第一个选项，声称存在着理性的程序，这些程序对所有理性存在者都是可理解的，无论他的社会和物理环境是什么，这些程序产生了关于行动状态的结论。传统的社会契约论发展了第二种解释，认为行为的道德区分来自人们在理想环境下的深思。第三种解释将在下一章中发展，因为目前的关注点是相对的视角，进一步的考虑将会在之后再提出。

实在论者和建构主义者都有一些方式来发展道德是受外部约束的引导这一观点。目前为止考虑过的所有选项都把真理看作对应实在的框架。另外一种不同的解释值得讨论。不同于考虑真理的结构，这一解释探究陈述的真理是如何产生的（什么使得真理为真），有的人也许会采取功能性的解释，这一解释是通过理解我们在不同领域内的目的到底是什么而做出的。^① 对于物理世界描述性的陈述来说，从常识到精密的科学，符合论的解释似乎既表达了结构又表达了功能。相反，把关于真理的符合论的解释应用到数学上似乎是成问题的，主要是因为这一理论要求我们假设抽象对象组成的世界的存在，它们的属性在已经被接受的数学陈述中得到了无法更精准和完整的描述。并且数学陈述被接受的方式使得数学家如何能接触这一世界变得更为神秘了。历史上有关这一话题的重要的人物，即那些我们认为作出了最大进步的人，对于较早问题的回应往往是引入新的符号，通常是受了为了在更大范围内进行符号化的表达而进行的尝试的启发。他们似乎扩展了语言，引入了新的游戏让数学家来处理。也许对数学更高级的解释会放弃把数学看作是关于某些东西的观点，而关注于如何刻画数学实践所要作出的陈述的类型。这就会给出真理的功能主义解释。

我们也许可以用相同的方式理解伦理真理，找到伦理命令和伦理规范的其他部分试图服务的功能。在下一章，伦理进步和伦理真理将会用这种方式来理解。正如我们将看到的，结果将会和通常把伦理进步看作服从了外部约束的方式极为不同。

我们现在有许多可能性来发展出对第 29 节提出的主要问题的回应。它们中有能满足要求的吗？

31. 问题的来源

我们可以从反对一个有吸引力的观点开始。第 29 节展现了一些重要的历史人物——沃斯通克拉夫特和伍尔曼——他们发现了重要的事实真理。他们用他们的发现来支持改变（对女性的教育和奴隶的自由），并反对他们那个时代的伦理实践。那么，也许伦理实践内

---

① 这一区分在迈克尔·达米特（Michael Dummett）的论文中得到阐述，参见 "Truth" [reprinted in his *Truth and Other Enigmas* (Cambridge, MA: Harvard University Press, 1978), 1–24]。达米特没有使用我作出区分的术语。

发生的创新总会是一种特殊的类型：伦理进步存在于认识到真的事实陈述，比如关于女性在特定的环境下做什么或者对可以随意处置的财产的态度，这些陈述整合了之前已被接受的陈述并产生了新的后果。恰好相反，并不存在根本的伦理创新。没有从存在于此前被看作伦理真理或者新的事实真理的前提中作出推论的话，包含了伦理词汇的陈述并不会增加、减少或者改变；伦理概念从不是被引入或者精炼出的。[这些说法依赖于对伦理和事实陈述区别的日常理解。许多人认识到了"混合的概念"（"厚的伦理概念"）包含了事实和伦理的成分：比如"残忍"这样的概念。在我的用法中，任何有伦理成分的概念都是伦理的。关于界限的讨论与目前的问题来说并不相关。]

如果继续否认根本的创新的话，实在论者还可以直接否认大部分的怀疑，因为存在着对进步的伦理改变的解释。一旦伦理计划开始了，每一代都会继承已建立起来的伦理信念，事实上，人们从伦理真理中得出了错误的后果是因为最广泛和基础的伦理真理总和错误的事实陈述结合在一起。沃斯通克拉夫特发现了接受教育后女性行为的真理，伍尔曼认识到了动产奴隶制的心理影响（对奴隶和奴隶主相似的影响）。他们通过用真理来取代错误从而带来了伦理进步。

实在论者仍然还需要解释整个计划是如何开始的，在旧石器时代的迷雾中，小型的人类群体如何在有着不同的事实前提、因为不同时代不同的传统而选择了不同的结论的条件下，获得所有基本的概念和原则。虽然没人否认在我们伦理实践的进步中，新的事实性知识的重要性，但很难解释整个伦理学的进化——我们真的能假设起源时期的伦理已经足够丰富，允许所设想的这种解释吗？否认伦理创新，这一解释假设了一系列复杂的伦理原则不仅仅是沃斯通克拉夫特和伍尔曼所知道的，而且是在最开始就已经出现了的。第一部分所讲述的历史中，我把最开始社会化地嵌入规范引导的制度，看作相对粗糙和有限的——由分享和类似的原则组成，目的是回应它所超越的脆弱而紧张的原始人社会。假设关于角色的想法，扩展利他主义，以及好的生活本就是更新世的一部分，这些做法本就让可信度变得不高。此外，在文字记录的开端，发生了重要改变的社会并不能轻易被纳入这一故事：重构以牙还牙政策时对个人概念更精致的理解，对勇气的重新理解，对原谅敌人政策的接受。

　　实在论者必须允许人们劝说他们同时代的人接受还没有被周围的人所采用的伦理陈述这一可能性（即使在劝说的努力中绝大部分都被拒绝了）。当这些情形在伦理进步中达到高峰时，外部约束这一主张使实践的结果更接近这些约束。如果把这描述成获得真理，它预设了正确的伦理陈述取代了之前错误的。根据另一种更具野心的诉诸外部约束的主张，造成这些进步转变的人理解这些真理。两万年前，一些人看到了把对部落内的保护扩展到对邻居的保护是好的；大约三千年前，人们理解了杀害谋杀别人女儿的人的女儿是错误的；在沃斯通克拉夫特之后，英国人接受了女性教育的价值；在伍尔曼之后，美国人逐渐拒绝了奴隶制；并且，在最近的几十年，人们认识到恋爱关系中不同的性别组合并没有什么伦理意义。"E 是 F"这一形式的陈述中，E 指一些事件、事态或者行为的模式，而 F 是一些基本的道德属性（比如善），这些属性被假设为被历史人物以某种方式理解。

　　假设基本的伦理属性是简单的和不可还原的。那些造成改变的人是如何认识到它们的？我们无法准确地知道把道德规范扩展到周围的邻居是如何发生的，但我们可以简单地想象一下这是如何发生的。一个群体的成员发现了河对岸的群体所掌握的资源并且想象到了交换资源的机会。围坐在篝火旁，他们同意限制自己的行为并且表现得没有敌意，以此来促成互惠。这一实践成功了，并且最终伴随着明确的声明：在适当的环境下，和平的行为是必需的。虽然只是想象，这一社会心理学的解释比另外一种解释——某一天一个群体的成员突然有了对行为模式的"正确"的体验，尽管这一体验还没有被整个群体知道，而他通过某些方式和其他成员交流从而使得他们也认识到了这一属性——合理得多。

我们知道许多关于伍尔曼形成反对奴隶制这一判断的历程——
196 我们这一代人可以审视自己对同性恋的伦理属性观点的改变。伍尔
曼在劝说别人接受他观点的努力中提供了所有结合了事实性的信息
及主流伦理规定的考虑，但他的写作没有指出读者如何把他们自己
放到理解占有别人这一行为的错误的位置上。如果他有理解这些属
性的经历，那么他隐藏了这一发现。我以及我所熟知的当代人对同
性关系观念的改变是对人类爱情有更广泛的了解以及和拥有不同生
活方式的人深入交流的产物。事实性的知识和社会交换在伦理进步
中是极为重要的，但我并没有发现对同性恋情有简单的不可还原的
属性的理解，且这种理解是 20 世纪 50 年代的人没能意识到的。

不同版本的实在论认为伦理属性是复杂且可还原的这一看法更
有前景。考虑一下这种观点：正确的一个重要构成要素是减少苦难，
以及使未得到满足的欲望得到满足。实在论者可以把伦理创新者看
作意识到了痛苦和人类欲望的落空——伍尔曼通过完美而直接的方
式意识到了奴隶同样会遭受所有类型的痛苦；沃斯通克拉夫特理解
了她自己的欲望，和其他女性的愿望一样，被压抑了。也许这些想
象了和周围群体和平交换的人预见到了满足群体需求的更大可能性。
他们如何用他们的感觉来提出奴隶制的错误，教育女孩的正确或者
把群体内的保护扩展到其他群体的善？为减轻痛苦或者满足他人的
欲望而行动都不足以让人做正确的事情。创新者所处的伦理规范中
否认奴隶的痛苦是被错误地施加的，把女性对教育的渴望看作是有
问题的和被误导的，把河对岸邻近群体的愿望看作与善毫不相关的。
在这些传统的判断背后，有着其他关于通过善和正确能获得什么的
观点，这些观点允许痛苦，压制欲望，或者敌视邻居。伍尔曼、沃
197 斯通克拉夫特和我假想的支持贸易的人质疑这些观点，主要因为他
们没有发现足够强的理由来抵消痛苦消失的感受和欲望的满足。

这些先驱以及与他们对话的人是否明确地持有对善和正确的准
确解释——表明了在什么样的环境下欲望的满足和痛苦的消失是善

和正确? 显然没有。伍尔曼和沃斯通克拉夫特明白允许让奴隶遭受苦难和无视女性对教育的需求所要实现的目标，他们主动并且明确地反对这些目的。他们表达了自己对获得和失去了什么的判断，但他们并没有什么独立的、超越了反对者对善和正确的理解。他们是新的社会交换的催化剂，引发伦理计划的对话，而善与正确这样的属性正是通过这些交换而被修正。甚至很难想象早期宣扬和近邻交换的人如何把他们主张的规范调整为对善或者正确的还原，不管是在他们自己的思考还是在劝说别人的努力中。

这一点通过关注另一个例子同样可以得到说明。对以牙还牙这种法律的调整取消了一种形式的痛苦，但用了同一种类型的痛苦来取代：不管采取哪种形式，某个人的生命都要被中止。也许这一事实本身就是在道德上成问题的，但用犯罪者来取代女儿显然可以看作是道德进步。我们对主张这一改变并为其辩护的人一无所知。然而，根据实在论者的解释，必然存在着关于痛苦的事实和道德以及道德属性之间的联系，呈现出女儿和作案者的死亡以及痛苦是不一样的。如果创新者和被他们说服的人理解了这一转变的正确性，他们必须意识到这一联系。如何才能做到? 我们模糊地看到实在论者想要的解释的形式，但我们不知道要如何给出内容。相反，很容易假设这些转变发生的古代社会参与了长久的论辩，有很多不同的声音参与，并且最终那些传统的事件变成社会化问题。社会群体内的对话取代了和某些外部标准的模糊的联系。

实在论仅仅假设一些外在固定的联系，这些联系是伦理创新者所理解的东西——例子中那些被揭示出来能够通过完美且直接的方式理解的东西——和根本的道德属性之间的联系。挑战就在于要说清楚这些联系究竟是什么，提出它如何能被理解，并且支持事实上的（尽管是模糊的）理解的假设。我现在将讨论看起来最有前景的实在论立场。

根据这一立场，道德属性可以被类比为颜色，在此颜色被看作是物体倾向性的属性：比如，红色是造成我们进入某种特定神经心理状态的倾向（通过施加给我们视网膜特定波长的光而引起）。① 善和恶、正确与错误应用到行为上是因为这些行为产生反应性的情绪的倾向，比如赞赏和厌恶的感觉。这一解释的一个巨大优势是允许被证成的道德评价而不需要复杂的认知。你看到对猫的折磨，你感到了厌恶，你的反应既激发了也证明了你的伦理判断。

这一主张中提到的反应性情绪并不仅仅是在不同的社会环境下都能被激发的情绪状态。如果这样的话，这一观点就不可能解释我们试图理解的现象，也就是道德改变是进步的情形（在这些情形下，相似环境中的人对同样的事件会作出非常不同的反应）。相反，反应性的情绪——赞同，感激，憎恨以及厌恶——包括了认知和意志状态与情绪状态联系起来的情况，尽管是以没人能准确描述的方式（第4节）。个人能够有什么样的反应性情绪，个人感受这些情绪的范围是什么，以及引发这些情绪的东西是什么，都是社会塑造的对象（第4节）。

认识到这三项对环境条件的依赖极为重要，环境条件包括了我们发现自身的社会环境。我们遭遇某些事件时，周围环境的特征影响着我们是否会对它有情绪反应，以及这一反应所采取的形式。发展的环境，也就是我们学习和成长的环境的特征，塑造着我们情绪反应的方式。甚至更根本地，这些发展的环境影响着我们所能有的情绪。因为，虽然有的生理反应在不同的社会中都是不变的，但与伦理评估相关的情绪要比这些情感反应复杂得多，因为这些情绪包含了被社会塑造的认知成分。任何忽略了这三种环境影响模式的伦理属性的实在论解释都不可能是充分的，因为一个很简单的理由，不同类型的环境可以产生完全不同的反应。实在论者需要注意不同

---

① 给出这种颜色属性的解释的细节本身就是一个很繁重的任务，但我将简单地假设这是可以实现的。许多当代的思想家都认为把事物、事态、行为和行为模式的道德属性通过类似的方式来解释是有吸引力的。约翰·麦道尔所提供的解释在我的判断中是最好的，主要因为这一解释意识到了个人的反应是受到了他或者她成长的文化的影响。参见 John McDowell, "Values and Secondary Qualities," in his *Mind, Value, and Reality* (Cambridge, MA: Harvard University Press, 1988)。

类型的环境中，在正常的发展环境下被社会化的人，以及在正常的周围环境下发现自我的人所拥有的特定反应的区别，因为这表明他们所回应的事态的善。

这一形式的实在论的完整解释必须假设一个外部的标准决定了某些环境，在这一环境下特定的反应情绪足够表明伦理属性——在某些条件下（死亡集中营，Ik 部落半饥饿的情况），人们不能对残酷的行为进行回应并不会影响这些行为的伦理属性。让我们承认可以作出具体的区分，实在论者甚至能够解释为什么"正常的"环境是超越其他环境的。

现在考虑一下伦理创新者。最终我们似乎有了一个准确的、有说服力的对创新者如何回应外部伦理约束的解释。日常的经历产生了某种强烈的反应情绪，比如说，对某些周围群体能忍受的一些行为的强烈反感。创新者被促使作出该行为错误的判断，并且反应性的情绪为这一评价提供了支持。

然而很显然，我们（以及创新者）应该会犹豫。反思的人知道他们能感受到对许多类型的事件和行为不同的、相当复杂的情绪；他们知道社会情绪，他们的特异情感和许多能够塑造他们感觉的背景性因素。客观地面对周围的一切，他们应该有理由怀疑自己的反应。他们是否表达了个人的特质？他们是否找到自我的环境有什么错误呢（他是不是"不正常的"，不管实在论者究竟是怎么理解这一概念）？他们所认为的那种情绪是伦理厌恶而不是其他种类非伦理的反感或者是过分敏感的不喜欢吗？没有什么"内在的"东西能够用来解决这些疑问。因此，要么他们必须有更明确的知识使得他们能够说服自己这些感觉真的是伦理性的，要么他们必须和同伴对话，试图去解释他们如何以及为什么有现在这样的情绪。

伍尔曼是一个不知疲倦的废奴主义宣传者，一个人的"担忧"只有在与不同意他的人的辩论中才会得到加深。但是，他最开始的回应是谦虚的：他完成了销售单据的填写。尽管他对这一交易不开心，他确实担心自己是"过于善良的"。毕竟，他有什么资格去质疑其他虔

200

诚的男性和女性的行为，而这些行为是他周围的朋友都没有异议并且接受的？只有对这一感觉的坚持，再加上和其他许多观点广泛的对抗，才加深了他对奴隶制是错误的确信。如果我们把他看作获得了证明，是因为他逐渐意识到他的情绪反应不是短暂的——它不能被最严格的逆转其认知和意志的尝试改变。正是社会交流，而不是对外部约束的意识认可了他的感受，让伍尔曼坚持自己的伦理观点。

在未被释放的痛苦和错误之间，被阻碍的欲望和错误之间，负面的情绪和错误之间，存在一个鸿沟。对外部约束的承诺要求这些鸿沟用某些标准来填满，这些标准是独立于个体和社会的，它们辩护了从对苦难的感知，或者对无法满足的欲望的感知，或者情绪的感觉到判断这些事情是错误的的转变。创新者有理由担心他们这一转变的意愿是不是异质的。如果他们能够作出这个结论，根据实在论的解释，他们必须有对这些标准的理解。事实上只有后世的分析者努力去解释这些标准是什么，而且并没有任何证据表明历史上有对这些标准的认识。因此，实在论在根本上是错误的。

因此，出于相同的理由，理想化形式的建构主义也是错的。考虑一下个人主义的主张，即归结为独立于社会环境（在某些观点中，完全独立于任何经验）的道德推理能力。让我们（慷慨地）假设建构主义者声称的，能够作出区分的标准的程序可以被准确且透彻地描绘出来。不仅仅是理想条件下的慎思的人会拒绝"错误"的行为，还要给出对普遍或者理想条件的准确和完整解释。[①] 建构主义者把

---

① 我在此给出的例子简要阐述了构建主义方式最著名的版本，第一种最清楚地体现在 Kant, *Groundwork of the Metaphysics of Morals* (Mary Gregor, trans)（Cambridge：Cambridge University Press，1988），第二种归属于 Rawls, *A Theory of Justice* (Cambridge，MA：Harvard University Press，1971)，以及他的追随者［最明显的是 T. M. Scanlon, *What We Owe to Each Other* (Cambridge，MA：Harvard University Press，1998)］。我不认为这些建构主义者成功地给出了对所设想的程序完全清晰和准确的解释，比如，康德的批评者们正确地指出了他诉诸"矛盾"的做法和可允许的行动原则（准则）的类型隐含的限制是模糊且松散的。然而，我所给出的质疑结合了伦理真理的解释和伦理计划的进化，这能满足并且指出建构主义无法解释的东西。

伦理学所要服从的外部约束看作处于这些程序的优先地位。当伦理实践被恰当地履行时，人们通过符合这些程序认可的方式来应用伦理谓词。在这一理解下，历史上的行动者理解了他们的创新和这些优先程序所传达的东西是一致的。

鉴于这些特定程序的复杂性，建构主义者也许不想声称创新者意识到了所有的细节，他们可以借此形成对伦理词汇正确的解释和清楚地看到如何把它们应用到实际的情况中去。最好的情况是他们瞥见了正确的建构主义并且能够把大致接近的标准应用到测试中——他们不能在严格的理论意义上可普遍化，但他们可以问"如果每个人都这样做会怎样？"。这些东西在历史记录中很难找到踪迹。我们也许可以把原始的普遍化想法归结于沃斯通克拉夫特或者伍尔曼，但这在他们劝说别人的记录中并没有找到痕迹。这些缺失是可以理解的，因为相对不准确的普遍化思想在辩论中并不是很有说服力，这些辩论集中于不同种类的人（男性和女性，非洲人和欧洲人及其后代）的区分上。更为准确的建构主义思想，就会被要求作出许多改进，而沃斯通克拉夫特和伍尔曼没有这样的工具。将那些更早时期的转变，归结为对建构主义者偏好标准的不完整理解看起来是更不可能的，甚至是可笑的。对以牙还牙的未知改变者，和那些主张扩展道德规范的范围从而使贸易成为可能的先驱者，肯定缺乏诉诸普遍化要求的概念。

像实在论者一样，建构主义者面临一个根本的困难。想象一些假想的创新者，你可以随意想象他们多有洞见，他们试图跟随你最爱的建构主义的程序来应用伦理词汇。基于这一尝试，她宣布改变自己在伦理实践中的主张。她很清楚，从一开始，其他人，包括她所在的群体中具有权威的人都不同意她的看法。她该怎样对待这一事实？一个明显的自我诊断是，尽管她作出了努力，但她没能履行恰当的程序。在某种程度上，在和她周围那些被看作是在道德判断上最聪明的人的讨论中，她不能准确地说明判断的基础，她应该对她自己的能力有所怀疑。如果她能够解释清楚，并且说服他人，给

202

出她所遵循的具体程序，解释这些程序的优先性，并且挑战得到不同结论的观点，那么她也许就对她所做的事有了合理的自信。没有任何历史上的行动者表现出了这些能力，连最轻微的征兆都没有。

203   建构主义者通常假设个人"理性"可以产生对伦理谓词的证明，而无需对目前所做的一切没有获得正确的（甚至也许是相当糟糕的）"理由"有所担忧。在创新的环境中，这些担忧是相当合理的。这一疑问没能被提出是因为建构主义者通常赋予"理性"特殊的自我证明的属性（它是先验的，指引性的，或者其他）。对于数学，人们通常能够获得共同意见，那么这一归因也许能获得一些微小的原始可行性——虽然这一可行性存在，但我相信这是一个深刻的误导。①在伦理学的背景中，分歧是极为普遍的，这就没有了可行性，并且在有人挑战普遍规范的这一情况下，它当然应该被抛弃。

      总结一些目前为止的讨论：不管是实在论者还是标准的建构主义者，他们对伦理真理的解释无法为进步的转变提供满意的说明，这一进步的转变在伦理的进化中将会被归结为创新者对外部约束的理解。在我们讨论把历史上的行动者看作"梦游者"这一不那么雄心壮志的观点之前，更应探讨一下之前已经区分出的另一种观点。这一观点假设伦理陈述，恰当来说，既不是正确的也不是错误的。把错误赋予一个行为并不是因为它有什么样的属性，而是表达一种态度。一些哲学家对道德真理所刻画的行为和事态之间预先存在的区分这一想法所具有的"奇怪"感到不满，他们声称道德陈述缺乏真值，而只是表达了陈述者的情感反应，以及分享情感反应的命令。②

---

① 我对这一不常见的评价作了说明，参见 *The Nature of Mathematical Knowledge*（New York：Oxford University Press，1983），chaps. 1–4。

② 最简单的版本出现在艾耶尔（A. J. Ayer）和查尔斯·斯蒂文森（Charels Stevenson）早期的作品中，虽然在休谟的作品中出现了与这种观点相关的宝贵的灵感。艾耶尔和斯蒂文森用更为复杂的方式更准确地描述了这一观点，并且有关于对于所有背景下所主张的语义处理方法的充分性的精细讨论。这一观点较为完善的版本参见 Allan Gibbard，*Wise Choice，Apt Feelings*（Cambridge，MA：Harvard University Press，1990）。

根据目前所说，非认知主义（使用标准的名称）无法解释伦理 204
进步。不同的社会会出现不同类型的反应情绪，这些情绪是指向不
同的行为和事态的，并且没有衡量这些情绪和引起它们的行为的标
准。一些类型的非认知主义也许放弃了任何对伦理进步的寻找。然
而，在探讨对外部约束的疑问时，我们应该关注于不同转变类型的
区别。当我们能够有特定类型的情绪（我们感到羞耻，内疚或者憎
恨），并且这些情绪是由特定类型的情境引起时，伦理计划体现了进
步。尽管放弃了伦理真理的概念，但约束还是保留了下来。有些情
绪能力和情绪反应是恰当的，另一些则不是。①

任何希望采取这一路线的非认知主义，同时还想避免把伦理进
化看作仅仅是改变的，就有更多的工作要做。它必须指出把对行动
和事态的情绪回应看作可以被提高的究竟意味着什么；它需要"情
绪进步"这样的概念。② 然而任何这样的概念如果是为了拒绝历史
上的行动者理解了外部约束这样的观点——假设通过对某些事的感
觉，他们可以意识到这些感觉相比他的同伴们是"更恰当的"——
这就会面临和上面讨论过的一样的问题。在非认知主义的条件下诉
诸情绪反应相对于把伦理属性看作产生某些特定类型的情绪回应的
倾向，并没有任何优势。

这些质疑否认了把伦理学看作创新者意识到外部约束并作出反
应。那么后退一步，就把伦理创新的实现看作是梦游。人类，不管
是个人还是集体，在磕磕绊绊地前行，有时对他们社会生活的困难
进行回应，有时为他们继承的伦理规范所限制，并且最终调整了这 205
些规范。一些创新用伦理真理取代了伦理错误（或者用更恰当的情
绪反应取代了不那么恰当的情绪回应）。虽然这些创新融入伦理实践
的过程是复杂多变的，但通常来说与理解行为和事态间的伦理区分

---

① 在此我使用的是吉巴德（Allen Gibbard）使用的语言，我认为他的非认知主义是
　最好的。
② 许多非认知主义者的作品都接受了相对主义者的结论（或者没有兴趣反对它）。
　在吉巴德《明智的选择》（*Wise Choices*）中有更进一步的观点的暗示，但关于他
　对认知主义的细节的解释，我不能从中获得任何对道德进步的清楚解释。

没有什么联系，进步指的是群体的规范符合外部约束。

人们如何能知道这一点？一些人可能在这些改变发生后才出现，他们一定有能力说出发生过什么。追溯往昔，这些被启发了的人意识到伦理进步，感受到了融入伦理规范的伦理真理。他们如何能作出这一判断？如果他们的判断是和历史上的前人通过同样的方式形成的，就没有理由相信他们不是再次在"梦游"，这并不能提供新的知识。为了避免这一怀疑论，外部约束的辩护者必须表明后来者如何能比前人做得更好，前人已经被承认没有关于新的伦理真理的知识。像我们这样的分析者处于更好判断的位置。

许多哲学家持有类似于数学的观点。因为对基础主义的承诺，他们主张基本的原则、公理，以某种可理解的方式体现在证明中，而这些可以用来在数学中做演绎推理的论证。基础主义的一个问题来自合理证明基本真理的方式的模糊性：大多数作者满足于一个标签或者名称。[①] 第二个困难在于对历史上"梦游者"和现在被启发的人的区分。因为基础的公理在数学史上很晚才出现——实现它们的过程充满错误的公式——过去伟大的数学家并没有理解它们。欧几里得、笛卡尔、牛顿、欧拉、高斯、魏尔斯特拉斯和他们的同事表明了数学真理但却不知道它们；只有在 20 世纪，这些数学知识才变得可能。实用自然主义拒绝这一模糊的知识论和对当代奇怪的自信态度的结合。

然而，数学有达成共识的优势。反思数学知识如何获得的学者给出了不同的解释，但他们都同意要假设一个知识主体，和其他数学家分享这些知识。伦理理论类似于数学的地方是，没有给出任何令人信服的如何认识外部约束的主张。同时，伦理实践缺乏获得共识的力量，而这一力量可以支持对数学知识的归因。

如果说在数学这一情况中，我们应该把当代的实践者看作和他

---

① 最流行的是"直觉"，一个被弗雷格正确地看出被过度使用的词语。他和康德一样试图给直觉这一概念一些明确的内容。参见 Kitcher, *Nature of Mathematical Knowledge*, chap. 3。

们之前的数学家是一样的——拒绝对"梦游者"和"被启发的人"的区分——就有更强的理由支持伦理学上的同化比较。在伦理问题中，关于外部约束我们究竟可以学到什么？伦理学者通常自信地给出关于基本约束的断言。摩尔宣称很明显只存在着两种类型的内在善：人类关系和美丽的事物。康德认为是我们内心的道德法则，它等同于理性，而理性产生的就是绝对命令。这些完全不同的主张通过类似的主张得到辩护。往往有假设的根本性的程序产生这些结论，如善的直觉（摩尔），先验理性的表达（康德）。如果你担心假设的模糊程序无法完整地描述，而这些程序要产生基本的数学公理般的知识——而在数学领域人们能获得广泛的共识——你就应该深刻地怀疑那些同样神秘且产生完全不相容的断言。

摩尔是不是一种新类型的人类伦理学家，第一次配备了进行伦理解剖的显微镜，使得他能够辨别之前无法认识的约束？心理学的解释看起来更合理。摩尔关于美丽的事物和人类关系的判断来自长期的心理历程。他的观念发展开始于童年维多利亚时代的社会化，经过他的学校经历和在剑桥的互动，在精英大学社区中社会和性的交流，他本身也代表了反抗维多利亚时代后期社会气质的重要成员。详细的纪录研究能够解释摩尔对价值的直接判断，以及他有的观点对当代人的吸引力。

康德也是一样的。他用纯粹实践理性对伦理学的著名解释可以被理解成对道德法则的反应就像是对来自上帝命令的反应。被自主性的观念吸引和对服从神圣命令者思想的反感，令康德把立法者放到人内心，在强有力的——但是是纯粹假定的——框架中提出修正性的理论来解决这一矛盾，并给出了一个对伦理学隽永的解释。康德可以被看作伦理计划历史上一个伟大的创新者。康德用一种特别的、天才的方式，对他那个时代的普鲁士的伦理实践状态进行了回应，但没有理由认为他超越了他的前辈所面临的困境。

建立关于伦理计划的理论为伦理学中必须存在权威、真理必须能被可靠地区分这些观点所阻碍。哲学家们已经把自己当作那些假装有洞见的宗教人士的开明的取代者。但为什么要给这一计划中的某个参与者特别的权威？伦理学也许仅仅是我们一起商量的事（第六章和第九章）。如果后来者拓展了前人的努力，他们的成功也许是基于对导致了他们所在时代的道德实践的伦理计划的学习，而不是因为他们在认识论上的优先地位。①

我们现在可以看出为什么对神圣命令的攻击没能取代这一观点（第27节）。其他的选择看起来非常神秘。讽刺的是，假设伦理真理是神所允许和揭露的命令，比其他更为复杂的世俗解释能更好地整合外部约束和伦理计划的进化。神圣命令这一观点的拥护者假设许多正确的伦理系统在过去的某个时间被揭示出来，许多著名的创新者都从神那里获得了特别的信息。他们可以拒绝"仅仅是改变"这样的观点。

不幸的是，这些观点在柏拉图的反对下都不成立（第27节），并且更根本的是因为主要特征的消失。是否还有其他的可能来反对伦理的进化仅仅是改变这一观点？

---

① 杜威对在伦理学中可以找到与科学方法类似的路径是乐观的［比如，参见 Dewey, *The Quest for Certainty*, vol. 4 of John Dewey: *The Later Works*（Carbondale: Southern Illinois University Press, 1984）的第十章和十一章］。我有同样的期望，在人们能够恰当地理解伦理计划和它的进化之后，后来的人能稳健地实现这一计划。但这依赖于对伦理实践中的改变更系统的研究（我在第28节中提到过现在所缺失的）。如果认为在第二部分中勾画的那些不充分的例子除了能重新引导我们对伦理学进行讨论，还可以最终为伦理实践的综合理解和提高做准备，这是愚蠢的。

第六章　进步的可能性

32. 伦理进步的中心

为拒绝"仅仅是改变"的观点要求伦理真理的概念为真，这样的想法是很有诱惑力的。面对其他人不同的实践，包括我们前人的实践，我们想要把自己的伦理原则和他们的区分开来，因此我们必须声称我们的是对的，而他们的是错误的。上一章所讨论的困难看起来没有留下其他选择：即使"仅仅是改变"的观点与我们对历史事件（第四章）自发的判断相冲突，我们必须承认它。

真理是被看作先于其他解释我们实践客观性的概念的，比如进步、正当性和知识等。实现进步就是积聚真理，获得正当性就是在可靠地产生正确信念的道路上前进，拥有知识就是获得由这一可靠过程产生的正确信念。[1] 通过这一方式联系概念，对仅仅是改变这一观点的一个充分回应必须开始于伦理真理，那么我们就会回到上

---

[1] 在此我沿用了以艾尔文·戈德曼（Alvin Goldman）为先驱的可靠主义的知识论，参见 Alvin Goldman, *Epistemology and Cognition*（Cambridge，MA：Harvard University Press，1987）。著名的问题是确保辩护或知识的时候，究竟是什么样的可靠性面临着质疑；这些问题在罗伯特·布兰顿（Robert Brandom）的书中得到了清晰的呈现，参见 Robert Brandom, *Articulating Reasons*（Cambridge，MA：Harvard University Press，2000，chap.3）；解决这些问题需要实用主义的判断，并是基于被认可的价值。这里不需要解决这些问题，因为我们的任务是理解在伦理学中如何用真理和正当性重新理解伦理进步这一概念。

一章那一系列的选择中去。我们可以通过改变已有的这些概念来避免这一困难。我的主张是这样的：伦理进步是先于伦理真理的，并且真理是在进步的过程中所获得的东西（真理是在进步的转变的限度内获得的；真理"发展成了一个观念"）。[①] 实用自然主义保留了伦理真理这一概念用作说明，但它是从道德进步的概念开始的。

对客观性的观念的要求——对于讨论伦理真理、伦理进步或者伦理知识而言——出现于我们考虑那些不同于我们的其他伦理规范时。这些规范有的是我们过去所采取的，有的是现在其他人所遵守的，还有的是我们设想我们未来要遵守的。在所有这些例子中，实践的问题都涉及修改的可能性。仅仅是改变这一观点找不到选择的基础：用一个规范取代另一个规范并不意味着这个规范客观上更好或者更差。一种极端的客观主义会宣称对于任意两种真的不同的规范而言，要么一个比另一个更好，要么存在着从这两者中建构出来的第三种规范，比二者客观上更好。多元主义，按照我所理解的，主张存在着（1）不同的规范系统中都有一些规范比对方一些规范客观上更好；（2）不同的规范系统中都有一些规范并不比对方好，但有第三类型的规范可以从二者的一些元素中建构出来，比这二者客观上都更好；以及（3）一些规范是（1）和（2）所无法获得的。挽救出现在这些说法和对这些说法的反驳中的"客观上更好"这一概念，我们不需要任何伦理真理。只要意识到哪些类型的概念是进步的，哪些是退步的就足够了。对仅仅是改变的观点的反对意见可以
211 表述为存在着一些规范，朝着某个方向的改变是进步的（而朝着相反的方向，相应的就是退步的）。

看看过去的那些规范，我们之所以要考虑对它们的评价是因为我们可能重新选择这些规范。对我们的评价的根本问题是，是否有

---

① 括号里的说明把改变过顺序的框架和实用主义的传统联系起来，第一部分参见 C. S. Peirce "The Fixation of Belief" in Nathan Houser and Christian Kloesel, eds., *The Essential Peirce*, vol.1（Bloomington：University of Indiana Press, 2009）109-123, 第二部分参见 William James, *The Meaning of Truth*（Cambridge, MA：Harvard University Press, 1978）, 169。

某个扭转了历史实际进程的特定改变，会是进步的。面对不同人群的道德规范，我们感兴趣的是转变成另一种道德承诺的可能性，或者从他们和我们当前规范的元素中构建出新的规范的可能性。我们会问，朝向他们规范的改变或者构建新的规范，是不是进步的。对我们所设想的新的规范也是一样的。我们关心的是进步的转变的可能性。

事实上，更好理解这些决定的方式开始于进步而不是真理的概念。通过真理概念来思考这一问题会让我们的关注点变窄，为了让真理应用到陈述上，我们需要把决定看作对其他规范中的对应规则的描述。伦理规范中还有其他成分——概念，模范，习惯，情感，引起服从的模式——而我们实践的提升也可以体现在这些方面。与我们规则相等的其他规范也许在防止相对的盲目时比我们做得更好。思考进步的概念更直接地回应了我们所面临的实践选择。

在比较的背景下，在进步这一点上产生了一个明显的问题。我们究竟应该把伦理的转变的全面进步作为基础还是应该把改变看作某个方面的进步？历史的改变通常看起来有得有失。拒绝对荷马英雄赞颂而支持社会团结在我们看来整体上是进步的，但我们也许想要承认尼采对人类失去的创造力、勇气和自由的怀念。权衡利弊，我们可以说这是进步的改变，但这是因为我们能够权衡进步所带来的重要性。因此，可以从某种意义上说，根本的核心在于这种转变在某些方面是进步的：整体是进步的判断是基于进步方面所带来的收益减去退步带来的损失而得到的。有时这一计算的结果是可以得到的，我们能够自信地讨论这是一个进步（或者退步）的转变，但可能存在着找不到用来比较的共同衡量方式，无法给出决定性的权重时，就无法给出整体的判断。

我们应该拒绝这一普世原子论。虽然有时候它是用来分析进步的整体判断的有效策略，它是通过找出伦理改变的优点和缺点（并且表明前者超越了后者）而实现这一目标的，所有整体判断都是建立于原子化的判断而不涉及衡量收益和损失这样的想法是值得怀疑的。对于任何改变来说，是否真的存在这些原子，它们仅仅具有优点或者缺点？人类行为是多方面的，即使我们只关注改变的一个方面——把城邦的公民都团结到一起，或者女性看到新的大门对她们敞开后感受到自由——这些是否在所有其他方面都毫无争议地是积极的？也许它们带来了相对温和的问题，或者至少增加了一些小的缺点的风险（对新发现的自由的焦虑，伙伴对国外人的无视），当然这些风险都只是非常轻微的，相对于所获得的巨大的正面效益来说。如果真是如此，就需要进一步的分解来找到真正的原子，其分量将会体现在最终的总额中。不管我们分解得多细，相同现象的新例子很可能会出现。整体进步的评估对伦理判断是非常根本的。基本的概念是进步的转变（阶段）。然而我们可以允许这些分解进行到有用的范围内——存在整体判断中对某些方面的考虑可以澄清判断的基础这样的情形，同时并不需要它们是"原子的"。

到目前为止，我已经试图表明对进步的评价如何能实现通常要诉诸真理才能实现的目的。关于正当性的问题则被忽略了。这是因为当我们思考设想的转变是否值得发生时，对客观性的需求在实际的选择背景中是更主要的，在真理是根本基础的理解中，我们会问我们是否会获得新的伦理真理并且消除旧的伦理错误；在替代这一理解的观点中，我们考虑的是转变的进步性。对于是否以及何时需要伦理正当性的概念的问题，很容易找到答案：当人们的决定是由很可能会产生进步的改变所产生的，那么他们的决定就可以获得正当性。

伦理真理中的可靠性让位给了进步的转变的起源的可靠性。[①]

33. 历史的概括

在第一部分中，我把伦理的进化描绘成为自然选择的力量所驱

---

① 关于正当性和知识，以及这些概念如何应用到历史上的行动者的问题，将会在本章的结尾进行简要的讨论。

使。达尔文式的考虑体现在史前的伦理中（规范引导和生活实验的前提条件的出现），也可能在接下来文化竞争的阶段也保留了一定的角色（实验导致一些实践了它们的群体衰退或者消失）；当伦理规范因为其所体现的生物学上的优势（比如，年轻成员的存活率）而对其他群体变得有吸引力时，这些考虑清楚间接地表现出来。文化选择的力量，依赖于特定伦理观念的吸引力，并且因此回应了人类的欲望。这些欲望很可能是独立于达尔文式的优势（第16节），并同样塑造了伦理计划的进化。相信伦理真理的人找不到理由认为这些力量可能会产生真的伦理信念；出于同样的原因，谁也不应该假设它们会导致伦理进步。然而，这仅仅意味着进步的转变不能等同于促进达尔文式的或者文化的成功，这一点简要地体现了伦理进步的不稳定，以及简单的进化还原主义的失败。

如果不是伦理真理的积累，伦理进步又能是什么？回答这一问题的一个明显的（经验主义的）策略是从第四章中促使人们有伦理进步的观点的例子开始，并且考察它们有什么可能的共同点。[①]

假设我们对伦理进化中的进步转变——从社会化嵌入的规范引导开始到现在——有一个完整的视角。仅仅列出所有这些改变，然后声称任何进步的伦理改变都是出现在一个列表中是不足够的。这将无法允纳未来的进步改变。更重要的是，怀疑（第28节）也会重新出现，用尖锐的形式质问为什么人们应该在乎伦理进步，如果它只是要正式地作出某个特定改变的话。我们想要一个与所偏好的改变的共同特征相隔离的关于伦理进步的解释，这些特征揭示了为什么我们会关注这一特定类型的伦理改变。

第二、三章只提供了所设想的列表一个极小片段。然而构成它的那些例子和对伦理进步最流行的观点是一致的：只要是伦理进步，历史学家和哲学家就挑出某个特定类型的运动，把它当作进步的构

214

---

① 这是休谟在他的第二"理解"［*Enquiry Concerning the Principles of Morals*（Indianapolis, IN: Hackett, 1986）］中所追寻的经验主义的策略，这一策略符合他对牛顿方法论的理解。（这一问题，我得到了马修·琼斯的帮助。）

成。他们已经谈过"范围的扩展"或者"扩展圈"。①

　　这一主张是由伦理实践的历史（以及史前）中一些进步转变所具有的引人注目的特点所激发的。在相对较近的废除奴隶制和女人被看作公共生活中平等的参与者的例子中，那些本来不属于道德规定保护范围内的个体被看作了完整的人，成为本来只在有限范围内应用原则的应用对象。奴隶主被要求禁止对完整的人作出某些类型的行为：完整的人不能被永远和他的家人隔离开，不能被购买和出售。在这一伦理改变之前，黑人和女性并不算完整的人；之后他们是完整的人，并且老的规定也适用于他们了。

　　更早的例子同样加强了这一看法。《福音书》否认了帮助和同情只适用于群体内部。即使在史前时代，和其他群体的互动，小型群体暂时的融合而形成更大的群体，谈判，以及贸易，都只有在一些规定可以被扩展到外部群体时才变得可能。

　　对这些类型的反思激发了关于伦理进步一种直接的理论。伦理规范开始于群体内部利他主义范围的扩展（成员进行利他主义回应的背景集合得到扩大，第 5 节）；它们通过程度的加深和范围（利他主义回应的个体集合，第 5 节）的扩大获得进步。当调整后的规范，相比于它所取代的，包含了更广泛和更大范围内的利他主义命令时，进步的转变就产生了。②

　　但这种理解存在着一些困难。并不是所有进步的伦理改变的范式都落入这一设想的模式。想一下同态复仇的改变。这里存在着从折磨与犯罪者有特定关系的个人到惩罚作出犯罪行为的人的转变。这一转变并不是开始于某个群体的人受到伦理规范的保护，而其他群体的人不受这些保护，然后把后者转变为被保护的群体。在一开

---

①　前一个词语是由莱基（W. E. H. Lecky）使用的，参见他的 *History of European Morals from Augustus to Charlemagne*（New York：Braziller，1955）；后者则是彼得·辛格（Peter Singer）试图定义伦理进步的书的书名，参见他的 *The Expanding Circle*（New York：Farrar，Straus，Giroux，1981）。

②　根据我对辛格的理解，他被这种类型的理论吸引（虽然可能不是这么极度初级的类型）；在我自己早期对伦理进步的思考中，也同样如此。

始，任何人都可能受到伤害，基于他与犯罪的特定关系——是杀了别人儿子或者女儿的人的儿子或女儿；在转变之后，任何人都可能因为他与犯罪的不同特定关系而受到伤害（作出这一行为的人）。并不是范围被扩展了，而是一个范围被另一个取代了。

有时，改变的不是一个群体对某个特定的个体或者群体的态度，而是对这些个体欲望的态度。想一下一些邪恶的消失（第26节）。基于某种分类，你可以说存在着两个群体的人，只偏好于和异性发生性行为的人和有时想要和同性发生性行为的人；在改变之前，有对前一群体的人的欲望的容忍（利他主义的反应？）；在转变之后，容忍扩展到了两个群体。先撇开在这谈论利他主义是否真的具有启发性（或者是恰当的），关键的一步不在于把之前本来被排除在外的人聚集到保护伞之下，而在于意识到他们的欲望是值得表达的。包容和排除是适用于欲望的，而不是人。①

对于一些一定发生在史前的改变的关注，强化了这一结论。在旧石器时代，我们人类的祖先调整了他们的伦理规范来要求个体为了群体的利益而运用他们的天赋，他们引入了角色和针对角色的分工的规定，他们增加了发展天赋的要求，他们开始欣赏利他主义更高级的形式以及这一形式在人类关系中扮演的角色，并且，在做这些事情的同时，他们发展出了对人类生活和人类个体更丰富的概念。② 作为留下文字记录的早期社会中的成员，他们有了什么是好的生活的概念，这一概念远比伦理计划开始时的群体的概念复杂得多：对于有良好出身的巴比伦人和埃及人，他们祖

① 为"扩展圈"主张辩护的人也许会回应他们也允许程度和范围的扩展。然而这一例子和用来说明伦理进步存在于人们愿意帮助彼此的背景范围变大（比如，通过命令进行某些回应，即使当行动者的代价在之前阻止了他帮助别人来摆脱困境）的例子有很大的不同。无法进行回应不是因为利他主义的负担而是因为欲望的特点。准确来说是其他人想要的东西——与另一个男人或者女人的性关系——而导致了谴责、袭击、惩罚，甚至谋杀。进步并不存在于扩展任何圈子的过程中，而是意识到使这些欲望正常化的事实中。

② 在引用这些改变时我没有预设我对它们"何以可能"的解释，而是仅仅假定这些改变发生了。这是规范引导早期阶段和历史开始时实践差异的结果。

先所感受到的满足了基本欲望的生活是不够好的。① 可以肯定的是，他们对什么是好的这一理解的某些方面完全不能构成进步（他们对获得华丽的奢侈品的渴望），还有一些是倒退的（被看作高人一等的欲望）。但是，他们的概念中重要的部分——对以高阶的利他主义为特征的人类关系的向往，对为社群服务的生活的欲望——标志着真正的伦理进步。在这些方面，进化了的是对人类可能性的高级欣赏。

我们史前祖先生活的实验产生了符合"扩展圈"这一解释的重要的进步模式，体现在把他们的道德命令扩展到最初人类的小型群体之外，以及（行为）利他主义范围的扩展。除此之外，他们加强了确保服从的手段（通过发明看不见的执行者来实现更大范围的控制；第17节）。他们通过扩大人类的欲望，同样在很大程度上改变了利他主义及其失败发生的框架。伦理进步的部分内容必须包括理解如何获得新的欲望，而不仅仅是满足这些欲望，如果要被算作是进步的话。

我的观点包含了一些重要的修正词语：在近东地区社会中的一些人对好的人类生活有了更精致的理解，更广阔范围内的一些欲望体现了真正的进步。这些词语体现了从第一个有道德的小型人类群体扩展到更大和更复杂的埃及和美索不达米亚的城市的这一进程既有伦理损失也有伦理进步。一个显而易见的损失在于用高度金字塔形态的社会取代了一个人人平等的社会。这一转变使得社会中许多成员无视其他人，并且极大地扩展了利他失灵的群体。对于那些获得了对好的生活更丰富的概念的人来说，这些不可见的人不再是利他主义回应的潜在目标。另一个与更大、更加阶级化的社会发展相关的损失是，从所有人都被包括在内的社会嵌入的规范引导向规则是由特定的人（通常来说是看不见的执行

---

① 对于他们的祖先来说这样的生活是否足够好同样是一个值得考虑的问题。有人可能认为他们有了合作和为集体的计划做贡献的欲望。如果真是这样的话，一个更复杂的好的生活的概念早就出现了。

者的代言人）所制定转变。这些是在讨论伦理进步的具体方面时而不是在讨论整体进步时变得有吸引力的问题。得与失并存的意义在之后的章节中会变得明显起来。

在"扩展圈"之外，还有别的模式的伦理进步。下一节会给出一个更全面的解释。

34. 问题，功能和进步

218

要打破进步存在于真理的增加这一观念的束缚，一种方式是考虑一个以不同的方式理解进步的领域。技术可以被当成一个典范。我们的世界充满了工具、机器和基于以前的努力而进步的设备。我所坐的椅子，照亮我桌子的灯，以及我打这些字的电脑都是我十年前使用的类似的东西的改进版，是我们祖先用来做类似事的东西的巨大进步。

这些人造物，以及在技术领域的进步，可以被理解为功能上的改进。我们是从一个能够满足功能并且实现任务的原始设备开始的。从第一次成功开始到随后一系列的进步，工具会更稳定、快速、便宜地完成任务，同时对使用者的要求也更少。降低错误率很重要，因为使用这些设备的人希望可以在一系列的环境下正确地完成工作。速度、成本和使用的简便都是有价值的，因为我们有其他工作要做，这些也会占用我们的时间、资源和我们的精力。更稳定、快速、便宜的和少耗费精力就是更好的，这属于功能性的改进和进步。①

在原始设备背后的是人和问题，或者面临问题的人，通常是某个群体的人面临一个或者更多问题。这些人想要解决这些问题，这一愿望是成功的设备的功能基础。一个特殊的东西被引入了某一情形，它有功能 F，当且仅当这一东西出现是因为有的人想要用它来

---

① 在很多情况下，人们要决定哪些因素对他们来说是最重要的，用稳定性来交换成本，或者用速度交换易用性。正如在道德的情形中，我们可以认识到具体方面的进步。有时讨论整体的进步是可能的，但有时候则不可能。

完成 F 并且这样东西被引入是为了满足这一愿望的。① 功能的改进
219 在于更可靠或者更完整地满足欲望，并且会通过为潜在的使用者产
生更少问题的方式来实现这一目的（也就是说，允许他们满足其他
欲望从而变得更自由）。

如果一个设备是复杂的，它的功能通常会产生不同部分的新功
能。我书桌的椅子是为了让我能长时间坐在书桌前而不会背疼，我
靠着的表面能够上下移动的滑板让我在最需要的地方获得支撑。总
的来说，每个部分的功能是由它们与整体功能的因果关系来决
定的。②

功能的归因是直接的，因为有清楚的潜在用户，他们能表达自
己的欲望和指出要解决的问题。在其他情况下，即使不涉及有欲望
和需求的有认知能力的存在者，我们仍然可以讨论功能。生物学家
和医生总是讨论器官、身体系统、细胞和分子的功能。他们找到这
些有机体为所属生物的生存和繁殖作出贡献的因果程序。一个动物
有特定形状的牙齿，我们可以认识到它们有磨碎坚硬木质材料，将
其变成可消化的形式的功能。这就是说，这种形状的牙齿有攻破生
活的环境中植物的外皮的因果力，基于动物消化系统已有的属性，
把这些物质转变成营养，为生物的生存作出贡献。虽然不存在让
动物生存而使得自己欲望得到满足的有智慧的生物——没有仁慈
的造物主，没有自然母亲——但有着类似于体现在技术情况中的
问题背景。这一问题背景是由塑造生命特征及其历史的达尔文式
的力量构成的：这些力量的基础在于繁殖，这也就导致了稍微具体

---

① 我在此采用的观点来自拉里·莱特（Larry Wright）复杂的讨论（"Functions"，
Philosophical Review 82［1973］: 139-168）。对于如何进一步深化莱特关于功能的"病
因"解释，有着长篇大论及复杂的讨论，但这些细节与目前的目的不相关。我所
支持的那种解释，以及我关于功能的观念的背景，在我的文章中已经给出了，参见
"Function and Design," *Midwest Studies in Philosophy* 18(1993): 379-397。
② 这是罗伯特·康明斯（Robert Cummins）重要的观点（"Functional Analysis,"
Journal of Philosophy 72［1975］: 741-765）。我修改了康明斯最初的论述，要求
因果上的效果与整个系统的某些功能有关（因此必须有一个先验的整体功能概
念）。对此的辩护，参见我的"功能与设计"。

一点的层面上的问题，生存、生育和交配（对于那些通过性来繁殖 220
的生物而言）。

功能性的改进来自对生物各个部分的调整，从而让它们能够更
彻底、可靠、迅速地完成功能或者减少其他身体系统的压力。牙齿
使得植物变得更容易消化，留下更少不可消化的废弃物，需要更少
的咀嚼时间或者减少咀嚼所耗费的精力。正如在技术设备的原初情
形中一样，一些改进的目的是直接解决要完成的工作，还有一些是
对使用者或者生物辅助条件的回应。快速和低成本是好的，因为人
们可以用时间和钱去做其他事情；快速和较少的精力是值得的，因
为生物需要时间和精力去做其他事情。

生理学家通常会定义分子的功能，而不需要知道进化过程中导
致了这些分子出现在携带它们的细胞中的细节。他们可以忽略历
史，因为他们知道这些生物的问题背景，并且可以找出分子对解决
问题作出的贡献。问题背景就来自最抽象的达尔文式的压力（繁殖
的需求，生存足够长的需求，能生育的需求），这让我们了解了生
物先天的构成。动物需要食物；因此，如果它们已经在某些特定的
环境下生存——这是由它们的生理结果决定了的——这些环境里只
能获得某些食物资源，它们需要消化这些食物的能力；如果消化
系统难以改变，基于现有的胃的构成，它们就需要把原材料改变成
可消化的东西的方法；因此打开表皮的问题就通过牙齿得到了解决；
从这可以得到构建有特定属性的牙齿的分子的功能。重构这一问题
的结构，伴随着许多更为具体的困难要克服，它得和历史背景相融
洽，大多数生理学家无法给出这样的解释，但他们也并不是必须这
么做。[①]

在对问题结构有清醒的认知，和生物学的情形，也就是没有认 221
知主体看到了问题并且设计解决方法的情形之间，存在着中间情形。
在有些情况下，人们认识到了困难——他们知道有问题——即使他

① 关于这一对功能的理解和对病因理论采取的那种理解的差别的详细讨论，参见我
的"功能与设计"。

们无法准确地找出问题。当你进行特定的运动时，感到不舒适，有时甚至感到痛苦；你的医生准确地找到了问题并且给出支持性的设备或者锻炼的方式。在这样的例子中，我们可以区分面对问题的人和解决问题的人的不同视角：前者遇到了这一问题背景，而后者认识到了其结构。从一端开始，遇到问题的人知道解决问题的人所需要知道的所有事情，然而存在着一系列的情况，问题的面对者逐渐无法知道究竟有什么问题，这就到了另一端，生物学的例子就是问题的面对者缺少对问题的认知或者它根本不是认知主体。

基于这种对功能和功能改进的较为抽象的观点，我主张社会嵌入的规范引导是对我们第一批人类祖先所面临的问题背景的社会技术回应。他们对问题背景没有清晰的理解。受到脆弱感和社会生活的压力的影响，他们首先通过用帮助他们避免困难的规则来引导行为，之后彼此讨论规范行为的其他规则，这些规则在逐渐清晰的处罚系统中得到应用。重要的是，这些问题不是针对个体的，而是针对整个社会群体的。这一群体中的每个成员都处于一个特定的环境中，在这里，就是社会环境：他们必须生活在一起（第9、14节）。共同生活的环境所施加给他们的困难、经常性的冲突、长时间的调节等问题被所有人感受到。伦理规范服务于解决原始问题的功能，但这些祖先并没有清楚地意识到这一情况。一开始，他们只提供了部分的改进。伦理进步存在于功能的改进，主要的目标在于更彻底、更可靠，用更少的精力（减少调解的时间；第10节）解决出现的问题。然而，在进步的过程中，问题背景发生了改变，产生了伦理服务的新功能，也就因此产生了功能改进的新模式。

222　　　目前为止对伦理进步解释的概要：我们需要弄清伦理所服务的原初功能，通过解释功能改进发生的方式，准确描述新功能的产生，以及理解进一步的功能。实用自然主义的目标就在于分析一开始的参与者所处的环境的困难，关注我们祖先模糊地感受到的问题。第一部分的历史叙述提供了这么去做的材料。本节余下的部分将探究原初功能的问题。

原始人（和黑猩猩）社会生活的脆弱和冲突起源于参与者有限的利他主义。利他失灵会导致冲突，造成痛苦、粗陋的纪律和长时间的调解。在利他失灵可避免的环境内，生活会进行得更顺利，有着更多合作的机会以及最终会带来更大的相互利益。群体成员的更多欲望得到满足，反对变少了。第一批伦理学家们没有意识到他们是在回应利他失灵的问题——他们仅仅希望从社会不稳定中摆脱出来。他们所有人都感受到了恐惧并且不喜欢冲突的情形；所有人都希望互动能进行得更顺利。从分析者的角度来看，这些小型社会群体的成员仅仅意识到了他们困境的症状。而背后的原因是利他失灵。解决利他失灵是伦理学的原初功能。

要更准确地理解这一功能，我们必须考察无法回应他人欲望的情况。假设 A 不能回应他认为 B 拥有的欲望，他自我的欲望没有得到调整。一条潜在的规则将会引导他基于包含了 B 的偏好的欲望（至少在某种程度上包含了 B 的欲望）来行动。想象一下，具体一点，在这一背景下有规定黄金准则利他主义的规则（第 5 节）。这一规则是否会解决早期人类所体验到的困难？这取决于在这一背景下满足 B 的欲望能否解除 B 的不满，同时不会对群体的其他成员造成麻烦。如果 B 的欲望是想做某些事，但这会让 B* 的欲望无法满足，这一规则可能仅仅是用一个利他失灵（对 B* 的）取代了另一个利他失灵（对 B 的）。也许还存在着对其他群体成员一系列的影响。通过这一努力，地毯上的凸起可能被转移到其他部分，甚至可能变得更大。

在讨论早期的伦理计划时（第 19 节），我引入了认可他人的欲望这一概念。欲望只有在存在着能使所有的同伴都满足的环境这一条件下才是受认可的。因此，比如，在早期人类祖先面对的困境中，拥有足够的食物是被允许的，而占据所有繁殖资源则是不可以的。对于许多欲望而言，思考在当时的环境下什么样的欲望无法被满足是有意义的。群体的两个成员都感觉到饥饿，即使一个所能获得的食物比另一个更少。一个欲望可以说成是更急促的，如果它的缺口更大的话。分析我们的祖先所面临的问题背景的一个方式是，把伦理的功能看作通过解决利他失灵，而且是更彻底地清除牵涉到潜在受益者最急切的欲望的利他失灵，从而允许更顺利、更和平和更合作的社会生活。[①]

虽然早期社会嵌入引导规范里的尝试可能已经建立了一个符合伦理学功能这一概念的原则，但这并不是我们祖先的视角。他们当然是从一些范式开始的：对食物、庇护所、避免受袭击的欲望。为了回应这些欲望中最为急切的，他们解决了一系列的利他失灵并且收获了冲突减少后的利益。回顾性地来看，我们后世的分析者能够把对可允许且急切的欲望的利他失灵的关注看作找到问题背景的原始方式，但这并不是最后的故事。伦理的原初功能是解决激发社会冲突的利他失灵，这一系列的问题只有部分可通过可允许性和紧迫性得到明确的定义。

考虑一下早期人类祖先生活的其他方面，进攻性的行为阻碍了其他群体成员欲望的满足。B 攻击了 B*，而 A 则目睹了一切。在这一事件中，发生了两种利他失灵。对 A 来说一种"解决"利他失灵的方法是让他对 B 已经表明了的欲望进行正面回应：参与攻击 B*。通常来说这会加剧社会冲突。对他人欲望的某些积极回应的形式是有害的，因为其他人想要做的是引起对第三方欲望的表达的干涉。有支持这一干涉规则的社会就像社会冲突这一火焰的风扇；社会把利他主义导向相反于有害的欲望的方向，转向干涉的目标对象的欲望，这或许会减少冲突。他们会发展出惩罚那些引起攻击行为的人的惩罚系统。

因此我们可以指出另外一种利他失灵，也就是应该被保护的受害者的欲望得不到支持的利他失灵。正如之前对急切的、被允许的

224

---

① 通过这种方式设想问题背景就是引入了与伦理理论类似的观点。对可允许性的强调与可普遍化的原则有明显联系，可以被看作是康德式观点的回响；对最急切欲望的关注与罗尔斯的不同原则有着密切的联系；也可参见 T. M. Scanlon, "Preference and Urgency," *Journal of Philosophy* 82 [1985]: 655–669。

欲望进行更准确的描述一样，现在这一做法仍然不是完整的。限制引起挑衅行为的社会，把对这些行为所表达的欲望的利他主义回应看作是有害的，并且制定了解决对挑衅目标的利他失灵的规则，这样的社会在解决社会冲突上前进了一大步。排除有害的欲望不是解决方案的全部。

道德系统的宏观愿望是构造一个对根本的伦理属性（善，正当）的总体解释或者足够判断所有情形的基本原则的集合。怀抱这一愿望的人会相信伦理的功能可以被伦理实践进化中的后来者准确地指出来。在我所主张的框架的范围内，他们会寻找对问题背景准确的表征和要解决的利他失灵的准确描述。我却有不同的看法。相比发展这些伦理系统，部分是为了回应问题背景的先驱者，我们对这些问题有更多了解：我们可以看到规则如何引导对急迫的可允许欲望的利他主义回应，并且避免那些有害的欲望，从而减少社会中的张力和冲突。包含这些规则的规范迈出了第一步，但它们为功能的改进留下了空间。从过去能够被判断出的进步进行推测，我们构想了 225 一个无尽调整序列来彻底处理原初问题。无论是我们还是我们的后代都不能获得完全的解决方法，对要纠正的利他失灵进行完整和准确的阐述——或者，相对应的，伦理原则的完整系统。在最进步的情况下，伦理的进化（至少在原初功能可以扩展的范围内）是对剩余社会冲突最有力的来源的一系列回应。

实用自然主义对伦理的原初功能作出了如下声明。（1）问题背景存在于利他失灵引起的社会不稳定和冲突。（2）道德的原初功能是通过解决利他失灵来促进社会的和谐。（3）我们伦理上的前辈开拓者对问题背景只有模糊的理解，对紧张且脆弱的社会生活的困难和不适进行回应。（4）我们对背景的问题比他们知道得更多，并且可以提供部分的、不完整的关于需要解决的利他失灵的类型的判断；我们能够基于这些不完整的刻画来理解特定类型的道德系统的成功。（5）即使是对于原初的功能，改进我们已有的规范这一计划仍在不断地继续。

我能预料到对道德原初功能的一些显而易见的反对，这一节剩下的部分将对它们进行回应。所有担忧的共同策略是找到摆脱这一功能的其他方法，这些方法可以从许多人那引出它们在伦理上是可憎的或者至少是中立的判断。最简单和原始的版本是指出更大的社会和谐可以通过粗暴的方式产生。我们可以设想一个社会，其中有一个强大的独裁者防止了一切冲突发生的可能性。就目前而言，这一想象并没有对我的解释造成真正的困难，因为，这一想象的社会能被承认是依旧不令人满意的，它没有满足（2）中指出的功能，即解决利他失灵。用一个明显的类比，它缓和了病症而不用解决背后的原因，就好像医生给出治疗膝盖疼的方法是截肢。在此前冲突已经产生的环境下，不做任何事来调整参与者的欲望；相反，他们仅仅是被阻止表达他们的——利他失灵的——欲望。

假设独裁者通过不同的方法来实现这一目的。他制定了规则强迫人们在自己的行为中要考虑其他人的欲望。他如何能做到这一点？他对那些没有对他人需求进行回应的人制定了极为严厉的惩罚。如果对欲望的调整是广泛的——每个人都对他或者她所感受到的那些人的欲望进行回应——独裁者所创造的这一系统失灵是不是一种伦理上的进步步骤就不再明显了。行为利他主义取代了此前自私的行为。这一结果系统是所设想的实验早期阶段（第11、17节）成功的伦理实践类型的一个变种：让所有社会成员产生了行为利他主义的规则系统，遵守这些规则减少了社会摩擦。主要的差别来自服从实现的方式，不可见的执行者为若隐若现的世俗存在所取代。如果更复杂的混合的情绪——敬畏，尊重，团结和对他人真正的同情——取代了恐惧的话，进一步的进步得以实现。

为了制造麻烦独裁者必须采取不同的措施，解决我们后来的分析人士认为的需要补求的利他失灵也许他通过制定我们认为不公正的规则来解决：社会的一些成员被指定为仆人，其他人是主人；作为受到严重威胁的对象，仆人必须回应主人的欲望（甚至是奇怪的欲望）。假设仆人的欲望得不到满足。如果仆人阶级非常庞大，只有持续的镇压行动才能压制他们的不满：社会冲突以一种新的形式爆发。也许它会被紧紧地限制住。然而这要求强制的行为，独裁者也就再一次没能满足解决利他失灵的功能。事实上，他的程序对于伦理计划原初参与者的生活，构成了一个激烈的调整，因为他压制了让心理利他主义得以表达的有限的人类能力出现的条件。

如果仆人阶级很小，那么独裁者并没有解决当这一阶级变大，主人无法回应仆人的欲望而产生的利他失灵。假设，另一方面，仆人的欲望得到了满足，并且这是通过鼓励主人回应他们的欲望的规则而实现的。现在主人和仆人之间的区分就缺乏了它所假定的意义，也就是说，我们再一次拥有了一个有奇怪的确保服从的方式的伦理系统。

考虑另一种情形。社会和谐的实现是因为在即将产生冲突的情况下，某一方就是不想要任何会带来争吵的东西。如果我们通过想象原初的生活实验来关注这一观点，之前冲突的双方争夺的是基本必需品，而这一想象在于假设群体中的一些成员不想要他们需要用来生存的资源。其他成员回应了他们节制的欲望，他们就逐渐死亡了。然而，在这一例子中，虽然特定类型的利他失灵能够被解决，一种极端的利他失灵仍然存在——那些从不幸的同伴放弃的资源里获益的人没能朝家长制的方向前进。迎合他们实际的欲望，而不是他们清楚感受到结果之后会有的欲望，不再是利他主义形式。

想象这一问题最后的一种情形。群体内的社会冲突通过驱逐一些成员而得到减少。[①] 这里存在着两种可能。这些被驱逐的人可能是主要造成社会问题的人：他们有时从其他群体成员的利他主义中获利，但无法作出利他主义的回应。结束与他们互动的实践真的可以解决困扰群体的利他失灵，因此也就可以满足所定义的原初的功能。然而如果这些是条件的话，原初功能的解释并不会被挑战，因为没有理由把这一想象的驱逐看成是退步的——这是普遍的隔离麻

---

① 我对克里斯汀·尼姆兹（Christian Nimtz）和鲍里斯·亨尼希（Boris Hennig）有力地展示出这一可能性表示感谢。

烦制造者的社会实践。另一方面，如果这些被驱逐的人相比于同伴，只有在边际上更可能会背离心理利他主义，把他们排除出未来的社会互动在解决利他失灵中只能获得较小的成就。在这一情形中，驱逐并不是伦理进步，但我们不再有原初功能得到满足的例子。

在伦理计划的原初条件下，缩小群体的大小，即使在可能的地方，也是一个昂贵的选择：回忆一下联盟博弈在环境力量大致相等的群体中达到顶峰（第9节）。此外，这些群体的成员通过（有限的）心理利他主义的倾向而被绑在一块。群体的破碎既有社会危险也有心理困难。了解这一点，让我们能够对那些声称是解决利他失灵的原初功能的解释的反例发展出一个重要观点。假设的问题场景不但不能因为给出的方法而削弱这一解释——在仔细考察它们时，要么不能满足规定的条件（解决利他失灵），要么没能包括真正的进步转变——而且在我们那些开始伦理计划的祖先所处的条件下也是不会出现的。这些祖先不能用其他方法来解决利他失灵的症状：社会冲突。

独裁者不能采取解决利他失灵的实践，除非这些独裁者非常明智和善良以至于不应被贴上那么贬义的标签。独裁者显然可以做的是通过强制的措施减缓社会冲突。然而，在伦理计划刚刚开始的时候，独裁并不是一个真实的可能性。对于黑猩猩而言，取得霸主地位已经是十分困难了（第10节），对于能够使用语言，使用工具，性别二态性较低的动物而言，镇压规则会更艰难。无法满足每个群体成员的欲望可能导致严重的分裂危机，以及联盟博弈条件的反转，群体的分裂导致的心理利他主义的瓦解使得这一游戏变得更困难了。可能会颠覆我对原初功能解释的情形不仅不能成为反例，而且在伦理计划的早期也不是用来改善社会紧张的方法。

我们所设想的伦理计划（第19—20节）为阶级社会创造了可能性，在这一社会中独裁命令变成了真实的选择。这些社会可以用一些想象的情形中那些粗暴的方法来解决社会冲突。当他们这么做时，他们不能被看成是满足伦理学原初功能的，因此没有实现伦理进步——因为，简要重申一下，他们没有解决利他失灵。但是，这些社会确实对我所发展的对伦理进步的理解提出了一个重要问题。伦理的原初功能是否还对后来的人有意义？这一问题带来了一个重要的事实，也就是关于伦理进步的问题有两个方面，只有一个方面得到了考虑。正在研究的这一方面以及第五章对这一方面的分析，考虑的都是伦理进步的概念跟第一部分的叙述能否相容。即使这一方面是成功的，也并不意味着通过我所偏向的这种方式理解的进步对于后来参与伦理计划的人有什么力量。这种"进步"是我们应该追求的吗？我们祖先试图满足的功能对我们来说重要吗？

这些重要的问题将会在第七至九章中讨论。到目前为止，它们仅仅是被提到，后面会对它们进行讨论。就当下来说，注意到问题背景已开始出现的环境就足够了，这一环境就是我们第一批人类祖先与他们不易的社会生活；这些与后来参与伦理计划的人所生活的环境（在过去的一万年）有很大差别。这一计划开始于小型的平等社会，在这些社会中，具有有限心理利他主义倾向的人生活在一起。他们感受到社会生活的张力之后，除了解决（没有认识到的）原因，没有成功的选项——伦理学就是伴随着解决利他失灵的功能诞生的。这一原初功能得到改进并且产生了进一步的功能，而实现这些的方式是我们接下来要探究的。

35. 改进的模式

因为伦理规范是多层次的，并不是所有形式的伦理进步都存在于修正规则，使得伦理实践的功能有更好的实现。还可以有对社会化年轻人和整合规范与有效的惩罚系统的改进。我将考虑三种伦理改进的模式，先从社会化手段的进步开始。 230

看不见的执行者的观念是功能改进的一个重要例子。在最早的社会嵌入规范引导的实验中，彼此都同意的规定和惩罚系统是以一种明显的方式联系在一起的：那些被认为打破规则的人将会受到惩罚。在早期阶段，除了对惩罚的恐惧外几乎没什么可以激发人们的服从心理，因此，当人们认为他们的行为几乎不可能被察觉时，他们也许会追求利己的欲望。利他失灵因为规则得到贯彻而解决，即使是在这些规则被公开地接受之后；有时候，群体的其他成员知道伦理规范被打破了，虽然并不知道肇事者是谁。相互的猜忌就产生了社会冲突。增加更多规则并没有帮助，因为已有的规则本身就是指向有问题的行为的。当人们在思考该做什么时，群体需要让规则变成更有效的工具。

看不见的执行者正好就是这类工具，因为，一旦这一观点被接受，慎思者无法不被发现。使用现有的机制让群体成员都遵守规则，对规范所禁止的行为带来的负面后果的恐惧，监督无处不在的想法缩小了利他失灵的范围，也减少了社会冲突。到目前为止，一切都没问题。但在其他方面，这一步是有问题的。从判断群体认知状态的角度来讲，这并不是进步的。更重要的是，看不见的执行者为后来滥用这一概念提供了基础。当规范引导的系统变得更复杂时，当对系统实施的改变不再是小型群体共同思考并且试图获得所有人同意时，制定规则的任务可以被交给某个小群体的特权人士。他们被看作是执行者的代言人，这些社会领导很容易把他们自己的厌恶、欲望和恐惧表达成神圣的意志。在接下来的历史中，这能导致一些人的欲望被忽视，严厉禁止他们表达这些欲望，使他们只会偶尔向无法理解这些欲望的人表现出来，因此导致了他们是不正常的这一判断。因为执行者的力量是保证更大程度的服从，这一概念在一个维度内可以被看作是一个重要进步，即使它为其他类型的进步创造了阻碍。这是非常重要的一点，可以被看作伦理的社会技术改进是否能够塑造进一步伦理进步的方式。

引入关于不可见的力量的传说并不是我们的祖先提高促进服从的技术的唯一方式。正如之前所注意到的（第 17，21 节），对执行者的想法可以引导更丰富的情绪集合和伦理规范的结合。最初，遵守规则是出于恐惧。之后，一旦戒律是神圣意志的表达这一信念变得根深蒂固，对看不见力量的恐惧能够变成敬畏、尊敬，甚至爱和感激，所以，在这之后，遵守规范变成了虔敬地服从的行为，尊重和爱的体现。想象的那种惩罚性的神灵的愤怒面孔让位给了对共有规则服从行为的展望所带来的愉悦。人们甚至可能把他们描述成出于对伦理法则的尊重而行动，他们假设这个法则是神刻在他们心灵上的。[①] 在我的解释中，这些措施可以被看作伦理上进步的，不是因为他们最终把我们带往一个美丽的地方——那种有特权的"伦理视角"——而是因为潜在动机的加强也提高了对伦理规范服从的稳定性。它们是对通过消除利他失灵从而促进社会和谐的原初功能的改进。

完全相似的观点也适用于人类同情心的扩展。社会嵌入的规范引导首先用行为利他主义取代了利他失灵，但是，正如我所表明的（第11，21节），人们持续的互动，每人对他人欲望的回应，可以产生同情性的情绪。你开始常规地帮助他人因为这是被规定的，但是，随着你继续下去，以及他人对你的帮助的反应，你的回应是出于不同的原因而产生的。这也是进步的转变——并且再一次，不是因为相互同情大行其道的特别"伦理视角"，而是因为增加了服从的潜在来源，能够更可靠地满足原初功能。

有着更大范围的同情心的人，对伦理规范和那些为遵守伦理规则作出了牺牲的人，相比于缺乏这些的人，他们更倾向于服从。对他们来说，无法回应社会认可的他人欲望是违反了他们一些独特的心理倾向的。他们不是完美的，在一些情况下，所有这些引导他们走向行为利他主义的机制都会失灵。随着社会的发展，随着伦理计

---

① 康德主义者可能不会认可这种理解他们所认为的特殊的伦理视角的方式。他们倾向于假设依赖于神圣命令的原始且不充分的伦理系统和伦理法则先验的发现之间存在着决定性的区分。但是，对我来说，一个人如何能够获得正确的先验的道德原则是难以理解的，即使它们是"存在于他们心中的"（在何种意义上？），并且值得考虑的是康德在伦理学上的创新能否被看作是——以及是否应该是——早期传统中的元素的重新组合：神圣命令的观点，也就是道德原则并不是基于对人类有益的结果的命令；自然法理论（比如，阿奎纳）那种法则是写在我们心中的观点；哲学上长期对理性的赞颂和对相应情绪的怀疑。

划引入了更多区分，指定不同的地位，并且使得大型社会中一些成员的欲望对他人是不可见的，利他失灵更可能发生。即使随着计划的发展，支持了一些旧的机制并且引入了新的机制，它们同时也让一些类型的心理利他主义变得更为困难了——同情心扩展了，但只在群体的范围内，在这一范围内高阶利他主义者可以表明她或者他自己。某些方面进步的转变在其他方面可能是退步的，甚至阻碍了进一步的伦理进步。在改变了的社会条件下，继承下来的社会化模式会导致一些形式的利他失灵。

道德进步的第二个模式存在于整合惩罚系统与规范。规范引导出现在惩罚系统已经初步出现的背景下（第12节），而且它建立在避免会导致惩罚的心理能力上。部分地，引入伦理可以用预防来替代惩罚。它通过结合命令规范和威胁如果规范被打破会带来惩罚而实现这一点。在黑猩猩中发现的惩罚系统对作出了特定行为的个体施加伤害。一个伦理规范必须用这些原始反应来接近更有自我意识的行为。在任何对惩罚的支持中暗含的是利他主义回应的悬置：作出了打破规则行为的人至少有些欲望是不算数的；他们不需要调整来配合他。肇事者希望避免群体内其他人想要施加给他的伤害，但这不是回应他的欲望的时机。整合伦理规范和惩罚系统要求一些类似于没有被改正的利他失灵，因为，就如我们平时所说，打破规则的人使得他们的一些欲望被没收了。

伦理规范和惩罚系统通过三个问题连接起来：何时？何人？如何连接？第一个问题通过诉诸规范具体的规定来解决：惩罚只在当一个人打破了规则的时候发生。第二个问题是对规范引导的社会实践早前较为原始的反应的转化：我们找的是那些打破了规则的个体。第三个问题，伦理规则必须自己声明，宣称哪些类型的伤害是要施加的。它必须决定肇事者的哪些欲望需要被调整。正如我们所注意到的，避免所有伤害的欲望不是利他主义回应的基础；执行惩罚时，忽略这一欲望并不是需要被改正的利他失灵。然而，这并不意味着规范必须无视打破规则的人想要的所有东西。

规范的原初功能是解决利他失灵带来的社会分歧，而这是通过惩罚和威胁惩罚降低失灵发生的频率来实现的。把肇事者的一些欲望放置到利他主义回应的范围之外，体现了对这一功能的承诺：如果这些欲望被忽视，他和其他人在未来将会更少地参与打破规则的行为。[①] 在许多打破规则的情形中，群体的其他成员被强迫去选择他们利他主义回应的目标，被迫去决定是否让他们的欲望和另一个人的相一致。惩罚这一工具通过区分肇事者和受害者来替他们作出决定。在忽视犯罪者的欲望而关注受害者的欲望时，一个重要的——也是非常容易理解的——想法是关注打破规则的人是如何压制受害者的欲望，以及如何作出调整来恢复现状的。因此惩罚规则的出现要求准确的互惠，正如同态复仇中体现的那样。

234

这样的规则的吸引力在美索不达米亚的法律中就已经明显地体现出来，并且很可能之前的伦理实验也使用了类似的规定。然而，正如所看到的（第23节），同态复仇以一种特殊的——而且是令人困扰的——方式发展，通过用字面的"相应"的人的死亡来弥补损失。谋杀了别人孩子的人是通过杀了他或者她的一个孩子（和被害者相同性别的）而得到惩罚；强奸犯的妻子会被强奸。在这一法律背后显然是对违法欲望的二元计算：规范关注的仅仅是社会中的两个成员，犯罪者和受害者；每一个欲望都和其他个体有联系；肇事者侵犯了这些欲望中的一个，受害者通过对肇事者相应欲望的侵犯而获得补偿。利他失灵通过对应处理而被取消了。

当社会拒绝这一骇人的法律而支持伤害犯罪者本人时，社会进步了。这可以被看作伦理规范原初功能的改进。正如我们已经看到的，惩罚实践的伦理调解最重要的是把犯罪者的一些欲望排除在利他主义的回应之外。然而惩罚通过他或者她的亲属来打击犯罪者——比较明显的情形是他的孩子和妻子——引入了一种新类型的

---

① 在这我对伦理进步功能性的理解与惩罚是前瞻性的观点是一致的，这一观点把惩罚看作防止未来的伤害发生的工具。复仇欲望的原始反应转变成了社会技术的一个方面。

利他失灵，侵犯了那些将成为复仇行为目标的人的欲望。准确来说是因为个体而非群体或者家族，才是欲望的承担者，解决利他失灵的努力应该指向考虑所有个体的欲望，而不仅仅是家庭、家族或者其他集合（或者甚至一个个体被看作代表某个集合），关注点的改变也算作进步。对伦理规范的接受及其通过惩罚的执行，要求社会成员承诺不干涉对犯罪者施加的伤害，但他们没有对允许施加给其他人的伤害进行类似的承诺。对同态复仇使用"相应的亲人"作为复仇工具的描述，很容易激起那些对被当作复仇目标的人感到同情的人的反对。在其早期的形式中，这一法律引入而不是解决了利他失灵，并且这样做之后，摧毁而不是促进了社会和谐。因此经过调整后的对犯罪者限制性的惩罚形式可以被看作伦理原初功能的改进。

伦理上调解的惩罚有另一个值得考虑的重要方面。伦理实验的早期阶段必须有打破规则者这样的概念才能运作，并且他们非常有可能是用最直接的方式引入这一概念的，认为犯罪者就是那些违反了规则的人。惩罚的功能是减少类似的利他失灵在未来发生的情形，并且依靠思考者提前意识到潜在行为违反了规范的能力来实现。正如相关的规定和概念变得越来越复杂，存在人们无意地打破规则的情形也是显而易见的。对这些试图尊重规范的人施加折磨似乎会削弱服从的动机，因为非常投入的努力仍然会导致麻烦。承认人类的局限性、知识的不完整性以及在生命的历史中产生了扭曲的视角，这会在实现原有功能方面取得进步。当打破规则的人能让他人确信他们已经在尽可能地服从规范了，就可以得到原谅。

伦理规范应该在什么范围内考虑我们知识的限度和环境造成的同情心的扭曲，是这些规范本身必须声明的。让步于人类脆弱性的策略在伦理的进化中是一个进步。我们对如何作出这种让步的理解仍然是不完整的。对事实上违反规则的行为过于严苛，会因为削弱尝试的动机而产生利他失灵；但过于宽容也会因为削弱规则本身而产生更多利他失灵。对我们的祖先和我们而言，这一挑战需要在两个极端之间的空间中操作，以及如何强化可原谅犯罪的概念。因为人类的努力存在很多失败的方式，所以我们的进步仍然是不完整的——我们在继续寻找可以接受的人类不完美的范围。

对于功能改进三种模式中的最后一个，我们需要回到有吸引力 236
但过分简单的对伦理进步是"扩展圈"的解释（第33节）。理解许多伦理进步是如何通过扩大已有伦理规则的适用范围而实现功能改进是较为容易的。《福音书》劝导我们去爱那些悲惨的、被瞧不起的人们。把这一规则纳入我们的伦理规范，就把我们社会中那些从前被排除在对他人的利他主义范围之外的成员并入了道德规范适用的对象，这样我们通过此前已经制定的规则（至少是在通常的理解下），可以解决一种类型的利他失灵，并且促进了社会和谐。想象我们开始把奴隶看作"完整的人"，或者意识到女性参与公共生活的欲望，或者理解一些人如何在同性成员中找到爱情。[①] 在所有这些例子中，此前的利他失灵都得到了解决：我们现在在试图通过考虑那些欲望被无视，被忽略，被谴责或者就是简单地不被察觉的人来行动，结果就是减少了社会冲突。

"扩展圈"的一个极为重要的例子在我们旧石器时代祖先的生活中出现了，当他们把特定的伦理原则的覆盖范围扩展到邻近群体时。根据我"如何可能"的解释（第19节），对本群体之外的人的部分认知动机来自对贸易可能性的感知。如果是这样的话，结果就会变成既不是完整的社会，也不是一群合作的人的社会，也不是不间断冲突的有敌意的群体。我们能够把它看作一种有限的社会，引入它是为了促进一个特殊的目的（交换多余的货物）。因为这种交换值得欲求，对社会和谐一种有限制的类比在这一社会中也是被欲求的，而实现方式就是扩展部分的伦理规范。问题背景不是减少已经存在的社会内的冲突，而是创造一个有限的社会，它在被创造时的要求就是减少冲突。为了获得有限社会能够出现的社会和谐程度，之前 237
发生的利他失灵的情形（邻近群体间攻击性的互动）必须被解决。

[①]　对于最后一个例子，正如第32节所提到的，利他失灵来自对特定类型欲望的态度（同性爱情获得满足的欲望），而这一态度是进步的转变所要调整的。

扩展圈恰好可以做到这一点。

因此伦理进步的主要情形可以被看作是功能的改进，而这一功能被定义为伦理的原初功能（第34节）。在第33节中意识到的一些困难现在得到了解决。然而，并不是所有困难都得到了解决。特定类型的进步改变——这些为人类和人类生活提供了新的观念的改变依然是成问题的。接下来的任务是表明对伦理进步功能性的理解如何能解决这些问题。

36. 功能的世代

在伦理的进化中存在着支持伦理进步这一概念的原初功能，但同样存在着从原初功能得到满足的方式中产生的二级功能。这一可能性从它所服务的领域的类比中清楚地体现出来：在达尔文式的进化以及技术的发展中，对旧问题的回应会产生新问题和新功能。

思考一下我们的原始人祖先。相当简化地来看：他们从森林迁移到热带草原，开始采取直立行走的姿势；出于某些还有激烈争议的原因，他们也开始有了更大的大脑。这两个趋势结合起来产生了一个新的困难。女性因为直立行走的要求限制了其骨盆结构，但她需要生产有更大头颅的孩子。对旧问题适应性的回应产生了生产的新问题。原始人/人类的解决方法是缩短孕期使得婴儿的大脑不至于长得过大。这产生了另一个新问题，婴儿不能自立。直立行走和体积大的大脑的原初功能（不管它究竟是什么）产生了缩短孕期的功能，而之后的功能产生了更长久的父母照料的功能。

新的生物学功能出现时，在整个进程中它已经持续很多了。生物仍然受到来自自然原则的基本压力：为了繁殖的成功而竞争。因为他们的祖先获得的解决办法，他们也就注定有了特定的结构和行为模式。因为他们所面临的自然选择，他们继承的东西产生了新的问题。成功地解决问题，可以实现局部的进步。他们是否实现了整体的进步则是另外一个问题。是否存在着比较生活在树上的灵长类动物和地面的原始人的达尔文式基础？

　　或者思考一下机械化运输系统的发展。一开始的问题背景是人们感觉到了空间限制：他们想要能够更快速地走更远的距离并到达此前无法到达的地方的方法。机械化的工具满足了这些功能，但是，一旦它们被提供给有需求的人，新的问题必须得到解决。恰当的通道（公路、铁路、运河）必须得到修建和维护。交通必须得到协调，必须设计标志，必须制定和执行对它们进行回应的规则。所有类型的辅助系统开始出现，它们是对这一过程中产生的问题的回应——驾驶学校，交通法庭，能源分配网络，保险要求，检查站，在汽车肆虐的世界里人们所熟悉的工具。局部的进步很容易得到辨别。早期的汽车更多是为了更容易到达目的地而被制造的。它们产生了修路这一新问题。科技提供了新的路面材料：这是一个进步。然而，退后一步审视这一单个的变化，关于进步的问题变得更为困难了。汽车让这个世界变得更好了吗？在整体上是进步的吗？

　　功能的世代这一概念能否适用于伦理？如果可以的话，它是否使得整体进步的判断复杂化了？我将为一个肯定的回答进行论证。从体现在规范引导中的第一次尝试到历史开始时所呈现的伦理方法的转变：好的生活的概念的出现涉及了一些类型的个体的自我发展（第20—21节）。最初的问题是解决利他失灵所带来的社会冲突。在最早的阶段，我们的祖先关注的是群体成员基本的欲望——对食物、居所和受保护的欲望。一些欲望是被认可的，而其他一些则被看作是有害的。这些概念的初步发展是伦理上的第一步——对食物、住所和受保护的欲望是被认可的；参与无端的暴力的欲望则被当作是有害的；简单的规则表达了这些判断。社会现在试图找到使得所有成员能够满足被认可的欲望的方法。

　　这是进程的起点，许许多多世代之后，发展出了极大丰富了的生活得好的概念。我"如何可能"的解释从劳动的分工开始（第19节），连接起了这两者。劳动的区分有助于满足被认可的欲望；角色的分工和基于个人能力而分配的任务改进了社会技术。在这一进程

239

中，新的欲望出现了：人们发现一些角色比其他的更有吸引力。好的生活的概念得到了扩充，作为社会的一员不再如同最开始那样把满足基本的需求当作生活得好——人们不再满足于吃饱穿暖，有安全的地方睡觉。[①] 此外，生活得好包括了获得自己想要的角色和选择自己角色的机会。

原初的问题在整个进程中仍然时常出现。伦理学必须继续通过解决利他失灵来促进社会和谐。现在它必须通过处理领域已经大大扩展的欲望来解决这一问题。如果满足早期阶段所出现的被认可的欲望的方法已经出现了，原则上是可以解决问题的（虽然在实践中，因为违反规范，这一目的可能不能实现）。剩下的问题就是解决由（原则上）成功的解决方案所产生欲望带来的利他失灵而导致的社会冲突。伦理原则同样被要求回应个人扩展后的欲望的内部冲突，并且在这个领域，品性发展的规范出现了。

这是对功能世代的描述，而世代这一概念就是在生物和科技的例子中被辨别出来的。[②] 为了使结构清晰，思考如下顺序：

1. 原初的问题（P_0）要求满足原初功能（F_0）的东西。

2. 某些事物（E_0）被引入来满足 F_0。

3. 因为 E_0 成功满足了 F_0，一个新的问题（P_1）必须得到解决。

4. P_1 要求某些东西来满足新的功能 F_1。

在体现了这一顺序的例子中，我说的是 P_0 产生了 P_1，并且 F_0 产生了 F_1。伦理的功能是任何由原初功能（对利他失灵的解决）通过功能世代有限数目的步骤产生的东西，也就是说，它是来自序列

240

---

① 对基本欲望如此简单的清单或许对于好的生活来说从来都是不充分的，哪怕是在最开始的时候。但这一基本的描述意味着有合理的反差存在。

② 这是"何以可能"的一种解释。它最初被用来证明伦理进化可以一步一步从伦理计划原初的形式转变为古代世界里被发现的复杂实践。它在此被用作阐述与伦理学相对应的功能世代的概念，并且表明对此构成挑战的例子——好的生活更丰富的概念的出现——能够被看作局部进步的过程。这些目的不要求我的描述是对真实历史的解释。

1–4 有限数目的迭代。① 上一段的叙述把对所有群体成员被认可的
（初级的）欲望的回应看作伦理的功能，对劳动分工的引入和细化也
是伦理功能，角色的指定也是伦理功能，对扩展后的欲望的集合的
最终认同也是伦理功能。（基于对发展到好的生活更丰富的概念的步
骤只有最简单地涉及对此前问题群体回应这一最基本的假设，即使
我的"如何可能"的解释在历史上是不准确的，这些定义依然可以
被保留下来。）

　　人们不需要总是能意识到他们的问题所在。机械化运输工具的
发展也许会产生一段时期，这一时期内交通是没有管制的。有一些
人没有被他人所遭遇的那些意外影响，他们也就看不到现状的困难。
同样的事情也可能发生在伦理计划中。伦理实践的进化产生的规范
所带来的问题和负担只能被极少数人感受到。当这一情况发生时，
可能的改革者的第一个任务就是让这一问题对于社会的所有成员变
得明显起来。这可能通过语言的陈述来实现——就像伍尔曼和沃斯
通克拉夫特——或者通过让那些此前声音没有被听到的人的压力得
到释放而实现。然而，在伦理计划的早期阶段，群体非常小并且每
个人都能够让别人知道他或者她具体的看法，产生的问题对大家来
说是可见的。分层的社会创造了伦理的原初功能没有被满足时更难
被意识到的条件。

　　这一点的意义将会在之后讨论（第 38、46 节）。当下的任务是
理解整体进步的困难。功能冲突的概念可以帮助我们。外部的功能
冲突发生在当存在着两个不同领域的人类实践，而满足其中一个实
践的功能的最佳可行方式与满足另一个实践功能的最佳可行方式不
相容的时候。内部的功能冲突发生在当存在着某个实践功能的两个
子集，而满足一个子集的功能的最佳可行方式与满足另一个功能的
最佳可行方式不相容的时候。很容易理解的是，经济实践和伦理实
践之间或者伦理实践和性策略之间如何存在着外部的功能冲突，但

241

――――――
① 冒着变得不必要的过于清晰的风险：这一说明把原初功能算作功能，因为它可以
从功能世代的第 0 步中获得。

我的兴趣则是伦理内部的功能冲突。

更丰富的好的生活的概念出现，展现了这一类型的冲突。在向存在着显著的劳动分工和地位分化的阶级社会的转变中，对新产生的功能（提供足够的东西来满足此前所有人被认可的欲望）的满足是以对原初功能的满足的妥协为代价实现的。类似地，对看不见的执行者的祈祷中，存在着解决利他失灵的原初功能和提高对规范里的规则的服从性之间的冲突。从这些改变中出现的社会有着是否采取行动，以他们已经获得的对新产生的问题的解决方式为代价来提高满足原初功能这一选择。（这并不是说他们将会意识到这一选择，除非它是被暴力的改革者强行施加的，或者是被一些大群体通过更大的集体压力而施加的。）

有了功能世代和功能冲突的概念，我们现在可以回答关于局部和整体的进步的问题了。在对伦理计划的进化的评价中，什么范围内的整体比较是可行的？

242　37. 局部和整体的进步

在进化和技术的情况中，关于进步的特定判断是很容易作出的：我们比较进入一个新环境的第一个生物和它的后代，通过对一开始只能为环境中的问题提供非常笨拙的解决方法的器官和行为模式的改进，判断这些生物是否作出了进步。类似地，后来的路面材料支持了更顺畅的行驶，因此也就构成了进步。对局部进步的判断是容易的，因为我们可以只关注一个功能或者一系列协调的功能，并检验它们能多么完整地（彻底地，迅速地）得到解决。对整体进步的判断是困难的，因为出现了多重的功能。对于技术而言，可以意识到实践间的外部冲突：那些没有机械化运输方式的祖先显然相对缺乏运输的功能形式，但在人类的实践的其他领域——他们和彼此的社群互动以及他们对自然环境的回应，也许——他们在满足某些特定功能时比我们做得好。[①] 因此，在伦理方面也可能如此。

一些伦理改变的例子，就像生命的进化和技术中简单的情形一样，只关注单个的功能或者一套协同的功能。通过关注恰当的功能并把这些应用到此前部分的观点，它们可以被看作进步的。更广泛的解释试图把伦理进步扩展到对不同时代有着冲突功能的伦理实践形式的比较。这一类型的解释能成立吗？而且，如果不能的话，我们可以撇开这些而说进步的概念吗？

想象一下两个社会。原始人生活在最基本的欲望都难以满足的条件下：食物短缺，难以找到庇护所，危险总是出现。他们的伦理规则是对在这些条件下出现的利他失灵的回应，它们所主要关注的也是对基本欲望的回应。相反，文明社会已经发展出了获得足够资源来满足所有群体成员基本欲望的手段。他们通过引入劳动分工和对社会角色的区分而实现这一点。他们的伦理规范要求分享资源从而每个人的基本欲望能被满足，并且让我们乐观地假设，文明社会的人在这方面都满足了他们规定的要求。因为他们知道有效的劳动分工是必要的，如果他们想满足每个人的基本欲望，他们就要引入规则，基于所认识到的天赋而分配角色并且要求社会的所有成员去发展天赋和为社会努力作出贡献。每个成员都有他或者她自己对社会贡献的形式的希冀，并且，因为角色吸引人的程度不同，这些愿望许多都会落空。然而，对这一系统的调整，允许角色的转变，会导致基本资源的短缺。

我们可以讨论原始/文明之间的进步吗？文明社会的人认为他们实现了进步，谈论他们提升了的对个体和好的生活的概念——他们作出了不快乐的圣人和满足的猪这样诙谐的评论——但这仅仅意味着有了更广泛的欲望之后，他们无法对只能满足某些欲望的生活方式感到快乐。进步，如我们之前所看到的，不能基于这些主观的

[①] 是否真的如此，需要对他们的生活进行比我在这所能给出的更深层次的考察。我并不同意他们在解决某些功能时比我们做得更好的结论，但现在只需要意识到存在着这样的可能性。

标准（第 28 节）。我们这些出现在"生活的实验"这一序列中靠后的人，也许一想到回归原始人的生活就会感到恐怖。我们或许会认为我们无法做到这一点，无法轻易地抹除我们的社会环境让我们所具有的欲望和抱负；我们想象对我们的后代而言，这些欲望和抱负产生时不再会被缩减或者丧失。然而，到目前为止，还不存在声称发生在原始人祖先和我们之间的变化是进步的基础，而仅仅是来自人们满足他们基本欲望的那些聪明的尝试的历史发展。

为了支持任何存在整体进步的观点，解决功能性的冲突是必要的。文明社会已经解决了利他失灵的原初问题，他们已经满足了社会所有成员被认可的基本欲望，并且扩展了欲望的范围。后来的这种扩展还带来了一些情形——甚至是长时期的——对许多人来说，他们新的欲望没能得到满足。不回应这些没能满足的欲望是被允许的。这看起来因为造成了更大范围内利他失灵（这一失灵会引起社会冲突）而构成了退步。

有的人或许会把这些未满足的欲望当作不被认可的：文明社会的成员并不想要其成员的所有欲望都得到满足（比如，通过角色转换），然而，这仅仅是宣称满足某些功能而不是其他功能的偏好。如果参与的欲望对文明社会的人的心理生活来说是极为重要的，就如同基本的欲望对原始人的生活来说那样，就会存在着认可这些欲望的压力。如果这些欲望被认可了，文明社会相对于原始社会而言，就通过满足伦理计划产生的功能实现了进步，但却对它的原初功能做了妥协。这可以被算作整体的进步吗？

进步的概念是最主要的，因为对进步的判断也体现了我们对过去转变的评价和关于进一步调整的思考（第 32 节）。虽然目前所发展的伦理进步的概念不能断言关于宏观上历史或者史前的趋势（"从原始社会的生活转变成文明社会的生活是进步的吗？"），这并不会让我们对现在的生活该如何前进感到不确定。面对"我们是否应该调整生活方式而再次变得和原始人一样？"这一问题，我们不能通过论证这一转变是退步的（或者这是进步的！）来回答。但是，从实用自然主义的立场来看，这一问题是毫无价值的。不管让我们变成今天这样的历史进程是否体现了根本的错误，我们也无法回到过去。我们已经有了无法摆脱的欲望：并不存在着为我们自己安排一个新的原始社会的未来的真正可能性。整体进步的概念的缺乏，并不会影响最需要伦理进步这一概念的情形——对于实用主义者来说这足以让我们不必去解决整体进步的问题。

当代人类的所处的环境并不是文明的环境。他们在回应利他失灵方面早已超过了我们。然而想象他们会如何通过回应他们现在忽略的功能从而实现进步却并不难。他们可以引入新的社会角色，因此那些适应了一开始人们不喜欢的社会贡献的形式的人就有极大的价值，或者最受到人们重视的是对社会的贡献而不再是它的形式。即使没有可以用来比较他们和原始人相关的功能冲突的原则，局部进步的概念对于（他们的）实践的目的已经足够了。

在提高我们实践的努力中，我们不能预见所有事情。在无限大的范围内评价他们进化的救世主[1]视角对我们来说是不可能的。然而功能冲突的问题不能总是被避免。正如我们将看到的（第39、43节），功能冲突是对伦理自然主义最重要的挑战并且是第三部分（第八章和第九章）要解决的规范性问题的起源。虽然目前对伦理进步的解释对所要求的伦理客观性的概念给出了答案，它最终还是需要对伦理实践中所主张的方法的基础给出更具体的说明。

38. 重审道德真理

我的伦理进步的概念不依赖于任何先验的伦理真理概念。第30节和第32节已经指出了建构性地理解真理的可能性：真的陈述是那些通过特定程序所获得的。类似的建构主义是非历史的。他们预设

---

[1] 我借用了艾萨克·列维（Isaac Levi）的这一说法，参见 Isaac Levi, *The Enterprise of Knowledge*（Cambridge, MA: The MIT Press, 1982）。他用这一说法来说明部分的（"近视的"）标准的重要性这一类似的观点。

了一系列有特别地位的程序，而个体可以遵守这些程序，不论他们所处的时代是什么。比如，康德给我们提供了一个假想的先验的方法，把伦理真理理解为由遵守这些程序所产生的东西。① 实用自然主义用不同的方法表达建构主义，通过诉诸这些陈述被接受的历史进程以及皮尔斯和詹姆士所主张的理解真理的方式。②

伦理规则不同的描述都可以算作真的，只要这些规则作为进步的转变的结果而在伦理规范中被采用，并且通过无限的更进一步的进化的转变被保留。伦理真理没有什么先验的概念，因此当人们发现（或者偶然发现）对立的构成性的伦理真理时他们就实现了进步。进步是先验的概念，相反规则的描述可以被算作真的，因为他们进入并且保留在了在进步的序列中展开的伦理规范中（"真理来自观念"）。衍生来说，塔尔斯基符合论的真理机制允许伦理谓词（"错误""善"等等）的扩展得到确定而使得其他规则在无限前进的进步转变中被接受是真的（第30节），但不存在那些创造和保存了这些规则的人所回应的先验的独立属性。

基于对伦理真理的这一理解，我们能否宣称伦理陈述的真与假？我们永远都不在伦理计划的末端，也从来没有达到任何伦理实践进步序列中所假想的极限。然而我们自信地声称一些相对来说不

---

① 这一方法具体来说是绝对命令的第一种形式，也就是潜在的准则需要被审视，看他们是否具有不矛盾的坚定意志。道德真理就是记录这一过程的结果的陈述——因此，如果"作出承诺却没有意图兑现它"无法通过这一测试，那么"打破承诺是不被允许的"就构成了一个伦理真理。我不会讨论这一理论的复杂性，因为这一程序看起来不是决定性的。一个更合理的建构主义理解来自罗尔斯，他的理论可以被看成伦理真理是对在原初状态中获得的决定的表达。这一观点存在着一个众所周知的困难，就是究竟什么原初状态是有特殊地位的（以及为什么）。

② 参见 Peirce, "The Fixation of Belief," and James, *Pragmatism* (Cambridge, MA: Harvard University Press, 1978)。基于与日常的关于物理世界的陈述以及科学的陈述的联系，我认为詹姆士这一思想的发展和符合论是相容的【参见 Philip Kitcher, "Scientific Realism: The Truth in Pragmatism" forthcoming in Wenceslao Gonzales (ed), *Scientific Realism and Democratic Society*: *The Philosophy of Philip Kitcher*, (Rodopi, Poznan Studies in the Philosophy of Science 以及 "The Road Not Taken", 即将以德语出版在由马库斯·威拉谢克编辑的一册书中, 该书是为了庆祝威廉·詹姆士的《实用主义》一百周年出版纪念 (Suhrkamp)】。

准确和模糊的道德陈述，比如，声称诚实是对的并且谋杀他人并没有带来伤害是错的。[1] 我们能否相信这些陈述在伦理实践进步中能保存下来？

我们不能。没有好的理由认为我们用来构造这些概括的概念会被我们的继承者认可。他们或许会引入相当不同的词汇来组织他们的伦理实践，并且意识到这一可能性使我们在概括时是尝试性的和模糊的。我们所拥有的自信就是，我们不精确的陈述中所表达的东西很可能会在之后的实践进步的拓展中找到。并且我们的自信是基于两个相关的思想。第一，除了我们在世界上所发现的各种各样的伦理实验，一些主题一次次地被发现，虽然在某些具体的规则中不容易找到，但它们确实普遍化地呈现。没有它们的传统通过采用它们而实现了进步。第二，如果我们考虑抛弃我们的伦理规范中表达了这些主题的规则的可能性，很难想象任何放弃了这些规则的社会，比如缺乏像我们现在所有的反对谋杀和撒谎的禁令，如何能够有通过解决利他失灵从而减少社会冲突的伦理系统。我们对什么样的规则"注定"会保留下来作出了有理有据的推测，用我们自己的、很可能粗糙而且不合适的语言指出了在"最后的人的定论"中会出现的主题。

我们能够确定这一点吗？对道德实践内在的功能冲突的认知引起了一个真正的怀疑性问题。上一段的考量假设了伦理的原初功能必须继续被满足，它不能因为其他功能而被忽略——至少，不会到容忍大范围的谎言中所体现的利他失灵以及对人类生活冷漠这样的程度。对伦理的原初功能这种最低形式持续的承诺，与假设那些类似于成功预言的科学化概括在未来的科学实践中应该继续得到体现

247

---

[1] 正如在许多其他领域的一般化一样，很难精确地陈述它们。这有时激发了一些作者，让他们认为伦理命令是类似于"亚里士多德式的分类"——对谋杀或者偷窃的概括类似于对某些类型的植物和动物的属性的概括；比如参见 Philippa Foot, *Natural Goodness* (Oxford：Oxford University Press，2001)，和 Michael Thompson, *Life and Action* (Cambridge，MA：Harvard University Press，2009)。我认为与生物学之间的联系是硕果累累的，但它被生物学的过度发展破坏，就好像亚里士多德已经在这个领域作出了最后的定论。

是一样合理的。这一点会得到进一步的支持（第九章），而方法是通过坚持伦理原初功能的优先性。

248 　　存在着一个核心的但不准确的规则的集合，我们会把这一集合看作是伦理真理。同样也存在着进步传统的融合仍然值得怀疑的领域。不同的传统对伦理计划给出了不同的阐述，其他的文化传统和属于不同谱系的社会也许不会发现同样的问题的重要性。正如进一步地调整他们的伦理规范来满足特定的挑战，他们的伦理概念、规则、角色和他们所引入以及发展的机制也许是千差万别的。也许他们各自的解决方法是可以结合的，因此，面对不同的规范，也许存在着将成分组合起来并产生对所有人来说都是进步的方法。但也许不存在。我们可以想象两个不同的伦理传统在无限地前进，实现了一系列进步的转变，而不可以整合其他不同的成就。

　　我们早已在原始人社会和文明社会的对比中看到了这一点。他们对于功能冲突采取了不同的立场。我们可以设想两个社会相遇了并且彼此可以认识到对方具有的一些功能然后互相学习满足。受到这一比较的激发，他们也许会继续进化他们的伦理实践——就像文明社会对利他失灵进行回应那样，因此原始人吸收了一些能够增加基本资源供给的工具，也许甚至会引入一些会产生更丰富的人生概念的角色。因此，随着时间流逝，越来越多的角色在文明社会被看作是有价值的，这些社会变得更加平等；合作增加，利他主义扩展，但来自文明社会及其后代的实践没有从竞争、地位差异和不平等中解脱出来。相反，原始社会所孕育的文化从一开始就强调维持和加强基于平等的合作；结果是效率低下的；盈余非常少，角色的分工也不明显；随着时间发展，存在着不同形式的社会贡献的增加，但它总是被对合作的强调以及对平等的保护限制；原始社会的后代对如何生活只有较少的选择，但相对于它们文明社会的堂亲，他们生活得更加平等。

　　在这些谱系中的社会没有忽视其他社会能更好地满足的功能。
249 他们判断获得其他传统已经实现的东西是好的。然而，为了解决功能冲突，他们要设立好优先性。解决某个功能是第一位的：某个价值取得了优先权。随着时间的推移，它们也许会变得越来越接近，即便如此，不管他们的伦理计划还能持续多久，它们之间巨大的差异依然存在。不同的传统已经展现了不同的伦理进步，这表明了不同实践的不可通约性。

这是多元主义的可能性（第32节）。[①] 这一可能性被意识到的话，就不存在决定性的伦理真理。本章的中心问题是在无需先验的真理概念下，理解伦理进步，反对伦理的进化只是不断改变的历史这样的想法。一旦伦理进步得到了理解，这一概念允许对伦理真理进行建构式的发展，使得我们能够描述一些不那么确切的核心主张，这些主张是伦理上进步的传统都分享的。真理和错误的概念不总是适用于伦理领域，因为伦理真理的核心是被多元主义包围的。

39. 余下的担忧

本章的探究开始于一对困难：（1）拒绝仅仅是改变的观点要求伦理进步的概念成为可能；（2）如果进步是（先验）真理的积聚，那么这一概念就无法和第一部分的历史相匹配。解决办法是修改进步的概念，使它独立于真理。前面几节试图给出这一修改的细节。

一些重要的担忧依然存在。在最后这一部分，我将考虑三个担忧。第一，我还没有表明如何连接伦理进步与促使那些伟大的改革者行动的心理历程，而前面章节的论证表明类似的连接是极为重要的。第二，把进步的概念建立在伦理先驱者所感受到的问题上，会让这一解释受到反对主观主义论证的威胁。[②] 第三，认识到某些东西有（或者更糟糕，曾经有）某个功能缺乏规范性的力量：如果伦

250

① 此处所设想的多元主义是接近于以赛亚·伯林所辩护的那种。这一观点重要的特点是不同的传统能够认识到其他传统当作最根本的那些价值——他们都能感受到在某方面做得特别出色的传统对他们的吸引力。（我要感谢克里斯·皮科克向我强调伯林的多元主义这一重要的方面，从而让我能够明确地接受这一观点。）

② 我要感谢莎朗·斯特里特有力地呈现出这一担忧。

理计划的原初功能是解决利他失灵，为什么我们这些后来参与的人需要在意这个问题？[①]

为了解决第一个问题，我们需要在第 32 节中所描述的那种正当性概念：一个创新者作出了一个修正性的主张，如果其背后的过程很可能导致伦理进步的话。移情的理解，特别是对总是被压制的（被认可的，没有危害的）欲望的理解能够培养对解决已有的利他失灵的讨论。呼吁关注那些没能满足的欲望，并对这些欲望进行广泛的思考的人，很可能使伦理计划朝改进其原初功能的方向前进。沃斯通克拉夫特不能用这种（分析者的）方式来提出她的问题，但她对女性被压抑的抱负的感知将会期待改进伦理的原初功能。伍尔曼是一个更有雄心的形象。他对拒绝奴隶制心理路程的解释揭示了他对于个人救赎的焦虑。只要这些是占主导地位的，我们就不能把产生了他所主张的改革的心理历程看作是可靠的。虽然造成他对书写销售收据感到犹豫的一些考虑——对施加给奴隶的痛苦和虐待的担心，担心为了他们利益（奴隶的救赎）的官方说辞是借口——表明了移情的能力的作用。根据他和沃斯通克拉夫特相似的程度，我们也可以把他看作得到了辩护的、带来伦理改变的行动者。

出现于《福音书》中的形象表现了许多不一致的趋势。然而，如果你关注某些段落（并且忽视其他段落），耶稣呈现的是被记录的历史中最具有同理心的形象。让人宽恕、珍惜和救济那些被社会忽略或者鄙视的人的告诫无处不在，但指出这些告诫表明了利他主义在极大范围内潜在的失败并不能充分描述这些告诫。因为他对其他人感知的范围，你也许会信任耶稣有同情性理解的能力，而该能力得到可靠地发挥就会产生进步的改革主张。这是一个错误的描述。耶稣没有作出让有其他视角的人来批评、讨论和认可的主张。他仅仅是陈述了一个命令。他被描述成一个认识到自己角色的道德权

[①] 许多人都表达了这一担忧，尽管是用不同的（尖锐的）形式提出的。我要感谢马里奥·科特霍斯特，劳拉·富兰克林-霍尔，克尔斯滕·梅耶尔以及一位匿名的读者。

威。在我的伦理计划观点中，不存在"道德老师"。存在着提出某些主张且可以得到辩护的改革者，我们可以把他们看作最伟大的人之一——尽管这不符合他的自我认知和他追随者的认知。[①]

第二个担心来自功能和它们问题背景的连接。有些东西只有在看起来干涉了欲望的满足时才是问题；因此我提供的进步的解释是第 28 节中人们对他们发现想要的东西的主观考虑。这一控诉所带的有偏见的正义在我的一些表达中体现出来了，比如，在描绘人们想要从黑猩猩／原始人的社会生活中的冲突中解放出来时。然而在平等的正义下，这一问题可以被看作社会环境的客观特点，也就是在进化的历史中，我们的祖先想要实现的社会。解放的欲望绝不是特殊的，事实上会被我们种族的所有成员感受到。黑猩猩／原始人社会的不愉快会影响到人类和原始人（也许也包括黑猩猩）。

主观／客观的二分法太直接而不适用于功能的概念和问题背景，这两者都是我进步的解释的基础。强行把这二分法带入讨论注定是具有误导性的。杜威清楚地看到了这一点，表明了"伦理概念和进步自然地出现在人类生活中的条件"[②]。本书中所发展的对伦理进步的理解体现了这一思想。

第三个担忧是最深刻的，并且它要求对本章所给出的解释进行扩展（包括采取实质性的规范立场）。正如这一担忧所清楚意识到的，人们并不是必然要用这一工具来完成它最初被引入时的任务。那么为什么我们应该满足伦理的"原初功能"？为什么我们应该假设"进步的"转变——那些有利于原初功能的东西——是有价值的？这一章指出了功能的世代和功能的冲突。后者的一个极端情况出现在早期的功能被抛弃以支持它们所产生的新功能的时候。为什么伦理

---

① 伦理计划的历史中只有少数人提供了进步的主张，也只有少数人能察觉到这三个我已经评价过它们（简要地，没同情心的和冷漠的）地位的形象带来利他失灵的可能性。对这些最大范围内的改革者的一个明智的说法是：判断是危险的。那些相比之下，对伦理计划的贡献十分微小的人（比如我）应该承认这一点。

② John Dewey and James Tufts, *Ethics*, 2nd ed.（New York：Henry Holt, 1932）。在原文中，这一句子是被强调的。

计划能对此免疫?

接下来的三章将为回答这些问题（以及其他的一些问题）建立必要的资源。我们将从通常被看作摧毁任何形式的自然主义的一些元伦理学问题开始。

第七章　自然主义的谬误？

40. 休谟的挑战

按照一些人所说，自然主义者无可避免地会陷入"自然主义的谬误"中。然而，并不存在所谓的自然主义的谬误。批评者都同意自然主义的尝试都无可避免地牵涉到某些与这个名字有关的错误，他们给出了非常不同的究竟犯了什么错误的观点。[①] 本章会考虑几个不同的反驳，试图表明，不管他们反对自然主义的解释的价值是什么，都不会对实用自然主义构成威胁。然而正如我们将会发现的（第43、56节），实质性的道德工作需要完整地吸收实用自然主义。

讽刺的是，最令人尊敬的挑战来自最伟大的自然主义倾向的哲学家之一。在著名的一个段落中，休谟写道：

> 迄今为止在我所遇见的每个道德系统中，我总是会注意到作者用普通的推理方式进行论述，从而建立起上帝的存在，或者作出关于人类的事件的观察；突然，我惊奇地发现，与通常的"是"和"不是"命题不同，我遇到的命题没有一个不是与

[①] 这一点得到了理查德·乔伊斯的清晰的论证，参见 Richard Joyce, *The Evolution of Morality*（Cambridge, MA: The MIT Press, 2006）。在接下来的讨论中我会指出一些与他在这本内容丰富、论证优秀的书中类似的观点，但是，因为我的实用自然主义在许多方面不同于乔伊斯的观点，我的描述有时会不一样。

"应该"或"不应该"相关联的。这一改变是难以察觉的,但却有着最终的影响。因为这应当和不应当表达了一种新的关系或者断言,而这必须得到观察和解释;并且在同时,对于那些看起来不可思议的东西,我们需要给出一个理由,也就是这些新的联系如何能从其他完全不同的东西中推导出来。[①]

休谟通常被认为是在对推理作出一个主张,否认你可以从"是"这样的陈述中得到"应当"这样的陈述。这被看作是对伦理学自然主义理解的威胁,因为自然主义都基于事实性的前提作出了规范性的结论。

通过准确而又真实的方式阐述休谟对这一类型推理的错误主张并不容易。简单来说一些道德词汇出现的陈述是其他一些还没有伦理词汇出现的陈述的逻辑结果——因为存在着包含伦理概念的逻辑真理,并且逻辑真理可以从任何类型的前提(包括空集)中得到。你可以通过要求伦理词汇"根本上"会出现来避免这一问题,但这一情形可以被表述为,虽然伦理根本上的要求得到了满足,但包含了伦理词汇的结论仍然是从纯粹的事实前提中得到的。[②] 此外,一些伦理陈述有事实性前提,而结果就是包含伦理词汇(最终意义上的)的陈述可以从对这些命题的否认中获得。因此,如果"X 应该做 A"意味着"X 能够做 A",那么"并不意味着 X 应该做 A"来自事实性的前提"X 不能做 A"。[c] 更广泛来说,如果 E 是包含伦理词汇(根本上)的陈述,并且 E 意味着一些事实性的陈述 F,非 E 来自非 F

① David Hume, *Treatise of Human Nature*, 3.1.1(Oxford:Oxford University Press, 1978)

② "根本上的出现"这一概念是从波尔查诺开始的一些从事逻辑的人发展出来的,特别是在蒯因的作品中得到了清晰的阐述,参见 W.V. Quine[*Philosophy of Logic* (Englewood Cliffs, NJ:Prentice Hall, 1970),80–81]。对这一观点的反例也就是包含了伦理词汇的陈述不能从事实性的陈述中获得,参见 Arthur Prior "The Autonomy of Ethics," *Australasian Journal of Philosophy* 38[1960]:197–206。

③ 这一复杂的结构是相当重要的——假设"X 不应该做 A"来自事实性的前提,这是错误的。否认必须是"外部的",应用于整个描述义务的句子。

的推理就是逻辑上有效的。

用这些做法来解决休谟的挑战是诡辩的。不管指出具体哪种类型的推理是不可靠的这一做法包含了什么样的困难,关于休谟的担心的一些方面毫无疑义是正确的。声称某些否定性的伦理陈述可以从事实性的前提中得到,对自然主义来说并不是胜利,因为这一做法没能回答对伦理学自然主义的理解能证明那些为行动提供正面引导的结论这一根本问题。休谟是在反思他所阅读的书时给出的"伦理系统",并且他观察到他们想要获得的关于恰当的行为的结论只能从事实性的前提中得到有问题的辩护。这一问题通过伦理学中达尔文式的尝试得到了说明,这一尝试也延后了休谟的挑战被正式理解的日期。当 19 世纪后期的社会达尔文主义者诉诸生存的压力来为允许或加剧竞争作辩护时,他们的推论在休谟的那种意义上正是得不到辩护的。一个世纪之后,当人类社会生物学家及其同伴主张关于乱伦的禁令可以从所谓的近亲繁殖在进化上是有害的这一事实中得到时,他们也是在重复同样的错误。[①]

目前来说,我将默认自然主义承诺了某种程度上的伦理结论是值得怀疑的。[②]休谟的挑战适用于一个简单的,但在历史上有名的,对这一承诺进行论述的方式。如果你认为存在着对伦理的外部约束,它的来源是人们努力去寻找的东西,并且我们对这些关于世界的事

---

① 关于社会达尔文主义,参见 Richard Hofstadter(*Social Darwinism in American Thought*[Boston: Beacon, 1955])。对于社会生物学的推论最有名的版本参见 E. O. Wilson, *On Human Nature*(Cambridge, MA: Harvard University Press, 1978)以及 Michael Ruse and E. O. Wilson, "Moral Philosophy as Applied Science," *Philosophy* 61(1986): 173–192。更详细的批评,参见 Philip Kitcher, *Vaulting Ambition: Sociobiology and the Quest for Human Nature*(Cambridge, MA: The MIT Press, 1985)以及 "Four ways of 'Biologicizing' Ethics," in *Conceptual Issues* in *Evolutionary Biology*, ed. Elliott Sober(Cambridge, MA: Bradford Books, The MIT Press, 1944)。

② 正如在实质的伦理学中关于方法的讨论一样,这些讨论将在第九章呈现,它们会揭示伦理主张的正当性是在特殊的意义上得到的,并且包含了集合性的程序。目前来说,这一方法的复杂性被忽略了,我将用一个体现在自然主义的承诺中的模糊的正当性概念来进行讨论。

实真理有直接的认知通路（仅仅是对这些事实性的真理），正当性的问题就会通过休谟所说的那种方式产生。因为你将会假设人们可以正当地获得一系列的事实性主张，并且伦理陈述的辩护必须通过这些主张才能获得。在我们的个人发展中，或者在文化谱系的历史中的某个节点，唯一正当的信念是事实性的；之后我们就有了得到正当性的伦理信念；这些必须基于从事实进行的推理。

在我们所想象的"伦理中立"的状态中，这一说法忽略了第一部分所描述的可能性。实用自然主义支持把人类的历史看作总是有伦理主张承诺的：他们根据彼此同意的规则来管理共同的生活，并且相信对这些规则（当他们接受了做某些事情的命令时，他们也相信了这些行为是正确的或者好的或者有美德的）的对应描述。在这一情形中，伦理实践的调整通过推理而受到了影响，但历史上最清楚的例子解释了前提是部分规范性、部分事实性的。沃斯通克拉夫特的前提是（1）女性应该有胜任妻子和母亲行为的能力（与主流的伦理规范保持一致），以及（2）受教育的女性更有可能掌握这些能力。她推断女性应该得到教育（第24节）。她的推理并不会受到休谟的挑战。

仅仅作出这样的观察并不比诉诸休谟所指责的推理很难被限制更令人满意。说"从一开始"，人类（真正意义上的人）就已经承诺了规范的判断，仅仅在所有的推理都可以被归类到我的例子中（比如，体现在沃斯通克拉夫特和伍尔曼的推理中的）所用的模式时，才能把自然主义从休谟式的怀疑中解放出来。不幸的是，如果你假设所有对伦理实践的调整都包含了从之前已经被采用的伦理判断和事实陈述（特别是新发现的）中获得的逻辑推理，伦理创新就会被看作是幻觉。持有休谟式挑战的头脑清晰的人怀疑如果伦理从没有创新的话，人类的伦理实践如何可能在一开始就获得足够强的规范前提的集合，并且以获得正当性的方式实现（第31节）。如果实用自然主义想要解除对这些不合理的推理的可靠性的担心的话，还有其他事情要做。

一个能够而且应该马上说的事情是，并不是所有可靠的推理都是演绎的。从休谟本人开始，成熟的支持者们并不相信从事实性的前提到规范结论的推理必须基于它们的推理形式是演绎上可靠的。自然主义者可以利用非演绎的推理模式。实用自然主义可以合理地假设一些伦理实践的改变是通过寻求反思性的平衡来进行的：假设规范判断现在已经被接受了，人们在寻找那些可以归纳它们的原则以及放弃那些无法和被归纳的原则保持一致的具体判断。[①] 意识到这一可能性（和其他类似的观点）使得实用自然主义能够解释一些伦理创新的情形，也因此避免要求第一批先驱者拥有完备的伦理资源。然而，除非能够证明这一点，也就是之后所有的改变如何能够通过诉诸反思平衡而得到重构，否则实用自然主义仍然会面临解释余下的任务——并且，它必须表明这一事业是如何通过一种正当的方式开始的。

258

基于这些初步的反思，休谟式的挑战就可以从正面解决了。这一担心关注的是伦理实践中正当性这一要素。自然主义者必须给出伦理计划开端和发展的一个解释，表明它不受休谟所质疑的那些类型推理的困扰，这些类型推理出现在，比如说，社会达尔文主义以及人类社会生物学之中。没有第一部分的叙述，以及第六章所呈现的伦理进步的概念，任何严肃的回应都是不可能的——这也是对这一担忧的考虑被推迟讨论的原因。

这一框架把伦理进步，而不是伦理真理，当作最根本的概念。因此，要回应的挑战不再是对关于从事实性的陈述到规范性的陈述

---

① 罗尔斯反思平衡的概念出现在他的"伦理学决定程序概要"（"Outline of a Decision Procedure for Ethics"），参见John Rawls, *Collected Papers*（Sam Freeman, ed.）（Cambridge, MA: Harvard University Press, 1999），并在《正义论》（Cambridge, MA: Harvard University Press, 1971）中得到了完整的清晰的解释。这一概念良好地适用于对道德正当性动态性的理解。有趣的是，罗尔斯诉诸反思平衡的来源，即纳尔逊·戈德曼（Nelson Goodman），则使用这一观点作为他"归纳的新谜题"自然主义解决方案的一部分。参见 *Fact, Fiction, and Forecast*（Indianapolis, IN: Bobbs-Merrill, 1956）。我将在第九章用更长的篇幅讨论诉诸反思平衡的可信度。

的推理是否可以从真的前提中产生正确结论的争议，这一问题必须被重新组织。是否可能理解我们的祖先如何实现进步的转变，并且是基于可能促进进步的转变的过程（观察，情绪回应，推理模式）?[①] 一个肯定的答案会消除这一挑战。因为它将表明任意推理是如何与好的推理的根本标准一致的，并因此避免休谟的合理怀疑。

259 　　把问题分成不同的部分。从先驱者开始，也就是那些开启伦理实践的人。他们身处一个紧张的社会，利他失灵经常导致社会冲突。如果他们新引入的规则解决了伦理原初功能背后的问题（他们满足了解决利他失灵这一功能），他们就是采取了进步的措施。尽管我强调伦理进步的偶发性特点（"梦游"的情形或许能以极高的频率发生），在文化竞争中获胜的群体所引入的规范解决了这一功能。他们的成功完全是偶然的这一说法并不合理。第一个伦理慎思者肯定清楚地感觉到了问题的来源——无法分享、无缘无故的攻击等等。几乎可以肯定，他们所构造的用来解决问题的规则是不完美的，但他们相对于那些没有管制的、充满了社会冲突的社会，是处于优势地位的。比如，想象控制结盟和配偶的尝试，对"亲属关系基础结构"粗陋的划分，调整群体成员的行为使得他们变得更加经常性地有利他主义的行为并且更少地产生麻烦。我们不能假定那些提出进步转变的思考者完全清楚他们在做什么——他们并不处在后来的分析者的地位上，能够认识到它们的功能以及表明这些功能如何通过主张的改变而得到满足——但这些早期的伦理学家的成功也不完全是来自盲目的猜测。在最开始，成功的先驱者通过一些可能产生进步转变的过程（对主要社会问题的判断，共同思考）来实现伦理进步。

　　他们的继任者扩展了这一概念框架来引入一些观念（善的观念，正确的观念，有美德的观念——或者什么算作自己人的观念），使得

---

① 此处我引用了我对可靠地获得正当性的重新概念化。参见第 32、39 节。

他们能够表达此前被采用的规则的描述性的形式。他们有支持或者禁止一系列行为的规则，并且，在这一扩展的框架内，他们宣称这些行为是正确或者错误的（群体成员要做的或者避免的）。如果采取的规则是基于会产生进步转变的思考，规则便具备正当性——衍生出来的就是对其描述性的形式的接受。

现在转向之后的调整。正如之前所强调的（第36—37节），伦理的进化带来超越原初功能的新功能。因此，在后来阶段的思考、论证和观察带来的转变，要根据它们服务伦理实践整体功能的程度来评价。在最简单的情形中，通过某些程序而改进了某些功能，同时又不用与其他功能妥协的转变可以被看作这一类型。因此，将一些已经保护了群体成员的规则扩展到保护与他人的贸易，满足群体成员被允许的欲望，以及减少和邻居间的冲突；这一扩展可能来源于对满足这些功能的优势的感知，因此这些程序带来的转变可以说是伦理进步。就像在最初的例子中一样，我们可以认识到改变的正当性，以及对扩展的规则衍生的描述性对应。

更困难的情况是一个功能得到满足的代价是牺牲了其他功能，或者对伦理实践的调整预示了未来的倒退。比如，想象引入看不见的执行者并把它当作促使服从的工具这一情形。在这一调整增加了群体成员遵守命令的频率的范围内，这是进步的措施，但它为破坏共同思考这一计划铺平了道路（一些群体成员能够直接了解神的意志，第35节）。在这些例子中，同时存在着前进和退步的倾向。这一转变不能简单地被归类为得到了正当转变。通常来说，当对于不同的功能而言，有得有失时，会出现三种可能性：（1）因为某一方面的权重极大（所收获的要远远大于损失的），那么这一改变整体上是进步的（或者退步的）；（2）虽然不存在整体上的判断，但可以将这一改变分开来看，一些新引入的要素带来了进步而剩下的部分可能是退步的；（3）这一情形是彻底混合的，也就是说不管是整体的判断还是对进步和退步方面的认识都是不可能的。通过把实践中的变化看作整体上正当的（情形1），或者分离出可以得到正当性的改变部分（情形 2），前两种类型的情况可以被归为不存在功能冲突的情况。相对于情形 3 的改变，这一变化无法得到正当性。

让我们区分一下进步和正当性的标准。到目前为止，在对休谟的回应中，使用了相对较弱的、短期的进步和正当性标准。然而，我们可以模仿局部和整体的进步之间的差别（第 37 节）。进步和正当性弱的概念可以被清晰地表达成如下形式：

（WP）一个改变是进步的，只有当它在更大程度上满足了伦理实践在相关的阶段出现的那些功能时。

（WJ）一个改变是正当的，只有当它是通过那些会导致进步的改变（WP 中所指出的）的程序产生时。

这些标准允许一些改变伦理实践的人关注的是伦理的功能以及这些改变带来的即时效果。但要求更高的情形是可能的：

（SP）一个改变是进步的，只有当它引入的元素在无限扩展的 WP 式的进步改变的序列中能够被保存下来时。

（SJ）一个改变是正当的，只有当它是通过那些会导致 SP 式的进步的改变的程序产生时。

伦理学的部分历史是根据 WJ 式的正当转变前进的。虽然我们不能确定我们的祖先总是明白他们主张的规则如何解决了伦理实践的功能，然而在一些情况中他们所面临的困难是显而易见的（减少群体内的冲突，与有敌意的邻居交流），并且他们的思考毫无疑问会朝向解决这些困难的程序：我们可以期待他们意识到结盟的规则是如何起作用的，和平贸易的主张如何能够满足他们已有的规则所允许的欲望。弱的正当性标准也许在我们祖先的进步转变中经常得到满足。

更强的结论能够得到捍卫？这是可能的。想想我们的困境，我们作为实用自然主义者要分析发生了什么。诚实体现了作为伦理真理（第 38 节，以及第 46 节）最佳候选者的"模糊的核心主题"。分析者可以提供认为当下实践的某些元素——比如认可诚实的规则——可以在无限前进的 WP 式进步的转变序列中得以保

存的推理思路。对真相的要求解决了一系列利他失灵，并且只
要人类要与他人交流，它就会一直重要。通过了解人类永恒的需
求，分析者可以得出结论，伦理实践中的一些元素将会体现在我
们的任何进步发展中。当我们这样做时，他们的判断就是 SJ 式的
辩护。①

因为我们所注意到的复杂性，清楚地陈述如何回应休谟的挑战
是有价值的。休谟担心任何对伦理的自然主义解释都承诺了无法
确保所获得的道德结论的推理形式的正当性。实用自然主义是基
于根本的进步的概念，也就是功能的满足和改进，来理解道德真
理和正当性的概念。被引入的伦理创新，不管是在伦理实践开始
的时候还是在随后的改变中，只要这些改变都是根据会让功能得
到更好满足的程序而产生的，那么就是正当的。他们所作出的推
理也就因此通过某些根本性的标准来衡量，这些标准适用于历史
性的条件（WJ）或者考虑伦理计划的无限进化（SJ）。许多历史
上的行动者通过某些程序实现了改变，满足的是没有那么强的标
准，而后世的分析者能够为当代伦理学中的某些（或者全部）核
心主题提出更为准确的标准（SJ）。

这一回应的关键其实相当简单。一旦伦理学被看作一门社会技
术，指向的是特定的功能，关于如何更好地实现这些功能的事实就
可以在辩护伦理创新的推理中得到引用。让休谟担心的谜题也就消
失了。

---

① 在作出关于诚实的具体的论断时，我没有给出被算作 SJ 式正当性的推理过程对
　我们的前人是否可行这样的判断。SJ 式正当性要求对实用自然主义视角清晰的描
　述，这是可能的（但并不是显而易见的正确）。如果是这样的话，这并没有偏离
　WJ 式正当性在整个伦理学历史中都出现了的结论。

41. 未决的权威?

　　用这一方式回应休谟会带来其他担忧。如果伦理学是人类建造的,用来发挥特定功能,它是否能有通常被赋予的权威? 这一问题是用另一种形式指责自然主义的谬误。第一个任务是理解这一挑战究竟意味着什么。

　　实用自然主义对人们为什么会感受到伦理命令的权威给出了一个简单的解释。我们每个人都出生在被灌输传统的社会中,同时因为我们都有遵守规范引导的能力,或多或少受到了伦理教育巧妙的刺激,我们发现自己,不管作为儿童还是成年人,感受到了让我们的意志朝着某个特定方向靠拢的压力。解释伦理的权威或许不需要引证关于伦理地位的一些形而上学论断,而是通过社会学和心理学的事实。这种感觉("义务的内在约束")来自我们已经具有的一系列能力和倾向("良心"或者"为了采取那些违反正确标准的行为必须打破的许多感觉")。① 也许这一主观的基础来自一些天生的感觉,而其他的则是被"灌输的"。②

---

① 所引用的说法来自穆勒,他赞成用社会心理学的概念来解释"道德的约束"。参见 Mill, *Works*(Toronto: University of Toronto Press, 1970) 10: 229, 228。

② 穆勒倾向于后一种解释: 参见 Mill, *Works* 10: 230。根据第 14 节的讨论,我建议用基因型和环境之间的互动来构造这一问题,并且对于它们各自准确的贡献将持有开放的意见。

　　穆勒对于他所认为的最可能的情形给出了清晰描述。我们合作性的社会的存在引起了这样的感觉,并且我们周围的群体给了这些感觉特定的方向。这一感受最小的种子受到同情的感染以及教育的影响的浇灌;完整的支持性的网络是由强有力的外部惩罚的机构组成的。(*Works*, 10; 232)

　　根据我对他的解读,他试图通过诉诸类似于在第 11—13 节中提出的对规范引导和良心的解释来解决伦理权威的问题("道德的惩罚")。

社会心理学的路径是否"架空了伦理的权威"？[1] 这一担心是清晰的。解释感受到的权威对自然主义并不是问题（特别是对实用自然主义而言），因为它所给出的历史（哲学式的）是我们的道德命令服从背后的心理学过程。但这并不足够：感受到的权威不同于真正的权威。自然主义者改变了问题，并且无法解释为什么伦理命令有超越我们自身的权威。不同于将伦理权威视为超越我们的社会安排，自然主义者关注的是社会安排的权威超越了个体行为和判断。[2]

反对者对"伦理的权威"究竟是怎么理解的？第一眼看来，它是说任何权威都要受到心理过程的干涉，除非存在着一些因果关系，一个人的意志怎么能被强迫朝着某个方向前进？但是，隐藏在背后的，是把伦理学看作对外部约束的研究形式。伦理被看作是对外在于（或者超越）我们的事物的回应，作为个人和群体，有些东西是

---

[1] 所引用的说法来自杜威，他扩展了穆勒的社会心理学路径。他直面被看作是最大困难的东西：

> 从社会习俗中获得道德原则被看作是架空了道德原则的所有权威。根据人们所说，道德意味着事实对理想化考虑的服从，而这一观点则让道德次于简单的事实，这也就等同于除去了它们的尊严和裁判权。（*Human Nature and Conduct*，79）

杜威宣称这一担心建立在"错误的分离"之上，也就是文化实践仅仅是"偶然的副产品"这一假设。他再次重述了他的伦理视角，也就是"道德概念和进步来自人类生活的条件"（John Dewey and James Tufts，*Ethics*，2nd ed.［New York：Henry Holt，1932，343］）。这为他回答这一挑战做好了准备。在论证完这一点之后，严格来说，没有关于道德义务的"起源和约束"的观点可以提供人们所寻找的那种伦理权威，他认为"在经验的意义上"有一个简单的答案，"权威就是生活的权威"【*Human Nature and Conduct*，（Amherst NY：Prometheus Books，2002），80-81；同时参见98，232，326】。我会在对自然主义失去了伦理权威的回应中努力描述我认为的杜威思想。

[2] 穆勒的一些表达使他被指控也是用这种方式改变了主题。然而这一指控有一点不公平，因为在《功利主义》（Utilitarianism，in *Mill On Liberty and other Essay*［Oxford：Oxford University Press（The World's Classics），1998］）中的讨论，确实为表明群体生活的条件如何朝某个特定的方向引导我们的主观感觉（良心）作出了努力——特别是把我们的偏好和视角看作和其他人的地位是一样的。然而，很容易发现我对社会化的强调会引起这一抱怨。

我们的行为和社会实践应该遵守的。虽然我们尊重所感受到的权威，服从我们所生活的社会的指导，但这个社会可能与外部约束是不一致的：存在着一些错误。

与人类文化其他部分的类比有助于我们理解这一观点。考虑一下，在日常的思考和科学调查中，信念的形式。作为个体或者集合体，我们的探索可能会迷失，无法满足外部的标准：人们可能会说，事实对信念来说是一种权威。这一说法很容易被过度解读。考虑以下的解读：

（a）对于任何真的陈述 p，人们应该相信 p。

（b）对于任何真的陈述 p，人们不应该相信任何陈述 q，如果这一陈述与 p 不相容。

它们乍看起来都是合理的，但（a）和（b）都是错误的。

这儿至少存在着三个问题。第一，对像我们这样有限的动物来说，真的陈述太多了以至于无法都相信。我们的世界可以用无法计数的无限的潜在语言来描述，并且在每一种语言内，存在着无限多的陈述来描述某些很小的空间区域内（比如说房间）在某个较短的时间区域内（比如说一小时）的事件。这些陈述中只有极少一部分值得考虑，只有极少的一部分对任何人来说都有意义，有意义的标准是由人类的需求、兴趣和计划所设定的。① 我们能够正确地批评别人研究了错误的事情（或者提出了错误的问题）。即使是对不相关问题的正确答案并不值得成为信念，这与（a）是矛盾的。

266

第二，有时候我们不可能通过试图去发现和使用真理这一手段来实现目标。我对"知识"实践上的大多数应用都是基于接受了对世界简单化的理解，近似于真理但不是真正的真理。当一个现象对我们来说太过复杂而无法准确描述时，并当一个准确的描述只会影响我们预测、控制和调节的目标时，相信那些严格来说不是正确的东西反而更有益处。在这些情况下，（a）和（b）都是错误的：我们不应该相信真理，并且我们有理由相信那些与真理不相容的东西。

---

① 对于这一主题的讨论，参见 Philip Kitcher, *Science*, *Truth*, *and Democracy*（New York：Oxford University Press，2001），第五章和第六章。

第三，是关于诚实限度的考虑（第46节）。病情非常严重的病人有时相信错误的陈述是更好的。不仅仅是他们没有义务相信他们所处环境的真实情况，而且他们可以被允许相信那些与真实描述不相容的东西。这同样说明。(a)和(b)都是错的。

常见的问题在于真的信念对人们的目的没有帮助。主张"事实的权威"的人把获得真理当作最终的标准。但它并不是。更根本的是疑问和信念在满足人类需要时的角色，这些情形简单地表明了满足这些需求为何有时会不同于追求真的信念。当这样的情况发生时，那些需求就设定了更基本的标准，也就因此把人们从相信真理的义务中解放出来。当然，大多数时候，甚至可能是所有时候，我们人类的目的能够通过发现和相信真理获得更好的满足——这是为什么(a)和(b)是可行的，并且为什么我们容易开始讨论"事实的权威"。但是，从自然主义者的角度，人们应该追寻更深层的，体现人们对真理的追求所服务的目的，并且把这些目的看作构成使得权威出现的根本标准。①

这一类比为类似的对"伦理权威"的重新理解做好了准备。我们已经讨论了把"命令"我们的外部约束看作类似于世界"命令"我们信念的观点（第29—31节）。批评者也许会认为实用自然主义者的错误在于放弃了任何外在的标准。或者他们相信实用自然主义不能找到"对实践理性的限制"的对应物。②

正如休谟的挑战那样，关键在于用进步代替真理作为根本概念。反驳可以以接下来的形式出现。当自然主义者解释伦理的权威时，他们指向的是社会为其成员构造规则时采用的偶然方法，以及通过其就可以让人们社会化，使得他们的行为服从这些规则的偶然过程。伦理真正的权威存在于特定的命令捆绑了我们的行为，不管它们是

267

---

① 这能够克服怀疑杜威所作出的"分离"，并且把探索的标准和人类生活重新结合起来。
② 康德主义者倾向于后一种说法，否认我们的判断应该遵守独立的道德实在这样的观点。他们对客观性的理解强调有先验正确性的建构，并且他们会论证实用多元主义只能提供偶然的——次级的——限制。

否体现在某个伦理规范中，也不管伦理实践是否包含了促使人们遵守其命令的有效方式中。如果自然主义想要成功的话，它必须区分感受到的权威和真正的权威，并且表明为什么某些特定的规则是权威的。

通过诉诸伦理实践的功能，实用自然主义可以直接回答这一要求的第一部分。不难表明那些遵守所在群体伦理规范的人们，在批评者认为规范偏离了伦理真理的情况下，是如何犯错的。让我们考虑以下几种可能性：

（i）某人成长在一个服从其伦理准则的社会，准则会在伦理实践的进步的调整中被取代。

（ii）某人成长在一个服从其伦理准则的社会，而这些伦理准则会被纳入伦理实践进步的修正，并且是通过那些会促进实践进步的转变的程序而实现的。

（iii）某人成长在一个服从其社会伦理准则的社会，而这些伦理准则会被纳入伦理实践进步的修正，并且是通过那些不会促进实践进步的转变的程序而实现的。

可能性（i）所关注的是服从他们所接受的教育的主体，即使进步的转变会取代这些主体所依赖的信条——这里存在着"感受到的权威"和主体（以及他们的社会）没能满足的标准之间的差别。相反，可能性（ii）揭示了那些服从不同标准的人的做法能够得到正当性——这些人可以被看作是理解了伦理"真正的权威"并且最终克服了在他的社会中感受到的权威。这一类型的改革者需要与出现在可能性（iii）中的人区分开来，可能性（iii）中的人的行为基于进步的转变，但他们没有获得这些行为的正当性；就像可能性（i）中的主体，他们有某些缺点，把他们看作没能理解"真正的权威"是恰当的。①

---

① 这儿所体现的进步和正当性的概念可以被理解为上一节的表达，不管是较弱的还是更强的版本。更强的概念根据批评者想要坚持的，提供了服从局部权威和对道德真理认识之间的分离的类比，但弱的概念指出了另一个重要的区别，适应我们的易错性和发现我们自己的历史背景。

实用自然主义可以表明以不令人满意的方式服从局部权威的人和克服了同辈人缺点的人之间的差异。此外，它可以用批评者偏好的方式解释这一差异。因为批评者认为对主流规范不充分的服从不同于对真正权威的认识，也就是那些认识到了的人承认外部限制——伦理真理或者实践理性的命令。实用自然主义把这些说法看作用误导性的方式来拒绝仅仅是改变这样的观点，并且用他们所偏好的解释来取代这一观点：认识到真正权威的人作出了进步的调整（更好地满足了伦理功能），并且他们是通过那些倾向于产生进步改变的程序做到的。根据这一对比，实用自然主义主张对这一类型进步改变的要求构成了伦理的"真正权威"。

虽然这解决了原始形式的批评，但它也许不能令批评者满意。因为他们可能声称自然主义的解释引入了偶然的成分，这无法满足伦理绝对的权威。只要伦理的功能，也就是解决利他失灵的原初功能以及在满足原初功能的历史方式中出现的派生功能，得到认可，就有可能认识到伦理的权威。这些功能能够通过某种方式来拒绝，但这种方式无法用来拒绝伦理事实或者实践理性的要求。与信念形式的类比暴露出了批评者的错误。"事实有超越信念的权威"这一想法最终必须被理解为关于我们信念服务的功能的声明：严格来说，（a）和（b）是错误的，并且只有通过把获得真信念看作对信念形式的功能极为重要时，它们才可以被恰当地理解。类似地，如果实践理性的"绝对权威"不仅仅是教条主义的声明，它将立足于表明实践理性在满足人类需要的功能上所扮演的角色。实用自然主义和批评者所主张的解释是可以相提并论的。如果它们中的某一个可以对伦理"真实的，绝对的权威"给出一个解释的话，实用自然主义也可以做到。如果还需要更多，所有这些解释都是有缺陷的——把所要求的权威看作是神秘，这样的判断是合理的。

把自然主义描绘成引入了伦理上"仅仅是偶然的"权威，依靠的是可能被否定的功能背书，这一批评作出了一个"错误的分离"，因为它没能意识到这些功能背后的问题和人类生活环境之间的联系

269

（第 39 节）。对道德的需求既不是武断的也不是习惯的，它们来自人类的需要。人们还可以把伦理权威的基础诉诸什么更高——或者更绝对——的标准呢？

42. 令人困扰的特征

还有一个主要的问题需要解决。虽然提供了类比，以及对伦理"权威"的解释，传统的（非自然主义的）伦理概念似乎可以做到自然主义所无法做到的事情。他们可以回应某些令人困扰的特征——怀疑论，利己主义，虚无主义——它们在伦理学讨论的历史中时不时地忽然出现。[①] 在相对温和的版本中，这些麻烦的东西早已出现在之前的章节，比如，在考虑伦理进步的主观标准时（第 28 节）。它们承认这些特定的转变也许可以被打上"进步"的标签，但把这看作仅仅是提供了错误的满足感。它们提出了一个基本的挑战：一旦伦理学被看作实用自然主义所描述的这种进化中的事业，为什么人们应该服从道德。

到目前为止，这一问题被看成是比较性的。值得怀疑的是，存在着实用自然主义无法回答，但其他的一些（非自然主义的）伦理概念可以回答的问题。自然主义的主张是不准确的，或者至少是无法让人信服的，尤其是在解决非自然主义可以提供诸多回应的怀疑论的挑战方面。我主要的目标是表明其他说法可以做到的事情，实用自然主义可以做到一样好（如果不是更好的话）。[②]

从消除怀疑论的问题的歧义开始。挑战者想要知道为什么他应该服从伦理的"命令"，假设它们来自历史的进程。这些"命令"究竟是什么？怀疑论者通常表达的是他们对当时规范的权威的质疑，

---

① 我不会试图去区分怀疑主义和虚无主义：我所关注的是能够覆盖所有这些标签的问题。利己主义者将会被看作那些把伦理当作对他们个人（独自的——第 3 节）欲望的限制的怀疑论者 / 虚无主义者。

② 正如我们将看到的，比较性的问题导致了一个更深层次的挑战，也是在上一章的结尾提到了的。我对建议我对此问题进行清晰阐述的匿名读者表示感谢。

而进化论的解释不会预设这些规范中包含的所有规则都是要被遵守的。我们可以区分：

（a）出现在当时规范中的规则；

（b）来自当时的规范，并且将在无限的进步改变序列中得以维持的规则；

（c）来自当时的规范，并且我们正当地认为很可能在无限的进步改变的序列中得以维持的规则。

即使是这一基本的差异也允许许多种理解怀疑论质疑的方式。

非自然主义的对伦理的解释清楚地假设了怀疑论者是对某些真的伦理命令提出质疑。没人认为一个质疑他或者她为什么应该遵守禁止在他想要撒谎的时候就撒谎的命令的怀疑论者，值得除了更正他对伦理命令的认识之外的其他东西。因此对这一挑战直接的解读会采用（b）来指出怀疑论试图解决的命令。但是，这一做法似乎低估了人类的不可靠。我们知道我们没有任何根本上可靠的方式来知道那些在无限的进步改变的序列中会被采取的规则，也因为如此，也许我们应该把自己看作合理地服从我们最好的正当性所挑出来的，赋予（b）的那种状态的规则——并且把怀疑论的问题看作是针对（c）的。或者我们可以更进一步，认为我们每个个体不太可能提升所处的传统的智慧，并且谦虚地否认我们有能力对未来进步的调整做出判断。所以，我们也许会把目前的规范所采取的规则当作（b）的最佳选项，并假设怀疑论的挑战关注的是（a）。具有讽刺意味的是，即使是提出这种怀疑式的担忧，它也包括我们应该为我们承认的缺陷做出的让步的判断。

和之前一样，指出一个反驳不准确或者形式有问题并不够。无论你如何绕开被质疑的规则，挑战都可以被描述成相应的例子。考虑一下任何可能的选项，并且想象指向它的要求：假设（比如说）诚实的命令作为所有进步的传统中稳定的元素出现，为什么这为服从提供了基础？怀疑论者想要知道为什么一个进步的改变的序列，被构想为解决伦理计划功能的序列，应该宣布某些要被遵守的规则，即使这些规则看起来在未来的进步转变中依然能得以维持。

272　　对怀疑论者的回答应该满足什么条件？一种想法是，想要有令人满意的答案，这个回应应该让怀疑论者沉默。根据这一回应，没有什么能让怀疑论者的挑战可以继续下去。简单来说，它把成功的标准设置得非常高，同时，因为把这一问题看作是比较性的，我们应该从询问让他们沉默的标准能否在任何对伦理的理解中得到满足开始。

　　一些著名的概念显然无法做到这一点。考虑经常被归为功利主义的还原论自然主义，根据这一观点，它把善定义为促进最大限度的幸福。类似的关于对还原伦理学概念的定义的观点——比如，善或者正确——都留下了一个开放的问题：基于这一定义你可以一直追问，"为什么我应该按这一定义所给出的方式去行动"？① 善的自然主义的还原不能解决怀疑论的挑战，主要是因为它没能让怀疑论者沉默。

　　在别的选项中这一任务是否会完成得更好？考虑某些在康德的思想下建立或者从康德的思想中得到启发的观点。道德表达了纯粹实践理性的要求：拒绝理性所产生的道德法则就是跌落到不理性，而在不理性的情形中就是与自我相矛盾的。或者可以这么说：道德存在于理想的理性行动者在理想的环境下所同意的一系列原则，因此不遵守这些命令就是违反了理性的条件。强硬的怀疑论者很难因为这些声明或者对这些声明的修正而沉默。怀疑论者会说："如果你喜欢的话，可以把产生你所支持的规则的程序称作'纯粹实践理性'，并且假设这些不同意他们的人包含了某些类型的矛盾，但仅仅是这样一个标签不会吓到我，而且你所设想的后果看起来并不会特别恐怖。如果我拒绝了这些规则，我并不是在做类似于声称某些陈

_____

① 这一形式的"开放性问题"的论证，通常被归结给摩尔（G.E. Moore）。但对摩尔事实上所说的东西进行仔细阅读，就会揭示一个更复杂并且是不同类型的推理。对此的优秀的讨论参见 Joyce, *The Evolution of Morality*（Cambridge, MA: The MIT Press, 2006）。不管对摩尔解读的优点是什么，类似的反驳才是重要的东西。

述及其反面的事，即使我是如此，我所关心的事情也不会明显因为我这样做而妥协。科学史包含了人们有内在不一致的观点但仍然作出了伟大成就的情形（想想原子的玻尔模型[①]），并且我没有理由认为我'实践上的不理性'将会对我造成困难，我也不被假想的那些理想人在某些虚构的情形下同意的规则触动。为什么我要被他们的决定束缚？没有什么论证让我认为我所关心的目的会因为我忽略这些命令而难以实现。"

正统的康德主义者或者契约论者也许认为这一回答是不融贯的，是潜在的自我破坏的，或者类似如此。然而不管他们多努力地挣扎着表明怀疑论者的不理性，他们也无法让后者无话可说——他可以通过指出他们能多好地实现所关心的东西来开心地挥别这一对他们状态阴沉的描述。很难让他们沉默。

然而，也许怀疑论者的答案暴露了问题：他没有满足理性的理想条件。如果是这样的话，对怀疑论者的成功回应的标准就需要得到修正。不必让他沉默；只需要有对他的回应为什么是有问题的解释就足够了。然而，基于这一理解，实用自然主义可以和其他宣称占优势的非自然主义解释做得一样好。对于康德主义者和契约论者认为是理想的理性失败的地方，实用自然主义者的判断是无法认识到伦理计划在人类生活中的中心作用。实用自然主义将会开始通过指出规范引导的实现对完整的人类社会的起源和发展都是极为重要的，道德服务了重要原初功能，以及伦理实践中进步的转变存在于更有效地满足那些从这些实践中产生出来的功能，来回答怀疑论者的挑战。再一次地，怀疑论者会说："为什么我应该被这些来自这一'计划中'的'进步的改变'约束？无论它们怎么帮助你解决你所说的这些功能，我仍然可以在忽略它们的情况下完美地满足我的需求。没有什么强制性的动机让我继续这一伦理传统。"实用自然主义者想要坚持怀疑论者想要通过打破规则来满足的欲望，

[①] 正如经常被观察到的，离散轨道的概念与电磁学原理并不一致。另一个有趣的例子是相对论动力学中刚体的概念。

只有在他要拒绝的计划下才是可能的，他没能理解伦理实践的起源和进化如何塑造了他的生活，给了他想要满足的东西的选择。这一坚持并不会让怀疑论者沉默——它并不比诉诸实践理性或者非理性的指控更有效。然而它作为对怀疑论者错误的判断也并不会更差：他想要拒绝那些使得他所想象的生活方式和偏好的选择成为可能的东西。

这一判断可以通过考虑伦理学史上类似的特征而得到进一步的扩展和捍卫。特拉叙马库斯挑战苏格拉底，认为伦理原则（更准确地说，正义的宣言）是为了满足有权力的人的利益所提出来的。[①]他把伦理实践看作用来让软弱的社会成员遵守秩序并且拒绝前进的工具。实用自然主义相信特拉叙马库斯的洞见，但也挑出了他的错误。洞见是在许多伦理传统中，规则被有权力的少数人引入和修改，特别是那些被假设善于认识看不见的执行者意志的人，这样的社会实践的信条可能是武断的和压迫性的（第35、26节）。错误是忽略了实用自然主义认为压迫性的命令来自退步的转变这一事实。功能性的伦理实践不是强者宣扬自己意志的工具，而是基于考虑到所有社会成员欲望的尝试。解决利他失灵的原初功能承认了所有人的欲望和志向。特拉叙马库斯可以被看作是我们的同盟，并且被邀请通过应对出现障碍的地方来让伦理计划继续进化。他对这一计划整体的概括是错误的。

一个不同的挑战来自之后的一个人物，"聪明的无赖"是在休谟的《道德原则研究》[②]最后一段所出现的。这一恶棍没有给出伦理实践是什么以及它为什么是错误的一般性理论——他仅仅是希望他自己的计划不被伦理限制。他有违反强制性的伦理原则的利己（独自

<hr/>

① 参见柏拉图《理想国》第一篇。苏格拉底用一种令人费解并且难以信服的问题的顺序来回答特拉叙马库斯，最终使得他沉默。之后，格劳孔和阿德墨托斯用更温和的形式呈现了这一挑战，引出了对正义更为复杂和有趣的解释。现实生活中精明的特拉叙马库斯是否真的会因为这些版本的解释而沉默是非常令人怀疑的。

② David Hume, *Enquiry Concerning the Principles of Morals* (Indianapolis, IN: Hackett, 1983), 81.

的）欲望，并且在可以摆脱伦理的时候他都会选择满足这些欲望，
而不是遵守原则。无赖没有兴趣说服他人这些规则需要改革——在   275
许多情况下，他很高兴别人准备遵守这些规则并且乐于做一个"搭
便车的人"。说什么可以让他遵守这些规则？

　　实用自然主义可以从休谟迅速、几乎是随意地处理这一问题的
尝试出发。[1] 我们可以告诉无赖他会因感到困扰而担忧，他会失去
良心所赋予的心灵安宁。我们可以试图向他表明如果用他这种混蛋
的把戏的话，他不会实现他所要的东西。在许多情况中，这些回应
都是无效的。恶棍正确地认识到了被发现的机会极低，而且他是那
种在做完无赖行为后还能安然入睡的人，并且他的无赖行为不会
影响他的其他目标。告诉他这体现了他实践上的不理性也没有帮
助——因为他会描述他所想的目的并且指出他如何实现它们，即使
他是"实践上不理性的"。实用自然主义所要讨论的点在于他拒绝了
使得他无赖的抱负成为可能的实践。

　　无赖究竟想要做什么？如果他的目的是满足特定的基本欲
望——他与之前的原始人祖先都具有的欲望，并且人类的祖先开始
了伦理计划——他值得帮助和同情。如果满足这些欲望的唯一方法
是打破主流的规则，要么是规则本身要么是其他人的行为出现了严
重的错误。在绝望困境中的无赖（冉·阿让）根本就不是无赖。休
谟所说的角色不在这样的困境中：他仅仅是想要增加他的财富、权
力或者伦理原则所禁止的方法中的地位，体现这些核心思想的规则
甚至是伦理真理最佳的选择。实用自然主义指出无赖的志向只有在
伦理计划开始于对社会化嵌入的规范引导的情况下才是可能的，并
且依赖于无赖想要抛弃的正义规则。如果我们的祖先没有制定这些
规则，并且找到充分有效的方式让人们遵守它们，他想要实现的选
择和希望获得的目标都是不可能的。无赖回答说这是过去的历史了。   276
他感谢许多他的前辈遵守这些规则并且以进步的方式调整它们并最

----

[1]　Ibid., 81–82。

终使得当代社会成为可能，虽然他暗示也许之前存在着少数和他一样类型的人，那些悄悄利用他们同伴的顺从的人。现在伦理实践使得丰富且复杂的社会成为可能，他可以利用这一事实并追求他的目标。

无赖不会沉默。然而实用自然主义可以提供他在做什么的判断。他想要利用社会进化的产物而不承认使得这些产物成为可能的功能。他想要在一个社会内行动，但不会对他人感到同情，不会感到对他人的欲望的利他主义回应，而这些东西的进化才造就了当下的社会。我们告诉他，成为人在于参与这一解决利他失灵的以及会满足进一步产生的功能的计划。他耸耸肩，对这一说辞无动于衷。然而这一判断并不比其他对伦理学进行解释的路径更差。事实上，详细阐述实践理性概念的一个方法也许是假设这一无赖的不融贯是让自己成为例外，同时依赖于支持人类合作的伦理实践，这一解读将会消除自然主义和非自然主义的其他解释之间的差异。①

第三个也是最后一个麻烦就是尼采式的人格，也就是"自由的精神"。不同于特拉叙马库斯，自由的精神不想提出一个一般的概括来劝服每个人把伦理学看作压迫。不同于无赖，自由的精神不仅仅关心他自己以及他利用预设了伦理实践的机制来实现自我目的的能力。自由的精神为他的同伴呐喊。他们被伦理实践压迫、束缚；这些事与其他人有什么关系，与羊群有什么关系，都不是他所关心的。

277　　自由的精神所提出的质疑目前为止还是模糊不清的。自由的精神也许是在拒绝实际上发展出的伦理规范（或者在某个特定的传统中发展出的），把这些规范看作没能满足重要的人类功能，并且，在

---

① 实用自然主义没有指出无赖的态度中有那种形式的"矛盾"——并且受到康德启发的观点也许会把这一矛盾定义为实践理性根本上的失败。如果是这样的话，这些解释不仅仅是一致的，甚至几乎是一模一样的。剩下的差异就在于实用自然主义具有指出有同情心的无赖体现的失败的能力了。

这一基础上，要求"价值的重估"。[①] 用这种方式来看，自由的精神是一个改革者，是伦理进化中的一个参与者，而不是拒绝进步的改变所产生的规则的人。他要引起人们对特定之处的注意——或许是相当根本之处——他认为伦理的发展历史是倒退的。假设我们与他在相关的改变改进了伦理的功能这一点上可以获得共识，就不存在任何困难。[②] 因为，如果转变最后是进步的，他将会认可这些规则。如果它们不是进步的，我们不应该坚持要他认可实际所产生的规则，他将会认可那些取代功能失调的命令的进步转变的命令。

　　然而，自由的精神也许想追求更多。他质疑为什么应该在意这些实用自然主义认为是进步的转变的特定的命令。他的问题最好用另一个问题来回答：他所想的其他选择是什么？把伦理实践的历史进化看作一个整体上是压抑性的做法是空洞的，除非有人能够比朝着不确定的可能性空洞地挥手做更多事情。更为限制的自由的精神，愿意承认伦理功能并且主张改革，从而让这些功能得到更好的满足的自由的精神是可以被理解的，因为他承诺了继续伦理计划的进步的进化。拒绝整个计划是更进一步的做法，我们需要知道自由的精神想要的究竟是哪个。

　　也许是与任何社会断绝联系？正如尼采所清楚看到的，这一做法是危险和野蛮的。[③] 但什么其他形式的社会或者社群是可能的，一旦伦理计划被放弃的话？我们确实知道关于伦理实践传统之外的

278

---

① 我认为尼采反对"道德"的多方面论辩可以用这种方式来理解。这样的话，他就变成了实用自然主义计划的一个有趣的并且有洞察力的同盟。对"英国的"谱系学的贬低，对利他主义价值的攻击［参见《道德谱系学》的前几节，Friedrich Nietzsche, *On the Genealogy of Morality* (Cambridge：Cambridge University Press, 2007）］，根本上来说是对当代伦理观念的历史理解必须为这些思想辩护的不满。相反，尼采想要利用改革的历史——人们可以说是有目的地发展道德计划。这与实用自然主义是一致的，实用自然主义可以接受逐渐增长的历史理解也许会揭示一些倒退的转变并为我们开辟新的可能性的观点。我在此要感谢杰西卡·贝瑞（Jessica Berry），她在我埃默里大学的讲座中给出的富有洞见的评论和问题让我不再把尼采看作是威胁，反而是同伴。

② 下一节将开始审视这一假设。

③ Nietzsche, *Genealogy of Morals*, 2：9.

社会生活的一些东西，因为这种生活是我们进化上的表亲的生活，比如黑猩猩。根据自由的精神具有的心理倾向，这一选择对他来说不是一个严肃的选择。他可以给出另一个选择吗？如果不能，我们对这一挑战的回应最终是很简单的：在进化的伦理实践中，生活是我们人性最中心的一个部分。直到我们被给予了对其他选择的描述或者直到超人真正地降临前，在我们的选集里只有人类的，伦理引导的，黑猩猩的生活和社会状态，以及一种被我们的第一批人类祖先所超越了的状态可以挑选。

　　三个制造麻烦的名人已经足够了。他们被严肃地对待，仿佛任务是找到让他们跟我们站在同一阵线的论证。对此的反思揭示了这是对实际任务的曲解。我们面临着一些真实的、拒绝伦理命令的人，这一情况是真实存在的，完全依赖于哲学辩论的做法是不明智的。我们非常了解伦理禁令，即使是最稳定、对主要的伦理规范来说最核心的规则，也经常被忽略或者无视，并且只有那些最不食人间烟火的哲学家才会认为精心构造的论证能够让那些潜在的违规者服从这些规则。在一个无法服从伦理命令的情况经常出现的社会，意识到社会化技术的缺陷并试图改进它们是非常合理的。然而一些人越过了哪怕是最有效的伦理灌输也是无法改变的。一些现实生活中的无赖来自不充分的教育；有一些则需要严厉的管教。①

279　　理解这一任务并不是用聪明的哲学论证消灭反社会的人，而是帮助我们更清楚地看到这些制造麻烦的人究竟代表什么。我们应该把怀疑论的挑战看作是普通人所提出的，他们的社会化是合理且有效的，可以感受到伦理命令的力量。他们有服从的倾向但同时又想知道为什么他们应该对自己有这一倾向感到高兴。制造麻烦的人是为这种担忧提供实质内容的手段，是怀疑提问者可以代入认同的角色，但对他们来说，继续认同会带来心理上的灾难。持怀疑态度的提问者并不是要求别人说服自己遵守规则（通常情况下，不遵守规

---

① 这一点在菲利帕·福特的书中得到了充分的说明，参见 Philippa Foot, *Natural Goodness*（Oxford UK：Oxford University Press，2001）。

则并不是一种可行的选择），而是要求得到保证。质疑的人需要对自己的道德倾向有协调一致的感觉。

我们现在可以看出为什么对伦理特定的理解，特别是非自然主义的康德主义以及各种契约论，看起来是对怀疑论的挑战的一种恰当的回应。他们刻画了理想的理性思维及行为，或多或少是彻底的描述，因此那些已经感受到伦理压力的人可以确认违反规则的人所犯的错误。这些哲学回应无法（再次重复）让反对者沉默或者让反社会的人改变。但他们可以成功解决一个更简单的任务。

实用自然主义也是一样。那些好奇他们是否应该开心地拥有伦理倾向的人如果满足诉诸实践合理性的解释，他们也会满足于实用自然主义的解释。因为这一解释把道德实践放在了人性的中心地位，把对利他失灵的持续关注，对他人欲望认知的增长看作我们所拥有的生活和社会的前提条件。虽然某些人会挑战我们所继承的部分伦理实践，但却无法摆脱伦理计划。我们所知的唯一的可选择的其他社会是我们的原始人祖先和当代黑猩猩的社会，而这些社会是我们所要摆脱的。这一回应已经足够保证给出满意的回答了。

在一个著名的假想情形中，奥图·纽拉特（Otto Neurath）指出了我们认识论上的困境，把我们比作必须经常要修复他们航行所用的船的水手。[①] 实用自然主义采用了类似的对伦理学反基础主义的解释，否认任何除了伦理计划之处的其他严肃的选择。最终，怀疑论只不过是诱惑人们跳入未知的、有潜在危险的水域。

280

43. 解决争议

[①] Otto Neurath, "Protokolsatze," *Erkenntnis* 3（1932–33）：206；translated and reprinted in *Logical Positivism*, ed. A. J. Ayer（New York：Free Press, 1959）, 199–208, 201. 蒯因在他重要的著作中使用了这段话作为题词，使得它变得极为有名，参见 Quine, *Word and Object*（Cambridge, MA：The MIT Press, 1960）。

还需要面对最后一个反对。在讨论自由的精神提出的挑战时，我假设了并不存在威胁，因为自由的精神已经准备好了参与伦理计划。在这些条件下，我设想他质疑特定改变的进步性，并且假设在这一问题获得共识后，他要么遵守这些规则（如果被审视的那些规则被认定为进步的），要么声明他的反对（如果这些规则被发现是退步的）。然而，一个人根据什么可以假设同样承诺参与伦理计划的不同派别的内部争论能够被解决？对伦理学不同解释的竞争者可以论证他们能够提供解决这一争论的方法——它们给出了根本的原则或方法来获得这些原则——并且到目前为止实用自然主义没有提供其他选择。

最后的这一个担忧混合了之前对自然主义两种指责的元素。在第 40 节中，实用自然主义从任何对谬误、宣称的正当性、推断的一般性承诺中解放出来。最后一节通过区分对伦理计划完全的拒绝和改革伦理实践尝试来应对怀疑论的挑战。然而，决定这些局部挑战的可靠性要求解决关于进步性问题的方法，以及这些方法必须体现出比在对休谟的回应中（第 40 节）所认识到的一般可能性更为具体的东西。

281　　功能性的冲突是潜在问题的来源。伦理计划中不同的参与者也许对要解决的功能有不同的看法，并且这可能会导致他们对什么样的命令会被认可以及什么样的行为会被允许作出完全不同的判断。实用自然主义容纳了多元主义（第 38 节），但人们也许会怀疑它是否真有办法抵制真正极端的多元主义。上一节中那些制造麻烦的角色能否缓和他们的立场，承诺他们自己参与伦理计划但建议用反常、危险的方法来实现它？这一可能性使得在上一章末尾感受到的那种危险一般化了，这种危险也就是我在设想压倒性的或者被放弃了的伦理的原初功能时所感受到的危险。

如果实用自然主义是为实质性的伦理讨论提供一个框架，它必须履行表明具体的争论如何解决、具体的判断如何能是正当的这一基本任务。更准确来说，对行动者或者分析者而言，它需要解释当生活中关于伦理计划的问题持续出现时，什么样的正当性是可行的。

休谟原始的挑战通过说明伦理推断的能力的标准而得到解决。但具体的说明还没有给出。因此，根据目前的刻画，实用自然主义不如那些诉诸重要的、解决伦理争论的一般原则的经典伦理解释。这并不意味着不可解决的缺陷。推断无法给出这样的方法是错误的（反自然主义的）。接下来的两章将解决这一任务。

　　总结来说：如果只有规范性的立场，而没有关于实质的伦理学工作，那么实用自然主义的元伦理学解释仍然是不完整的。但是，目前来说，在不知道这一伦理学方法的理论的力量能够强大到什么程度的情况下，我们可以对最后的担忧给出一个初步的回答。伦理实践所主张的改革建议都是由倾向于促进道德进步的论证方式来裁决的。如果挑战者否认我们的结论，我们就给出清晰的推论。如果这一推论被质疑，我们就表明它们如何符合一般的规则。如果挑战者质疑规则，我们就证明他们对根本原则的服从，以及产生进步转变的可靠性。如果争论的是对伦理进步的理解，我们就回顾伦理实践的历史，表明原初功能如何得到满足并且新的功能如何产生。①如果推断可以被表明是符合规则的，规则是符合促进进步的根本标准的，并且进步的解释可以被定义为真正的功能，伦理争论就可以得到解决。假设实用自然主义可以发展出实质的伦理学，给出符合这些要求的、恰当的、限制性的方法——这就会回答关于所诉诸的功能的力量和相关性的质疑——唯一剩下的选择就是质疑整个计划，但这和我们在之前的章节中所看到的一样，就是采取了自由的精神在最有野心和不受控制的情形下所采取的飞跃，一个进入完全未知和令人怀疑的人类的生活形式的飞跃。

282

①　这里存在许多改革空间——因为挑战者也许解释在某个节点，退步的命令或者机制被引入了。实用自然主义绝没有承诺证明尼采所抱怨的（"英国的"）谱系学。参见《道德谱系学》。

第三部分
规范性的立场

第八章　进步，平等和善

44. 规范伦理学的两种愿景

由宗教传统和哲学家的传统所体现出的规范伦理学的经典概念，其目标是提供一系列的资源来帮助人们根据他们所应该生活的方式来生活。这些资源中重要的是一系列引导行为的命令，但同样经常存在着描述什么是令人钦佩的，什么是错误的这样生动的故事。宗教思想家们通常假设所有根本的资源都已经通过启示被提供给人们，因此规范伦理学家剩下的任务就是清晰和准确地描述这些原则，表明它们如何适应当代生活的环境。相反，哲学家认为，在描述和应用的工作开始之前，规范伦理学的原则必须被推断出来并且得到辩护。不同于神的启示，他们为他们所支持的系统提供认为它们是正确的理由。

撇开它们的差异，几乎所有规范伦理学的理论都有共同的静态视野。正确的原则和命令等待着被发现，并且一旦被理解，它们就可以被刻在石头上。实用自然主义则用不同的态度看待这一问题。伦理计划在不断地进化。进步不在于发现独立于我们和社会的东西，而在于满足伦理学从它出现时就带有的功能。这一计划是人们彼此合作所发明的东西。在这一问题上并没有什么专家。

从这一角度来看，规范伦理学要求持续努力来决定在共同的世界里大家如何一起生活。每一代人都在更新这一计划，从他们的前辈所达到的某个节点开始。规范伦理学所面对的任务是决定什么应该被保留，什么应该得到修正以及如何修正——也要解决如何作出这些决定的问题。如果我们就像水手一样，修复我们在海中的船，我们必须决定哪块木板留下来以及哪块要移走——我们必须齐心协力。规范伦理学家的角色不是提供一个宏大的计划，而是帮助合作。

实用自然主义给哲学家指定的任务就是帮助讨论我们应该如何继续一起生活的计划。哲学家只是提出主张。（这本身也是一个主张。）基于第六章中给出的解释，某种类型的主张应该辨别出伦理实践回应的问题，包括未解决的和部分解决的：我们称呼它为诊断型的主张。另外一种类型的主张，是方法论型的主张，应该给出如何调整那些关于伦理讨论的规则的主张。（这里没有排除变回经典的规范伦理学视野的可能性，因为一种可能的讨论是独白型的：我们可以决定聆听圣人的建议。）

哲学的主张或多或少是有见识的，或多或少得到了准确的描绘和支持。根据第一部分和第二部分所说，我们可以辨别出伦理的功能并且试图用事实性的知识来找到能更有效地满足这一功能的方法。如果它的功能是单一的，或者如果在选择所要满足的出现了的功能时不存在危险，慎思的重要性就会减退，甚至消失。伦理学可以变成一门完全经验的学科，它的任务是发现满足单一功能或者一系列融洽的功能的方法。因为对局部进步的追求引起了功能的冲突（第37—38节），伦理计划不能交给一群专家，让他们来找到满足某个功能（或者相容的多种功能）的方法。第一个主张：对于先驱伦理学家所面对的原初困境，我们只有很少的其他选项来描述这一问题。不存在我们可以诉诸的外部约束，没有哪种类型的知识可以启发伦理创新。因为伦理学的功能不是准确描述超验存在的意志，声称有特殊方式了解神的意志的宗教权威不再有下定论的能力了，甚至任何其他言论都更有说服力。出于同样的原因，世俗哲学不能制定先验的根本标准，即使是通过一般化那些所谓的基本伦理观点。除了和彼此重新开始讨论之外，还有什么办法来拒绝因为对伦理专家的

287

推崇而导致的扭曲，并且继续我们遥远的祖先已经开始的对话？ ①

　　这一章和之后的章节将试图说明这一问题。本章将会给出一些诊断性的主张；方法论的主张将推迟到第九章。任何一系列的主张内部都应该是融贯的——诊断性的建议和方法论的主张应该是相互支持的。正如我们将看到的（第56节），融贯性的要求在解决剩下的怀疑中扮演了重要的角色。

　　这些怀疑以质疑为什么我们应该关心伦理学的"原初功能"的形式出现。通过注意到人们承诺继续伦理计划可以给不同的功能优先性，这些怀疑就可以得到概括。实用自然主义对规范伦理学的理解把解决这一争论看作规范性的问题。怀疑者不是哲学上想象出来的虚无形象，而是我们之中活生生的人，他们给出了我们所生活的环境中功能不同的优先性。如果我们的努力是为了合作，如果船要保持浮起来，这些差异就需要得到解决。实用自然主义需要一个规范的立场，并且，如果能令人信服地做到这一点，元伦理学的挑战也可以顺便得到解决。

　　这一策略将通过以下步骤来进行：首先是一些诊断性的主张，然后是一些方法论的主张，最后论证这一系列的主张有它的对手所缺乏的融贯性。我将通过展现一个对诊断有帮助的框架开始这一问题。

45. 动态的后果主义

　　伦理计划可以无限地进化。它的进步不是通过减少与某些固定的目标的距离来衡量——正确的伦理原则的积聚，对规范伦理学经典观点核心的认识。存在着与起点相比的进步，也存在相对于目的的进步。再一次，与科学的类比在此能帮助我们理解。无法到达的

① 此处我暗示的是理查德·罗蒂（Richard Rorty）著名的说法（参见 *Philosophy and the Mirror of Nature*[Princeton, NJ: Princeton University Press, 1979]）。我怀疑我给了哲学助产术一个罗蒂无法允许的重要地位。

目的地提出了一个需要通过发展新的交通方式来解决的问题，并且在这一领域技术的进步包括克服这些问题（以及它们所带来的衍生问题）。没有理想的技术系统指引我们，并且通过我们有多接近这些东西来衡量进步是荒谬的。

我们的祖先通过回应部分的问题背景，引入命令和其他伦理资源从而实现了伦理进步。他们通过形成（部分）解决方案而做到这一点，并且他们对作为潜在的解决方案的创新的认识取决于认为引入了创新的城邦比现状要更好。它们与潜在的善的概念一起运作，通过一致的同意从而被决定并且固定下来。这一种善是局部的，是与环境和问题相关联的；它是在群体解决问题的尝试中建构出来的；并且它进化了。

把社会化嵌入的规范引导看作与潜在的善的概念的共同运作也就允许引入一个有用的规范性的框架。伦理计划可以被理解为动态的后果主义中一系列的尝试。这一计划的参与者通过试图造就更好的世界来回应他们的问题。他们有对善潜在的概念，并且认为行为的正确性依赖于他们能够促进所设想的这种善。用这种方式来看待它们是否排除了很多可能性？并非如此。后果主义比它的批评者通常所设想的要灵活得多。后果主义者不仅仅有许多不同的方法来描述善，后果主义者的伦理理论可以明确承认它没有对善完整的解释，把它的判断看作是不完整和有条件的。动态后果主义的确承认了这一点，假设了善的概念是可以进化的，属于这些概念中的一些转变是进步的（在第六章所说的那种意义上），并且后来出现的善的概念（有时）优于它们的前任，即使没有人可以说这是最后的结论。

在穆勒看来，后果主义——行为的正确性取决于他们的后果——其核心观点是"所有学派的理性人的原则"。[①]为了理解那些关注于对先验的规则的服从和无视后果的伦理系统的问题，我们考虑一下自我牺牲。有的人牺牲他们自己，通常来说是"为了某些他

289

---

① Mill, *Works*, J. S. Mill, *Collected Works*（Toronto：University of Toronto Press, 1970），10：111，from the essay "Bentham."

认为比他个人的幸福更重要的东西",并且,如果事实不是这样的话,很难理解这些所谓的英雄为什么"比那些苦行僧更值得崇敬"。[1] 如果除非人们有理由认为某个规则是权威性的,并且这些理由不是来自某些标签性的来源——神圣的立法者或者祛神化的"来自内心的法则"——而必须来自把这些规则看作更适合于产生好的结果,否则就不存在对遵守规则的伦理辩护。遵守不适合产生好的结果的规则是任性并且不负责任的做法:这就是为什么后果主义是"所有学派的理性人的信条"。没有基础的义务论是危险的。[2]

但存在其他的"学派",因为它们有非常不同的方式来衡量后果的价值。当某人行动时,他/她改变了这一行为没有出现时的世界的样子,或者他/她有不同的行为时这个世界会出现的样子。在最广泛的情形下,后果主义可以比较不同的世界的整个历史,世界从一开始到最后的进程,并且原则上可以关注任何一个或者所有这些历史的特征,包括了激发义务论者反驳最简单形式的后果主义的特征。通常来说,后果主义关注更为狭义的东西——对于功利主义,比较的相关点是有感知的存在者主观的感觉,特别是他们的快乐和痛苦。从后果主义一般的观点迈进到功利主义,许多重要的假设扮演了不可或缺的角色:

1. 世界上唯一需要在衡量行为后果时被考虑的方面就是这些行为随后发生的事情。

2. 这些相关的方面是已经存在的存在者的生命的属性,所有这些存在者都属于一个特定的组合。

3. 这些已经存在的存在者是有感知的存在者。

4. 关于他们生命的属性的相关事实能够为他们主观体验的意识流所衡量。

5. 主观体验可以被看作瞬间(或者流动)的状态,可以给这些

---

[1] Mill, *Works*, 10:217.

[2] 没有基础的义务论的最为明显的例子发生在祈祷神圣的意志来禁止(或者命令)人类的行为时(第26、35节)。

状态指定价值。

6. 相关的状态就是对快乐与痛苦的感觉。

7. 快乐（或者痛苦）的价值是根据剧烈程度来衡量的。

8. 剧烈的程度可以通过不同时间段里存在的感觉叠加起来。

9. 一个个体生命的价值是通过把生命里所有时刻的快乐的价值加起来然后减去痛苦的价值来计算的。

10. 世界的历史的价值是通过把从有行动开始的时刻起，所有个体的生命的价值加起来计算的。

11. 在实践中，可以用一小部分人的生命当作代表整个世界历史的价值来进行比较。

12. 严格来说，一个行为是正确的，如果世界有史以来产生的价值至少和其他选择会带来的价值一样高（但用假设 11 中的代表来计算几乎总是会给出准确的测试）。

这些假设中的每一个都需要仔细考查。你也许认为假设 1 和 2 都是非常合理的。毕竟，一个行动者没法改变过去，因此衡量可以集中在行动者的行为之后会发生的事情。但并不能得出这一结论。因为衡量后果时，不应该假设一个事件或者事态的价值总是独立于它的因果历史的。后果主义者可以认为一个后果因为与其过去行为的联系，而有更多或者更少的价值：即使你花时间陪伴病人将会比对曾经帮助过你的人表达感谢带来更多幸福，你公开的感谢和过去的帮助可以带来足够的价值从而压倒拜访病人带来的利益。

想象两个世界都包含了完全一样的对快乐和痛苦，对欲望的满足以及其他个人看作与他们自己的利益相关联的东西的分配，但却有不同的因果关系。为了简便，假设重要的只有快乐和没有痛苦。在一个世界的历史中，许多快乐和痛苦因为人与人之间系统的关系而产生——存在着互相帮助的关系；惩罚是针对所造成的伤害——在我们所知道的世界中这样的事情经常发生。在另一个世界中，造成快乐和痛苦的原因是随机的：你做某些事来取悦你的朋友，以及，不是朋友而是一个完全陌生的人做某些事让你开心；你给某人造成了伤害，并且，突如其来地，与伤害等价的惩罚施加到你身上。如果你认为某些有价值的东西在这个不正常的世界中，由于以非系统的方式产生痛苦和快乐而消失了，你就会认为因果关系影响了一个世界有史以来的善和恶。[①]

假设2同样是可以被攻击的。后果主义并没有承诺你可以把生命对立起来考虑：生命之间的关系以及生物和其他构成真实的东西之间的关系很可能是价值的来源（考虑从高阶利他主义增加的价值；第21节）。甚至没有生命的事物以及它们之间的关系都可以成为价值的来源（第47节）。

292

对几乎所有从后果主义产生功利主义的假设的担心都存在着一个非常一般的理由。功利主义是通过后果主义一系列还原主义的行动而得到的。我们的目的是计算我们所设想的行为会带来的世界的价值。我们把这一问题还原为叠加某一群体的个体的生命价值；我们进一步把它还原为只考虑有感知的个体并且继续无视这些问题，而且只关注那些我们假设会被所考虑的行为直接影响到的个体；我们把通过把生命分解成一系列的阶段性的状态从而还原衡量赋予每个个体生命的价值的问题；现在我们通过把所要考虑的方面还原成快乐和痛苦的程度来赋予这些状态价值；通过这些方式来还原问题，我们就可以开始叠加并获得功利主义所要求的那种衡量方式。任一或者所有这些还原都是可以被质疑的。因为没有理由认为世界的价值存在于我们一个个考虑的个体生命的价值中——分配也许至关重要。此外，我们没有理由假设个体生命的价值可以通过累积阶段性状态（或者甚至发生在人们身上更长期的经验）的价值而产生，而这些状态本身是相互孤立的。

考虑对个体生命价值的另一种观点。它开始于把有价值的人类生活看作为拥有这一生活的人自己的自由选择所引导，看作个体自

---

① 也许有的人会声称价值的差别是清楚的，因为人们对其的态度：他们的快乐在因果上非系统的世界里更少。然后带给他们一种错觉，认为因果关系是正常的。价值的差异依然存在。

己善的概念所带来的融贯性。① 不管一系列的不相关的体验（甚至是重复的序列）有多么令人愉悦，它都有某些缺陷，除非它有某些确切的普遍属性。有价值的生活体现了计划。

类似的整体性的考虑也适用于社会状态。不同于把有价值的社会状态看作人类的快乐和痛苦加减后的总值是高的，我们可以构想一群人为他们自己的生活而追求一个极为丰富的计划，然而他们还是通过对话、联合行动、相互同情的关系而彼此结合在一起。② 整体的异质性和个体间的相互关联都是价值的来源。近似平等的物质资源，基于对社会所有成员拥有平等的机会形成和追求他们自己生活的计划的贡献而获得了价值。

考虑一下诗歌。发现一个伟大的诗人——比如，华兹华斯——的经历不同于品尝美食那样的令人愉快的经历，甚至不是吃止痛药那样的减缓痛苦的经历，如果一个年轻人，没有读到诗时会慢慢陷入沮丧的状态，但从华兹华斯的诗中获得了恢复，假设他有了这一条件所要求的药物是非常奇怪的。与华兹华斯的相遇并不只有短暂的显著效果，而是可以重塑和调整他的整个人生。基于强度和持续时间，而赋予过去经历的价值的积累不足以衡量华兹华斯的价值，因为与华兹华斯的相遇在他的余生不断回响。③

在后果主义的家族中，有许多不同的代表。我对其中 12 个的挖

293

---

① 正如穆勒在《论自由及其他文章》(*On Liberty and other Essay*［Oxford：Oxford University Press（The world's Classics），1998］）中所通篇宣称的。这一文章表明了他吸收了许多他从儿童时期就开始学习的古希腊思想家的观点。

② 这些整体性的考虑在穆勒自己的作品中是显而易见的，特别是 *On Liberty*, *Considerations on Representative Government* in *On Liberty and other Essay*［Oxford：Oxford University Press（The World's Classcis）］，1998，和 *Principles of Political Economy*, vols. 2 and 3 of J.S. Mill, *Collected Works*（Toronto：University of Toronto Press，1970）。

③ 我的讨论主要来自穆勒自己的经历和他对阅读华兹华斯和遇见哈里特·泰勒（Harriet Taylor）重要性的感知。他的作品表明了他理解了这些事件整体的重要性：参见 Mill, "Bentham" and "Coleridge" in *Works* Vol.10, *On Liberty*, *the Autobiography*（New York：Columbia University Press，1966），*On the Subjection of Women*（in *On Liberty and other Essays*）的结尾。

掘可以让你作出关于善的不同决定，并且获得关于对的概念，并且揭示抽象的可能性。但是，核心点在于后果主义的灵活性允许我们把道德进步理解为塑造那些能更好地满足社会嵌入的引导规范的功能的善的概念，并且塑造后果主义者的计划所想要推进的善（根据主流的概念）的规则。善的概念是伦理计划成长中聚集起来的功能的复刻。

294   一个自然的回应是：后果主义可以满足所有这些，因为所谓的"灵活性"使得它的观点都变得空洞了。[1] 这在我承认义务论者眼中许多简单形式的后果主义缺乏的特征可以在后果主义的框架中得到体现时就已经指出来了：比如，一个人可以坚持事态的善取决于心理过程（包括意向）所带来的特征（这是因果联系扮演了一定角色这一一般的观点的具体的例子）。然而，没有根据的义务论指出的危险表明，后果主义的框架排除了一些东西，也就是什么是不会改善伦理的功能（并且，在宗教的例子中，通常还会阻碍它）的正确的命令。传统义务论的思想的观点可以被看作为善的进步的理解作出了贡献，但是其他义务论的可能性（那些拒绝这些同化的）的缺陷也暴露了出来。[2]

46. 失败与成功

在伦理计划的早期，我们的祖先关注的是他们同伴的基础欲望。他们认识到有些愿望是可允许的、没有危害的，并且认为在稀缺的情况下，根据某种类型的平等来分割资源以求让所有人都有足够的供给是善的。在第一部分中我们看到了对供给作为后来的社会所发

---

[1] 伯纳德·威廉姆斯（Bernard Williams）敏感地预料到了这一类的回应，参见 J. J. C. Smart and Bernard Williams，*Utilitarianism*：*For and Against*（Cambridge，UK：Cambridge University Press，1973），sec. 2。

[2] 因此有的人也许会说看不见的执行者这样的观点对于道德进步来说是没有问题的，当指挥的人传递的东西是基于先验的对善的理解时。只有当命令这一实践开始按照它自己的概念来发展时才出现了问题。

现的社会结构的支撑的强调，如劳动的分工和角色以及组织的发展
（第 19—20 节）。

对于目前盘点以及诊断的目的来说，考虑我们目前环境的特点
是如何出现的并不切题：重要的是它们已经出现了。当代社会要么
放弃了对公平原初的强调，要么完全没能实现这一目的。把社会看
作是以地理为界限的：从一群人生活在相同的地方开始，并且包括
了和任何成员有社会互动的个体。即使你开始于富足的环境，但社
会人口非常庞大，并且包含其中的个体被认可的欲望完全没有得到
满足。[①]（对贫穷的社会以及有显著不平等的富足社会而言，这一点
是显而易见的；即使是最平等主义的社会民主制度也有穷人。）如果
我们认为最基本形式的利他失灵导致了个体无法对他人基本的欲望
（被认可的，没有危害的）进行回应，当完全满足这些欲望并且同时
为社会中每个人都这样做是可能的时候，在伦理原初功能最基本的
情形中，当代社会没有意识到满足这一功能的方法是显而易见的。
从这一点来说，许多伦理实践历史上的实验做得更好。

为什么是这样？最可行的理解是在伦理计划进化的过程中产生
的角色和制度的结构取代了原始的善的概念。新的道德功能出现了，
并且，当这些我们已经非常好地适应了的角色和制度解决这些功能
时，它们丧失了满足原始功能的能力。我们当代允许角色和制度维
持的规范，即使它们会影响解决非常基础的利他失灵。

当代的善的概念在某些方面毫无疑问是进步的，因为它已经吸
收了更高级形式的利他主义观点，对联合计划和人类生活更丰富的
可能性的贡献（第 36—37 节）。如果善的原始概念再次被应用到当
代的背景中，它将参与解决更广阔的被认可的欲望。在对这些"更
高级的"欲望提供平等的满足方面，当代社会的失败更为刺眼。无

[①] 我现在所想象的社会可以被看作是递归的。有的人试图通过要求任意两个成员必
　须都有社会互动或者提高社会互动的标准来否认这一结论。我将在接下来的部分
　更细致地讨论如何分割社会的问题。目前来说，递归的方法能帮助我们确定这一
　观点。

296 法满足基本的欲望直接导致了满足"更高的"善的机会戏剧性的降低。当最有价值的社会地位给予了那些能杰出地完成教育系统指定的任务的人时，人们通常无法做到这一点的原因是他们无法满足自己最基本的欲望（食不果腹、衣不蔽体的孩子无法集中注意力，只能上破败、危险的学校的孩子在考试中表现得更差）。

功能性的冲突潜藏在社会张力的背后，但它自身不会被感知到。在实践中，冲突通过移除伦理计划原始功能来解决，并且这一抑制被彻底地制度化了。有了对伦理计划及其进化的解释之后，我们就可以更好地反思了。动态后果主义认为我们规范的任务开始于再次确定善的概念。对善的确定无法不通过反思角色和制度来实现——道德是社会性的。[①]

回应他人行为的更丰富的情感的发展，特别是义愤填膺这样的负面感觉和对不正义及压迫的厌恶，是现在保证我们服从规范的方式背后的原因。生活在明显不平等国家的人，基本需求无法得到满足的人通常无法被说服认为不存在不正义或者压迫。义愤填膺和厌恶加强了他们的祖先在类似的情形下会感受到的愤怒和沮丧。如果这些被放大了的情感反应被克制的话，只可能因为禁止引发暴力的命令得到了非常强有力的执行：财富和权力的不平等被用来威胁那些倾向于反抗的人，这样做对他们自己和爱的人会带来更糟糕的结果。这一类的强迫体现在独裁统治的情形中（第34节；虽然不太可能，但也许在旧石器时代小型的群体中已经出现了，在当代社会早已被创造出来了。）。

如果我们把整个人类看作一个统一的社会，不平等的范围将会极其巨大。每一天，成千上万的人因为缺乏满足基本欲望的资源：

---

① 这一说法来自杜威，他把这一说法当作《人性与行为》最后一章的标题。[*Human Nature and Conduct*（Amherst NY：Prometheus Books，2002）]。这一说法概括了福柯和马克思的主题，并且这些主题通常超越了当代伦理学讨论的视野。

保持身体的健康状态而死亡或者残疾。[①] 满足不那么基本的欲望的 297
机会的分配，比如说，回报更丰厚的工作或者文化的发展，就更加
不平衡了。关注更小的人类单元，人口较少的国家和群体，使得
不平等不那么极端；但富足的民主社会和贫穷的国家同样包含了
数量相当可观的群体，这些人可以看到其他人的基础和非基础的
欲望通常能很好地得到满足，甚至是完全得到满足，而他们即使
是最基本的欲望也无法被满足。只有极少数的社会，承诺了公共支
持和平均主义的安排，减少了不平等的范围。但即使在这些社会中，
贫穷依然存在。

如果这些深刻的不平等带来的困难对我们来说，不如我们的原
始人祖先所遇到的那么明显，并且看起来是更细微的问题，这是因
为那些对我们有敌意的人通常离我们很远或者无法察觉，并且因为
资源的集中已经产生了使得一些人能够享受巨大的利益并且用严厉
的惩罚威胁有反抗行为的穷人。从实用自然主义的角度来看，这并
不是解决放大后的原始问题的方法，因为这样我们社会的脆弱性和
张力没有通过解决它们的根本原因而得到解决，这一根本原因是广
泛存在的利他失灵。正如第 34 节中提到的强大的独裁者，社会冲突
的减少不是通过解决利他失灵而实现的，因此无法——甚至是相当
失败——来解决伦理学的原初功能。

不是所有当代社会（不论是把整个人类看作一个整体还是区分
成更小的群体）的冲突和矛盾都是基于我刚刚所说的不平等。一些
版本中对看不见的执行者的解释是用福音派的说法来理解存在的意
志，因此他们声称神圣意志表达的规则不仅仅是适用于产生了这一
神话的社会，还适用于整个人类。把握了这一概念的社会，自然与
那些被他们看作制造了与他们所赞成的生活方式相敌对的世界的人
存在着冲突，他们有的人甚至倾向于通过有效的方式（包括暴力）

---

① 世界卫生组织的年度报告提供了（令人深思的）数据。参见 James Flory and Philip
　Kitcher, "Global Health and the Scientific Research Agenda," *Philosophy and Public
　Affairs* (2004): 36–65。在这篇文章中我们选取了小部分的数据。

298　来传播他们的观点。一些出现于当代社会内部的冲突和矛盾——当我们的种群被看作一个统一的社会时最为明显——来自那些用他们自己的方式来解释只是一开始有用的看不见的执行者这样的观点的没有基础的义务论。这些规范用宣扬他们自己知道执行者意志的人的偏见取代了对个人欲望和愿景的关心。

　　伦理学从执行者的概念中解放出来，其中部分就在于认识到此前一些被禁止的欲望是能被允许的，即恶的枯萎（第26节）。关于善的新的讨论必须警觉到一些残余的压力使得有的欲望被人们忽视了……即某人认为自己在共同的计划中发挥作用的能力，而每个参与者都认为他是为了实现共同善。最明显的是，他们有助于保证更大程度的服从（第17节）。除此之外，他们有时还在缓解或者暴露当代——以及近代——伦理困境的核心特点时扮演了重要角色，也就是广泛的不平等的出现来自大量利他失灵，并造成了大范围的社会矛盾。宗教有时极度强调了解穷人、被压迫的人以及不幸的人的需求：事实上，他们仍然在了解那些愿望没能完成的人的欲望，甚至当这些人被排除在了道德慎思的范围之外的时候。另外，宗教群体有时鼓励将反对不平等表达出来。

　　伴随社会发展的一个问题是，试图通过将局外人包括进来这本身是一种渐进的转变，在整个社会群体内找到共同点的最初的道德冒险实际上是不可能实现的。即使不尊重那些号称能够了解神圣意志的人，还是有必要把评价和调整规范的任务交给一（小）部分人。这使得扩展后的好的生活的概念失去一个重要的特征（第20节），即每个参与者无法发挥自己在共同的计划中扮演一定角色的能力，所有人无法朝着共同的善前进。共享的伦理生活开始陷入混乱。

299　　　目前的诊断集中于问题和冲突，就像我们在共同行驶的船上考虑该把板子放到哪。然而我们不应该忽略伦理计划在引导个人行为上取得的成功。存在着一些核心的伦理真理（伴随一些规则），所有道德传统都对其作了模糊的陈述，我们有理由期待它们在未来无限的进步改变中都有可能被保留下来（第38节）。我们是否可以让它们变得更准确，或者找到新的概念让它们得到更清晰的表达，以及出于尊重从而作出符合这些观点的行为，这些主题都是合理的善的概念的构成部分。

思考一下诚实。因为存在着非常大范围的事实上或者潜在的利他失灵，一些个体欺骗或者操控其他人，言语行为的规范将会在早期阶段进步的伦理规范中体现。交换信息对人类生活至关重要，从人类开始说话起就是如此。如果提供信息的人是回应咨询者的欲望，告诉真相就是极为重要的（或者真诚地试图传达真相），并且发现他所说的真相有所保留会造成许多问题。"总是说真话"看起来是一条帮助满足伦理学原初功能的规则；根据进步的概念，说真话被归类为好的。

对人类历史中一些非常大的片段而言，"总是说真话"这一简单的说法也许是恰当的，就如同对今天的儿童而言它是恰当的规则并且对许多人一生来说是有用的。然而，对问题坦诚的回应并不是在所有情况下都是好的。一个反复出现的情形就是当房子的主人藏匿了几个犹太人时，他门口的盖世太保对他所提出的要求。盖世太保问："有任何犹太人在你的家里吗？"为了让这一故事继续，我们必须假设他相信房子的主人；基于否定的回答，他就会离开，而躲藏的避难者就会安全。在这个故事里，诚实的后果过于惨痛，许多人——几乎是所有对哲学理论没有了解的人——认为撒谎是好的。

极少的人会遇到这样的情形，但更多的人会面临说真话有负面后果的时候。你最爱的人之一病得很严重，医疗报告的内容也非常沉重。你知道她的决心和意志会被摧毁，如果她知道了这些细节的话。或者也许已经没有了希望，你知道她最后的日子会非常痛苦，如果她感到没有恢复的机会的话（你非常了解她；她是一个敏感、容易被可怕的消息打倒的人）。她开诚布公地问你医生说了什么。而你已经充分做好了准备并且知道你可以让她相信。撒谎将会避免说

300

出真相所带来的负面后果。①

必须谨慎地构想这些例子，如果它们是要让人们怀疑说真话是普遍的善的话。潜在的欺骗者必须头脑清晰，思考过所有选项，必须意识到除了欺骗外没有其他诚实的选择了。门口的盖世太保得到了模糊不清的答案就离开，你爱的人也不会满意，哪怕你用最聪明的方式来改变话题。这意味着谎言也许要是有预谋的，并且它的表述都是事先准备好的——通常来说，这些都是使得错误的行为更加糟糕的条件。

301 在这两个例子中，咨询者的欲望都被忽略了或者被其他考虑盖过了。找到犹太人的欲望被忽略是因为它建立在利他极度失灵的基础上；即使是对有害欲望最基础的解释（第34节）都可以区分盖世太保斩草除根地要杀人的欲望和避难者想要逃命的欲望。病人想要真相，但她也希望真相是温和的——并且因为欺骗者了解后一个欲望的力量，以及它的后果不会因为病人所具有的其他欲望而得到满足（不要失去希望地生活的愿望），因此她给出了不诚实的答案。这

---

① 受康德启发的思想家们也许会声称任何的例外都在破坏回答问题这一实践活动，或者它破坏了说话的人的品格，或者善要求人们总是用非操纵的方式行动。当可能性被设定得过高时，就如在盖世太保的例子中，这些回应都不能成功。对盖世太保撒谎不会破坏任何重要的人类实践，即使所有房子的主人在类似的情形下都有相同的表现。如果谎言被发现了，调查机构会更怀疑他们被告知的东西，因此会有更加彻底的调查——这也许会对未来的为他人提供庇护的实践有损害——但这些避难者将会得到拯救。严重生病的例子非常好地阐述了这一点。那些病情极为严重的人知道关心他们的人会倾向于避免告诉他们坏消息。对这一事实的了解不会削弱任何提问和回答的实践，而仅仅意味着他们会更怀疑他们爱的人告诉他们的东西。

许多义务主义的传统，宗教的以及哲学的，都认为欺骗的坏处在于撒谎的人的堕落这一事实，他们给出了一个能够给予心灵的纯洁优先性的善的解释，并且假设说谎，即使是为了好的结果，也损害了这一纯洁性。宗教的教育者和领导建议通过发明一些模糊或者含糊其词或者误导性的回答（但不是明显错误的）来回应这些问题或者以私人的"保留"来宣誓。面对在门口的盖世太保，花一些时间来发现一些狡猾的方法的房子的主人，并没有比那些不负责任地让他人处于危险境地的人更值得保护而免于堕落。即使盖世太保会看透这些聪明的含糊其词的回答的机会很小，因为引起他的怀疑而带来的伤害已经大到无法为这一行为辩护了。此外，为什么我们应该假设那些想方设法保护脆弱的受害者的人，比那些首先想到他们自己的正直和对避难者的危险是对立的人是更加不纯洁的？

样的欺骗可以被看作利他主义的，寻找病人最重要的欲望并且对它进行回应。（简单来说，这是家长式利他主义的一个体现——第21节。）

说真话这一简单的命令来源于任何可预见的欺骗都仅仅包含了利他失灵的情形。谎言有利于撒谎者实现自私的目的。错误信息的接受者的欲望被忽视了。在较简单的社会中，通常会有其他方式来解决那些想要给第三方造成伤害的询问者所构成的威胁——一个人可以召集其他群体成员，因此抱怨就能够为他人所了解。类似地，只有当特定类型的知识出现时，才会造成保护他人免于干扰性的真相的问题出现。[①] 然而，随着文化的进化，利他主义的谎言变得可能了。利他主义的谎言可以类似于我们所鼓励的其他形式的利他主义（我们钦佩那些牺牲自己的安全来保护被迫害的人的人）。坚持简单的规则忽视了强调利他主义在进步的伦理转变中所扮演的角色。

然而我们无法准确知道如何修正善的概念从而使得它不再承诺谎言是普遍的恶。诉诸利他主义是善的这一条件的一些明显的方面（支持避难者，而不是可能的谋杀者的欲望），并且宣称撒谎在满足这些条件的情况下是被允许的，这并不充分。康德主义者认为对于撒谎（在某些特定的条件下）的普遍的许可将会破坏交换信息这一做法，并不会支持对撒谎盲目的禁止，而是削弱会带来某些后果的这一规则。后果主义者与义务论者类似的一点是：一个人必须承认能被公开允许的例外。[②] 有时我们有很好的理由认为，相比允许不

302

---

① 思考利他主义的谎言可能出现的时间长度是件有趣的事情——也许有类似于我已使用过的，对于旧石器时代小型群体会产生的例子——但看起来明显的是权力的集中和某些类型知识的发展（比如医药知识）产生了更频繁的清楚的例子。

② 穆勒对撒谎的可允许性的处理支持这些观点。确信"所有道德家"都会允许禁止撒谎这一禁令的缺口，他指出了我所使用的例子："当保留某些事实时（比如给坏人的信息，或者病情严重这样的消息）可以从过度的邪恶中保护某人（特别是除了他自己以外的人）并且当这一保留只能被拒绝影响时。"（*Works*，10：223）但是，他谨慎地注意到不是每个好的后果都足够允许谎言，因为我们必须考虑到允许欺骗会产生的代价："因为任何违背真理的行为，甚至是无意的，都会大大地削弱人类主张的可信度，而这不仅仅是对现在社会福祉的重要支持，而且这一可信度的不充分比其他任何东西都更能破坏人类的文明。"（*Works*，10：223）

诚实带来的好处，社会后果是可以忽略的——比如，已经考查过，仔细限定了条件的两个例子。这与在其他情况下关于隐瞒的成本和收益是一致的。

这一部分对什么样的"善"会被发现给出了一个初步的调查。接下来的任务是处理（目前来说一直是被延后的）群体大小的问题。我们道德关心的范围究竟有多大？

47. 从当地社群到全体人类

在最开始时，情况十分简单。伦理计划由一小群思考者承担，他们彼此同意的规则和善的概念关注的都是他们自己。如果我们考虑翻新这一计划，我们应该如何把人类社会（我们这一物种在某个特定时刻的所有成员的总和）分割成某个伦理计划——"生活的实验"——中出现的群体？一个简单的办法是诉诸地理：群体是通过人们所生活在一起的区域来区分，而人们很少与在这个区域之外的人交流，如果有的话。或者你可以强调因果互动：两个个体属于同一个群体，如果他们与彼此互动的频率超过了某些标准，而群体就是这一互动递归的闭合。[①] 另外的选择是诉诸让共同生活成为可能的利他主义的倾向，社群是由对彼此有利他主义回应的倾向的人所组成的群体，而人们对外部的人缺乏这一倾向（或者对他们只有缩减的倾向）。或者，关注利他主义的限度，社群就是利他主义的失效会产生一定社会苦难的群体。

对于所有的人类历史而言，你选择这些标准中的哪一个并不重要，因为结果都是一样的。大部分人都会在同一个地方度过他们绝大部分的生命，与相同的人互动，对他周围的人进行利他的回应，并且都按照那些试图解决他们潜在的利他失灵的规则来生活。游牧

---

① 也就是说，如果 A 和 B 满足了互动的标准，如果 B 和 C 也同样满足的话，A 和 C 就属于同一个群体，这与他们之间的互动是不是超过了标准无关；群体在于所有人能够通过某种链条联系在一起，在这个链条中临近的成员以超越标准的频率互动。互动最基本的概念是某个人的行为会影响其他人可能的选择和成功的前景。

部落倾向于待在一起，即使是在他们四处漫游的时候，因此，在任何特定的时间，区域的标准就是和彼此在一起，即使在不同的时候他们所占据的地点并不一样。个体有时离开他们本来的群体加入另外一个群体——根据他们生命中的某个节点，按照任何一个标准，他们都属于某个群体；而在这个节点之后，同样按照任何一个标准，他们属于另外一个群体。

在当代世界这些标准却不再重合了。生活在某个地方的人与一些生活在遥远地方的人有着最重要的互动。如果诉诸因果互动的标准，联系可以跨过地理的界限，并且任何对传递的坚持都会把整个人类联系成一个群体：如果我频繁地和在澳大利亚的人互动，而你总是和在中亚的人互动，而你和我也许经常彼此互动，那么我们四个则通过互动的链条联系在一起；如果彼此分享的群体是传递关系的这一看法是正确的话，我们将被看作是同一个群体的，即使我与中亚没有任何联系，你与澳大利亚没有任何联系，而我们在澳大利亚和中亚的搭档也与彼此没有任何关系。

存在着不同的方式来看待这一情形。[①] 或许我们可以放弃彼此分享的群体是传递关系的观点。我们彼此属于许多重叠的群体。从某些说明性的例子来看，存在着我澳大利亚的朋友和我所属的群体，你和你中亚的朋友所属的群体，以及第三个你和我归属的群体，但没有包含我们四个人（甚至我们中任何三个人）的群体。通过单独使用不同的标准或者组合的标准，引入不同层次的群体结构是完全可能的。实现这一目的的一个重要方法就是诉诸历史。生活在某个地方的人的社会生活被同样的传统规范，并且他们认为自己是这一传统的一部分，这一群体也许可以合理地被看作一个伦理群体，对这一群体来说这一伦理计划的延续在于对传统的调整。

因此基于重新定义善而区分一起合作的人的群体时，有许多的

304

---

① 在形成我接下来要说的观点时我受到了埃里卡·米拉姆准确的观察和问题的帮助。杜威同样主张与框架之间的一些联系，参见 *The Public and Its Problems*（Athens OH：Swallow Press，1985）。

可能性。我们应该根据什么来决定如何区分他们呢？引入的概念应该适用于所面临的问题。只要存在不满足他人欲望的情况，只要存在与他人互动的可能性，当代都会存在与构成伦理学原初功能基础的问题类似的问题。此外，如同在伦理计划开始时那样，在一个人类生活因果关系更广泛的世界里，这些利他失灵同样造成了社会的矛盾与冲突。今天所出现的这些都是原始人社会通过伦理所转化的脆弱性的另一种体现。一个主张是：伦理计划的延续应该包括一个构建能够回应整个人类欲望的共同善的概念的尝试。

305　　几乎所有的人类都希望他们群体中的年轻成员有一个美好的未来，并且希望这些年轻成员未来的后代能够健康地成长。所有的伦理传统都把这看作能够认可的欲望。现在，在世界上某些地区，人们的行为会干扰这一欲望的实现。富裕国家的商业、农业、工业的实践，甚至是医疗研究，都降低了贫穷地区的人能够健康养育后代的概率。[①] 我们种族所有的成员共同面临着避免（进一步的）会剧烈扰乱人类生活的环境问题：几乎可以肯定，全球变暖将会让许多人口密集的地区变得不再适合居住，并且让许多人受到极端天气的危害，而这会挑战人们现有的庇护技术。我们迫切需要一个善的概念，这一概念会考虑到所有人的欲望并且会引导我们解决过去思虑不周的工业化所产生的问题。

　　因果互动把整个人类连接在了一起。在这一巨大的群体中的利他失灵扩大了最初促使伦理发展的危险。实用自然主义关于善的主张给予了连接我们所有人的、具有延续性的、更广泛的因果关系优先性。这并不意味着它无视更为精细的部分所具有的地位。局部的群体能够通过仅仅关注其成员的欲望以及解决内部的利他失灵来进一步地改善共同善的概念，当然存在着与这一情形相关的问题。但是，必须区分这一情况发生的区域与更广泛的概念所覆盖的区域

---

① 商业实践干扰了世界上最贫穷的地区的基础物质供给；农业使对利益的考量变得比喂饱后代更为重要；工业浪费了资源并且忽略了长期的能源需求；直到最近，医疗研究有意地忽视穷人的问题。

（最终是那些覆盖整个人类的概念）：如果对于远距离的人存在着严重的后果，必然存在着试图回应它们的尝试。[①] 此外，局部群体在这一方面的探索受到了被看作是伦理真理最佳选择的模糊的中心问题的限制。然而，多元主义承认（第38节）通过对善的概念进步的改变，对局部群体（人类群体中一个合适的子集）中的欲望进行回应。

306

　　一个重要的反驳是：关注整个人类的问题会让界限变得过于狭窄。其他的东西——非人类的动物，或者部分生物圈或者无机环境，或者人造物——都有伦理地位。我将把非人类动物这一情况作为反驳的中心问题。

　　伦理传统对于我们对非人类动物的行为该受到何种范围的规范莫衷一是。然而，几乎所有人都同意人类不应该随意地对哺乳动物和鸟类施加痛苦（点燃小猫通常被看作是残忍的），并且宠物的主人应该满足他们饲养的动物的需求。一些人认为农民不应该在那些会破坏动物正常的发育模式和代谢功能的狭小环境内繁育哺乳动物和家禽；这些批评通常认为消费者不应该购买和食用用残忍的方式繁育的动物。然而其他人认为食用非人类的动物——不管是鸟类还是哺乳动物，或者所有脊椎动物，或者所有无脊椎动物——的行为都是错的。同样的立场也适用于用非人类的动物来做医学实验。

　　此处的目的不是考虑如果有可能的话哪个立场会被当前状态下的伦理实践看作进步的转变，而是解决这些类型的观点中没有任何一个能和实用自然主义的框架相融洽的担忧。关注规范对非人类动物行为最基本的规则就足够了，比如禁止折磨哺乳动物的要求。在伦理实践中引入这样的要求能够带来什么样的伦理功能呢？

　　现在值得回忆一下道德实验的部分历史。在伦理计划相当长的一段时间内，人类群体非常小；外部的人不受到任何群体内部规则

---

① 简单来说，这一主张就是穆勒著名的"伤害原则"（《论自由》）；甚至更直接地说，它就是杜威在《公众及其问题》（*The Public and Its Problems*）开篇所重新描述的规则。

的保护。当与邻居和平的交换有效创造了类似于更广泛的社会之后，
规则的范围就扩大了。"圈子扩大了。"[1] 这时所发生的，首先是此前
经常会避开的人类之间的互动，接下来就是无法回应某些人的欲望，
这就是利他失灵。我"如何可能的解释"（第 19 节）表明了作出这
一扩展的一种途径。在解决伦理功能的尝试中互动得到了实现（通
过贸易满足当地的群体内成员被认可的欲望），并且规则的扩展满足
了另外的功能（解决利他失灵的原初功能；此前外部的人所具有的
一些欲望是与群体成员被认可的欲望相对应的，对这些人的欲望不
进行回应会被看作利他失灵）。

在非人类动物的情况中是否有类似的情形？答案显然是肯定的。
正如旧石器时代后期首先所见证的邻近的群体结合的转变以及之后
群体大小的增长，因此，在这一时期的末尾，人们开始与一些非人
类的动物有了更稳定的交流。驯化这一实践活动创造了类似于社会
的东西，而这一类似社会的东西包含了非人类的成员。这一实践活
动改进了满足所有被认可的欲望的伦理功能。然而，因为刚刚被包
括进来的动物与居住在河对岸的人在某些方面有重要的差异，一个
显而易见的问题出现了。这一扩展真的创造了类似于社会的东西
吗？如果是的话，当地群体内部采取的规范在多大程度上可以扩展
到新成员？

在最基本的意义上，广义的社会是由有稳定模式的交流而创造
的。人类喂养驯化的动物，繁殖它们，使它们工作并且消费它们的
生物产品。这些互动需要通过允许一系列重复的方式进行。然而，
因为权力的不对称，这可能只是通过简单的暴力完成的。如果"社
会"仅仅是由稳定模式的互动构成的，它的稳定性所要求的只有人
类控制和操作的能力。

河对岸群体的成员也许最终会参与到我们所实践的伦理计划中。

---

[1] 正如第 33 节所观察到的，这是伦理进步一个重要的模式。彼得·辛格的标题
"扩展的圈子"表明了他确信这是道德进步的主要模式，并且他论证了这一扩展
应该把非人类的动物纳入伦理命令的范围。

几代人之后，他们的后代和我们的后代也许会坐在共同的篝火前，思考他们该如何前进。而这不可能发生在我们和非人类的动物之间。① 然而仍然存在着没有参与我们伦理慎思，但仍然属于我们规范范围内的人——即使"我们"是早期开创伦理计划的某个群体的成员，这也仍然成立。这些足够年轻的人缺乏自己的声音，正如其他一些其能力没有以正常的人类的方式发展的人；此外，某些还未出生的后代——儿子和孙子——他们的一些欲望是我们所认可的，我们要保证满足这些欲望的必要条件。彼此同意的规则扩展到他们并不是因为他们参与了协议这一事实——因为他们没有参与——而是因为意识到他们生活的某些特点，包括了他们会拥有的我们所认可的他人的欲望。撇开现在的无能为力，永远的无能为力或者当下的处境所造成的差异不谈，存在着发展利他失灵这一概念共同的基础。

对非人类的、被驯化的动物来说也是一样。我们能够认识到它们对某些人类同样需要的东西（食物，休息）的欲望，并且理解它们避免某些特殊环境（监禁，尖锐物体的压迫）的欲望。一旦人类的情感被塑造成憎恨给他人带来痛苦的行为，那么在与非人类的动物有充分交流的情况下，我们就会期待，在早期牧民群体中，他们在冷静时刻的慎思会使得他们谴责让牲畜鸣咽或尖叫的行为。

那些管理非人类动物行为的规范的进步性的发展能够走多远？这一扩展存在着两个潜在的方向轴：一个是从家畜到野生动物，一个包含更广泛的分类范畴。在与外部的人互动的制度性规范把这些人带入相同的圈子之前，只要野生动物被视为威胁，它们就和来自群体的人类一样，以相同的方式具有威胁性。正如伦理计划中的参与者在几千年中学会了如何处理在某些有限背景下的非群体成员，形成了受到共同规则框架管理的更大的社会，并且最终把这些伦理规则应用到了互动微乎其微甚至不存在的人的身上。

309

① 休谟清楚地看到了这一点并且得出了一个残酷的结论。参见 *Enquiry Concerning the Principles of Morales*（Indianaplis, IN: Hackett, 1983），25-26。

同样我们可以理解一系列进步的改变，也就是把折磨那些在解剖学、生理学上以及行为反应上都与被包括在伦理框架内的类似的动物，甚至是容忍它们的痛苦，都看作是利他失灵。伦理规则可以覆盖那些与我们经常训话的动物类似的动物——狐狸和狗。[①] 更困难的任务是决定分类的界限究竟在哪。哪些动物的感觉与非人类动物的代表的感觉十分相似，以至于我们可以将它们的痛苦视为我们应该努力避免或缓解的状态？爬虫？鱼？鹦鹉螺？软体动物？蠕虫？

无论发生在什么地方，缓解痛苦是善的这一观念，在伦理计划的进化中都是关于善的观念的自然扩展，以及进步性的发展。伴随着这一观念的是与人类相关的一个观点：人类对痛苦的冷漠是糟糕的，不管这一痛苦是发生在其他人还是非人类动物身上。施加痛苦——或者甚至是允许痛苦——都会导致人类被贬低，他们的性格和生活都比本来该有的样子要更差。随着伦理计划的进化，人类好的生活的观点变得更丰富了，并且参与任何造成他人，包括非人类的动物不必要的痛苦都被看作是有损于好的生活。

痛苦这一共同的能力允许伦理规范的对象的扩展超越人类的范围。实用自然主义如何能更进一步？树木和雕像不会感受到痛苦。然而，同样的策略也可以使用。对不会参与伦理慎思个体的关心——少年，未出生的后代——从一开始就是伦理计划的一部分。即使当被认可的欲望是非常基本时，不去维持让这些之后会出现的人的欲望得到满足的条件是一种利他失灵。对于旧石器时代的小型群体，引入要求保护部分栖息地的命令是进步的举措，至少当人口密度足够高的时候制定无限利用的政策并不切实际地发展时是如此。随着当下更强烈有力地破坏环境的方式的出现，

310

[①] 因此为血腥运动辩护时，人们因此必须表明被猎杀的动物在某些方面是具有威胁性的（狐狸攻击家畜），或者狩猎的行为满足了人类一些重要的目的（在年轻的男子成熟的过程中扮演了不可或缺的角色）。我极为怀疑，任何这些辩护的尝试是否真的可以符合我们对已有的善的概念的反思。

我们自己承诺保护我们知道的能够让我们生存的星球也同样被看作是进步的。

随着更精致的好的人类生活的概念的出现，更广泛的欲望得到了认可。与没有受到破坏的自然的交流被认为能大大提高人类的生活的质量；欣赏人类的艺术品也被认为是提高人类生活的。保护体验广泛自然环境的可能性并且为人类伟大的成就所感动并不如保证以后会来到世界上的人类有适宜呼吸的空气重要，但它仍然是有重要地位的。基本的，长期的命令让我们通过一系列潜在的保护性原则来关心我们后代居住的世界。

很容易感觉到我所勾勒出来的方式是粗暴的人类中心主义。那些包括了规范对雨林和伟大建筑行为的命令是因为未来的人们能从体会这些东西中获得很多好处。这些被保护的东西本身没有内在价值；它们特殊的地位是由我们赋予的，有时是因为我们社会，以及伦理计划进化的特定方式。这真的可以作为对环境价值和我们保护它们义务的充分解释么？

实用自然主义提出了更强的——也许是令人震惊的——价值对人的依赖性的观点。人类中心主义是伦理计划的核心，甚至把伦理看作是人类的计划。这一计划带来所有的价值。部分环境能够得到保护是因为在进步的转变中这一决定得以实现——类似的决定是非人类的动物应该免于痛苦的规范，属于不同的社会的人也应该受到群体内部一样的保护，甚至是小型群体内部的利他失灵也应得到解决背后的原因。认为某些东西有价值，是人类所做的事情，并且从规范的引导变成社会化地嵌入那天起，我们就开始做这件事情了。没有任何其他东西能够成为我们认为某些事物有价值的原因——没有外在的来源，没有神圣的存在。如果说把我们人类看作伦理戒律和价值的来源是傲慢的，我们应该想到，至少在宇宙里我们所处的这个角落，没有其他实体在为我们工作。

311

48. 平等和好的生活

　　实用自然主义把我们看作面对着最初伦理学家困境的扩大版本。最主要的挑战来自解决冲突的来源：当代世界显著的不平等和不同系统的冲突（第46节）。如果这些问题没有被察觉到，这是因为，根据第34节中所设想的暴君那样的方式，一个具有特权的人类群体中的一个小团体可以让这一问题被掩饰起来而不用考虑背后的原因。这一掩饰不可能长时间维持，因为现在穷人和被压迫的人（或者那些声称代表他们的人）能够参加暴力反抗的技术可能性越来越大了。即使某些少数的人可以假设他们的安全能够在长时间内得到保证，他们必须讨论用与他们共同生活的有欲望的人平等的概念来重新定义善，这样想象的对话应该得到他们的关注。

　　从动态的后果主义世界（或者说更好的世界）善的概念开始，我们已经考虑过如何调整它们是进步的。当代伦理学和社会理论提供了一些可能性。功利主义，通过一系列还原的假设而从后果主义中产生，把善看作是对快感的程度、痛苦的消失和有知觉的动物的累加（第45节）的客观度量。受到对效用该如何决定有巨大差异这一担忧的启发，社会理论家要么关注代表效用的东西（金钱，减少未来潜在风险的东西以及未来的财富），要么试图分析共同善而不预设主观体现的可比较性。[①] 某个社会环境只有在没有任何个体的偏好的满足受到阻碍以及至少有一个人的偏好的满足得到了提升时，才可以说优于另外一个。这一视角是20世纪许多非常精彩和启发性

312

[①] 这些有关背后的方法论的想法有时在质疑中扮演了有效的角色（通过联结伴随着潜在测试的猜想和观察），但它们经常变得非常教条（也许，最明显的是行为心理学）。经济学和社会理论中很大的部分仍然相信教条的操作主义，即使它的哲学依据长期以来受到了许多重要的批评。

的理论社会科学和政治哲学的起点。①

现存的后果主义者的理论的传统提供了以下三种形式的善的概念：

A. 世界的善是由对某些有感知的动物（或者人类）的状态的客观度量的叠加所决定的（叠加的快感减去痛苦，叠加的欲望的满足）。

B. 世界的善是由公开的可观察的代表物的叠加所决定的（比如金钱或者生存的人）。

C. 世界的某个状态比另一种好，当后一种状态中得到满足的欲望不会在前者中得不到满足，并且至少有一个从后者中无法得到满足的状态从前者中能得到满足。

第一种情形出了名的难以进一步说明。对 B 的推进都集中于把金钱看作相关的代表，并且通常被当作社会政策的基础，但它们本身在伦理学上的意义饱受质疑；计算人头（或者生存者）是唯一一个相对不那么粗糙的做法。② 另一方面，概念 C 看起来放弃了它自身某些重要的资源——因为即使我们不能比较所有不同个体的状态，我们仍然可以比较某些个体的状态（比如，几乎没什么理由否认你忍受疾病的巨大痛苦比我因为一定程度的瘙痒而感到不舒服要更糟糕——也因此没有理由认为因为忍受瘙痒而有所失去的状态和你因为避免巨大的痛苦所有所收获的状态"无法比较"。）③

---

① Kenneth Arrow, *Social Choice and Individual Values*（Hoboken，NJ：Wiley，1951）；Amartya Sen, *Collective Choice and Social Welfare*（San Francisco：Holden–Day，1970）；John Rawls, *A Theory of Justice*（Cambridge，MA：Harvard University Press，1971）.

② 值得反思的是把一些非常粗糙的基础的对善的度量（生存者的数量）和一些非常精细的反事实的假设（电车问题）结合在一起的做法，而这些做法在某些哲学传统中非常明显。

③ 使得自己在不可比较的判断上变得僵化的操作主义在这受到了质疑。我应该说明罗尔斯试图通过使用原初状态这样的工具来区分帕累托-无可比性的选择，来重新引入更精致的对状态的区分；这是有效的，它结合了我所区分开来的两种方法，把想象的慎思当作对善的发展的进一步限制。既然我相信操作性的命令在这一背景中被过度使用了，我假设了起点受到了不必要的限制，并且描述动态后果主义的尝试拥有比罗尔斯的程序所认可的更多资源。

这三种情形都面临享乐主义的指责，因为它们都从对个体状态的关注开始，或者对某些被看作基础的，往往代表了这些状态变量（比如金钱）的关注开始。它们受到了更有说服力的概念，或者一系列相关概念的反对，这些概念开始于对个人生命品质的关注（而不仅仅是生存），通过满足超验存在的意志来理解这一问题，并且假设世界包含了更广泛的群众来执行神圣的计划。[1] 这一类型的概念总是把它们自己定义成与粗糙的概念 B 相反的东西，把寻求金钱（或者物质利益）最大化的"物质主义"与对精神的满足的强调并列起来。因此我们就有了：

D. 某个世界是更好的，只要它包括了正在扩展的、精神上得到满足的生命的集合。[2] 不同的宗教传统对于什么能被看作是精神上得到满足的生活各执一词。

概念 A–C 的不充分性在第 45 节就已经有所预见了，并且通过概念 D 的一些洞见得到了体现。不同于把个人的生命拆散成感受到愉悦、避免痛苦或者欲望满足的小的节点，概念 D 把生命看作一个可以评价好坏的整体。概念 D 的错误在于把生活的善立足于完全错误的教条。发展这一观点需要我们替代这一危险的义务论。

第 45 节指出了有前景的方向。还原论对快乐和痛苦，或者被满足的欲望的强调，应该让位于对生命的价值整体贡献的认知。[3] 替

314

---

[1] 一些世俗的伦理传统有类似的结构，认为世界是善的，只要其中的个体服从了道德法则。康德主义的概念显然符合这一说法。

[2] 我构造的概念在某种方式上模仿了 C 中所体现的对帕累托 – 比较性的强调。D 的支持者也许很少考虑以放弃对少数人的拯救为代价来换取对多数人的拯救是不是进步这一问题——之所以这样是因为他们所关心的调整是群体的扩展并且不会附加任何损失。（不清楚的是当他们得知把年轻人送出去参加传教的同时会增加改变信仰的人数以及部分征讨任务的结束时，会作何反应。）

[3] 在我的理解中，穆勒并没有犯还原主义的错误。虽然《功利主义》让人看起来觉得他对边沁的理论做了一些微小的调整，引入了第三种有问题的对痛苦和快乐的评价（高级 / 低级的区分），但最好用不同的方式解读他。他的论文 / 专著是捍卫功利主义反驳常见的批评的一个尝试，穆勒从读者最熟悉的理论开始的这一做法是可以理解的。穆勒的后果主义在他的全集中得以体现，《功利主义》是对著名的反驳的回应，而不是对他想法的清晰的说明。（更多讨论参见我的论文，"Mill's Consequentialism," in *The Routledge Companion to Nineteenth Century Thought*, ed. Dean Moyar［New York：Rouledge，2010］）

代阅读《序曲》的游戏或者与灵魂伴侣的谈话并不会增加暂时性体验的价值，增加跨生命的效用的累积，但因为诗歌和亲密的谈话而丰富的生命作为整体，相比于那些缺乏了类似东西的生命，可以有更多价值。

重要的是必须慎重地展开这一讨论。整体论对善的解释是有益处的，但不能以暗示精英主义为代价："只有有特权的人——那些能够控制城邦或者欣赏诗歌的人——才能够拥有真正值得过的生活。"[1]可以通过主张几乎所有的人类都能从通过满足基本需求（发展，庇护，保护等等）而得到理解的好的生活进步到对他们来说更有意义的更丰富的好的生活的概念，来反对精英主义。[2]这一更丰富的概念把生命看作一个有结构的整体，并且带有方向和节点。把好的生活的概念从不成功的精英主义的描述中解放出来，首先，我们可以假设衡量生命最重要的因素是否实现了人的概念，而这一概念能够给予方向和节点；其次，志向是否伴随着充分实现的概念。

受过教育的人们也许会发现他们自己的生活（以及他们自身）处于知识活动、政治活动，对自然和艺术的欣赏，以及（也许超越上面所有的）与他人的交流的交互之中。对关于好的生活的想法有一个重要贡献，这个贡献在于反对那种认为某种模式——或者任意一个单一的模式——对所有人来说都是恰当的观点。[3]有价值的生活可以有不同的结构。对于一些人来说，身体活动远比知识活动重

315

---

[1] 古代哲学家对社会和经济生活的优先性的关注在当代讨论中得到了回响，在自由民主主义者穆勒那得到了清楚的体现。相比于他伦理学上的前辈和当代伦理学家，穆勒更多地受到了古希腊思想的影响，因此好的生活的问题对他来说至关重要，并且他的观点经常吸收了古代一些精英主义的视角（参见"高级的"和"低级的"快乐这样的说法）。

[2] 绝大多数的时候，穆勒都认可这一主张，认为人类的进步使得好的生活在更大的范围内成为可能。这在他《论自由》中的"作为进步的生物永恒的利益"的这一表述中得到了明确的体现，同样在《逻辑学体系》的结尾也体现了出来。这对于《政治经济学原理》中平等主义的考量是至关重要的。

[3] 因此，穆勒对选择某人自己生活计划的强调优先于如下情形，一个受过极度优秀教育的人通过特定的方式把自己的生活看作获得了充分的意义。

要——对于另外一些人，用推针游戏取代阅读华兹华斯可能是一种折磨和对生命的浪费。

选择：超越希腊思想的一个重大进步表明对这个模式的选择应该是他自己做出的。[①] 不同于父母或者社群所规定的，那些年轻的生命必须遵守的规范，我们可以设想许多不同的开明选择。记录和公开多元的"生活的实验"的集合，能够认识之后的那些有更多自由选择的可能性的人所作出的选择。理想地说，一旦人们有机会超越挣扎着满足基本需求的阶段，[②] 年轻人就会被鼓励着去找寻他们不同于前人的生活方式来形成对他们有意义的概念。

对好的生活这一萌芽般的解释可以得到进一步发展（第50节）。当下的任务是了解这一解释如何能够解决目前所考虑过的善的解释的不充分性。把好的生活看作最重要的问题，用所勾勒出的方式来理解这一问题，保留概念 D 所提出的洞见，并且拒绝各种对其宗教性描述中存在的大量错误性的假设。对生命整体性的评价是首要的，并且正面的评价取决于存在由个体自由选择的结构，并且随之而来的是对概念 C 中体现的欲望的满足，并且这些欲望的满足也在概念 A 和 B 中得到了暗示。

这一可能性只在人类发展的某个特定阶段才会出现——它要求超越在伦理计划早期阶段占主导地位的条件这样的进步（第20节）。对于任何整体评价扮演了一定角色的状态而言，还存在着一些前提条件，一些是物质的，一些是社会的。当生命和健康经常受到威胁时，即使不是不可能的话，探索某人自己的生活模式的可能性也是极为困难的。人们必须能够和平地与其他人（并且与外部的人）互动。此外，如果他们生活的计划有很大的概率成功，他们不仅要忍受周围的人，还需要和他的同伴合作。

考虑这种想象的社会状态：乌托邦。在这种状态下，每个人类

---

① 穆勒的作品在许多地方都体现了这一优点。最著名的一个例子出现在《论自由》中，特别是第一章和第三章。

② 穆勒所描述的人类"孩童般"的状态，出现在《逻辑学体系》结尾的部分。

成员都有很大的概率过上好的生活，人们可以实现许多不同的可能性，能够基于这一认知作出对生活计划自由的选择，并且可以实现计划中许多核心的计划、意图以及欲望；不仅如此，每个人过这种生活的机会是平等的。人类生活的条件并不允许有较大的可能性实现乌托邦，它无法体现在善的理论中。善进化了，并且这是对我们来说可获得的理想情形，而不是对我们的祖先而言。

实用自然主义的主张是：一旦特定阶段的技术发展实现了，使得我们朝乌托邦的方向发展，那么这个世界就可以被看作是善的。更准确地说，在所面临的一系列可能的后果中，我们应该根据对它们在朝着乌托邦的方向上前进的步伐所预期的大小来进行排序（附加条件是它们不会阻挡进一步的前进）。提到"预期的"大小是为了符合行为的结果伴随着概率这一事实，并且附加条件是考虑到了把我们带上悬崖的小路无法让我们登上山顶。

乌托邦的前提条件包括了两种平等。首先，所有的个体都在物质平等的状态下开始他们的生活，在这一状态下，他们对生活计划进行自由选择之前所必须满足的基本需求，能在很大概率上得到满足。其次，充分的平等必须得以维持，从而让个体不会被迫因为物质需求而追求某些特定的生活计划。简单来说，当下剧烈的倾斜的财富分配显然与平等最基本的形式不一致，交易可以让穷人获取食物与水、免于环境和疾病的伤害、获得年轻人的教育权等等，都是朝着乌托邦的方向迈出的步伐（当然，也受到附加条件——它们不会引入让进一步的发展不可能的变量的限制）。

对善的概念的这一主张把进步的转变看作是那些为人类生活产生更多复杂的可能性的东西，但同样也试图恢复在最重要的伦理传统中放弃了的对平等的强调。① 因此这一做法试图利用我们过去不平等的发展所带来的更丰富的选择，同时移除它们对伦理计划的扭曲。

① 当代世界中一些小型的社会保留了对平等的强调，但他们缺乏其他社会的成员能获得的，更丰富的好的生活的可能性。

318　　## 49. 人口数量

　　我对"乌托邦"的提出，以及实现"理想"的说法会产生一个明显的问题。这一善的概念是不是一个可行的目标？对它的一个怀疑是坚称这一组合是不可能的。对平等的强调必然会无可避免地削弱好的生活的可能性；这一主张寻求实现两种冲突的价值，而这只能通过多元主义来解决。

　　引导我们的"理想"不应该超越可实现的可能性。即使一个人没有理由认为一个理想是不可实现的，也可能不存在清晰、可行的实现这一目标的方式。在这些条件下，它就无法在对我们行为的塑造中扮演任何角色。但是，就目前所面临的情况来看，我们对富裕社会中人们如何为他们的生活选择有意义的计划的了解，为我们更广泛地扩展这一可能性提供了基础。如果对此的怀疑论（无法使所有人实现好的生活真正的机会平等）能够被否认，这就能够证明找到实现这一目标的方式是可能的。

　　怀疑论基于一个根本性的经济学思想：人类集体能获得的资源非常有限，以至于无法让实现好的生活（在更丰富的意义上）的机会对所有人来说都是可能的，而这一机会现在也只有少数人才能获得。满足整个人类的基本需求，或者满足这些需求同时提供好的生活所需的背景条件（教育和健康服务），只有在一个富足的世界耗尽自己的资源的情况下才可能。近期对全球贫困的研究对这些悲观的评价画上了一个问号。[1] 然而我们应该提出的是一个不同的问题：基于实用自然主义善的概念，应该存在多少人？

　　基于两个原因，人口大小是关于善的问题的核心。第一，我们知道人口无限、持续地扩张最终会让所有人的生活陷入悲惨境地。第二，我们知道让局部的人口停止扩张，甚至是减少他们的数量是

---

[1]　比如，参见 Jeffery Sachs，*The End of Poverty*（New York：Penguin，2005）。

可能的，同时又不会放弃让其中的成员享受好的生活的机会。事实
上，数据表明个体生活质量的显著增加——比如，教育机会的增加，
特别是女性的机会的增加①——会造成生育率的下降。即使怀疑的人
对世界的资源无法提供为现有的人口带来好的生活的较大机会的条
件的看法是正确的，这一理想可能在所设想的人口更少的未来得以
实现。

　　与生物的群体相对应，生态学家使用的是环境的承载能力这一
概念。承载能力是群体能够维持平衡的成员数量：如果实际的人口
低于这一数值，人口就会扩张；如果实际的人口超过了承载能力，
人口就会因为不充分的资源而减少。我们可以用一个类比来说明这
一观点。比如说对人口恰当的约束是保持在某个数值或者低于该数
值，而这一数值是基于我们的星球已有的物质资源和科技条件，能
够让人类世世代代的都有平等的机会过上好的生活而计算出的。实
用自然主义主张人口应该维持在这一数值，或者低于这一数值。

　　这一恰当的约束是由一些现在还没有得到准确解决的问题所决
定的。对好的生活不同形式的实质性概念或许会影响其价值。如果
对人来说拥有逃离与同类共同的生活而享受在大自然中孤独的沉思
的机会是重要的，这会产生保护自然（或者恢复）的项目，这些项
目会限制资源的预算。准确地刻画什么能被算作实现好的生活的
"较大的机会"将会影响个人和群体所要求的资源数量从而恰当的范
围。假设已经作出了这些选择，产生了适当界限的数值。怀疑的人
的问题也就得到了回答。这一主张提供了对善的解释，而这一解释
是针对人口数量维持在或者低于适当界限的群体而言的；理想的可
能性是内嵌在其中的。

　　这算是作弊吗？一开始的担忧是满足所有人实现好的生活的平
等的机会的条件将会耗尽少数幸运的人的资源，这些人恰好事实上
享受着更丰富的生活前景，而耗尽他们资源的方式也是试图满足每

---

① 参见Amartya Sen, *Development as Freedom* (Oxford, UK: Oxford University Press, 1999)，特别是 217 页。

个人最基本需求的充满幻想的方法。这一担忧通过限制人口数量得到缓解。马尔萨斯式的限制可以在不威胁个人和家庭生活质量的条件下得到满足吗？相当合理的是，怀疑的人会坚持为人父母、生儿育女在许多人认为的重要的概念中占有核心地位：结果就是，限制人口数量到合适的数值将会直接、剧烈地减少实现好的生活的机会。有两种方式来描述这一反驳。一种方式是声称当人口已经在恰当的数值之下或者正好处于这一数值时，维持人口数量将会极大地限制人类生活的质量。一个更温和的版本声称任何把人口限制在适当界限之下的可能方法都会要求降低在实现这一目标的过程中某代或几代人的生活质量。

虽然家庭生活对许多人生活的概念来说是极为核心的，但这并不意味着限制家庭大小必然干涉他们好的生活的前景。作为繁殖生物学基本的后果，如果某个世界里没有夫妻生育两个以上的孩子，人口就无法增加（并且几乎一定会减少）。因此，更强的反驳只有在把家庭大小限制在两个孩子的伦理要求排除了好的生活的机会时才能成立。简单来说，更小的家庭容易受到偶然事件的伤害从而降低其成员的生活质量——因为孩子疾病或者死亡的影响。尽管如此，更大的家庭并无法保证能抵挡这些偶然性，它也无法必然缓解伴随着孩子的死亡而来的痛苦：孩子不是可以彼此取代的。[①] 最为怀疑的态度可以被总结为对家庭大小的伦理限制将降低一些人获得好的生活的机会，因为其更容易受到不幸的伤害。但是，人口数量维持321 在或者低于适当界限数值的世界，公平的资源分配降低了破坏人们生活的事件发生的概率，比如，通过预防性的手段，每年都防止了那些会杀害无数孩子的疾病。较强的怀疑的反驳无法成立。

现在考虑一下更温和的反驳，这一反驳关注的是将数量大小减少到恰当的数值或者之下的过程。假设实现这一数值的过程要求对好的某种特定的观点：在人口更多的世界，对夫妻来说把他们的后

---

① 但是，需要意识到的是失去所有孩子，比如在战争中被杀的情形，对人们来说是格外悲剧的。这支持了更小的家庭更容易遭受不幸的想法。

代数量限制到一个孩子是好的。假设失去所有的孩子比失去一个孩子更悲剧，那么这一假想的伦理限制就增加了某些人生活被摧毁的概率。实用自然主义必须宣称具有反思能力的人，设想了人类的未来后，将会愿意认可这一伦理约束，即使是他们认识到了这一潜在的损失。他们的认可也许是基于意识到如果不施加限制任人口持续增长的话，许多人就会失去实现好的生活的机会，并且看到了更加平均的资源分配能够抵挡有破坏性的偶然事件并提供保护。然而，即使有的人拒绝这一伦理限制以及它所代表的那种方式，理想将通过更缓慢的进程实现。把家庭大小限制在最多两个孩子的伦理限制，再加以鼓励自愿只生育一个小孩的政策将会有效减少人口。在更多自由主义的约束得到尊重的世界，为所有成员提供良好的生活所需的可持续的供给和平等的机会的理想最终变得可行，尽管人口数量要在恰当的范围内，或低于该范围。

目前人口的数量是否超过了恰当的界限？这是一个经验性的问题，也是进一步扩展分析所需要的一个问题。目前关于全球变暖以及它对食物和住所供应的后果的不确定性都必须得到回答才能获得有说服力的判断。对于现有的人口数量已经超过了界限的说法的恰当回应是苏格兰式的判决：无法证明。

在过去几十年，伦理学理论中一个最重要的讨论是当人口数量不同时对后果主义的研究。[1] 从一个类似于宗教激进主义的功利主义框架开始：一个世界的善的程度是根据居住在这个世界中人的生活质量的价值的总和来衡量的。相应地，一个有大量人过着我们所能设想的好的生活的世界，并不如更多人生得稍微差一点的世界：如果 N（人口数量）和 U（每个人生活的价值）都相当大，如果 U^* 略少于 U，如果 N^* 大大地超过了 N，那么 $N^* U^* > NU$。重复这一比较的过程，具有庞大数量的人群过着比刚好算是值得过的生活好一

322

---

[1] 具有启发性的作品是德拉科·帕菲特的《理与人》的第四章 [Derek Parfit, *Reasons and Persons* (Oxford, UK: Oxford University Press, 1984)]。帕菲特智慧地提出了这一问题，激发了许多人来努力解决这一问题。

点点的世界，这比原初的那种状态要好。这是加成悖论，而任何可行的后果主义都应该拒绝它。

这一问题是因为使用类似于经典功利主义，加总单个要素的价值的方法来衡量这个世界的好而产生的。另一个方式是衡量平均数。一个世界比另一个世界好是因为第一个世界中生活的平均价值比第二个的要高。虽然这一修正避免了加成悖论，它产生了另外一个让人不愉快的判断。想象一下伊甸园，这样一个非常小的世界，这个世界中只有两个人，他们过着最高质量的生活。把它与另一个有更多人的世界相比，在这个世界里每个人的生活只比伊甸园里幸福的两人逊色一丁点。根据平均的方法，后一个世界差于伊甸园，尽管事实上后一个世界里生活价值叠加的总量远远超过了伊甸园。这看起来似乎也是错误的——这是因为，虽然总量并不完全算数（比如叠加悖论），但也不能完全忽略它。亚当和夏娃毫无疑问是在做善的事情，如果他们试图用一个人口更多的世界，这个世界里人们都有极高质量的生活（尽管稍逊于他们自己的），来取代他们的天堂。

这两个思想实验提出了一个挑战：找到另外一种衡量世界质量的方式，避免这些反直觉的暗示，并且给予总量和平均数相应的比重。一个形式化的解决方案表明这一问题没有答案。[1] 不可能的证据指出了根本的困难。只要假设人类生活的质量可以用一个数字代表，数字的阿基米德公理都会挡道：不管 r 多小，不论 s 多大，总存在着一些整数 N 使得 $Nr>s$。这是加成悖论背后的数学真理，这对总量就提出了一个挑战，并且没有办法限制总量的这一数学特征所带来的麻烦。

对此一个形式化的回应将会引入对人类生活质量离散的衡量方式。最简单的情况是假设生活要么是美好的，要么不是，并且认为微小的挫折就会轻微地降低成功的生活所给定的价值。这些看法是具有误导性的：如果某个人的生活在特定条件下被看作进行得很顺

---

[1]　参见我的文章 "Parfit's Puzzle," *Noûs* 34（2000）：550–577。

利，并且如果我们考虑到某些轻微的负面条件（额外的头痛，微小的损失等等），就能给予它同样的离散的价值；微小的瑕疵不会把有价值的生活变成糟糕的生活。但这忽视了比较的需求。即使两种生活都是美好的，但人们可以作出区分——但这种区分是次级的。我主张一个二维的生活价值的解释。主要维度符合离散值：离散是价值更好的部分。次级的维度则采用连续性的衡量方式，这一方式记录微小的满足和人类存在的不舒适。生活计算主要维度（离散的）的成功，并接受从属维度（连续的）的次级比较。

　　本节开头部分的方法给出了这一形式化解决方案的实质内容。在人类生活的早期阶段，与主要维度相关的成就还没有实现。在伦理计划的早期，人类生活只能通过功利主义的变量来衡量。一旦为所有人好的生活提供物质基础成为可能，二维的解释就开始扮演衡量价值的角色了，并且，在这个阶段，从属维度所衡量的满足只有在他们对主要维度有重大影响时才相关。这一形式化的方式满足了进步主义以及实用自然主义的善的概念中平等主义的那一部分。原初的善的概念在连续的维度获得了足够高的价值后是离散的；之后，足够高的价值对所有人来说都是可以实现的，并且让对生活的更丰富的考虑成为可能；此后，通过使得所有人有机会获得美好的生活的机遇成为现实，并且更进一步，通过增加成功过上好的生活的人口来实现善。

324

50. 好的生活的各个方面

　　进一步准确描述这一主张，要求对其平等主义的承诺以及会影响好的生活的因素进行更多讨论。我将以对这两个问题的讨论作为本章的结尾。

　　相对于物质资源或者生活得好的机会而言，实现平等的目标是不切实际的。即使在乌托邦，人们的早期生活中也会存在一些差异，而这些差异会影响他们形成满意的计划以及成功实现计划的可能性。

什么样的差异是重要的？我主张那些有足够信息的人认为不重要的差异确实是不重要的。两个人也许知道其中一个比另一个有更多机会，但仍然不把这看成会造成后悔或憎恨。教育直接影响人们对生活选择的机会。即使你和我进入了不同的学校，并且即使相比于我的学校，你的学校明确地为你提供了更广泛的选择，我也许会把这一差异看作可以忍受的意外，并不会影响分配的公平。两个学校都是优秀的学校；虽然你的学校为你提供了更丰富的选择，我的选择同样是丰富的。与其他会影响我们生活的因素相比，这一差异是微不足道的。在努力程度接近的情况下，你也许会比我多一点实现好的生活的机会，但我多一点点的努力可以弥补这一差距。此外，生活中的变化可能会淹没你成功概率的微小增长。挣扎着给予我们完全一样平等的机会看起来毫无意义：我生活的好的机会虽然稍逊一筹，但仍然很多，并且潜在的阻挠我成功的因素不会因为实现这一平等而受到影响。

325　　提高机会平等的要求认识到可以忍受的差异。乌托邦要求这一差异存在于可忍受的范围内，并且要求在容易实现的情况下消除这些差异。更复杂的问题出现在我的解释中第二个模糊的区域，也就是好的生活的观念方面。

　　形成某人自己所认为的最重要的东西的概念的可能性是好的生活的一部分——当然这里的前提是某个人的选择不能阻碍其他人类相似的选择。① 这意味着我们寻找自己生活计划（"我们自己所认为的善"）的能力依赖于——至少在某个程度上——反思各种可能性的能力，和那些被证明与实现它们有关的特性，以及我们自己的倾向和才能。② 此外，选择不是用武断的义务论视角的概念来塑造的，

① 在塑造这一概念时，并且在此给出的说法都得益于穆勒，其次是杜威，这一点应该是显而易见的。

② 有的人也许会认为我们的自由通过对进一步可能性准确的理解总是会得到提高，因此能够设想更多"生活的实验"的人也就有更多选择，也就更自主。作为心理学事实，我怀疑这是正确的说法。太多的选择可能会淹没做选择的人。但完全新的生活方式可以向我们展示之前超越了我们视野的机会这一看法仍然是真的，因此穆勒对更进一步的实验的要求仍然是合理的。

有效地排除了最有吸引力的选择，这一点很重要。不仅是法律阻挡了人们最想要的生活计划的选择，主流的观点也认为某些特定的生活方式是邪恶的或者罪恶的，这些评价可能都是基于所谓的超验的警察所传达的命令。除非人们为自己选择生活模式时是完全世俗的，超越了宗教神话对个人选择的阻碍作用，超越了人类群体内的干涉，否则解放就无法实现。

　　某些宗教扭曲我们对人类善的概念的具体方式是允许一种与他人分离的有价值的生活方式。与超验存在（或者与宇宙）单独的交流被看作实现好的生活的一种方式，这种交流通过居住在偏远地区的隐士或者那些保证沉默的人得到体现。在这一情况中价值的来源显然是个体心理与超验存在的协调，并且当关于超验世界的神话被抛弃时，生活能够通过这种方式而变得有意义的观念也要随之而去。同等重要的是抛弃仍然体现了这些扭曲观点的世俗方式。一些人要求人们加入把理解自然世界看作特别有价值的生活方式的计划。①虽然这一观点有重要的洞见，但需要很小心地理解它。伟大的探索者实现了两件事：他们享受发现迄今为止还没有被完全理解的自然的某些方面的心理状态，并且这些发现帮助他们理解其他人。理解的状态，优于隐士短暂的满足（因为是基于真实的成就而非幻觉），但它并不是决定探索者生活价值的主要因素。相反，价值通过对他人的理解的贡献而增加。

　　采取这一视角是为了强调我们与他人的关系以及为他人生活的贡献对好的生活来说是具有中心地位的。深刻的思想在促进好的生活的因素中占有一席之地，正是因为它具有提高他人生命的价值的能力。因此，神父或者科学家，医生或者护士，教师或者社会组织者，维系社群和家庭不辞劳苦的参与者，他们的生活都通过相同的方式而变得有价值，人类关系通过他们的行为而得以维持。对个人

---

① 这在理查德·道金斯的书中得到了体现，*Unweaving the Rainbow*（Boston：Houghton Mifflin，1998）。但这一观点早已存在——亚里士多德《尼各马可伦理学》（Terence Irwin trans. Indianapolis：Hackett，1999）的最后一章有类似的观点。

自由的强调，对每个人选择自己认为重要的东西的能力的强调，需要伴随着对任何不包含与他人互动的选择，不把他人的善看作与自己的善有关的选择都是不充分的这样的认知。①

这一判断对应了第一部分中历史性的故事。伦理学开始于我们对应该如何共同生活的集体反思。在远古的生活的实验中出现了高阶的利他主义形式（第21节）——以及集体行为来自对抱负和他人的利益的关注也是非常有价值的想法。第一个伦理学家也许担心的是对应于基础需求的利他失灵，但他们的努力带来了一个进化了的好的生活的概念，即我们与他人的互动和交往是基础性的。进化过程中的这一方面应该被看作是完全进步的。

认识到这一进步，不需要假设人类生活进化的形式使得实现这一有价值的关系更为容易，这一有价值的关系的标志是高阶的利他主义以及对多种联合计划的参与，这些都是生活中善的重要构成部分。事实上，随着人类社会逐渐扩大，随着对劳动分工的强调，即使它们扩大了生活得好的可能性，也可能让实现这些可能性或者过真正有价值的生活变得愈发困难。宗教神话可能会扭曲好的生活的概念——通过主张真正重要的东西是我们与不存在的神明之间的关系——但它们不是唯一的罪人。当我们变成更大的社会机器中互相合作的部分时，我们很容易就认为我们的成就是由我们的贡献、我们所实现的交易、我们发现或者发明或者编写的东西，我们所完成的任何类型的任务决定的，我们从来没有反思过它们对他人的影响。当我们用代表这些特定的方向上的成就，我们作出这些行为而获得的财富以及积累的战利品来衡量我们的价值时，我们的自我概念就会进一步被贬低。我们忽略了所有这些努力所获得的意义都来自对他人生活的影响，或者更准确地说是对他人生活的贡献。我们同样忽略了独立于大范围的公共成功之外，生活因为在相互依赖和相互贡献中彼此联结，所以才有真真

---

① 因此当杜威在《公众及其问题》的开篇提出了来自强迫的合作计划的自由问题时，他超越了《论自由》中穆勒式的看法。

正正和完整的价值。

自从如何生活得好的问题在古代出现的那一刻起，它就面临着三种主要类型的错误的威胁。享乐主义者的错误是把我们的生命分解成一系列片刻的经验，并且通过快乐和痛苦的数值来衡量它的价值。个人主义者的错误在于主张个人某些特定的非社会条件——接受神的指示，作出伟大的发现，财富的积累——是主要的价值来源，这些错误虽然突出地体现在一些宗教传统中，但在一些世俗的传统中也有残余。精英主义者的错误，早在对政治的男性贵族主义的问题限制中就已体现出来，是假设某些非常巨大但又罕见的东西是生命变得有意义的前提。相反，根据我所采取的方式，好的生活原则上对所有人成员来说都是可能的。[①] 哲学家试图宏观地谈论"生活的计划"，好像好的生活要求理智的反思以及崇高的关注这些只有天选的少数才人能实现的东西。我提出了一个对好的生活概要性的解释，这一解释赞美平凡。虽然在绝大多数地方，绝大多数时候，人们总是被强迫或者引导进入那些不应该被算作有价值的生活，他们所缺乏的是基本的自由、每天对可能性的意识，而不是非凡的资源和不同寻常的天分。此外，在许多地方和许多时候，平凡的人的生活中，充满了对他人来说——如果不是经常性的，也至少是有时——被看作生活得好的行为。

我仅仅指出了好的生活的某些方面：自由的选择，没有义务论的障碍（最明显的就是宗教带来的扭曲），与他人共同的行动以及互惠的关系。指出这些特点不是为了提供一个准确的理论，而仅仅是为了避免一些危险，这些危险困扰着对什么使得生活变得有价值的讨论。我希望，这足以发展出我主张的对善的概念的定义，而这也是这一章所主要考虑的问题。

[①] 例外是那些受认知和情绪能力的影响而完全丧失了与他人发展出完善关系的人。我相信，这就是为什么对某些特征做生产前的基因测试是仁慈的。这一问题我已经在《即将出生的生命》的最后几章中进行了详细的讨论，*The Lives to Come*（New York：Simon and Schuster，1996）。

第九章 伦理学的方法

51. 多种多样的伦理变化

虽然我们每个人从年幼的时候开始就会从那些年长的社会成员那里学习到伦理规范，但我们的伦理信念和态度在我们一生中并不会完全维持一致。曾经存在过不允许其成员增加或者减少他们被教导的东西的社会（很可能是在非常久远的古代），而其他一些社会更常见的是只允许伦理规范以及群体知识的进一步细化。这并不是我们现在生活的方式，也不是我们人类有历史记录以来大多数时候的生活方式。在近几千年，社会让年轻人能够发展和探索自己的伦理观念，允许他们增加、修改、精炼以及删减伦理规范。20世纪50年代成长在英语世界的人很少会保留父母或者其他伦理教师传递的对性行为的态度。只有最自信且毫无想象力的人才会相信他们早就获得了完整、正确的伦理系统。

伦理学就如同生物学，个体和系统需要区分开来。个体的改变
是那些发生在个体生活中的事情，从伦理意识出现一直到它结束时。个体的改变也许会产生系统的改变，这种情况要么是发生在那些伦理生活改变之后的人公开讨论要将什么样的规范传递给下一代的时候，要么是当类似的改变大范围地发生时，即使没有公开讨论，父母传递的修改后的规范也通过群体内的其他成员而得到强化的时候。许多个体的改变对系统没有影响，最明显的就是当人们对原始的共

享的伦理规范的准确理解发生差异的时候。你和我也许都有某个模糊的准则，而这一准则需要在我们所遇到的情境中变得更准确，但你准确的准则也许和我的并不一样；事实上，全社会范围内的修正可能会多种多样，而这一模糊性作为伦理劝诫的一部分仍然存在。个人发生学的改变究竟如何影响系统的改变在各个社会中都是不同的，它取决于主流的宗教所扮演的角色或者正式出现的指定伦理老师。当特定的人群或者机构占据了训练年轻人的工作，发生在整个族群中大范围的个人发展学的改变就变得与系统无关了。

大多数时候，人们不会想要改变。伦理讨论通常无法指出我们的生活很大一部分是基于习惯这一显而易见的事实。你掌握了一套伦理规范来设定你行为的模式，把它们与你的角色结合起来，而这个角色是你反思后，你理解的自己所正在扮演的角色。你没有想到这一点是不成问题的，事实上，对习惯或者角色的反思以及质疑往往会与你认可的伦理规范相冲突。但是，有时候你确实会思考这一问题。当下的环境促使你进行这样的思考，也许是因为你所接受的准则看起来要求你作出某一个与如下情形中要求的行为相反的行为：你在履行你角色（比如朋友、配偶、职员）的过程中，你碰到了某个需要帮助的人。[1]角色所要求的行为被打断，你必须决定准则是否有足够的力量悬搁这一判断。[2]思考并不一定会带来改变——对已有的规范来说，它也许能给出明确的指导；比如，它也许表明帮助你所看到的在你面前陷入困境的人的重要性，认为这对于与角色相关的义务而言具有有限性。尽管这样的情形可以带来个体的改变，但它们并不一定会事实上导致这一改变的发生。

想象一下你习惯的行为被打断，而你被唤起去思考该如何行动。你仔细思考了你目前所认可的规范，但它没有明确的结论。也许存

---

[1] 正如心理学实验所表明的，对角色的承诺也许过于强大，即使已经接受的伦理规范要求他们在该环境中思考，他们也不会思考。参见 John Sabini and Maury Silver, *Moralities of Everyday Life*（New York：Oxford University Press，1982）。

[2] 参见Dewey, *Human Nature and Conduct*（Amherst，NY：Prometheus Books，2002），52ff.，103–105。

在相互冲突的模糊的准则，它们之间也没有明确的优先次序。反思规范的其他方面，并且对该情形有情绪化的回应，这时也许你找到了优先性，也许你可以使得这两个准则或者其中一个变得比之前更精确。该如何行动的判断在你行动之后仍然可以保持稳定。正如你向别人尤其是影响你的行动的人解释你对他人所做的事时，他们的反应并不会导致你想法的改变。从这点来看，对这相对的优先性以及塑造准则的看法属于你自己的规范。

其他类型的个体改变不是从深思熟虑开始的。你的伦理规范不包含禁止用特定的方式对特定阶级的人说话。你已经习惯了用这种方式说话，直到某天你的做法遭到了反对。受到你语言影响的人有说服力地向你表明，这对他来说有多么痛苦，并且，诉诸他所说的规范的权威，你感到你的回应是无力的。突然地，出乎意料地，你对之前被你贴上某个标签的人产生了同情心，并且你对所说的话的愧疚转变成了不再重复这些话语的决心。你通过遵守某个之前不存在的禁令而改变了自己的伦理规范。造成这些改变的互动在早期的伦理讨论中有模糊的影响。

对所有个体改变都由伦理规范塑造的大多数人而言，以及对大多数个体改变都由伦理规范塑造的所有人而言，这些都是正常的改变。① 基于她所拥有的伦理资源，一个行动者面临着一个难题，而她所作出的个体改变就是她努力解决这一难题的结果。当然，一个人没有正确的标准的话，就无法谈论对难题的解决方法：让行动者的生活变得困难的是有些生活方式是正确的，而有的是错误的。人们不只是寻找"单纯的改变"。虽然伦理生活大部分都是遵守伦理规范的命令和模式，它们同样也包括了试图通过意识到问题并提出解决方法来提高这些规范，这也是伦理生活中重要的一个部分。作为个体，我们通过在所遵守的规范中作出进步的改变来解决难题。正常的伦理改变在于尝试找到修改或者扩展规范的方法，人们进一步

333

---

① 我所使用的"正常的"和"革命性"的改变这两个术语来自库恩，参见 Kuhn, *The Structure of Scientific Revolution*（Chicago: University of Chicago Press, 1962 and 1970）。

提升它本来所要执行的功能。① 伦理实践内的问题来自究竟哪些特
定的功能应该得到满足；对问题的解决方法调整了规范，使得这些
功能得到了更好而不是更差的满足。解决问题只发生在没有功能冲
突的地方（第36节）。相反，革命性的改变则是通过功能的冲突而
得到体现的。

　　正常的系统改变如何发生？也许是未经协调的个体改变的产物
（虽然这在伦理计划的早期似乎不太可能）。想象一下大多数人遇到
了他们所认可的规范无法提供清晰建议的情形；通过经历这些情形，
他们用相似的方法修改了规范；对下一代而言，从父母传递给孩子
的规范吸收了这一调整，并且，因为这些调整非常相似，父母的建
议在更规范的社会化中得到了进一步的加强。然而，如果某一种情
形不停地出现，总是挑战人们，让他们通过解决问题从而准确描述
他们的伦理规范，这样公共的回应就产生了。特别是当人们的反应
不一样时，伦理学家——包括社会批判家，宗教导师，以及对相关
的情形有直接了解的个人，也包括了哲学家——试图找到解决问题
的恰当方法。如果随之而来的讨论对参与者所共有的核心的伦理规
范的修改方式达成了共识，结果就是系统性的改变。

　　第六章里明确了修改达成共识以及解决引发讨论的问题之间的
差异。解决方案改进了对话的人所参与的伦理实践的功能。在一系列
要得到解决的功能中，有一些通过修正得到了更好的解决，没有一个会
用更差的方式解决。一致同意并不能保证满足这一标准。当结论是基于
能够产生功能性改进的过程得出的，也就是说更好地满足已有的功
能，并且没有哪个功能变得更差时，公共对话的进行就是最好的。②

　　从这一点来看，我们可以评价对伦理难题最好的哲学讨论背后
的方法。通过伦理和科学论据之间的类比的引导，哲学家寻求一般

334

---

① 道德行动者并不用这种方式来构想问题。他们想要"对的"解决方法。根据实用
　　自然主义，对必须来自进步的概念（第六章）。

② 诉诸宗教文本并不太可能满足公共伦理讨论的这一要求，因为对这些文本的传达
　　和主要的道德功能改进之间没有正向的联系。事实上可能存在着反向的关系。

的伦理原则和所谓的直觉判断之间的反思平衡。① 这一类比的复杂
情形没有假设直觉判断有对应的由观察而引起的陈述，因此给予了
伦理研究外部约束的资源。他们把"直觉"看作在某个特定的规范
内社会化后针对具体的情形所倾向于作出的判断。这能有效地把反
思平衡的方法嵌入伦理实践的动态解释，这假设了使用这一方法的
人已经有了伦理规范。任务不是为规范辩护而是找到成功修正它的
方式，增加它的内在融贯性。问题往往是由部分的伦理规范与另外
的规范存在冲突而产生的，对反思平衡的探索彻底实现时，就把这
一局部的冲突放置到更广阔的原则视角中，并对具体的情形作出回
335 应，一些真实的或者想象的回应体现了该规范所带来的典型习惯、
情绪和倾向。② 哲学分析寻找实现整体和谐的最佳方法，不是把"直
觉判断"看作对外部限制的理解，而是把这一问题看作伦理实践的
内部冲突（在极端的情形下：矛盾）。

　　这一方法就能解决道德难题吗？对修正的一致同意不同于对伦
理实践功能的改进，因此共同认可的主张不一定是解决方法。出于
同样的原因，解决伦理规范内部冲突最优化的解决方法，对它最和
谐的修正，也不会提高它履行根本功能的能力。（事实上，修正可能
让事情变得更糟）。在这两种情况中，这一差异来自一个整体的困
难：如果共识没能解决问题，对于讨论中的参与者而言一定有某些
重复出现的盲点；如果对融贯性的追求没能带来提高规范功能的修
正，规范所具有的普遍的特征会与背后的功能存在冲突。③ 如果讨
论者清晰地思考，我们期待他们共同的努力可以纠正个人的偏见、
错误——我们认为许多人的脑子总好过一个人的。如果道德规范更

---

① 对这一方法的经典的讨论参见 John Rawls, *A Theory of Justice*（Cambridge, MA：
　Harvard University Press, 1999）, 18–19, 42–45。

② 许多分析伦理学喜欢的"思想实验"导致了对这些回应是否体现了社会灌输的技
　能的怀疑。这些情形与伦理判断实施的世俗环境差异太大。我对 Gerd Gigerenzer
　与我讨论这一点表示感谢。

③ 对于第六章所考虑的那些规范而言可能如此：拥护奴隶制的希腊荣誉的规范，以
　及清教徒的规范似乎系统性地无视它们对道德的原初功能的破坏。

好地对应其功能，我们应该可以预料到整体的探索会带来功能的提升，因此把反思平衡的方法看作是可靠的，除非我们的背景环境有严重的问题。

因此，对当代伦理学讨论中极有前景的方法进行背书。反思平衡的方法也许可以得到进一步的解释，并且通过对所获得的融贯性特征的更准确的阐述得到改进，还会通过使用问题解决方法的标准来表明特定类型的融贯为什么是相关的，从而提升我们对反思平衡这一方法的理解和实践。然而这一标准对正常的系统性变化给出了不同的方法，对反思平衡搜寻的方法可以被看作是初步的轮廓。既然解决问题的方法的根本条件是改进功能，我们可以设想更直接的策略：

1. 明确伦理规范要满足什么功能。

2. 表明被修正的规范如何在产生困惑的环境中引导人们的行为。

3. 表明被修正的规范如何提高对一些功能的满足能力而不对其他的功能妥协。

所指出的方法保留了寻找反思平衡所有的优点，同时考虑了一些普遍因素会带来的功能和要素之间的差异的可能性。当然，当这些差异不存在时，对原则的整体关注和直觉判断（通过运用规范所灌输的倾向而形成）将会代表背后的功能得到满足的方式——这也就是为什么反思平衡通常来说是好的方法。

刚刚所勾勒的策略有时候是可行的：在正常改变的环境下。对于革命性的改变，这一策略会失败。理由也很明显：它的成功预设了修正规范的方法会改进一些功能同时让其他一些功能不会比以前更差。当功能相冲突时，这一预设就难以成立：不存在对伦理规范的调整可以（a）在所面临的环境中给出指导，（b）改进一些功能，并且（c）不对其他的功能妥协。革命性的改变是那些同时包含了对规则所认可的功能的收获与损失的改变。

伦理规范也许默认它们背后的功能是一个没有先后次序的清单上的要素：所有这些功能都应该尽可能完整地被满足，并没有哪个

337　功能有或高或低的优先性。或者，他们也许早已体现了相对的重要性的判断：某些功能应该获得这一程度的满足而其他的功能应该得到另一程度（更少）的满足。在前一种情形中，革命性的改变会带来此前所没有的优先次序的安排；而后一种情形中，则会产生无法满足现有的优先次序，并且会带来调整过的次序。这两种改变都无法通过诉诸正常改变的方法来得到辩护，因为有其他方法来引入优先次序或者修改优先次序，而从寻找对功能的改进以及不对其他功能妥协的方面来看，所有的这些其他方法相对于原初的道德规范都可以得到同等的辩护（或者反驳）。

　　第 40 节给出了衡量这些推论的标准：好的伦理推论是那些可能产生伦理进步的推论。如果所有的伦理改变都只是正常改变，援引这一标准就可以得到满足。伦理实践复杂的功能，以及可能带来的功能冲突和伦理多元主义的可能性，开启了对实用自然主义的进一步担忧（第 43 节）。当功能性的冲突产生，并且革命性的改变导致了新形式的伦理实践，作为结果的规范相对于之前的，能否被看作进步的，并且对它们的采纳能否通过非谬误的推理模式得到辩护？再一次考虑一个挑战者问自己为什么要受伦理计划约束的情形。如果此人质疑的是正常的改变，上面所勾勒出的策略将会产生非谬误的推理模式。如果他担心的是整个伦理行为，就可以合理地要求他提出其他选择（不是伦理计划把我们从其中解放出来的原始状态）。这些方法是之前已经回答过了的挑战（第 40、42 节）。

　　问题出现在中间性的情况。当功能性的冲突爆发时，质疑者怀疑任何被主张的解决方案。当他怀疑时，他既不是怀疑对规范的修正可以通过满足直接的标准（适用于正的改变的标准）的推论而得到捍卫，也不是否认整个伦理计划。他的关键问题在于在这一计划内，没有其他可行的方法，没有不同的方法来给予不同的功能优先
338　性，没有从他所质疑的实际所作出的选择的角度来看，可以满足他的其他方法。他唤起了疯狂的多元主义的幽灵。

　　我们需要能够辩护革命性变化的方法。接下来的部分将会提出

这样一个方法。

52. 方法与善

让我们从一个显然是危险的主张开始。第 45 节建议伦理实践的展开可以通过善的进化来理解。恰当的伦理推论是那些可能产生伦理进步的观点在革命性改变的情况中会失效，因为存在功能性的冲突。善的实质性的规范概念提供了解决功能性冲突的主张。很好。基于对如此实现的进步的确定，用一个善的概念来衡量改变的进步性，并且用旧的恰当推论的观念促进进步。对善的一个主张可以是描述推论证成的标准的起点，被证明符合这一标准的方法可以用来支持这一主张。

问题是显而易见的。用善的解释来表达伦理讨论中所使用的方法，然后通过诉诸因此而产生以及认可的方法来捍卫这一解释，这看起来是公然的恶性循环。这难道不就是简单的、在一开始就被看作理所当然的辩护特定概念的伦理计划吗？或者，清楚地采用质疑者的担忧，反对这一观点的人不是也同样能把这一游戏玩得好吗？这些问题很重要，解决他们的尝试需要被延后。这一观点首先要在上一章所主张的善的概念的基础上得到发展——明显是循环的策略在这一具体的情形中将会表明它具有正当性的力量。第八章中给出的善的概念将会产生关于伦理方法的观点，然后我们将考查通过使用出现的方法来辩护这一概念的可能性。在我们回顾之前，现在来看，对质疑者的挑战而言，这是一个（小的）安慰，就如同处理正常改变一样，存在着与寻求反思平衡明显的类比。

考虑一下第八章中所给出的善的概念的一些根本特征。今天我们面临被放大了的，一开始导致伦理计划出现的环境。不再把利他失灵看作发生在小型群体内部，并且寻求解决方案，我们应该把所有人类成员看作一个社会，利他失灵在社会内以非常大的规模发生——并且同样要求我们注意到这一问题。伦理学的原初功能，是解决利他失灵，因此被给予了优先性。把乌托邦看作是理想的（第48节）是因为把有价值的生活的机会平等看作善的核心构成要素。人口数量应该被限制从而使得这一形式的平等机会成为可能。共同计划以及高阶的利他主义是有价值的生活的重要特点（第50节）。我们所想要实现的世界也就因此是每个个体都认可并且试图促进的世界，共同存在的人们致力于合作的行为，且享受与其他人发展长期关系。

这些特点把原始的道德困境转化成了当代问题。最早的伦理学家关注于小型群体内部的利他失灵，在好的生活最简单的前提条件（满足基本的欲望）方面，她把群体内的成员看作是平等的，并且寻求所有人的共同合作。当相关的人口（行为会影响到彼此的人的集合）急剧地扩张——包括了所有人——并且当伦理学的进化给予了我们更为丰富的好的生活的概念时，目标就得到了调整：对应于基本需求的平等让位给了有价值的生活的机会；所有人彼此的合作让位给了加强人类群体内次级群体的合作（因为当群体成员的数量以十亿计的时候，这么大范围内所有人的合作显然是不可能的）。那么，根本上来说所主张的善的概念是尝试更新原始的伦理计划，并且保留一些一开始就被引入的功能的结果。

考虑早期的伦理学家所采用的方法。规范引导是通过社会化嵌入的：群体成员讨论组织他们共同生活的潜在方式。他们在所有人都在场，所有人都有平等的发言权的情况下进行思考，试图获得所有人都接受的规则。给这些条件一个术语是有用的：相互参与的环境。相互参与很好地适用于寻找解决那些产生伦理计划的社会问题的办法。了解群体成员以及他们的需求和同伴的困难，使得他们在谈话中有平等的地位，并且目标都是找到每个人可以认可的解决方案，而这构成了解决社会冲突中体现的利他失灵的良好策略。

第八章主张更新伦理学的原初功能，并且扩大善的原始概念。同样地，我们的伦理学方法，在革命性改变的情况下使用，可以扩大最早的伦理学家的原始方法。我们应该寻找一个相互参与的概念，这一概念能良好地适应更新过了的伦理计划，就像原始版本的相互参与——群体成员之间的慎思——很好地适应了原初的伦理计划。我们需要类似于建构性的谈话的东西，正是这些谈话促成了行为规范。

从表面上看，这一建议是可笑的，因为任何会被影响的个人——也就是，所有人类——之间的实际谈话是不可能的。但是，公共的伦理思考可以通过试图模仿相关类型的谈话来进行。由于面临着功能的冲突，革命性的改变也就准备就绪了，伦理讨论的公共贡献者是通过他们论证在相互参与中所提出的主张的能力来判断的：也就是说，引入会带来共识的考虑和推理是所有人类都要参与的谈话，讨论行为的规范，并且是在相互参与的条件下。出于他们已有的心理利他主义倾向，这一倾向虽然有限，但仍然存在，因为对群体的压力以及感知到的对联合行动的需求，原始的伦理学家被迫每天与生活在他们附近的人相互参与。但是，对我们而言，相互参与不是自动的（出了人类群体中一些小的次级群体）。如果关于伦理学方法的主张要有实质内容的话，必须给相互参与一个清楚的说法，并且是适合我们的。　　341

相互参与的条件将会通过结合来自对伦理计划历史性理解的观点，通过把它们和所主张的善的概念结合，从而得到细化，并在这一基础上，设计出管理设想的谈话的规则。关于循环的担忧准确地出现了，并且，甚至在我们引入规则，给予相互参与的概念的实质内容之前，这一危险是更为具体的。一条显而易见的谈话规则是要求谈话者以平等的身份参加：所有人都有权发声，每个人关于他们自己的需求和愿望都是权威性的。① 从上一章获得的善的概念，已经被用来塑造所主张的方法，并且让平等变成了核心问题。因此，也许可以就此宣称，平等已经是内置在对目的是平等对待所有人的主张的证成方法中了，这是显而易见的回避问题。

_____

① 正如我们将在下一节看到的，这一说法因太粗糙而难以成立。但粗糙的说法可以帮助我们提出循环的问题。

用这种方法描述对循环的指控，让我们能够同时看到它的力度和限度。在善的概念中对平等的强调和证成的方法中所假定的对平等的强调是不一样的：善的概念所指的平等是对于有价值的生活的机会的平等；谈话的规则要求在所设想的理想的谈话中所有人能平等地参与。平等类型的差异很重要，因为在平等参与的条件下进行的设想的对话并不能保证对有价值生活的平等机会的认可。实质性的工作被要求表明管理谈话的规则如何可以产生对这一善的概念的共识。有了这样的证明，就可以揭示所给出的两个主张中所存在的特定类型的融贯性：如果它们排演了将会让理想的谈话者获得共识的考虑，此处理想指的是所有参与者平等的地位，那么伦理讨论证成了他们的结论就可以被看作为善要求为有价值的生活制造平等的机会这一主张提供了支持，并通过揭示讨论者在相互参与的条件下如何认可相关的善的概念来实现。因为这一类型的融贯性无法得到保证，展现它也就揭示了关于这一系列主张的重要的东西。它实现了类似于反思平衡的东西。

一旦意识到这一点，我们可以瞥见一个对上一节结尾出现的担忧的可能回答。假设我的这两个主张（一个考虑的是善，一个考虑的是伦理方法）是通过我所说的方式而实现融贯的，这也许就足够用来把它和所谓的其他选择，即那些由一般的挑战者所提出的关于善和伦理学方法的建议区分开来。这就让我们重新回到从第42—43节开始的挑战和论证。

这一可能的回应是否成功取决于对方法的解释。那么我们现在要转向相互参与的概念。

53. 相互参与

寻找伦理讨论的方法，来自让我们对伦理实践的修正变得比通常的更为可靠的心愿。任何对伦理进步的可能性的辩护都应该承认并不存在很多的进步，并且不少进步可能都是盲目实现的（第28、

30 节)。实用自然主义希望对伦理实践清晰的解释可以准确描述讨论和解决伦理问题的标准，从而产生频率更高的进步转变。[①] 在正常改变的情况下，该如何进展是相对清楚的，我改进反思平衡的方法（第 51 节）的尝试为上面的问题提供了一个假定的基础。在相互参与的条件下进行对话的想法被引入了去做类似于革命性改变的尝试。

对方法的寻找可以通过与科学的比较从而得到引导。根据通常的说法，科学研究变得越来越成功是因为它是有自我意识地受到方法论的引导，这一联合的过程发生在 17 世纪。[②] 反思这一假定的类比是值得的，因为对科学的关注可以降低人们对伦理学中方法的期待。除了早期现代科学的先驱频繁地把他们的猜想和发现与所宣称的方法联系起来之外，人们不必广泛阅读他们的作品来理解这一点，首先，他们方法论的概念虽然是相关的，但有重要的区别；其次，他们关于方法论的建议通常是不精确的。如果我们现在对科学方法的辩护有更详细的解释，那是因为对方法最初模糊的想法促进了科学研究的发展，而它所获得的成功又能用来提炼和修正关于方法的初级想法。严肃对待伦理学与科学之间的比较，应该让我们习惯于这样一种可能性，即最初对方法的不精确描述可能会引发伦理上的深思熟虑，而讨论的结果又会导致方法的进一步精确化。并不存在最后的定义，而只有进化的过程。

根据我对革命性的伦理改变的方法的解释，对伦理问题（有功能冲突所产生的）的讨论是通过某种标准来衡量的，而这一标准就是复制在所有人类成员都相互参与的条件下理想地进行思考的状况。这一复制的第一个条件就是要求结论是在理想的谈话中可能获得的共识：

---

① 这是杜威作品中的一个重要的主题，比如 *The Quest for Certainty John Dewey*: *The Later Works*, vol. 4, (Carbondale, IL: Southern Illinois University Press, 1984) chaps. 9 and 10。

② 杜威强调了这一对比。比如参见 *Quest for Certainity*。

（RC）一个伦理上充分讨论得出的结论 p，只有当在讨论是否 p 的问题时，在相互参与的条件下理想的思考会对 p 达成共识。①

但是，伦理讨论的要点不仅仅是陈述结论，而是向他人表明为什么他们应该采纳它。因此这一复制有第二个条件，目的是让那些打动理想的谈话者的考虑得到重视：

（RJ）一个伦理上充分的讨论展现了在相互参与的条件下理想的讨论中会促进参与者达成共识的那些特征。

我暂时先不讨论人们如何通过测试（确认，拒绝）确认对理想的思考的复制已经实现，从而把这一标准应用起来的问题。

现在相互参与的概念是这些标准的核心。相互参与的条件部分是认知性的，部分是情绪性的（在这一方面它们类似心理利他主义的不同维度，第 5 节）。第一个认知的条件消除了在理想的谈话中错误的事实信念：

（KE）在他们的思考中，参与者不依赖任何对自然世界错误的信念。

这一条件看起来没有坏处，并且具有很强的动机性，因为基于错误的基础而获得的共识是成问题的———一群极度利他的人会获得某个相当特殊的结论，如果他们假设极为严重的痛苦对于受苦者而言有很多类美好的后果。（KE）意味着参与者形成的抱负和愿望，以及他们推理的前提，都必须是完全世俗的。他们不能仅仅因为超验存在命令我们，或者给予我们无限价值的永生，就宣称某些行为

---

① 现在我关注的是什么看起来是关于完美的共识的不可能的想法。之后，这一要求将被放宽。

是被要求的或者禁止的，或者最高的善有某些特定的元素。对超验存在及其作出的安排的信仰，是不能被允许来扭曲理想的谈话的。①

另外两个认知条件平行于利他主义的认知维度（第5节）。首先，在一个理想的对话中，参与者知道所有他们所考虑的会被要求、允许或者禁止的行为的后果。因此：

（KC）每个谈话者知道彼此的谈话中的行为和制度安排的后果。

此外，对这些慎思的移情性理解不是错误的；他们认识到与他们谈话的人的愿望。正如我们马上会看到的，这些愿望会通过与其他参与者的互动而调整自身，大部分都是通过高阶利他主义成功的条件下人们会采用的方式（第21节）。

（KW）每个参与者对他人的愿望，以及这些愿望在与他人的互动中如何调整都有完整的了解。

简单来说，这些认知条件非常严格，不太可能在人类的交往中实现；因为满足这些条件的伦理讨论必须了解所有人类成员的欲望（和这些欲望通过他人的关注而得到调整的方式），这些讨论的作者显然必须了解不可能实现的广泛心理事实。需要重申的是，我强调了我之后才会讨论如何将伦理讨论的标准应用到具体情形中，以及如何测试这些讨论的可靠性。

我对相互参与的解释的核心存在于情感性条件之中。从真正的

---

① 和一些契约论者（罗尔斯，斯坎伦）不一样，我之所以排除了对宗教文本的解释，不是因为它们引入了所有参与者无法分享的理由，而是因为它们是错误的。（KE）体现了错误的信念会扭曲谈话的观点，这一观点通过考查许多基于错误的慎思的例子（对痛苦后果的错误认知就是已经包含在本文中的一个例子）就能够轻易地获得支持。我们应该要避免错误，并且没有理由认为宗教错误和其他错误相比应该受到区别对待。

与他人互动开始于同情心的扩展这一想法开始，慎思的人会给予他感知到的欲望与自己的欲望相等的重要性。因为冲突，这两者无法同时一致地实现。正如我们反复提到过的，如果两个人有不相容的欲望，第三方对两人而言不可能表现得像遵守黄金准则的利他主义者（第 5 节）那样。结果就是，扩展的同情心不能简单地理解为希望给予别人的欲望同等的权重。它所做的也并不是找到主流的和谐的愿望，因为大众很可能因为同情心的失效而变得盲目。那么该如何构想同情心的扩展呢？

我通过引入镜像他人的概念来解决这一问题。[1] 最简单类型的镜像就是刚刚所考虑的（并且发现相互参与一般的解释都是成问题的）。对 A 来说参与原始的对 B 的镜像就是 A 有给予 B 孤独时的欲望与 A 自己孤独时的欲望同等重要性的欲望。[2] 现在，在目标是解决伦理规范中功能冲突的理想谈话中，镜像开始起作用的孤独时的欲望并不是个人实际上所采纳的欲望，而是在理想的对话中认知条件得到满足的条件下，那些与伦理规范所回应的并且可维持的功能相融洽的欲望。因此：

347

（DS）理想的参与者个体的欲望不仅仅包括了与参与者的伦理规范的规定相融洽的欲望（规定是可以满足规范所要解决的功能的）并且是参与者满足了（KE）和（KC）之后仍然会保留下来的欲望。[3]

---

[1] 在此我引用了 18 世纪情感主义的传统观点，特别是斯密的道德情感理论中的观点。我已经探究过他所发展的镜像的隐喻，参见 "The Hall of Mirrors," *Proceedings and Addresses of American Philosophical Association* 79, no.2（2005）: 67–84。正如在对心理利他主义最初的讨论（第 3—5 节）中所说的一样，我对条件的构想倾向于认为是对他人状态有意识的认知。但是，完全可能的是人们有时对周围的人所具有的感觉是自动产生的（也许是通过镜像神经的活动）。相互参与的解释很容易得到修正，从而允许任何这类的机制扮演一定的角色。

[2] 孤独时的欲望在第 3 节中被引入。需要注意的是我没有区分 A 对 B 个人欲望的感知与 B 孤独时的欲望。因为在理想的谈话条件下，A 对 B 的欲望有准确的了解。

[3] 因为我们所考虑的仅仅是孤独时的欲望，（KC）相关的约束是参与者会继续渴望他或者她实际上所做的事，如果参与者知道对他或者她自己来说的所有后果。

这有效地过滤了原始独处时的欲望，清除掉被讨论者目前的伦理规范以及仅仅是因为一些无知所排除掉的欲望。

初级的镜像不能给出相互参与情感性部分普遍的解释，因为A可能会遇见B和B*两者有不相容的欲望的情形，因此A无法同时满足他们二人。但是，基于（DS）所要求的条件，这些问题中的一些就会消失，对他人初级的镜像也就成为可能。当这些发生时，一个理想的参与者采纳了相关的欲望（她会给予经过过滤后的孤独时所具有的欲望同等的重量）。这要求过滤后的B和B*孤独时的欲望是一样的，因此这一筛选已经做了一些初级镜像的工作。

挑战是理解当这些差异存在时，如何与他人互动。而这是通过扩展的镜像实现的。在扩展的镜像中，A不仅仅是注意到B孤独时的欲望，也注意到B*对B欲望的评价，B*对A对B欲望的评价的评价，B**对B的欲望的评价，B**对B*对B的欲望的评价的评价，等等。通过来自各种角度的考虑，一个谈话者寻找人类中出现的，道德上允许的并且事实上有充分理由支持的欲望的最佳平衡点。[①]因此我们就有了：

> （DM）一个理想的谈话者通过对他人欲望的扩展镜像而形
> 成的欲望，就是实现他或者她所判断的其他参与者的各种评价
> （无限重复）中作为最佳平衡点的那个欲望。

348

如果存在着关于如何平衡的完美共识，也就不需要进一步的谈话了。如果不存在，理想的谈话就存在于支持或者拒绝平衡的不同方式的尝试中。

---

① 这能有效地构建出对"理想的思考者"的类比，但他有更广阔的事实性知识。这进一步阐述了我在"镜像屋（The Hall of Mirrors）"中所主张的斯密和杜威方法论的观点。

（IC）理想的谈话存在于这样的尝试，即表明参与者想要履行的主张是对功能性冲突的回应，这一主张要么满足了要么无法满足所有参与者所认识到的伦理功能或者他们对其他所有人欲望进行回应的需求。

目前来看，我们关注的情形是理想的谈话实现了共识的情况。[①]
解决功能性冲突的伦理讨论如果能够表明在解决冲突的可能方式中，其引用的实际考虑因素如何与理想对话中的一个或多个条件相违背，那么它就是真正有帮助的。这一点可以通过表明特定类型的孤独时的欲望与当前伦理实践的状态所认可的功能相冲突来实现（通过表明现有的规范如何满足这些功能并且禁止所欲望的行为或者事态，从而找到这些功能是什么）；或者可以通过表明世界上存在反对实现这些欲望的事实（对某个特定的后果表现出欲望的人没有意识到它有他自己强烈反对的后果；人们因为某些背景性的错误的信念而形成的欲望）；或者通过表明这些欲望持续是因为没能考虑到其他群体的人的欲望，最明显的是通过表明这些人系统性地被有欲望的人忽视了，但也可以通过质疑平衡人们各种欲望的方式来实现。对革命性的伦理改变的一个明显的怀疑是坚持伦理讨论在功能性冲突出现时没有任何办法，所说出或者所写出的话仅仅是他人可以自由拒绝的态度。相反，其实伦理讨论可做的事很多，绝大部分可以通过表明事实性的错误和错误的前提与占主流的伦理规范的特征并不匹配，以及最重要的，不足以满足其他群体的人的欲望——相互参与的失败——从而得以实现。

下一节中，我试图表明对伦理学方法的这一解释如何能够实现共识（并且考虑当共识被证明无法实现时，适当的结论是什么）。但是，首先我承认相当多理想化的考虑会被引入，并且在探究实际的伦理讨论如何得到衡量时，我们的视角有限。

---

① 这种对可能的共识明显乐观的看法在第55节中将得到调整。

54. 伦理辩论

通常来说，我们因为分歧而被促使进行伦理讨论。在涉及许多不同的行动者且反复出现的环境中，行动者作出不相容的选择，并且通过与他人相矛盾的判断来捍卫自己的选择。这些情形中的一些是普通的伦理改变的情况。主流的伦理规范需要一定的扩展来解决现有的问题，但存在着一些方法通过修正潜在的功能来拓展它而不以其他功能为代价。在这一情况下，公共的伦理讨论的任务是把第51节中的方法用来向分享给同样规范的所有人证明为什么应该如此。

对功能冲突的意识出现于努力调整解决问题的方法但没有意识到对革命性改变的需求时。正如讨论者发现这些尝试无法解决问题，他们开始怀疑功能冲突，[①] 他们的第一个任务就是尽可能地表明冲突的本质。一旦这点实现了，重点就是设定这些功能优先性的主张，或者调整现在起作用的优先性。这一阶段就是设置伦理辩论，而其目的就是模拟一个理想的涉及全人类规范的讨论。

这些参与辩论的人很少，如果可能的话，能够接近认知条件（KC）和（KW）。虽然他们会论证说，他们所支持的调整伦理实践的主张回应了所有人理想的欲望（或者实现了这些欲望最佳的平衡），这个论述无法回应他们错误地设想了会给特定人群所带来的后果，或者他们没能成功找到某些群体的人的欲望，或者他们误解了孤独时的欲望通过初级镜像之后会转变成什么样，或者他们在扩展了的镜像中该如何平衡的方式受到了误导等指责。更根本地，他们也许会被指责他们的说法是基于事实上错误的前提或者忽略了讨论范围之外的伦理实践部分的后果。

后两个认知失败的例子很容易找到。对一些伦理实践修正的辩护涉及了所宣称的超验存在的命令或者引入了可疑的心理事件或过

350

---

① 此处我建议的是类似于库恩的观点，普通的科学可能因为那些为了解决困难而反复作出的努力的失败而崩溃，因此出现的问题被看成是异常的。

程，它们可以基于违反了（KE）的理由而被正确地排除。类似地，如果某人的目的是解决不同的伦理功能之间的冲突，但没能成功意识到所主张的解决方案采用的方式限制了明确被考虑的功能以外的其他功能，那么让这一点得到清楚的说明很重要。这么做是寻找反思平衡的延续，并且是伦理辩论一个熟悉的特征。

第 53 节中的方法强调可以挑战、测试、确认和削弱这些主张的其他方式。通常关于给人们所带来的后果的观点既不会得到已有证据的支持也不会被反对——或者我们拥有的证据仅仅支持这一看法的部分，把我们的注意力集中在对人类群体里小型的次级群体所带来的后果上。许多关于恰当的资源分配的争论涉及了对特定社会经济安排所带来的后果的声明。比如，我们被教育如果特定类型的竞争得到鼓励，每个人都会实现他们被假定想要的东西，或者根据粗糙的平均主义方式分配劳动力产品会阻碍工作的积极性，并且最终影响效率。这些对一般类型的社会分配——包括了许多可能的执行方式的类型——的后果的说法有时得到了假设的心理普遍化的支持，有时用一些特殊的历史事件来反对。[1] 所涉及的心理学是简单的，并且例子的范本狭窄到让人发笑。伴随着对生活在不同环境下的人对后果所具有的不同的概念，对其他伦理主张真正的测试要么要求相关社会科学进一步的工作，要么要求直接的实验。

一些关于社会安排的后果的猜想能够通过间接的调查得到确认或者否认。如果不试图创造条件，使经济激励机制（经济激励机制被认为是激发工作积极性的关键因素）不存在，那么我们可以将目

---

[1] 亚当·斯密和约翰·斯图亚特·穆勒在第一个问题上有分歧（斯密认为增长的劳动效率会转化为对所有人的逐渐增长的利益，穆勒坚持这一分配并不是提高效率后的即时效果），但他们在第二个问题上的立场是一致的。Smith, *Wealth of Nations*（New York: Modern Library, 2000), bk. 1, chap. 8; Mill, *Works* 2 [*Principles of Political Economy*（Toronto: University of Toronto Press, 1970), bk. 2, chaps. 1–2]。对于第二个问题，他们诉诸对人类动机的一个简单的普遍化。当代针对平均主义的批评喜欢提到一些有名的例子，在这些例子中平均主义的观点得到应用，他们从这几个少数失败的例子中总结出所有履行平均主义观点的方法都注定要失败。

标放在人类动机的一般理论上，在实验室的实验或现有的社会环境中对其进行检验，并且获得一些关于在假想的平均主义条件下可能发生的行为的结论。但是，当这一策略得到更彻底的考虑时，它看起来不太可能解决这一问题：任何实验室和田野调查的结合对实现平均主义理想的所有可能性而言都是不充分的。如果是这样的话，取代我们——伦理上至关重要的——关于后果的无知的唯一方式就是实现平均主义所设想的条件，看看究竟会发生什么。理性的伦理辩论也许会要求进一步的生活的实验。①

实验的设计看起来是相对明显的。那些拥护一些类型的平均主义的观点的人，可以被鼓励去发展他们所设想的社会条件并且经验性地发现用这种方式生活是什么样的。在努力的过程中，他们可能会考虑到以前的此类尝试所经历的困难，也许会为众所周知的困难而感到振奋，这些困难使得最简单的自然科学实验也很难成功。② 涉及人类对象的实验是伦理审查的恰当对象——这也许是我们当前伦理实践一个稳定的部分——因此实验的进展受到约束。一个重要的约束已经体现在了我对实验应该由那些为理想奋斗的人执行这一建议中：对它的承诺应该是自愿的。恰当的约束这一问题在下一节中，在探究寻求共识破裂的情况下，会得到更系统的考量。

第 53 节中的方法也强调了与有着不同生活方式的人的欲望互动的需求。伦理主张服从于条件（DS）和（DM），但欲望的归因很容易出现差错，因为我们会错误地表征其他人生活的环境和他们所形成的个体的欲望。③ 即使对所有人类视角理想的认知是不可能实现的，通过获得关于他人生活的详细信息，我们依然可以实现进步。

────────────

① 穆勒设想了这一可能性，并且杜威进一步进行了强调。

② 相对于平均主义的实验，存在着忽略一些获得了部分成功的小型社会的趋势（罗伯特·欧文的拉纳克工厂），或者那些因为与其他社群的关系而被看作没有优势的群体（不列颠的挖掘派和平等派，以色列的基布兹）。

③ 休谟正确地批评了本位主义，因为我们可以通过考虑我们认识的人而重构时间和空间上离我们较远的人的欲望，但这并不直接意味着任何人（包括休谟的批评者）真的可以避免这一问题上的偏好性。

352

历史和民族志是相关的资源，通常在伦理讨论中被过度忽略了。

为了成功复制那些会镜像他人的人的对话，伦理讨论者需要有镜像那些离他们很遥远的人的能力。对他人环境和个人欲望的了解是实现这一点的前提，但仅仅知道具体的欲望几乎肯定是不充分的。成功的镜像取决于想象和感受自己进入其他人生活的能力，通过运用想象而获得生动的知识。① 好的民族志和有技巧的历史可以引导我们朝向这个方向，但它们经常会得到着重点是人类存在的某些特定方面的虚构作品的补充，甚至被其取代。在虚构的文学和戏剧中伟大的作品以两种独特的方式有益于我们的伦理讨论：第一，通过培养我们想象性的了解以及获得生动的知识的能力；第二，通过提炼我们自身的某些方面，我们能够从对他人环境事实性知识的了解进步到对他人生活和感受的理解。引用一个简单的例子：对维多利亚时代的读者而言，贫民区穷困潦倒的居民需要食物和住处并不是什么新鲜事，但在对城市生活肮脏的环境的描述中，狄更斯使得这些欲望和它们的迫切性得到更生动的理解成为可能。②

生动的知识与能够得到测试和确认的伦理主张的最终方式相关联。外部的镜像包含了平衡人们对他人欲望和抱负的多种评价的尝试，并且（IC）允许通过独特的方式来实现这一平衡的可能性。在所设想的理想谈话中，其他选择经过了比较，在支持特定的进步方式中，一些经过讨论的考量获得了推进。讨论关注的是通过何种方式不同的观点可以实现融贯的综合命题，并注意所设想的平衡的方式的抽象特征。但是，最后，抽象特征的相关性在于对不同视角的个体的影响。如果某些欲望被否认了，人们可以寻找对问题中的人的生动的认同，从这一特定的视角来看，被认可的平衡的方式（以及它所体现的抽象的特征）能够被理解与接受。假设特定的衡量方

353

354

---

① 在此我要感谢莫伊拉·盖藤斯（Moira Gatens）与我的讨论，以及她在哲学和文学上对想象性知识的启发性工作。

② 也许最令人震撼的例子是对《荒凉山庄》中的街道清洁工乔（Jo）的生活的描述。但还有许多其他例子。

式所支持的主张与你的欲望相冲突，甚至这些欲望已经是根据这些
方式所要求的东西进行过调整了。当你考虑他人的欲望时，你找不
到任何明显的错误——不存在对他人视角明显的无知，你可以看到
他们最终的决定包含了可辨认的平衡性的东西。如果是这样，你应
该能够承认这个结果是你能够与之共存的。当存在着相互竞争的平
衡模式时，有说服力的伦理讨论必须通过与这些欲望会被忽视的人
有生动的认同这种方式来进行，表明这一结果从他们的视角来看得
到了彻底的考虑，并且认为是可接受的。

　　因此，抽象的描述会受到指责，在实施扩展的镜像的不同方式
［实现（DM）的不同方式］中所出现的差异根本上来说是不可调和
的。在更早的阶段，这一分歧无法解决：通过对事实性错误的修正，
通过容纳所有视角，通过镜像中生动的认同，这一分歧都被证明是
无法解决的。这一结论是不成熟的，但对那些无法用语言说明的判
断，考虑提出不同的平衡方法，进一步的运用认同（特别是对那些
欲望被忽略或者没有得到充分表征的人的认同）解决争论也同样适
用。把这一方法运用到任何认真的革命性讨论中都是复杂的，并且
直到有人试图解决这一复杂性，否则不可能决定是否有希望找到解
决方法。

　　需要重复的是，与科学的类比对我们来说是有帮助的。质疑的
人担心被贴上了"科学的革命"的标签的那些巨大改变被证明是理
性上无法解决的。根据我对理性在这些科学的情形中如何工作的解
释，通过努力表明某个观点如何能够克服其他困难，而其他观点在
解决所面临的问题时会遇到重复出现的困难，这一争论得以推进。[①]
因为双方都可以指向成功，并且因为他们解决问题的方法都是不
完整的，显然，总是有可能指出"我们"已经解决了关键问题，而
"他们"没有。对关键问题的这些判断，哪些具有最高的优先性，涉
及在对扩展的镜像的概括性解释中所发现的、相同类型的"平衡"。

355

---

① 详细的讨论，参见我的，*Advancement of Science*，Chap.7（New York：Oxford
University Press，1993）。

在科学中，我们通常对"平衡"的主张很自信，相信它们是可辩护的，而其他的选择则不是。我们当代关于生命进化的观点不涉及这一领域内的每个问题，然而比较其他挑战这些观点的理论，对成功和失败的"平衡"的考虑证明了这一观点获得了多么广泛的成功；判断达尔文解决了许多其他人无法解决的重要问题，和人们喜欢干净、维护良好的汽车而不是只有引人注目的装饰品的生锈笨重的汽车同样合理。在科学中，对"平衡"不适合作出准确的定义，并且这应该能提醒我们在伦理的领域内不要有更多要求。①

我已经尝试了反驳对解决革命性改变的方法的寻求都是毫无希望的看法。我们不能确认我们可以走多远，直到我们严肃地考虑了复杂和烦琐的尝试（要求足够客观的想法和对不同观点的认知）。但仍然需要提前考虑一些情况，其不仅仅是能够实现共识的情况，也包括了不能实现的情况。

55. 异见者和容忍的限度

在刻画道德真理时，第 38 节的讨论为多元主义留下了可能性。不同的伦理传统，受到了不同的伦理功能需要得到满足的迫切性的影响，从而得到了一些不可能完全协调的价值。这些传统中的成员，能意识到不同实践中的特征，并且感到他们自己受到两种价值的驱动。他们想要找到能够更好地满足本来被认为具有更低优先级的功能的方法。因此他们的情况对两种传统来说，可能就是功能冲突的一种，而这一冲突也许可以通过其他方法得到解决。因为不存在终极的解决方案，因为我们可以设想一系列进步的改变，这一无限的前进不包含任何融合，要求实现革命性改变的方法总是要获得共识的看法是

356

---

① 最早想要确认科学证实的方法的努力是概括性的，并且是不精确的。更具体的说法出现于把这些初步的概念用于应用时的尝试。对方法的观点和对自然世界的探索是共同进化的。我设想在伦理学领域内也有类似的过程：详细阐述这一方法的尝试将会产生更精确的版本。

错误的。即使是一个理想的谈话也应该留给参与者其他选择。

此外，即使在实现完全的共识的道路上，即使相对于允许最终的解决方案的伦理辩论而言，也可能存在共识无法被强制实现的中间阶段。通过直接的伦理实验就可以意识到，后果是难以预测的。事实上，执行这些实验是为了分割此前为统一的群体（虽然这一分割最终是被构想为找到被讨论的问题的解决方案的中间阶段）。如同这些实验所设想的，它们该被如何执行本身也是伦理反思的对象，在这所涉及的考虑和那些体现在对其他伦理传统关系的评估中的考虑是一样的。在这两种情况中，出现的问题都是关于必须寻求的共识的范围或者所容忍的差异的范围。这可以通过提出当一个群体讨论革命性改变时，什么时候可以恰当地允许他们分裂成两个采取不同答案的亚群体这一问题而得到关注。

在相互参与的条件下，想象一个讨论，这个讨论引起两方的争论，而他们的分歧在当下无法得到解决。这种情况之所以出现，也许是因为存在着一些关于两方的主张所带来的后果的事实，这些事实无法通过已有的知识而确定，并且因为社会成员所能设想的唯一能弄清这些事实的方法是直接的实验。或者，这可能是扩展镜像的不同方式的产物，是如何平衡群体成员欲望的不同观念的结果（欲望满足第 53 节中的认知和情感性条件）。每一方都认为对方对当下所共有的伦理实践进行了不正确的（或者更低级的）修改。但是，他们认识到当下没有有说服力的方法来表明对方的错误（或者劣势），无法做什么来表明事实性的错误（第一种情况），也无法说什么来解决平衡的方法的不充分之处（第二种情况）。

如果是以这种方式而出现僵持的局面，那么每一方都必须承认对方都在有条件的相互参与的状态下。基于对方所采取的观点，相对于成员的完整的相互参与已经实现了。每一方的成员相信他们的对手所不相信（或者，也许是，希望）的东西，因此所带来的结果是竞争双方所做的相互参与的尝试会误入歧途［它违反了（KE）］。但他们必须也承认如果对方在所争论的问题上是正确的，他们将会

357

在群体内部成功实现相互参与。同样地，相对于扩展镜像不同的方式而言，每个群体都认为其他人用更低级的方式实现了平衡，但也必须承认如果他们扩展镜像的方式是充分的，他们也在群体内实现了互相参与。

辩论进入僵局时，双方把彼此看作实现了有条件的相互参与。为什么必须是这样？答案很简单。如果不是如此，辩论不会进入僵局。更多东西需要说明：也就是说，独立于这一情况有争议的特征（对事实的分歧，扩展镜像不同的方法）之外，对方无法实现相互参与的一个内在条件。因此，如果第53节的方法被应用到这一辩论时，分歧变得不可调和的节点必须是竞争双方已经在争论的概念下，达到了对任何相互参与来说都是良好选项的内在平衡这一点。根据这一说法，我主张彼此都应该准备好容忍对方。

这看起来或许是显得极为强硬，甚至危险的建议。对于允许社会遵循他们自己的传统，并且可以决定如何对待他们的成员，人们具有类似的担忧。我们知道现实中的社会，受到有权威的宗教文本的影响，相信他们有权对反对他们的其他群体采取进攻性行为，并且用在外人看来严厉、限制和残忍的方式对待内部的一些成员。我们也知道被如此对待的人认可这些行为，真诚地希望用这种被赋予的方式生活。这一方法是否就意味着允许某个群体蔑视自由主义者所呼唤的价值呢？

并非如此。相互参与的条件足够强大到限制容忍的选择，因此排除这些成问题的情况。正如第38节和第46节所论证的，存在着不准确的命令，比如支持诚实和反对使用暴力，虽然它们在进步的伦理传统中看起来非常稳定。如果所主张的方法得到采纳，这些核心的真理不能被放弃——因为在绝大多数情况下，不诚实和毫无来由的攻击是无法参与他人欲望的表现。[1] 这意味着核心的真理应该

---

[1] 在第46节中对诚实的处理论证了存在着例外的情形，因此这一核心的真理是模糊的。我们可以设想其他道德传统主张了一个不同的、更准确的说法，但放弃这一做法则已经被所主张的方法排除了。

是和能容忍的对手所分享的，拒绝他们的群体与相互参与的条件存在着矛盾。

更明显的是，（KE）排除了把宗教文本看作任何类型的对待群体成员的方式的基础，或者是对任何外部的人的态度的基础。如果它主张女性应该受到各种方法的限制或者男性应该攻击性地迫使他人皈依，这违反了相互参与中根本的认知条件。如果理想的谈话是为了捍卫这一类型的主张，它就需要通过别的方式来实现这一目的。很难想象任何皈依的政策如何可以拒绝把关于超验存在错误的信念当作基础，并且进攻性地传播这些观念的尝试也会受到反对毫无缘由的暴力这一核心真理的阻碍。但是，女性受限制的情况以及对次级群体类似的主张，看起来是更难解决的问题。因为，它似乎会说，虽然在外部人看来难以忍受，遭受如此对待的个体真切希望能用这种方式生活。假设他们的欲望不受错误的宗教信念的影响，这一社会实践是否就应该被容忍呢？

通常来说并非如此。虽然当下对这一欲望的表达是真诚的——女性宣称这是她所想要的生活的方式，这是她的选择——通常来说都受到了错误的信念的影响，她的社会化和教育都影响了她所想要的东西的信念。如果她能清楚地看到她的选择如何从一开始就受到了许多限制，如果关心她的人能够理解对她来说所存在的其他可能性，她或者他们所持的欲望就会非常不同。事实上的欲望要归咎于普遍的错误，存在于社会化过程中的错误信念并非强迫性的。结果是存在着失败的相互参与：事实上，那些让她呈现目前状态的人没有与她互动，而是与他们预设的她的形象互动。只有在有其他社会化机制可供选择的情况下，人们才不需要考虑他们的选择是否从一开始就被限制了，这些人才能假设他们的欲望没有受到错误的影响。也许存在着这样的人，但我们有许多理由认为他们非常稀少。

对这些情况的讨论表明了容忍的限度非常重要的一面，这一面通过对伦理试验的容许性考虑能得到最好的说明。上一节设想了一些群体，他们受到平均主义理想的驱动，试图找到他们所偏好的那

359

个版本。如果那些接受试验的人是被强迫的，不管是通过改变他们现有的欲望还是通过预先的社会化来减少他人的选择，这些试验都无法满足相互参与的条件。有时人们自愿决定——根据我们日常自愿选择的标准——来进行这些冒险。但存在着他们会强迫他人（特别是他们的孩子）的危险。强迫的各种形式让社会实践服从于伦理批评的情形在第一代或许会缺席，但可能在这之后出现。是否所有相互参与的伦理试验都必须是短期的？

为了避免这一结论，年轻人的教育和社会化必须保留各种选项。这一试验应该允许孩子从他和他的同伴们可获得的广泛选项中作出选择，他们的家长和老师并不是试验的一部分。试验者们必须意识到并且容忍他们的孩子可能选择离开，而其他人的孩子可能选择留下。结果可能是生活的一些可能性（家庭关系的形式）会被扭曲，如果试验的价值得到恰当评估，那么就会意识到这一扭曲。因为其作为少数人群的尝试，伦理试验总是会受到破坏的威胁。对实验失败的判断应该考虑到实验对象的压力。

总的来说：当在相互参与的条件下的谈话破裂时，相互竞争的双方应该把彼此看作处于有条件的相互参与的内在状态。实现这一状态的群体可以被允许去追求他们所支持的伦理实践。虽然这建议一开始看起来似乎允许过分放纵的其他生活方式，包括那些压抑刺激群体成员的方式，相互参与的条件足以阻止那些会引起批评的情况。这一方法为那些参与了外部具有攻击性或者内部具有强迫性的实践的群体提供了伦理批评的基础。①

56. 修正的挑战者

第51节以一个挑战结束。功能性的冲突似乎为拒绝伦理的某些

---

① 它是否也可以为修正这些实践的外部压力，甚至是使用暴力而辩护，是更深层次的问题，这一问题需要通过仔细审视具体情形中的细节得到解释。辩护伦理批评仍然不是保证把批评转化为行动的特定方式。

主要功能从而支持其他功能留下了可能性，因此在延续伦理计划上可能存在着极端的差异。为了使这一挑战得到更清晰的理解，我们只需要想象某人主张朝着一个与他在本章中所追求的以及他的前辈所追求的完全不同的方向前进，并且他对伦理的原初功能没有耐心。即使他承认伦理计划开始于对利他失灵的治愈，[①] 他也没有理由受到这一开端的控制。随后而来的伦理进化扩展了人类生活的可能性，并且，意识到这些可能性之后，挑战者强调强有力的个体自由，这些人制定他们自己的方式而不管其他人的反对（或者掌声）。这一挑战者可以被看作一种类型的尼采，并且他认为伦理的主要功能在于为更高类型的存在的出现开辟道路，这些存在将会把人类历史上那些最伟大的个体的特征带向一个新高度。

361

对持有这些挑战——并且严肃地对待这一问题的人，能说什么呢？在之前的章节中所发展起来的方法提供了一个显而易见的回答：其他可能性都没有满足相互参与的条件。[②] 与对伦理实践原初功能的否认随之而来的是对这一方法的放弃，因此在第 52 节中所指出的循环看起来会否认这一回应。虽然某人可以让挑战者承认他所说的，如果挑战者根据所主张的条件同意这一论证，他仍然可以宣称这些条件只是对他所拒绝的伦理的原初功能的强调。在这一点上他是完全正确的。

我此前在尝试解决第 42 节中出现的令人困扰的特征时产生了对成功标准的一个理解。回应挑战并不需要绝对的沉默。我们必须做的是解决真正的疑虑和担忧，至少要像其他伦理框架所能做到的那样。在当下的情形，比较性的方法让人产生了一些安慰。对伦理学

---

① 也就是说，他承认了我所陈述的这个故事。挑战者，很快就会被定义为某种类型的尼采主义者，他们偏向另外的解释，这一解释把对合作的强调看作之后的堕落【参见 Friedrich Nietzsche, *On the Genealogy of Morality*（Cambridge：Cambridge University Press，2007）】。

② 挑战者甚至炫耀这一点，把那些欲望被忽略或者被当作待宰的羔羊的大众看作强者，也就是所谓的"高贵的"野兽的猎物。这一著名的形象参见《道德谱系学》，第一章，第 13 节。

的其他解释，康德主义和其他形式的理性主义似乎有武器来回应极端尼采主义的挑战。这些解释的支持者宣称有先验的方法建立根本的伦理原则，因此对挑战者所宣称的东西中的错误就有先验的知识。实用自然主义否认所谓的先验方法（或者至少是这些方法的先验地位）以及基于它们而知道的"根本的伦理原则"。因此这看起来似乎为这一挑战铺平了道路，特别是因为对伦理实践历史进化的强调，对不同伦理功能的出现的强调，对不存在先验的伦理真理的强调，这看起来已经放弃了回击挑战者的武器。

362 　　对理性主义资源的宣扬更多只是徒有其表，而没有实质性的作用。毫无疑问，理性主义者可以在挑战者说完他要说的之后仍然说出一些句子，但诉诸所宣称的神秘的程序而产生非常实质性的知识的做法并没有太大的力量。利剑可以用来威胁他人，但利剑的影子无法恐吓任何人。虽然理性主义者可以自豪于他们有让自己持续地表达想法，而让自然主义者无话可说的能力，这一差异本身并不是特别有意义，如果他们所说出的话是空洞的。然而，我不想让问题停留在此：我接下来将表明，实用自然主义有更多话可说。

　　此前的讨论中有两点需要进一步说明。第一，即使使用善的概念来刻画伦理学的方法有循环的危险，正如我们在第 52 节的结尾所发现的，这一方法不会保证产生所偏好的善的概念。如果它被证明可以做到这一点的话，这一主张的整体就会被证明是一致的，尽管它此前没有被证明是如此。第二，对在第 42 节中令人困扰的特征的最初的回应要求挑战者提供其他选择。现在的挑战着开始做到这一点了，他们主张忽略伦理学的原初功能而支持个体发展后随之而来的功能，但这仅仅是开始。这一观点需要进一步发展成为一个对善的完整的解释，而不用预设伦理功能被忽略或者降级。它必须得到进一步的伦理发展的某些方式（如果不是一种方法的话）的补充，并且善的概念必须和伦理进化的模式相一致。如果实用自然主义可以被证明是一致的，并且如果其他选择被证明很难准确说明它们自身，隐秘地依赖于它们已经正式拒绝的伦理观点，并且无法和其他任何伦理改变的策略相结合，这就足够说明实用自然主义的正确性。

让我们从实用自然主义的一致性开始。在相互参与的条件下，慎思者试图回应其他人的欲望。哪一个欲望会让他们觉得最为关键？他们意识到我们所有人都有共同的基础需求，而正如我们所看到的，对一些人来说这些需求得到了满足，但并非所有人都如此。他们也知道更幸运的人有更大的抱负，从他们自己的角度来看，有一些欲望比其他的更为重要，并且这些欲望相对的重要性是他们所认为什么是生活中重要的事的概念的结果。基于我们共有的人性，他们假设那些挣扎着满足基本需求的人同样会发展出相似类型的更为丰富的抱负，如果他们得到机会来培养这些抱负的话。根据这一点，他们认为对相互参与来说，恰当的关注点是人们核心欲望的满足，这提高了生活的价值。

这一论证假设我们试图实现与他人的相互参与，而实现的方式是通过了解每个人所认为的最重要的东西，并且我们足够了解，一旦从痛苦的挣扎中解放出来，人类超越享乐主义的原子主义的可能性，从把生活分解成一系列短暂的快乐与痛苦的状态，到欣赏人们所形成的欲望的整体。当下挣扎着满足生存需求的人可以意识到更远大的抱负的价值，在他们的基本需求得到满足的条件下。此外，那些认识到他们的选择已经被社会强制限制的人倾向于形成他们自己对生活中重要之事的评价。如果这些假设是正确的，慎思的人主要希望（i）形成他们自己的什么是重要事情的概念的选择，以及不通过强迫的方式而实现的选择；（ii）这一选择的物质前提得到满足；以及（iii）对被看作是最重要的欲望的满足。相互参与把这三种类型的欲望看作对所有人来说都是重要的。这是否也要求基于为所有人提供（i）和（ii）来构想善，并且对（iii）提供大致平等的机会？

显然是的，慎思者会在什么基础上引入不平等？一个可能性是坚持让一些人满足类型（iii）的欲望的机会，要求放弃满足其他人类型（i）和（ii）的欲望：不能放弃所有人获得有价值的生活的机

363

会，虽然有的人会丧失机会，但仍然有人能获得这些机会，这比所有人都失去机会是更好的结果。但第八章中所主张的善的概念，通过把人口多少看作根本问题（第 46 节）而否认了这一主张。人口数量需要维持在恰当的界限内，而这意味着有足够的资源让所有人满足（i）和（ii），并且给每个人足够的机会来实现（iii）。

364

如果思考者想要获得其他解释，他们必须假设不给人口数量施加限制是更好的做法。这意味着他们认为即使有一部分人（可能是大部分人）注定无法满足最重要的愿望，这个世界仍然是好的。这难道不就是失败的相互参与吗？①

另一个可能性是假设善的概念可以容忍人们在满足类型（iii）的欲望的概率上所存在的巨大的差别。对（i）和（ii）普遍满足的需求得到了承认，但对某些人来说得到满足的机会比另外一些人要大得多。现在取得一致同意的是资源可以为所有人提供足够的机会实现有价值的生活。因此，在这些资源的分配中，每个人都有大致相同的、充分的机会去满足类型（iii）的欲望，而大致平等的标准是通过对不可控因素可能带来的扰动的认识来确定的（第 50 节）。降低某些人的机会，同时提高另外一些人的机会，显然是相互参与失败的体现。

也许支持不平等的人可以诉诸扩展镜像的另外一个策略。从平均分配的角度来看，不平均的主张把人口分为两个阶级：上升阶级，他们的机会在增长，以及下降阶级，他们的机会在减少。引入这些差异让我们对下降阶级的人的欲望给予更少的权重。然而它可以看作是在回应上升阶级的人的欲望，并且对冲突的欲望的衡量是通过上升阶级对下降阶级欲望的回应给予一定的权重来实现的。这只有在上升阶级判断下降阶级的欲望没有体现在他们自己所形成的欲望之中时才会发生。如果他们忽略了下降阶级的欲望才会发生相互参与的失败。或者如果他们使用了依赖于他人判断的扩展镜像的策

① 否认我结论的一种方法是论证为人口设定限制与有价值的生活的主要部分不相容。这一论证在第 49 节中，面临怀疑主义时，已经提过了，我将使用在那里作出的回应。

略，它才会发生。但其他人同样必须给下降阶级的欲望非常低的权重，所以完全相同的问题还是会产生。因此，扩展的镜像唯一产生不平均的欲望的方式是因为原始镜像在思考者所属的群体内无法工作——这意味着这一讨论不能满足相互参与的条件。

在第 53 节中方法的应用似乎会产生实用自然主义的善的概念，以及实现有价值的生活所需的严肃的、大致平等的机会的条件。此外，作为人类有价值的生活中心要素的人类关系概念可以被看作与坚持相互参与的条件是协调的。然而结论不应该被夸大。任何一个理想对话的排练必须诉诸关于人类反应的心理假设，任何理想对话的演练都必须诉诸关于人类反应的心理假设，而这些假设可能会被人们对设想他会采取的推理思路的实际反应所证伪。在回应之前，一个暂时的结论是：实用自然主义关于善的主张与他对伦理学方法的观点是一致的。

现在转向挑战者的立场。挑战者关于善的概念把少数人的发展看作是至关重要的，而大部人的生活无关紧要。存在着特殊的人——称他们为"自由的灵魂"——假设他们能实现人类存在的某种形式，这种形式比其他人所能实现的更为高级。允许自由的灵魂完整发展的世界是善的，而其他人发生了什么则无关紧要。

这一概念显然与第八章中所给出的概念不兼容，并且这一不兼容性来自伦理计划要满足什么样的功能的差异。平均主义的概念已经嵌入了把原初功能当作最主要功能的尝试，把伦理学的任务看作是继续解决利他失灵（并且把伦理学的方法看作是相互参与的尝试）。它的对手把伦理学的原初功能看作最终提高人类生活的可能性的触发器。平均主义的概念试图把新出现的可能性整合到原初功能中（通过关注实现有价值生活的平等机会），挑战者把更丰富的可能性的出现当作拐点，在这之后原初功能就会被淡忘，以促进这些可能性进一步提高，即使由此产生的机会只有少数人能获得。

到目前为止，其他解释没有给出伦理讨论的方法——也许是因为不存在进一步的伦理讨论了。但是，我们是如何到达不再需要进一步考虑该做什么的这一点并不明显。首先要注意到通过自由的精神而实现的提高了的人类可能性比人们所能获得的可能性要丰富得多，因为，如果不是如此的话，我们所有人就会是这些自由灵魂的近似值，那么挑战者的观点就会变成他们所要取代的平均主义。现在来说，在有利的条件下对普通人开放的人类可能性——那些人们认为是有价值的生活中重要的元素——通常来说依赖于社会合作的程度。为了让我们能享受到这些可能性，物质资源和社会制度必须就位。即使对自由的精神生活的壮丽方式没有准确的理解，也没有理由认为他们的困境会有什么不同。他们也依赖于社会和相互合作的努力。关于所要求的基础如何实现的问题会浮现，自由的精神和普通人之间的关系该如何管理的问题会浮现，自由的精神之间潜在的冲突的计划如何调和的问题会浮现。那么，显然伦理学不会结束，依然有一些方式来继续进行伦理讨论（即使这一讨论被看作是只有自由的精神才能参与的）。

我们不知道自由的精神会期待何种可能性，因此，善的概念是完全不确定的。我们也没有伦理方法（除了伦理学需要继续的需求之外），因此没有表明方法和善的概念是相互融贯的可能性。我们甚至不能决定对自由的精神来说得到提高的可能性是否预设了一个社会——合作的努力已经通过满足伦理学的原初功能而得到实现（宣称是超验的功能）。这些都是严重的漏洞，但是，因为一些关于人类生物学和心理学的基础事实，还会有进一步的困难出现。

367 任何促进自由的精神发展的尝试首先必须找到自由的精神。也许挑战者希望把自己看作自由的精神，翱翔于周围平庸的人之上。然而一个关于我们自身陈词滥调般的真相是，我们的潜能出生时没有刻在脑门上。就如人们所常见到的，人类开始发展后，他们的天赋和能力有时候会变得清晰。然而，情况并不总是如此，因为一个令人难过并且常见的事实是，人们总是会受到各种限制并且会受到不充分的社会环境的阻碍。没有自由的精神能够翱翔，除非他已经有了足够的支持性环境。允许这一（假设的）自我认同的一个方式是所有人都有足够的机会，但这包含了现在所要挑战的善的概念的核心特点。促进自由的精神的发展将会预设所有人都有平等的机会去实现有价值的生活这一条件。还有什么其他的可能性？我们能用这一代中被确认的自由的精神来挑出下一代中可能的自由的精神吗？即使有比当代基因学所给出的对遗传现象更模糊的理解，也很容易看到这一做法是没有希望的。① 没有平等的机会这一条件作为背景，不相容的解释根本就无从谈起。

第 42 节通过论证挑战者们放弃了伦理计划而又没有提出一个可替代的东西（除了伦理计划让我们从中解放出来的脆弱的原始人社会）从而回应了这些极端的质疑。第 51 节总结了复活这些质疑的方法，即通过利用功能性的冲突，似乎发展出另外一种继续伦理计划的方式是可能的，这些方式强调或者轻视不同的功能。这些怀疑的一种形式已经得到了考查，我们发现（暂时性地）这一主张立足于伦理学的原初功能与其他功能相融贯，然而对这些所谓的其他可能性的进一步讨论遇到了严重的困难。不仅仅是它所能提供的伦理讨论方法是模糊的，或者对于方法与善的概念如何融贯地发展是不确定的，并且还存在一个重要的威胁，就是这一主张预设了它所要试图超越的功能。

对某个单一的极端的怀疑的讨论很容易激起一种反驳，即认为其他可供选择的方案经过了仔细的选择：实用自然主义之所以能成功，仅仅是因为与它并列讨论的是另外一种不合理的解释。但恰恰相反，这一挑战之所以重要正是因为它贬低伦理学的原初功能并因此移除了通过相互参与而实现伦理决定的观点。没有这么极端的那些观点承认原初功能的重要性。一旦解决利他失灵和相互参与被严肃对待，继续伦理计划的选择就会极大地减少。我们剩下的就是那

368

① 正如柏拉图已经做的。关注于生物学遗传的想法是他为不同天赋的人给出不同教育的方法的核心【*Republic*（trans Grube）（Indianapolis：Hackett，1992）】。然而柏拉图认为这最多只是近似值：黄金儿童可能来自铅铸的父母，并且黄金父母可能会带来更低等的孩子。

些产生可容忍的多元主义的功能冲突。

第八章中所呈现的善的概念以及本章所勾勒的伦理学方法都在寻找在当代背景下复制伦理计划最早阶段的特征的方法。他们可以被看作是努力消除后来的阶段所引入的扭曲部分。此外，施加给相互参与的条件精心反映了对心理利他主义的解释（第3—5节，第21节）。随之而来的是两个动机性的结果。第一，伦理计划的革新应通过要求慎思者以最完整的形式展现心理利他主义者的特征来进行，因为这是把原初计划当作首要的目标，即解决利他失灵。第二，人们所考虑的利他失灵的概念是足够开放或者模糊的，允许伦理讨论中的参与者有不同的理解，这些讨论者要求广泛的心理利他主义的形式是恰当的。对于进步的判断应该通过在相互参与的条件下进行的讨论来得到说明。这些条件可以用来满足第二部分对进步的解释：对于所主张的转变是否解决了利他失灵存在着疑问，这一疑问开启了什么算作利他失灵的问题，而这些疑问通过把利他失灵看作是服从相互参与的条件的讨论者所认可的东西从而得到解决。

369　　　第44节否认了伦理专家的存在。之前两章所给出的考量很难说是决定性的论证。它们邀请大家用一种特定的方式来考虑各种伦理选择——作为对开始伦理计划的人的大范围的模仿——并且它们需要受到基于人类视角多样性的反应的测试。这完全是我所主张的方法的精神，这一方法强调对话，这一对话可能是模拟的，但也可能是真实的。

第十章　更新计划

57. 哲学助产术

　　上两章建立的规范立场，也就是平均主义的善的概念，以及目的是模仿在相互参与的条件下范围广泛的慎思的伦理讨论的方法，如何可以应用到当代的困境中？重述这一问题：这不是某个作者自己可以回答的问题。哲学家可以提出一些主张，试图去辅助可以产生答案的对话。这一辅助的工作可被称为哲学助产术。哲学助产术最明显的形式体现在主张所要考虑的话题中（我们共同所在的船上需要注意木板的地方）以及对这些问题的建议中（在这些地方重新排列木板的方式）。几乎所有这些章节都在为这一做法作出努力。但是，想要让伦理计划重生，首先需要一个基础类型的哲学助产术。

　　古人好奇的是美德能否被教育。实用自然主义认为美德是那些产生于理想的讨论的东西。首先的一个问题便是，如何能很好地模拟这些讨论。用所建议的方法来更新伦理计划，慎思者能够尽可能接近所需要的相互参与的条件。这些条件从何而来？

　　当伦理社群扩展到整个种族时，所有相关的群体无法坐到一起讨论对他们所共有的规范要进行的潜在调整。年轻人的社会化不再阻止那些已经被通过的规范的传递，而把进一步的进化留给彼此会继续进行的对话。至少每一代中的某些人，也许是整个群体，需要理解理想的相互参与是什么样的，以及它如何能体现。之前两章要

371

求提出关于伦理教育的进一步的主张。

相互参与的认知条件要求了解其他人的困境。在许多富足的社会，学习生活在截然不同的环境中的人的这一想法通常会得到正式的认可，但是，对于严肃的伦理讨论，这一点需要更为系统性的强调。年轻人需要获得关于不同类型的生活的生动知识。他们应该意识到他们生动表征的能力只揭示了当代实际存在的一个范本。当他们反思对行动的主张，他们应该清楚那些与他们情况截然不一样的人对这些主张有什么样的感觉。如果他们最终认为没有什么可以改善不那么幸运的人的困难的处境，他们应该深切了解这些负面体验是什么样的。他人的抱负应该呈现在他们自己的心理生活中。

教育也应该培养满足相互参与情感性条件的能力。除了对同理心广泛的鼓励之外，潜在的慎思者需要改变被继承的伦理规范中利他主义回应的能力，认识到被认可的欲望和被忽略的欲望，只要这些欲望被区分开来。他们应该练习反射他人的欲望，从多角度思考可能出现的后果。他们应该意识到高阶利他主义的价值。所有这些技能都可以通过模仿伦理计划早期阶段来培养。儿童可以从早期的生活中学习如何与他人一起生活，按他们自己的方式来发现所有人都可以接受的规则——并且他们可以体会到服从这些规则后流畅的相互合作所带来的快乐，他们会让自己的行为与同辈相一致。

虽然有一些问题——比较重要的是保护我们星球这样的问题——是出现在整个人类范围的问题，其他的问题都可以在更小的群体之间相互协调，而这为提高在任何范围内进行伦理讨论的能力提供了练习。对最大范围的问题的敏感度，尽管在这些问题中只包含了一小部分（幸运的）代表的声音，并且最终的行动取决于投票，是能够得到培养的，如果那些对此形成了自己观点并且公开辩论的人以及对这一讨论进行回应的人在更小的问题上得到了练习的话。在这些更小的话题上进行社会生活的合作是伦理上的先驱实现的。理想情况下，随着人类的成长，他们应该能获得不同范围内伦理慎思的经验。

在某种程度上，这已经发生在了当代社会中，宗教社群内部经常出现这一情况。解决局部问题的联合行动来自会堂、清真寺以及教堂之中的讨论。此前的章节已经把宗教内嵌入的伦理学当作对伦理计划的扭曲，似乎与这一节对教育的主张是双重矛盾的。因为世俗主义不仅破坏了当地伦理慎思的最主要机构，而且强调相互参与似乎与否定大多数人生活中的核心抱负和理想格格不入。

赞赏伦理讨论发生在当地的宗教社群这一事实是可能的，甚至也认可它对人类问题的回应，但同时坚持这一讨论应该从那些把我们认为有特殊视角的领导者所解读的特定文本当作基础的做法中解放出来，在这一做法中我们往往认为领导者具有无上的权威。世俗主义应该努力复制共同解决问题的尝试，而不需要服从于那些代表神圣意志的命令的扭曲。代理机构则是必需的，用来处理篝火旁"冷静时刻"所做的工作。① 对世俗讨论的强调也并不是相互参与的失败。坚持诉诸宗教观念并不是伦理讨论的一部分，这体现在第53节（KE）的要求中，它是基于三个重要的观点。第一，错误的信念可以误导讨论；第二，皈依宗教无法回应更大范围内人们（那些暂时没有相同信念的人，以及宗教内部爱好偏离了神灵的品位的人）的抱负和欲望；第三，慎思中主张的那些理由应该是理想的讨论者所共享的，因此关注他人经过筛选的欲望是恰当的。然而这一步并不足够。宗教是许多人生活的核心，对他们来说，把它从伦理生活中移走会让他们感到权利被剥夺了。一个相互参与的世俗主义应该严肃考虑宗教以及宗教社群所满足的心理和社会需求，以及意识到和回应宗教承诺所培养出的欲望和抱负。特别是对世界上的贫苦的人，对他们来说基础的物质需求没有得到满足，他们也很难想象自

373

① 我所辩护的世俗的人道主义不是完全否定性的立场。对这一点的进一步说明，参见 Philip Kitcher, *Living with Darwin*（New York：Oxford university Press，2007），以及 "Beyond Disbelief" in Russell Blackford and Udo Schüklenk（eds）*Fifty Voices of Disbelief*（Oxford：Blackwell，2009），"Challenges for Secularism" in George Levine（ed）*The Joy of Secularism*（Princeton，NJ：Princeton University Press，2011），and "Militant Modern Atheism" *Journal of Applied Philosophy*，28，2011。

由选择他们生活的结构。第八章中主张的善的概念，目的在于认识
和回应穷人的困境，包括了使得世界上的宗教充满魅力的欲望。这
一平均主义的概念是相互参与更深刻的体现。

在此所重述的主张刻画了过去一个世纪教育理论中经常发现的
一个主题。在伦理计划的语境下来看，它们系统性的重要性或许能
得到理解。伦理讨论，其没有被扭曲的形式，迫切要求我们以及参
与者有充分的准备。在一个充满了粗糙的后果主义的善的概念的世
界（第 48 节的 A 和 B），很容易边缘化那些加强相互参与的教育项
目：有无数重要的技术知识需要灌输给未来的工人！实用自然主义
则主张另外一种后果主义，在这一观点中，学习本身就是有价值的
生活的一部分。

374 58. 稀缺的资源

分享基础资源最初的问题，比如给所有人提供食物、安全以及
住所，对许多人来说并不是问题，如果他们只注意到那些与他们有
最密切交往的人。然而，从全世界来看，这些必需品通常是稀缺的，
即使是在最富裕的社会依然存在贫困人口。实用自然主义善的概念
产生了一个命令来修正这一情况。几乎可以确定，让所有人都可以
获得食物和清洁的水资源并没有超过当代人类的能力。住房的问题
更难解决，特别是在世界上许多地区越来越容易遭受自然灾害破坏
的时期。所有问题中最困难的是为世界上许多贫困人口解决安全问
题，特别是为女性和儿童。层出不穷的暴力威胁出于很多原因：缺
乏对基本必需品可靠的供给，群体间的历史冲突，以及宗教差异。
只有当所有人都可以获得住房这一问题变得清楚时，不断升级的仇
杀才是可避免的（或者可以更好地避免），在世俗主义的基础上令人
满意的生活才是可能的，风险才可能降低到可容忍的等级。为了让
这些成为可能，必须提供充分的教育资源，让敌对的群体意识到对
抗中折磨的历史，并削弱好战的宗教的力量（第 60 节）。及时解决

安全问题的意愿当下就出现了，它必须在长时间内得以维持。

意识到这些全球不平等的问题以及解决他们的需求并不是什么新鲜事物。但对实用自然主义而言，它们对实现善的概念的第一步来说是绝对必要的。除非所有人都可以获得食物、水、住房和安全，否则对"有价值的生活的机会"的讨论是毫无意义的。那么我们是否应该把所有能量都用来满足世界上人类的基本需求？如果是的话，一个富裕的社会是否必须作出重大的牺牲，甚至可能破坏自己对善的追求？

我们没有理由认为为贫困人群提供基础资源这一坚定且充满热情的努力会使富裕世界破产。但是，真正的问题是太多方面需要解决。相反，我想要指出对全球不平等关注的一个重要约束。最根本的任务是要创造可以为所有人稳定地提供生活的必需品这一状态。为了实现这一目标，富裕世界的一些机构和实践必须得以维持。特别是支持学校、学院、大学和研究中心等极为重要，因为它们担当了为农业、水文学和工程提供可持续的技术以及作为实现进一步的善的概念（特别是使年轻人成长为敏感的道德思考者并且学会自由地选择他们自己的有价值的生活）的基础的双重角色。这一善的概念或许要求富人牺牲一部分奢侈享受，因为这样做可以减轻穷人的负担：对生物医学的再定位，比如，把其目标放在解决传染性疾病这种可以杀死和伤害上百万人的疾病上，而不是提供减肥药片以及美容产品上。[①] 相反，教育系统更多是解决为所有人提供基本必需品这一问题的新技术资源服务，并且它们为教育的扩展提供了一个模式，给所有年轻人机会来发展他们自己生活的计划。

这是否意味着放弃实用自然主义善的概念？这一承诺的平均主义也许假设了太多对资本主义臭名昭著的涓滴效应的辩护：让竞争发展并且让企业享受巨大的利润，因为这最终会惠及那些现在贫困的人。我的主张似乎与此是类似的：让资本投资到富裕世界中高质

---

① 参见 James Flory and Philip Kitcher, "Global Health and the Scientific Research Agenda," *Philosophy and Public Affairs* 32（2004）: 36–65。

量的学校和大学中，因为这会产生新的观点和技术来帮助改善世界上贫困的人的条件。这一辩护是类似的，但绝不是相同的，因为存在着两种类型的经验事实，一个是关于没有限制的资本主义下金钱的流动，一个是关于高质量的教育下促进思想和技术的出现。我们有足够的证据表明第一种类型的事实不会支持对涓滴效应的辩护：当一些国家的不平等得到控制时，最贫困的公民的条件在这些国家
376 得到了提高。恰恰相反，即使对世界上赤贫地区的技术转移是不完美的——主要是因为不受控制的资本的入侵——它仍然提供了实际上的成功，以及给许多人提供了无数的机会，如果为了解决所有人的需求这一研究方向得到足够重视的话（比如，处罚那些为了迎合琐碎的奢侈享受而牺牲对必需品的满足的研究）。①

从根本上来看，实用自然主义主张进一步的资源，包括了有质量的教育以及医疗保障可以分配给所有人。对这些问题的关注提醒我们稀缺资源这一严肃的问题仍然存在，即使是在富裕世界里依然能感受到它。只有那些幸运的家长的孩子可以受到他们应得的教育。现在，我们发现自己处于与第一批伦理学家相似的处境里了。三种不同的需求在如何分享稀缺的教育资源的决定中应该得到衡量：第一，对于那些可以获得多种教育资源的儿童而言，存在着要做什么的问题；第二，存在着提高社会某一部分的局部供给以保证未来群体的儿童的教育前景好过现在已经存在的这一问题；第三个问题来自实现长期的善的概念，实现一个所有人都得到基本必需品并且儿童都获得应有的教育机会的世界。

第一个问题需要一个计划，一个分配教育资源的安排，这些会受影响的人被默认会得到最好的，因为他们是和其他人在相互参与的条件下共同思考的。但是只关注这一个问题是不够的，因为在慎思的情况下获得的共识可能忽视了其他会受影响的群体的欲望和抱

---

① 只引用一个例子，农产品的转基因技术也许可以极大地增加世界上饥荒地区可持续的食物供给，如果农业公司不为了保障无限巨大的利益来修改植物基因从而让农民无法获得他们自己的种子的收益。

负，这些群体未来会面临同样的问题。他们也许会反对自己的选择受到限制，因为前人只关注了分享的计划而没有考虑增加供给——并且主张对未来教育机会的供给的增长应该是现在分配教育机会政策的决定因素之一。出于同样的原因，那些体现了全世界贫困人群视角的思考者，他们参与了在相互参与的条件下进行的广泛讨论，他们也许会批评小范围的讨论结果导致他们实现了局部的提高，而对普世的平均主义的善毫无帮助。挑战在于发现一个整合性的解决方案，能被大范围内群体的理想的思考者接受为最佳选择——在相互参与的条件下的思考者所认可的一系列的主张。

　　简要地考虑一下也许会在制定关于如何分配儿童去学校，或年轻人去大学的计划中扮演一定角色的各种因素。一种可能性是抽奖的方式。另一种则是允许让那些愿意付钱的人获得机会，一种极端的形式是允许家长竞标来拍卖位置。而另外一种则是主张所有儿童应该通过管理性的测试来衡量他们的水平并且根据什么能最大开发他们的潜能来进行分配。还有一种则会考虑，比如是否有特定背景的人能以受人尊敬的角色出现（或者作为未来的教师出现，他们可以提高整个教育水平）来考虑对未来次级群体的教育分配的后果。没有考虑这些潜在因素（以及其他一些）的思考不能被看作理想的，但这带来了一系列的经验问题。我们仍然缺乏足够的知识来了解如何给弱势群体提供教育机会来提高这些群体成员的动力，以及社会环境中什么样的改变才能放大现有条件下的后果。[①] 事实上，现在许多关于分享稀有资源的恰当的模式的讨论，比如进入最好的学校和大学的机会，都是靠猜测来进行的。

　　这也就是说，考虑教育制度所讨论的问题的方法以及政策建议者所采取的方法都不是完全错误的。不同于从抽象的哲学原则中获

___

① 一个明显的生物学类比经常被忽视。反对提供教育机会给弱势群体的计划的人抱怨给这些群体中年轻人能带来的动力性的后果十分微小，他们没有意识到提供这样的机会也许类似于给植物浇水——没有水的话植物一定会死亡，但即使有水了，它也不一定会枝繁叶茂，如果土壤里没有其他养料的话。关于教育政策的讨论与其他竞争性的资本主义社会中贫困成员所面临的障碍等问题纠缠在一起。

得结论，他们通常通过考虑代表不同观点的人的意见来进行。这一类型的程序可以被看作近似于实用自然主义的方式，即使它们远远没有满足相互参与的理想条件。显然存在着改进的方法：相比于当下的状况，在这些谈话中被代表的人群可以更加多样并且更偏离富裕社会；思考者可以为了理解其他视角作出更多努力；并且他们可以从通过猜测解决当下问题的实验中获益。

稀缺的医疗资源这一问题看起来更简单。承诺给所有公民提供健康保障的社会必须考虑医疗资源的预算如何分配。对给予所有人追求有价值的生活的平等机会的关注带来了一种主张，认为完善儿童与成年人健康的预防性程序远比付出巨大的代价让老年人维持数周或者几个月的生命重要。接受这一主张会重塑美国在医疗支出上的特征，现在美国一半的医疗支出花在了生命最后几年的健康上。[1]有的人甚至会更进一步，主张对于一些老年患者，医疗保障的主要任务是让死亡的过程变得更轻松。对许多人来说，无痛苦的死亡是好的生活的一部分。

对这一事实的公共认可标志着我们伦理生活一个进步的转变。在许多医院，很多医生默认保存生命并不是根本的目标。更基本的目的是帮助人们实现他们所承诺的生活。许多活跃的、富有激情的，并且关心他人的人都反思性地把未来在痴呆的状态中徘徊的情形，或者衰败的身体靠着一堆缠绕的管子而勉强维持的状态看作是对他们自我认同的否认。对于那些用这一方式构想他们生活的人，医疗的安慰不是医生能够维持这一荒谬的生命，而是能够提供适合生命的死亡礼物，有时是让患者死去，有时是加速这一过程。此外，这些把医疗看作避免痛苦的死亡的人通常也会认为自己解决了一种利他失灵：不接受维持生命昂贵的支出，他们希望把这些支出给予其他可以从医疗资源的供给中获得更多收益的人。这一类型的主张必须被有不同视角的人来衡量，这些人必须充分知晓各种可能性以及

[1] 参见 Berhanu Alemayehu and Kenneth Warner, "The Lifetime Distribution of Healthcare Costs," *Health Services Research* 39 (2004): 627–642。

承诺了相互参与。

　　考虑稀缺的医疗资源可以持续的情形。不管一个社会在招募人们进行器官捐赠上有多成功，把匹配的器官在恰当的时间、恰当的地点移植到自身器官衰竭的人身上总是困难重重。因此，优先性的问题需要得到解决。医生必须决定哪个病人会被选择来接受可移植的心脏、肝脏和肾脏。（事实上，他们的困境是原初的"医生的两难困境"。[①]）他们所诉诸的许多标准都是看向未来的：他们衡量移植成功的概率，评价患者未来生活的前景，考虑患者的生活会如何影响其他人等等。然而有一个历史性的因素会起一定作用。区分器官的衰竭是由病人控制以外的东西所造成的（基因缺陷或者早年的创伤）还是病人自己的行为造成的（肾脏因为过度饮酒而衰竭）。

　　实用自然主义允许我们理解并且精炼前瞻性的标准。如果我们的行为应该提高获得好的生活的平等的机会，那么恰当的做法就是支持那些生活计划因为早年的厄运而受到严重威胁的人，而不是那些在当下的不幸发生之前已经实现了许多憧憬的人。如果许多其他人的生活与患者的生命绑定在一起（比如年轻儿童的父母或者他们的工作对许多人的福祉都有贡献），给予这样的患者更多权重是恰当的。理想的医生——或者理想的医疗计划制定委员会——会因此通过不同的方式考虑病人的死亡对未来生活质量的影响，不管是他们自己的还是那些受他们的存在所影响的人。理想地来看，存在着一个程序来镜像反映被调查的人群可能的未来，从而获得最终的决定。

　　然而，到目前为止，还没有关注过去。如果酗酒的人在前瞻性的衡量中的得分高于其他懂得克制的病人，他或者她就有条件获得这个唯一的肾脏。[②] 这一被推荐的后果主义形式能否回应这样一种

380

[①]　参见 George Bernard Shaw, *The Doctor's Dilemma*（New York：Penguin，1956）。书中，医生只拥有足够拯救一个病人的新发明的药物，但有两个潜在的病患。

[②]　当然，在实践中酗酒者过去的毫无节制会削弱他或者她未来的前景，并因此降低他或者她在前瞻性的衡量中的得分。但通过这一方式排除酗酒的人是对他或者她未来行为后果的回应，而不是对行为本身的回应。许多人会坚持认为即使这产生了可接受的结果，但却是用错误的方式得到的结果。

想法，即认为病人早期的不节制也是相关的，认为这些人忽视自己的健康，甚至主动造成自己的医疗问题，更加不值得接受治疗？答案是肯定的。平等地享有稀缺资源的承诺必须考虑在原始的分配中，每个人是否获得了相同的东西。比如，在分享食物原始的背景中，如果给予群体中某个成员的部分很快就被破坏了，我们第一代的伦理学家可能会试图弥补这一缺陷，通过让其他人贡献出被分配的份额，把这看作产生了他们所想要的平等的分配，尽管在一开始没能实现这一目的。同样地，因为基因缺陷而肾脏衰竭的人没有获得健康的肾脏这一资源的平等分配，而对平等（获得有价值的生活平等的机会）的承诺必须考虑这一事实。

381 　　对稀缺医疗资源理想的分配应该考虑各种前瞻性和回顾性的因素，通过代表不同的视角的人所认可的方法来平衡它们，这些视角承诺了相互参与。但是，在当代医疗选择的背景下，解决如何理想化讨论的尝试是很难恰当的。通常需要很快地作出判断，并且那些被他们影响的人需要被保证他们的情形不会受偏见和变化无常的影响。因此，知道没有足够的时间调查个人情况的所有细节，了解某个人的存在影响其他人生活复杂的方式，那些信息储备丰富且承诺了相互参与的个体倾向于此前已经详细说明了的规则。这些规则将会被应用到紧急的情况，那些要考虑更多限制条件，更加精确的判断——更接近对特定细节和结果理想的调查的判断——可以在时间允许的情况下引入。

59. 习惯及其限制

　　接下来转向道德判断的世俗背景，那些出现在生活舒适的人身上的背景。虽然人们所做的都是重复的事情，施行那些不受质疑的习惯，每次都会带来一些需要进行判断的机会。因为有一些任务需要完成，行动者需要组织他们的行为以实现这些依赖于他们而产生的东西。除了有许多能够实现的方法之外，一些最基本的计划通常也是必需的。但是，除了满足他们的义务之外，还需要处理更多情况，比如帮助他们周围的人或者给予意料之外的喜悦。那些被人们看作特别体贴入微的人对于这些情形更为敏感，并且会把它们纳入日常行为的计划——他们会挤出时间与那些遭受了挫折的在远方的朋友电话聊天，为孩子准备惊喜，询问年老的邻居是否需要开车送他们去看医生。那些对帮助他人的机会不那么敏感的人往往会斥责他们自己，从而让自己的生活更多地受这些习惯的引导——并且下决心要做得更好。

对于那些乐于行善的人来说，这是伦理生活中非常平凡的琐事。社会环境就是由这些互相交织的习惯所构成的，遵守这些习惯可以增加那些身处其中的人所认为的所有人的福祉。制度（比如婚姻和私人财产制度）、角色（妻子，教师，公民），和善的个人生活的概念（经济上自由，家庭和谐）被看作是理所当然的。基于这些制度、角色和什么能够促进好的生活的假设，这些习惯良好地结合在一起。如果所涉及的每个人都履行了与他或者她角色相关的义务，福利中个人的因素就能得到提升，并且所有人的好的生活在这一局部的圈子中也能得到保证。如果人们对他人的生活很敏感，利用各种机会为他人提供安慰和帮助，就会有格外的福利。一些角色——比如，家庭成员或者朋友——甚至要求一定的敏感性，这体现在他们愿意打破常规的义务，尽管超出最基本的义务的帮助往往是受欢迎的。

对于这些背景下的日常的伦理判断的解剖是容易了解的。行动者获得了那些传授给他们的伦理资源，对应该做什么不应该做什么的一般命令，与角色和制度相关的规定，这些都通过榜样的故事和关于人类幸福模糊的观念得到体现。在日常计划中，这些伦理资源标明了某些目的并且排除了一些方式——必须能够购买食物，这样一个家庭才有饭吃，但是不能简单地从别人口袋里拿钱。但是，即使在被接受的伦理视角所提供的框架内，仍然存在着巨大范围的可能性。行动者知道某些特定的行为要做，并且他们或多或少可以意识到超越被指定的义务的可能性。他们该如何安排他们的时间，如何在不同的行为领域分配他们的时间？因为选择非常繁多，对什么样的行动计划是最完美的彻底探索会使得我们难以行动。某些观点是必需的，但不能太多。正如我们判断自己的和其他人的日常，我们批评那些完全按照习惯行动而毫不思考的人以及因为选择困难而无法行动的两种极端，并且赞扬那些经过充分考虑选择满足责任并且给他人提供额外利益的计划，而不是那些止步在只思考着执行这一计划的人。赞赏是可以与对其他选择也许是更好的，以及许多选择都是同样好的这一意识并存的，因为更好的可能性在作出决定时很难被认可。对日常生活的反思充满了对我们弱点的承认。

伦理慎思与道德判断的世俗特征很容易被忽略，并且许多需要被审核和质疑的东西都被当作理所当然。对伦理学的讨论很容易被那些显眼并且是人为的情况吸引走。但是，日常伦理生活的真相存在于使用和扩展已获得的资源，并且在这一过程中，一个理想的伦理系统在原则上没法给出一个单一的答案，我们也不能从任何一个系统的视角来判断我们自己与他人。在我们已有的背景下，在一个预设了制度、角色和好的生活不同方面的伦理规范下，以及能够允许人类缺陷的不同方法的条件下，我们每个人考虑该做什么，并且反思性地赞扬他或者她自己的行为与他人的行动。判断导致了一系列明显的问题：行为是否符合一般的规范的要求？它是否满足了行动者的角色的义务？他是否喜欢为超出这些责任范围外的福利作出贡献？他是想太多还是太少？是否有任何人类缺陷而导致的那些可被理解的过失影响了（几乎）所有人？这些问题的答案通常都可以容忍一定范围的行为计划，把它们对规范的应用和扩展看作是可允许的，甚至是值得赞赏的。

对伦理判断的日常实践也许可以从一个更广阔的视角来判断。是否存在着调整规范来调整它所给出的命令，它所预设的制度和角色，它对好的生活的概念（潜在的或者明确的），它对恰当的范围和思考的建议，它满足人类脆弱性的方式的机会？在任何时间都反省并且判断我们规范的所有方面是不可能的。接下来该做什么的决定需要作出，它们不能等到仔细审视我们所继承下来的所有东西。同样地，不能对我们规范不同的特征以及日常判断中给出答案的方法提出质疑，是日常实践所批评的对习惯毫无反思的追随。我们的伦理生活绝大部分都是用伦理资源来处理新的情形，我们目前的伦理规范——它既认可缺乏思考的危险，也认可思考太多的危险——要求我们探索它的构成性资源。善的概念（对于好的生活平等的机会）如何带来我们通常所接受的制度和角色？慎思的方法（理想的相互参与）如何影响我们试图使用的原则？我们是否过于宽容地允许人们遵守自己的习惯，而不是更经常地参与镜像他人的态度？日常判断的实践是否太舒适了？①

　　几乎可以确定，当代富裕社会的成员（包括了哲学家们）通常陷入了未经审视的生活。受到习惯的支配，我们缩小了自己伦理顾虑的视野，因此对许多人的困境视而不见，因此容忍了世界范围内的不平等，哪怕这些不平等如我们所讨论过的那般显眼（第58节）。习惯让我们倾向于只考虑有限范围内的选择，在这些选择中我们试图找到和其他系统一样好的选项。通常来说，日常的伦理判断涉及的问题有许多解决方法。具有挑战性的例子，让我们想到改革，是那些在已有的伦理规范的资源中找不到解决办法的情形。伦理困境并不是伦理生活主要的部分，甚至不是比较重要的部分——至少对那些生活舒适的人来说不是。② 它们的价值在于让我们注意到这些问题。

---

① 虽然我们已经看到（第27节）为什么伦理学不能建立在神圣的意志上，但对于把伦理学嵌入宗教的积极方面存在着一个重要的问题。威廉·詹姆士论证了道德要求和超越人类的力量的观念的联系让伦理学能有适度的"吸引力"（"The Moral Philosopher and the Moral Life," in *The Will to Believe* [New York: Dover, 1956], 211）。对于这一联系的所有问题，有的人或许会坚持，事实上，宗教参与的戒律提供了鼓励人们更仔细审视他们行为的结构，从而阻止一定程度的松懈。如果是这样的话，世俗社会要求可以替代它的支持自我反省的方式。（在苏格拉底的例子中，他提到的神灵对他探究式的询问的重要性，可以向我们表明非制度化的替代物是可能的。）

② 在那些生活在要满足基本欲望的人的生活里则更为显著。

两难困境可能或多或少是孤立的，也可能是系统性的。系统性
385 的两难困境是那些在一定范围内的背景下，对很多人都会爆发出来
的东西。如果是这样的话，一个恰当的诊断要求我们有责任理解那
些被接受的制度和角色。忽然之间，我们习惯的背景需要被审视。
第 57 节中所想象的那些受过良好培训的谈话者也许更少地依赖于这
些偶然的刺激，能更稳定地协调习惯导致的短视。

60. 冲突的角色

在富裕社会中的许多人，虽说并非都是女性，但主要还是女性，
感觉她们自己在职场的要求和家庭的需求之间被撕裂开来。正如第
24 节中所说，19 世纪末对女性进入公共生活的反对集中在工作的女
性不可避免地无法履行重要的家庭义务——这一论证今天也会经常
听到。不仅如此，几乎所有在家庭外有工作的母亲都觉得在她孩子
幼年的某个时间点，她必须在工作所要求她做的事情（通常是为了
保住工作所需要做的事情）和为她孩子好的事情（通常是孩子所需
要的事情）之间作出选择。在更小的范围内，同样的两难困境父亲
也会感觉到，有的人甚至会通过衡量伴侣两人所感受到的压力的频
率来评价这一关系中的平等性。解决方案通常是次优的，一般是通
过在工作中偷工减料来实现（那些会减少晋升机会甚至威胁到工作
的方法），或者缩短父母照顾孩子的时间。更富裕的家庭有时可以购
买看护（通常是贫穷的女性）所提供的服务，她们可以提供近似于
父母所提供的关心，但是，这么做的话，他们只是转嫁了问题：看
护只能花更少的时间去照看自己的孩子。

在过度简化的情况下，人们可以区分两种情况。对有的女性来
说她们的中心任务是培养孩子使他们能够追求自己选择的生活，这
些生活是他们从许多可能性中选择的。因为她们的经济条件，这些
女性被强迫承担第二个角色，也就是公共空间中的工作者。家庭外
386 的工作仅仅是必需品，如果他们想要为孩子提供足够的机会，并且

让那些为孩子设想的机会变成可能。然而坚持这一工作要求她们在一定程度上放弃她们的中心目标。有时，甚至当孩子生病或者沮丧时，他们也只能和负担过重的看护待在一起，或者只能从学校送到课外活动，因为父母无法离开工作来支持和安慰他们。像这些例子的内在逻辑是选择的角色（养育孩子）要求次级角色（工作），而这些次级角色的履行有时只能以牺牲一部分主要角色的功能为代价。

第二类的情形则涉及了想要同时满足工作要求和母亲责任的女性。在许多这样的例子中，更多选择是可能的：有抱负的律师、医生、女商人或者研究者有足够的可支配收入来购买比她们自己更好的替代服务。然而，如果事业目标实现了，同样的压力会在不同的地方被感受到。如果在儿童照顾方面投入足够多的资金，确保为成长中的孩子们提供良好的培养和激励环境，那么每天十小时的工作时间也许是可以应付的。职业的晋升甚至是职业的维持，要求的东西可能会更多。在办公桌前，在医院里，在路上或者在工作台前十小时是不足够的。没有孩子的女性——以及一部分的父亲——能够奉献出更多时间和精力，更有可能获得有更多奖励的机会。也许，最终有前途的女性的职业停滞不前——她"只能"留十小时在工作日，在他人留下工作的几小时她必须去照顾孩子——当她意识到这一停滞时，甚至是十小时的工作都变得不可忍受了。此时这一情况的逻辑是生活集中于满足两个角色，而这两个角色都被看作是极为重要的，没有哪一个比另一个更重要，而生活往往为这两个相互竞争的要求所影响。

假设足够幸运处于能获得充分支持的环境中，这些类型的女性（以及男性）也许会跌跌撞撞实现那些事后回顾起来是满意的东西。对那些认为工作仅仅是养育孩子手段的家长而言，他们认为自己快乐地实现了他们选择的生活；那些希望同时实现事业和家庭目标的父母则实现了类似的目标并同时满足了职业生活（也许如果没有家庭带来的分心，职业可以走得更远，但事业已经走得足够远了）。有

387 足够好的运气的话，女性和男性甚至能感觉到他们在能力范围内最好地实现了这两个角色：他们的孩子按照本该有的样子成长，因为他们对家庭生活进行了更多"投资"；他们的事业获得了所能获得的奖励，① 虽然所有时间都已经奉献给了工作。然而最成功的平衡方式也许要求挤压其他角色，比如限制友谊的范围和深度。

如果我们比较那些为了同时实现职业和家庭生活，并经常感到两难的女性和男性，与那些只追求事业或者依赖另一半（配偶或者搭档）来负担家庭责任的男性（以及一小部分女性），成功，特别是最高层次的成功，往往在后者中被找到。毕竟，这些人不需要巨大的运气来实现他们尽最大限度的努力所能获得的东西——最大限度的努力就是他们所奉献的东西。即使是在富裕世界里最平均主义的群体中，这两组中的性别比也是不一样的：更多女性发现她们面临一系列由角色的冲突引起的两难困境；更多男性免于这些两难困境，因为他们可以依赖别人来解决这一潜在冲突的角色。因此，这一不平衡将会持续下去。公共生活中最耀眼的成功通常都更多由男性而非女性实现，即使现在机会是平等的。②

因为家庭和公共角色冲突而产生的反复出现的两难困境带来了两个不同的伦理问题。这两个问题中更明显的一个是个体行动者所面临的问题，因为他们必须作出日常的决定。只要冲突的角色所给出的要求不是太困难，人们可以通过明智的计算摆脱一系列的困境。

388 那些成功的人通常通过制作记录生活中不同部分短缺数额的表格而做到：今晚迫切的加班需求意味着孩子在日托中心或者课外活动中待得更久，但这可以通过之后的假期来弥补；陪伴生病的孩子的上午可以通过晚上的工作来弥补，一旦另一方回到了家中的话。在这些相对温和的条件下作出的伦理选择显而易见是后果主义的：人们

① 这些奖励并不一定是薪酬或者公共荣誉，也可以是对重要的事业作出了贡献。

② 不平衡以多种方式呈现，其中有些很小，但平等却被削弱，以及明显的微小差异所造成的巨大累积效应，参见 Virginia Valian，*Why So Slow?*（Cambridge，MA：The MIT Press，1998）。

有两个目标要实现，从一方借走的时间可以在另一个地方弥补，这可以在相对能够容忍的程度上满足两个目标。但事情很容易出错，随着两个角色都作出严厉的要求，这会让灵活的计算变得不可能。某些类型的意外要求父母更长时间的照顾；而在同时，相当大数量的工作时间也是必需的，如果不想一直以来的工作上的努力付之东流的话。这一程度的两难困境并非只有极少的父母感受到了，它们和其他那些著名的经典的情况一样困难。

　　第二个伦理难题起源于对实用自然主义善的概念的承诺。认为对有价值的生活应该有平等机会的观点就是坚持所有人在生活计划中有真正的选择自由。即使是在最富裕的社会中，机会往往被限制到了一个性别中，仅仅宣称所有人都被允许参与任何类型的公共生活只是一个形式化的进展，只要最严重的工作冲突以及家庭角色仍然没有得到解决。自由塑造自己的抱负依赖于目标是可实现的这一期待，并且，在结合事业和家庭的尝试经常会容易遇到不同程度的两难困境的环境中，头脑清醒的年轻女性将会感到她们必须早作出选择。她们在思考最高层次的成就中的不平衡时——在公共生活的许多领域内，回报最丰富的位置都被男人占据——她们相信某些职业选择就是不能成功地和她们想要的养育孩子的生活结合起来。也许形式上是可能的，但女性就是没有平等的机会能成功实现这些追求。甚至是最幸运的女性，她们的努力为她们的女儿开拓了各种可能性，也仍然无法让她们的女儿从那些没那么幸运的父母所带来的阴影中解放出来，这些父母的困难给年轻的女性选择生活的方向时上了让她们谨慎的一课。

389

　　当两难困境系统性地针对某个特定的人群出现时，主要的伦理挑战是考虑当下的条件也许会改变的方式，让未来的人不再受到类似的影响。完整地说明当下环境的结构是有价值的。在富裕社会，有些人满足了其他人真正能够追求自己选择的目标的形式化的条件（比如，女性形式上和男性一样是可以选择的，能够结合家庭和事业），但追求这些目标的结果是面临反复出现的一系列两难困境。在最好的情况下，这一系列的困难可以通过密切关注结合目标和维持平衡的两方面来解决。但是，经常发生的是这一策略并不总是可行的，并且两难困境的出现要求对某一目标的选择以牺牲另一个目标为代价。这些不可解决的两难困境的后果会进一步侵蚀后代的群体成员真正机会平等的条件。因此任何对平等主义的善的概念的接受应该引导我们寻找那些导致两难困境的社会条件的变化。我们应该仔细审视它们所嵌入的相关的角色和社会制度。

在伦理计划的进化中，角色和制度是被引入来解决此前的问题的。[①] 当我们发现角色和制度在我们实现善的概念时造成了阻碍，重新审视这些角色和制度就是必要的了。我们能否保证同时拥有护理人员和劳动者的角色的利益，并且追求对于选择机会的性别平等？在某些工作的条件下，这看起来似乎并不困难，因为当被满足的需求非常有限时，两个角色平等参与之间的张力就会减弱。比如，如果他们愿意的话，气候温和的农耕社会能够结合高质量的父母教育与性别平等。对于想要实现更多的当代社会公民来说，问题开始出现，社会通常充满了对稀有资源紧张的竞争，以及不同的分隔。对冲突的角色的严肃想法应该考虑这些抱负的特征以及所设想的、人们所争夺的善的价值。我们也需要考虑我们对各种工作日常作出的社会区分的价值，以及个人关于什么是有价值的选择所反映出的区分的方式的价值。[②] 经验性的调查——也可能是实验——应该找出关于一旦放松了对工人角色的限制或者把对孩子的照顾变成共同的承诺后会失去的究竟是什么（如果有的话）这一问题。物质奖励和社会认可差异化的分配通常被认为对高效率来说是必需的：我们得知到如果无法注意到努力的差异工人就会变得懒惰，并且他们劳动

---

① 第 20 节中"如何可能"的解释主张特定的角色会面临特定的问题。即使这一解释从历史角度来看是不准确的，更抽象的观点即角色和制度是对问题的回应，也并不是错误的。

② 这是近几十年来女权主义的分析所强调的一点。弗吉尼亚·伍尔夫（Virginia Woolf）有力地说明了这一点，参见 *Three Guineas*（San Diego: Harcourt Brace Jovanovich, 1966）。

成果就会变得劣质和稀少。努力的工人准备好了工作更长的时间，因为他们的付出，他们应该得到更多回报。这也就意味着，在其他条件一样的情况下，那些不在照顾孩子这一方面分配任何时间的人会得到最多的回报。这一类的论证预设了许多只有大概的证据会支持的观点：我们对人类心理学没有足够的了解从而无法判断差异化的奖励对激励人们的工作是不是必要的；我们不知道差异化必须达到什么程度才可以产生高效率（我们真的需要高度倾斜的奖励系统吗？）；我们不知道差异化是否必须与完成的工作有内在联系，以至于没有获得这些奖励的人失去参与特定类型工作的机会。

最后一点与照顾家人和工人的角色冲突极为相关。从一个有抱负的医生、律师和科研工作者的角度来看，特别高的酬劳、奖章和荣誉并不重要。她所想要的是在令她满意的程度上进行特定类型的工作的机会。如果不平等的物质奖励分配能够与平等的工作机会的分配结合起来，她能够欣然牺牲外在的利益来换取对家庭生活的奉献。问题就在于这一差异化扩展到了工作本身。她完成了在人手不足的医院的日常工作，满足了治疗病人中对人数的需求（而非智力上的）；她处理一些常见的法律案子；或者她只能作为其他人项目的助手来进行科学研究。这些都不需要对差异化奖励的承诺。因为原则上可以提供更多经济上的回报给她的男性同事（那些没有家庭负担的人），并且给他们更多荣誉和头衔，但是工作的分配可以更平衡。（当然，荣誉和头衔是否能够挽留他们是一个值得考虑的问题。）不追问关于工作和休闲平衡的问题，角色可以得到一定的调整，使得去做令人满意的工作时不再要求最长的工作时间。

对工人角色的这一调整是非常保守的。从实用自然主义的角度来看，突然跳跃到这一点而不考虑经验性的信息以及更广泛的调整是不明智的。毕竟，一个许多人被教育牺牲他们与伴侣、父母和孩子的休闲时间的世界，从生命质量的视角来看并不是最好的世界。

61. 不道德领域

正如第 38 节和第 46 节所强调的，我们的伦理规范包含了模糊的准则，这种模糊性在我们的伦理进步中依然存在："说真话"和"不要暴力"是重要的例子。然而我们的实践把行为分成了两部分，在一部分中准则是起作用的，在另一部分中它们则不发挥作用。[①]

现代战争采用的技术往往会导致许多平民的死亡，并且当代的伦理规范容忍一定程度的"伴生性的破坏"。但这是有限度的。几乎没有人认为强奸和谋杀属于敌对国家的人——尽管这些人在战争中没有扮演任何角色——这样野蛮的政策是可以被宽恕的。虽然整个战争得到了辩护，也许因为它反抗了那些征服或者毁灭他人的人，我们允许那些一开始就意识到会造成非战争人员——甚至包括与敌人没有关系的人死亡这一目的的手段。对这样一些暴力的使用有许多复杂的哲学辩护，一种就是声称这些死亡是"可预料但不是故意的"。虽然它们的发生让人惋惜，造成他们死亡的行为却因为更大的目标而可以被原谅。[②]

当所宣称的更伟大的目标值得怀疑的时候，任何对暴力的这类辩护都会被削弱：对那些不幸属于被错误地指控有威胁的国家的无辜平民扔下炸弹是谋杀行为，和其他谋杀一样有罪（而知道这一错误并试图从这一攻击性的行为中获得支持的罪犯应该得到惩罚）。即使要实现的目标拥有可以为发动攻击辩护的属性，当（比如）目标是阻止独裁者，破坏种族灭绝这样系统性的政策，仍然存在着什么样的手段是可接受的问题。是否可以牺牲一大部分平民来避免战争中一小部分人的死亡？是否可以合法地用剧烈的爆炸消灭（立即或

[①] 在此我仅仅考虑对战争中暴力行为的容忍。隐瞒，甚至是不诚实在特定的商业和政治背景下是被允许的。对此的分析，参见 "Varieties of Altruism," *Economics and Philosophy* 26（2010）: 121–148。

[②] 对这一问题的争论参见 *The Doctrine of Double Effect*, P. A. Woodward, ed,（Notre Dame, IN: University of Notre Dame Press, 2001）。

者最终）无数"他们的"非战斗人员（甚至许多人不站在任何一方）来挽救"我们的"军队？我们认为存在一些相对清晰的情况，可以通过计算数量来决定。但敌人带来的危险巨大，因此数百万人的生命受到威胁，造成数千非战斗人员死亡的政策看起来似乎是可以接受的（假设不存在可以牺牲更少生命的选择）。炸毁一个有数十万平民以及相同数量的来自两边的受折磨难民的城市，来缩短最多一两周的战争时间的决定，是不可以接受的。

你也许会认为存在着某些中间地带，平民生命的损失正好平衡了促进对暴力和攻击反抗的收益。平等主义的善的概念对这一想法提出了问题。对人类生命价值的认可并不契合这一解释的角度。是否可以引入一些更准确的伦理规范来表明"伴生性的毁坏"的限度的特定比例，其功能是指定可以牺牲的战士的数量，或者可以避免的战争时间，可允许牺牲的平民数量？这一表明什么程度的暴力是可容忍的确切量化是进步的吗？对此的辩护是宣扬知道军事策略可以走多远的优势。尽管如此，这一辩护忽略了寻找准确的界限正是它所试图回应的对人类生命态度冷漠的一部分。一个政策可以通过表明它落在了可允许的范围内而直接得到辩护的世界没能认识到真正的问题，一个愧疚太少的世界。需要作出艰难的抉择，但作出这一选择时我们不应该忘记它们是艰难的。[①]

伦理学的主要任务不是找到标明界限的方法，而是找到改造人类生活的方法从而使得这些界限不再有必要。从实用自然主义的角度来看，国家间（以及其他群体间）的冲突是我们祖先的社群间冲突的升级版。在伦理计划最早的阶段，群体设计了最成功的实验来解决黑猩猩社会生活中最常出现的暴力威胁（在原始人的社会生活

393

---

① 我在本书中的说法试图暗示艾萨克·列维（Isaac Levi）在这一问题上开拓性的工作，参见 *Hard Choices*（Cambridge，UK：Cambridge University Press，1985）。

394 中也极为普遍)。① 部分伦理任务是建立规则处理爆发出的攻击性的互动。更重要的任务是建立防止这一冲突爆发的规则。平等主义的安排在这些早期阶段是至关重要的，因为没有成员的付出的话群体无法维持，并且无法了解任何成员的需求会导致群体的缺陷和彻底的冲突。

实用自然主义把当代世界看作我们伦理生活中原始阶段的升级版，我们传承下来的社会技巧不足以解决在扩展后的领域内出现的冲突。群体意识到其他群体的环境后可以了解到他们之间巨大的不平等，而这些不平等会激发无产者在可以时通过暴力夺取他们所缺乏的东西。当经济差异变得过分大时，处于最不利地位的人群通常在人数上超过了那些获利的人，并且，当他们能够联合的时候，他们有足够大的机会让攻击行为成功获得回报。随着科技使得大规模的杀伤性武器成为可能，人的数量不再是必要的。有了原子弹这样的武器后，即使在原始和"肮脏"的情形中，处于不利地位的一小群人就可以威胁数十万人的生命。相比于我们的人类祖先，我们面临的困境大大地加剧了——就好像在他们的小群体中，每个成员，即使是最弱小的，也能获得可以威胁到任何他选择的四五个人的生命的工具。调整我们伦理实践的挑战在于，预先处理会引起这些威胁的情形比引起伦理学起源的脆弱的社会生活要紧迫得多。

平等主义对善的解释就和我们的祖先解决他们的问题时一样：他们引入了分享的规则，我们也应该如此（第58节）。但这只是我们所面对的困难的一部分。不是所有的人类冲突都来自被剥削者的
395 反抗。人类的历史和当代充满了宗教差异导致的战争。同样地，一些最残忍的战争源自成功煽动他人的自大狂的野心。想要解决我们所在的全球社会产生矛盾的所有因素，平等主义必须结合世俗主义，

---

① 正如第10节中所说，原始人在与人类和黑猩猩共同的祖先分道扬镳之后的进化拓宽或者加深了原始的心理利他主义倾向。比如，参见沙拉·哈迪关于合作育儿的主张（*Mothers and Others*［Cambridge, MA: Harvard University Press, 2009］）。除了这些步骤之外，原始人的利他主义仍然存在许多缺陷，并且带来了社会内部的张力。

至少消除那些想要把自己的神圣意志的概念通过暴力强加给所有人的拥有军事力量的狂热分子。如果我们能够实现一个没有人出于经济原因而侵略他人，以及宗教传道导致的冲突都被看作是不合法的世界，两种主要的战争都需要得到控制。[①]

即使我们可以期盼能反转《圣经》（以及马尔萨斯式）的格言，也就是应该和穷人站在一起，对于那些自大狂和心理变态而言肯定不是如此。如果保障他们获得支持的两种主要手段：通过召集那些遭受了各种形式的不平等的人以及通过援引神圣的使命被剥夺，他们带来战争的力量将被极度缩小。实用自然主义不预设消除战争的和平主义计划是不现实的，以及我们必须找到准确的可以容许各种生命交换的条件。实用自然主义可以从我们最早的伦理祖先学习如何解决小问题的想法中获得灵感——并且从更近的事实中学到，在一个被占据的大洲上，经过多个世纪邻国之间的战争，欧洲国家已经进入了广义上（如果不充分的话）的平等和世俗的关系。对于许多见证了当下成就的人来说，过去的战争看起来不再是可能的了。认为他们的成就能够在更大的范围内得到实现并不完全是乌托邦式的梦想。

一系列的主张是必要的。在一个经常受到暴力行为伤害的世界里，应找到能尽快并且尽可能彻底移除造成冲突的原因的方法，制定处理那些持续发生的残忍的事情的规则。实用自然主义者并不认为有挥一挥就能解决一切的魔杖，但也许存在一系列相互合作的主张可以逐渐减少并最终消除暴力，而且可以提供解决先驱者带来的不完美状态的规范。这一乐观的心态来自我们能够学到关于社会冲突的原因并且找到放大人类同理心的策略的希望。

396

---

① 实现这种世界也许能让我们解决第三种冲突的来源——历史的阴影、反复出现、不断升级的群体之间的暴力。

62. 维持平等

实用自然主义要求平等。然而一个类似的担忧目前还没有得到解决。至少从启蒙运动开始，对平等主义的批评论证了不管如何建立财富的平等，这一分配是短暂的。[①] 天赋、倾向和努力的差异很快就会让有的人比其他人更富裕，并且这一结果性的差异会传递给下一代，通常还会以扩大的形式来传递。维持基本的财富平等将会要求限制人类自由这样的对个人的侵犯。

平等主义的善的概念不要求财富的平等，而仅仅是资源分配的平等，从而允许每个人都有严肃的、大致平等的机会来实现有价值的生活。然而，既然这样的机会依赖于对教育系统和其他形式的社会福利的提高，它也会依赖于那些积累了大量财富的人的贡献。如果这些人被允许把大量的财富传递给他们的孩子（或者他们指定的任何继承人），就会存在着代际的平等的递减，就如同一开始的论证所说的那样。如果不能这样做的话，他们处理自己财产的自由就会被限制。因此挑战依然存在，即使我们对财富的平等主义转变成了平等主义的善的概念。

为了解决这一点，我们应该仔细审视我们的财产制度。日常想法中有一个非常简单的区别：财产要么是私有的，也就意味着有绝对的权利按照自己想要的方式处理他们所拥有的东西，财产要么是公共的，也就意味着只有群体才有权决定如何使用它们。[②] 没有人应该认可这样的二分法。财产的概念是一个连续体。在它的一端是认为所有财产的决定权都属于群体的概念（除了最简单的社会，任何东西都由群体决定是不可能的）；而在另一端则是所有财产的决定

---

① 休谟雄辩地指出了这一点；*Inquiry Concerning the Principles of Morals*（Indianapolis, IN：Hackett，1983），28。

② 这一过度简化的概念是在一些政治讨论中所出现的两极化话术背后的原因：对公共财产的提倡，认为（私有）财产就是偷窃；当代保守主义有时把税收看作一种形式的偷窃。

权都属于个人这样的概念（但依然受到法律的限制：拥有枪并不会给予你射杀他人的权利）。在这两个极端之间存在着两种类型的观点，它们各自的基本背景是相似的，一方认为个人所有权是主要的，而另一方认为群体的判断是决定性的。

财产制度存在于一系列关于如何获得财产，以及人们如何在不受他人干涉的情况下使用它们的规则之中。在盎格鲁－撒克逊世界中，主流的制度来自洛克精辟的讨论。[①] 通过关注土地的例子，洛克提出了有名的主张即我们通过"打上我们劳动的标记"来获得财产——也就是，用某种方式来利用这些物品——并且我们有权利获得任何此前没有被他人获得的物品，但有两个前提：第一，我们不能获得比我们需要使用的更多的东西；第二，我们要留下同样多且同样好的东西给他人。但是，一旦获得了财产，我们有权按我们想要的方式随意处理财产，只要我们所做的事情不违反任何法律。特别是，我们被允许把财产给予任何人，因此代际的无限的财产转移是存在的。这样对平等主义的分配必然是短暂的论证就有了基础。

这一概念是不融洽的，因为它对获得财产的解释以及它对财产转移不严格的态度之间存在着不对称。当财产被获得以后，有些条件会限制它们。根据平等主义，财产的原始分配必须允许所有人都有大致平等的份额。转移并不必要满足这一限制。这一不对称如何获得辩护？如果他人的欲望和需求在原初的背景下是相关的，为什么之后就变得不相关了？为什么活在那个时刻的人受到这些条件的保护，而后来的人就不受到保护了？时间上所处的位置能否以这种方式影响你生活的前景？[②]

想象一个代际财产的拥有者是离散且同步的世界。在每一代中，长辈拥有所有财产并且支持他们的后代。当他们死亡后，财产就被

398

---

① *Second Treatise on Government*（Indianapolis，IN：Hackett，1980）。关于当代的说明和辩护，参见 Robert Nozick，*Anarchy，State，and Utopia*（New York：Basic Books，1974）。

② 在讨论这些问题时，我在与罗汗·南基（Rohan Sud）的对话中受益良多。

转移给某一个后代，他就会继续扮演长辈的角色。最初，世界被分割成平等的部分，并且第一代人都彼此控制着其中的一份。他们的成功是不平等的，并且，在下一代中，彼此所继承的部分是不同的。长此以往，直到许多代以后，有些人极度富有，而另外一些人没有能力满足最基本的需求。在之后的代际的财产转移，财产的传递并不会给其他人留下同样好的东西。对于那些从贫困的长辈那继承财产的人而言，如果没有认可每个人需求的要求，他们的环境和那些处于原初环境的人是完全一样的。如果对处于原初环境的人而言，否认那些会让别人处于不利地位的对财产的获取是恰当的，为什么就可以允许财产的转移让一些人——也许是许多人——处于贫困状态？是否父亲的罪孽（假设是挥霍无度和懒惰）也要传递给孩子？

　　任何这种原罪的教条都是严重错误的。后代不需要对前辈所做的事情负责，拥有有价值的生活的机会也不应该受历史的影响。因此重建平衡。代际的传递只有在留给继承人财产的同时留下了同样好的东西给他人的情况下才是被允许的。实现这一目的最直接的方法就是严格的征税系统，为代际的转移设置限度。税收可以保障所有年轻人实现有价值的生活的机会。

399　　一个世纪以前，穆勒论证过类似的主张。① 他的推理考虑到了双方。除了更明显的对出身贫困家庭的孩子所应该给予的关怀之外，他也担忧对获得这些财富的人的影响。② 获得这些财富不意味着给予了他们选择和追求个人生活计划更多机会，反而限制和侵蚀他们实现自我的欲望。不论这一心理概括是否成立，在其背后的一点非常重要。如果真正有价值的东西不是财富本身，而是财富所带来的机会，历史表明了许多有意义的人类生命开始于不富裕的环境，并且许多极为富有的孩子丧失了他们的追求。暂时搁置许多细节性的分析，相比于提供给他们自我探索的方法（保护、养育、必需的物

---

① *Principles of Political Economy*（Toronto：University of Toronto Press，1970），*Works*，2：218-227，3：755-757.

② *Principles of Political Economy*，*Works*，2：221.

质、教育机会），留给孩子巨额的财富更可能带给他们有价值的生活这一点并不明确。

这一主张是否错误地削弱了人类的自由？"我所赚到的都是我自己的，并且我有权利按我喜欢的方式处置它们。但这一权利受到限制时，我丧失了一部分自由。"这一反驳在一个重要的问题上是错误的。问题就在于某些东西是"我自己的"意味着什么，人不能够根据法律在一个可能的职位的连续体上进行选择。如果引入这一调整过的对财产的概念是道德上进步的，修正洛克所主张的不平衡也是进步的，对财产权利的主张也就终结于此。

在这一反驳的背后有一个合理的想法。如果我们应该创造一个所有人都享有大致平等的机会来实现有价值的生活的世界，考虑这一会提高某些人机会的调整是否会干涉其他人生活的计划是极为重要的。这一修正后的财产的概念对某些有价值的生活的观念是不是有害的，它是否消除了人们的一些可能性？

这些有价值的生活的观念是什么样的？有这么几种核心的可能性：

1. 生活通过享受稀有而昂贵的物质产品而有价值。

2. 生活通过努力获得物质财富而有价值。

毫无疑问，对物质产品的享受（使用、观赏、消费等）是有价值的生活的一部分。然而，我们应该作出一个二重区分：有些物质产品是稀有的，从而是昂贵的，然而它们有一些相对常见且便宜的替代品；一些物质产品是私人所享受的，而其他一些可以被更大的人群分享。根据这一区分，我们可以根据第一种有价值的生活来区隔这些情形。所有这些生活都分享了一个特征，就是对物质的消费——所有权本身——因为这是两种视角之间的差别，使得生活有价值。（如果享受本身不在于消费，这一善将会持续存在并且能被他人享受。）那么想象一下以消费稀有且昂贵的，能够被私人享受的物质产品为中心的生活，比如，鱼子酱和高档的香槟。这些物质的清单无法扩展到足够为这种存在形式是有价值的辩护的范围。另一方面，如果某人认为对稀有和昂贵的物质本身的消费（比如沉思，还有很多其他例子）对有价值的生活来说更有意义，也就没有需要让享受变得私人。想象一下鉴赏家的生活，他们居住在漂亮的建筑中，他们的墙上挂满了世界级的艺术作品，他们每晚都聆听最有天赋的表演者们演奏的音乐。让这些善成为公开的决定会缩减他或者她生活的价值吗？[①] 即使是对最漂亮的东西的消费，不管是自然产品还是人工产品，都无法显而易见地构成有价值的生活，但即使某人在第一种情形中承认这一点，声称享受必须是私人的也就得不到辩护了。

401 　　第二种情况认为价值不因为某人所拥有的物品的增多而增加，而是在获得他们的行为中（已经是积极的举动）得到增长。这种类型的生活不会受设想的对财产概念的调整的威胁。对某个人生存的这段时间来说，累积财富的活动不会减少（在完成代际转移前受到税收的限制）。如果有任何会挫败积聚了财富的人的计划的东西，它必定来自进一步的欲望核心：把累积的财富传给继承人。假设欲望指向的是所感受到的继承人的利益，其想法必定是财富的赠与增加了继承人过上有价值的生活的机会。然而，在平等主义的概念下，充分的机会已经是可获得的了。除非为继承人所构想的生活是消费的形式中——第一种类型的消费——继承财富是必需的那种形式。如果某人认为对他自己来说主动地积累是有价值的，而消极地消费对其他人来说是更合适的，这看起来是精神分裂的。如果生活被设想成有价值的一个要素是主动地积累财富，给年轻人提供巨大的财富则是具有反作用的。

　　第二种类型的对有价值的生活的解释比第一种更有前景，因为它强调了成就所需的工作而不是所获得的物质财富。物质财富是所追求的有价值的生活中许多行为所需的重要基础，但这些基础通常都不是昂贵且稀有的。所有人都被给予足够（并且平等）的机会

---

① 此处重要的是要留意穆勒对孤独的需求的观点（*Works*，3：756）。公共资源可以被分享，而不用引入过多的人群会让享受变得不可能这样的观点。

来实现有价值的生活的世界将会是不存在为继承人累积财富的焦虑的世界。

63. 技术的挑战

实用自然主义如何应用到科技所造就的那些新的可能性上？考虑一下现实主义和对追求有价值的生活的平等机会的强调会造成显著差异的人为干涉领域。生物医学技术让人们有能力进行体外受精，可以获得成人、孩童和受胚胎基因组的细节，可以克隆哺乳动物，并且这些机会激起了使用这些新技术的合法方式的讨论。当代社会面临如下问题：

402

1. 为了发展那些可能治疗退化性疾病的方式从而生产早期人类胚胎是不是被允许的？

2. 未来的父母获取胚胎的基因数据从而基于他们学到的东西来终止妊娠是不是被允许的？

3. 父母通过使用克隆哺乳动物的技术来生产儿童是不是被允许的？

关于这些问题的讨论有一个引人注目的特征，尤其是在美国，虽然该特征在其他地方没有这么显眼，这一特征是许多群体基于他们对宗教文本的理解给出一个笼统的答案的倾向。

通常所引用的宗教文本对这些问题没有提供直接的答案：造成这些问题的原因已经超出了这些文本的作者的概念范畴。受这些文本启发的人相信受精卵是不可侵犯的：摧毁或者操控一个受精卵，甚至通过刻意的方式产生受精卵（比如通过繁殖克隆的方式）都是错误的。宗教群体倾向于不那么抽象的、更为日常的语言。从当前的概念来看，胚胎是一个"人"，它拥有不死的灵魂并且是神圣的；决定它有什么样的特征是对只属于上帝的能力的僭越。

实用自然主义认为这些说法在伦理讨论中没有地位。它们依赖于特定解读宗教文本的方式，而还有一些虔诚的人给出其他的解读方式，对这些人来说这些文本也是经典。即使假设这些解读是有充分根据的，这些文本也没有伦理权威。如果有理由相信这些文本的洞见的话，那必定是因为归结给不存在的超验权威的观念中包含了一些进步的伦理传统所认可的因素。也就是说，这些文本只有基于先验的伦理分析才能获得权威。

403　　诉诸宗教文本止步在了对话应该开始的地方。我们更应该从我们所知道的东西开始。因此我们通过以下步骤来得到结论：

1. 卵裂球是最初的受精卵经过几次分裂后形成的早期胚胎；在原肠形成之前需要进一步的细胞分裂，在原肠形成的阶段，中枢神经系统的模型得以形成。生产卵裂球，以此寻找产生能用来研究退行性疾病的干细胞的方法是不是被允许的？

2. 在胎儿四个月的时候（技术的改进也许会让这一时间变得更早）提取 DNA 样本，以此决定胎儿是否携带一些在人类常见的环境下与某些表型特征有已知的概率关系的基因标记，这样的做法是不是被允许的？基于什么样的特征，以及多大的概率（如果存在概率的话）允许父母根据这些知识来终止妊娠？

3. 哺乳动物可以通过把从选定的细胞中提取的 DNA 插入去核卵，刺激它进行细胞分裂，并且插入早期胚胎到同种的哺乳动物的子宫来进行克隆。当进行这一操作的时候，存在着一定的概率（目前来说相当低）完成这一妊娠过程，生产出带有一开始插入的核 DNA 的哺乳动物。如果有的话，在什么条件下人类可以通过这种方式来繁殖后代？①

基于这些描述，对实用自然主义善的概念的呼吁产生了初步的答案。

对于问题 1，对提供实现有价值的生活的平等机会的承诺体现在
404　了帮助那些有退行性疾病的人，特别是这些疾病在他们早期的生活中就开始出现，威胁到了他们生活的计划。提供救援的机会通过生

---

① 在这些说法中，我仅仅给出了生物科技使这些选择成为可能的大致的科学解释。目的只是让读者注意到那些重要的特征，而不是让他们被埋没在技术细节中。

产出细胞丛来获得，而这一细胞丛在某个清晰的意义上是人类：这些细胞丛是有机体，并且他们所属的种类是智人。[①] 但是，卵裂球并不是可以被认为有能力拥有生活计划的有机体，甚至是能够感受到快乐和痛苦的有机体——它们是主要的胚胎阶段，甚至没有神经系统的原始模式。为了特定的目的而使用它们并没有违反善的概念，并且目的本身是符合善的概念的。这些所主张的干涉也不存在任何意义上的漠视或者践踏被操控的有机体的欲望（它们没有任何欲望），忽略遭受神经系统退化（例如）的人的抱负则是一种形式的利他失灵。

第二个问题需要一个更为复杂的答案。基于对胎儿基因的了解，对妊娠的中止看起来显然是被允许的（也许甚至是必需的）；而相对于其他人来说，它似乎显然是不被允许的，并且一系列的情况需要进一步的探究和讨论。考虑最具毁灭性、最痛苦的发育异常——自毁综合征以及赫勒氏综合征可以作为例子。在这些情况中，迟钝是不可避免的，并且孩子只会有很短的寿命，没有能力形成生活该如何实现的感受。此外，痛苦也是这些疾病的一部分（在自毁综合征中，痛苦来自自我伤害的强烈冲动），除非药物让这些孩子进入昏迷状态。然而有价值的生活的概念已经得到了刻画，而这些孩子没有机会来实现这些生活。实用自然主义主张通过终止妊娠把他们从痛苦中解放出来。相反的是那些揭示不会影响实现有价值生活的机会的信息的基因测试——比如女性的性别，或者相对较矮的身高。[②] 405
在这些情况中，任何终止妊娠的意愿都必须证明自己不受到认为这种想法体现了对生命中重要的因素过于轻佻的指责，并且，通常来说，我们会认为这些辩护都不充分。因此，实用自然主义反对这些情况中的堕胎。最后，存在着一些能够辨认的条件，在这些条件下

① 类似地，福尔哈德（Christiane Nüsslein-Volhard）在她天才般的对果蝇基因发展的研究中所使用的突变胚胎属于果蝇这一种类。对这一工作的解释，参见 Peter Lawrence，*The Making of a Fly*（Oxford：Blackwell，1992）。

② 一个说明是必需的。存在着一些环境，在这些环境中这些特征确实会影响实现有价值的生活的可能性。在这些情况下主要的伦理命令是改善糟糕的环境。

获得有价值的生活的机会大大减小。唐氏综合征（严格来说是染色体异常）涵盖了生活中许多种可能性。一方面是儿童（偶尔是成人）的精神迟钝非常严重，并且他们的生理问题造成了许多苦难与痛苦；另一方面是许多得了病的人依旧取得了各种各样的成就。虽然采取了许多措施提供了允许患有唐氏综合征的人能够更完整地发展自己的环境，我们仍然缺乏在我们所能提供的不同环境中表型分布的知识。未来的父母甚至不能计算他们患有唐氏综合征的孩子实现有价值的生活的机会。在极度不确定的环境下，很难责怪他们作出堕胎的选择——然而在未来，我们会获得更准确的了解，这会改变我们的态度。

对于第三个问题，重要的是询问为什么克隆繁殖是有吸引力的。我们可以区分两种情况：有的情况是克隆为两个人提供了创造与彼此都有十分接近的生物关系的独特机会；① 另外，有的人（或许有的伴侣）也许想要他们的孩子拥有他们所崇拜的人的基因物质。对于后一种情况，我们对善的概念告诉我们要反对克隆繁殖。如果应该给孩子提供实现有价值的生活的机会，并且有价值的生活包括了自由决定什么对他或者她来说是最重要的，那么创造拥有这些独特DNA的孩子的想法背后所体现的父母的压力应该得到严肃的考虑。②

406 想要拥有某人所崇拜的人的表型已经是把他自己认为重要的观点在孩子能为他或者她自己选择之前放入他或者她的大脑——与詹姆斯·穆勒对他的儿子所施加的强迫是一样的。相反，当繁殖克隆是生物延续的独特方式时，这一情况就无法如此简单地被解决。值得问的是人们是否应该如此在意与他们养育的人的生物延续性，以至于寻求这些复杂的技术手段来实现它。在哺乳动物克隆技术要求使用大量卵子来获得一次成功机会的条件下，一对想要孩子的伴侣应

---

① 比如，想象两个没有生物关系的女同性恋想要通过插入一方的核DNA到另一方的去核卵，并把胚胎再放入第二个女性的子宫来获得孩子。

② 想要繁殖他们所崇拜的人的父母也被基因的贡献误导了，并且是残忍和错误的基因决定论的受害者。

该选择更可靠的方法，即使生物延续性被牺牲了。

　　这些只是对生物技术使用相关的问题的简略答案。答案应该受到广泛的对平等主义的承诺的限制。繁殖技术复杂的形式现在只对人口的一小部分来说是可获得的，并且我们应该考虑把这些技术普及给所有人的收益是否值得为此付出的成本。即使有的人的结论是某些繁殖克隆是被允许的，为所有想要这一技术的人提供机会也许与满足更迫切的医疗需求不相容：生物医学研究可以更有效地使用其资源。不富裕的世界拥有更高的优先权。相反，现在存在着与日俱增的实行基因测试的压力和早期终止妊娠的压力，因为为具有各种残疾的孩子提供恰当环境无法在大范围内实行——不使用基因测试来减少残疾人口，为某些带有特定基因状况的孩子提供良好的环境会消耗满足其他孩子需求的资源。加上这些关于善的观点的背景承诺的要点，并不会结束讨论，而只是揭示了对原始答案进行可能的修正的理由。

　　对这些答案的一个主要担忧是，不管在它们原始的形式还是修改后的形式中，用单纯的生物特点来取代宗教反对者所提出的反对技术干涉的理由，总会遗漏一些东西。虽然我们不应该接受诉诸宗教文本的做法，或者宗教人士给出的有倾向性的描述，但是对分裂球和受精卵的讨论在伦理上并非充分。① 有的人可能会反驳，单纯的科学语言导致了常见的对伦理问题的无视。② 仅仅诉诸文本，讨论将结束于神话，而这需要进一步发展。然而我们还需要让我们能够意识到人类价值的概念，不会导致让我们忽视某些群体和他们的

407

---

① 这一点罗纳德·德沃金给出了有说服力的讨论，参见他的 *Life's Dominion*（New York：Knopf, 1993）。在本书中德沃金讨论的问题是"生命的结束"是大范围内不同视角观点的典型例子，而我认为这是伦理讨论恰当的形式。伦理学领域内极少的学者，不管是宗教的还是哲学的，给出了如此敏感又富有洞见的对当代伦理问题的讨论。

② 这一点类似于影响"双球"贸易方法的观点。在特定的领域内（买家和卖家之间）悬搁支持对他人的利他主义准则可能会侵蚀在更广泛范围内利他主义的反应。讨论临床上的胚胎同样可能会导致对（比如说）有严重残疾儿童的冷漠的态度。需要重申的是，有些心理事实需要探究。

利益，把他们当作"商品"或者"寄生虫"的实践。实用自然主义建议我们应该对这一潜在的问题保持警觉。在那些优生计划被强制执行的国家，许多人——完全世俗的人——敦促对生物技术使用的谨慎态度。① 他们也应该是讨论的一部分。

究竟要如何实现？临床语言允许干预——而重要的是要问，接受这些许可的人是否也会被引导性地得出结论，而从他们现在的角度来看，他们会完全否认这些结论。是否有人能够找到明确区分为了医疗利益使用分裂球和参与纳粹医疗的优生计划的方式？我相信这是可能的，但这一问题应该得到彻底和仔细的分析，诉诸"价值"可能的方面或者早期生命的"神圣"的做法过于简单，并且粗暴地忽视了世俗的看法。关于在不同类型社会化之下人类态度的经验研究潜伏在此——系统性地用生物学概念思考的人是否倾向于对大范围内的人类持有不敏感的态度？在看似终结讨论的字面结论背后，对人类生命"神圣"特征的强调，也许有着伦理上的洞见。因为，即使使用的语言完全脱离了创世神话，它仍然有规范的力量，支持进步的伦理传统想要重视的对人类生命的态度。

① 在德国这一点格外正确。我对基因研究伦理后果进行讨论的书激起了比在英美国家更激烈的讨论 [*The Lives to Come* (New York：Simon and Schuster，1996)；*Genetik und Ethik* (München：Luchterhand)]。

结　　论

64．总结

　　数万年前，我们远古的祖先开始了伦理计划。他们引入了社会化嵌入的规范引导，以此来回应小型群体内共同生活的张力和困难。他们具有了心理利他主义的倾向，从而能够生活在一起，但这些倾向的程度无法让他们融洽且轻松地生活在一起。他们的伦理探索中出现了一些我们可能永远不会放弃的规范，至少目前来看，我们实现了伦理进步，那些模糊的普遍规范体现了道德真理。除了这些核心的主张之外，我们还继承了包含冲突元素的善的概念，并且给予了我们比第一批伦理开拓者中任何人所能理解的人类生活概念都更为丰富的概念。我们的伦理任务就是决定如何继续。

　　此前的三章主张通过模仿早期阶段并删除后期的转变中所引入的一些扭曲来更新这一计划。实用自然主义的规范立场在于平等主义的善的概念，关注实现有价值的生活平等的机会，以及全体人类能够相互参与伦理讨论的途径；这些主张都提倡把我们的伦理实践和与超自然存在的神话区分开来。无论宗教还是哲学都不能宣称自己掌握了权威。伦理学是人们共同创造的，并且最终的权威是他们的讨论。最后一章，通过非常初级的形式，给出了一些建议——在哲学助产术精神的指导下——关于我们应该如何继续这一讨论。

历史上最伟大的哲学家们关注他们社会中最显著的问题，根据他们认为自己所了解的东西提出相关的主张。今天的哲学应该解决我们当代的困境所带来的最深刻的挑战，而不是解决那些不再关系到人类生活的研究所产生的技术问题。[①] 因为很难确切了解我们所知道的东西的总和，我们的任务是令人畏惧的，并且需要不同领域专家之间的合作性的互动。然而，我们也许应该被鼓励去把这样合作性的探索看作一项事业的延续，也就是伦理计划，这一占据了我们五万年生活，使得人之所以为人的事业。

[①] 参见 Dewey, *Democracy and Education* (New York：Free Press，1966)，328；*The Quest For Certanity*, vol. 4 of *The Later Works* (Carbondale，IL：University of Sourther Illinois Press 1984)，204。

致　谢

　　我是通过走后门的方式从而进入伦理学领域的。在 20 世纪 80 年代初期，在我试图澄清关于人类社会生物学（"通俗社会生物学"，我将不留情地如此称呼它）的隐患时，评价那个时间出现的伦理学应该从哲学家的手上拿走并且被"生物学化"的著名论断十分重要。在我的著作《巩固野心》的最后一章，我批评了社会生物学想要给伦理学提供生物基础的主张。然而，随着我进一步的反思，我对自己的回应不是完全满意。否定性的论证看起来是有效的，但我可以想象愤愤不平的生物学家会说："你指出了努力调和伦理学与达尔文式的对生命理解的尝试的错误，但你能给出任何正面的观点吗？是否有任何哲学概念是让人满意的？"我对这一抱怨没有恰当的回答，并且大概在 1985 年，我给自己设定了寻找这一答案的任务。

　　本书就是我完成这一任务的尝试。本书花费了我相当长的时间，并且在这一过程中无数人都曾帮助过我。我的观点以我没有预料的方式在进化。在发展我自己的观点时，我越来越感受到坚持达尔文在《人类的起源》中所主张的观点的努力和当代哲学家所追问的伦理学和元伦理学问题时所采用的标准视角之间的矛盾。我时常会担忧我的书不会取悦到任何人。

　　我最初的尝试是彻底的达尔文式的，这一做法受到了由威廉·汉穆勒顿、罗伯特·特里弗斯和罗伯特·阿克塞尔罗德开始的对利他主义杰出的研究的启发。在早期阶段，我也深受艾伦·吉巴德和西蒙·布莱克本富有洞见的著作的影响，我尝试扩展理解心理

412

利他主义进化的理论框架并把它与吉巴德和布莱克本所主张的元伦理学讨论结合起来。我的工作从与布莱恩·史盖姆斯的谈话中获得了许多帮助，我十分感谢他对这一工作的兴趣与鼓励，与他讨论的一些问题出现在我 20 世纪 90 年代早期的一些论文中。如果史盖姆斯、吉巴德和布莱克本在本书中没有十分重要的体现，这并不是因为我对他们的观点不够尊重，而是因为我的研究让我关注到了不同的问题以及不同的概念化这些问题的方式。

在 20 世纪 90 年代中期，我对灵长类动物社会生活的研究让我确信虽然我们与进化上的这些近亲分享了某些伦理上相关的心理能力，但一种通过清晰的规则来规范行为，与小型群体内的成员进行讨论的能力才使得共同生活成为可能。我逐渐把伦理学看作进化的实践，它建立在一些有限的利他主义的倾向之上，而这些倾向又通过提供规则从而进行治理的活动得到了极大的扩展。从 1996 年开始，我在许多论坛和讲座中提出了这一设想的多个版本，许多听众提出的问题、批评和评论帮助了我，我对此表示感谢，这些人包括了迈克尔·鲍曼（Michael Baurmann），理查德·伯恩斯坦（Richard Bernstein），阿凯尔·比尔格拉米（Akeel Bilgrami），马丁·卡里尔（Martin Carrier），南希·卡特赖特，凯特·埃尔金（Kate Elgin）萨姆·弗里曼（Sam Freeman），鲍勃·古丁（Bob Goodin），保罗·盖伊（Paul Guyer），斯图亚特·汉普郡（Stuart Hampshire），迪克·杰弗里（Dick Jeffrey），伊迪·杰弗里（Edie Jeffrey），马克·约翰斯顿（Mark Johnston），亚瑟·库弗里克（Arthur Kuflik），戴维·刘易斯，斯蒂菲·刘易斯（Steffi Lewis），比尔·莱坎（Bill Lycan），凯伦·南达（Karen Neandar），弗雷德·纽霍瑟（Fred Nuhoser），理查德·罗蒂（Richard Rorty），亚历克斯·罗森伯格（Alex Rosenberg），卡罗尔·罗安娜（Carol Rouane），杰夫·赛尔－麦考德（Geoff Sayre-McCord），杰里·施尼温德（Jerry Schneewind），杰克·斯玛特（Jack Smart），金·斯特雷尼（Kim Sterelny），莎朗·斯特里特（Sharon Street），托马斯·斯特姆（Thomas Sturm），帕特·苏佩斯

（Pat Suppes），巴斯·范·弗拉森（Bas van Fraassen），阿奇里·瓦尔齐（Achille Varzi），杰里米·沃尔登（Jeremy Waldron），大卫·威金斯（David Wiggins），托斯滕·威尔霍尔特（Torsten Wilholt），梅雷迪斯·威廉姆斯（Meredith Williams），迈克尔·威廉姆斯（Michael Williams），大卫·王（David Wong）和艾伦·伍德（Allen Wood）。

　　在加州大学圣地亚哥分校度过的时间里，我从许多同事和学生那学到了许多，帕特里夏·丘奇兰德（Patricia Churchland）和保罗·丘奇兰德（Paul Churchland）对我心理利他主义的模型提出了有效的建议，约翰·巴塔利（John Batali）是出色的交流者和合作者；乔治·曼德勒（George Mandler）提供了一些我本来会错过的心理学讨论的重点。随着计划的发展，与杰西卡·菲佛（Jessica Pfeifer）、吉拉·谢尔（Gila Sher）和埃文·蒂芙尼（Evan Tiffany）的讨论，尤其是迪克·阿内森（Dick Arneson）和大卫·布林克（David Brink）给出的专业指导使我受益匪浅。

　　搬去哥伦比亚大学之后，我有了一群新的同事和学生。西德尼·莫根贝瑟（Sidney Morgenbesser）是对我影响最大的人，他让我接受了杜威的许多观点。我在哥伦比亚大学的朋友和同事们一直在提供帮助和支持，我非常感谢他们创建了这样一个交流思想的绝佳论坛。

　　对本书一些观点重要的影响来源于我对哥伦比亚大学一门重要的核心课程"当代文明"的参与。在这一课程中，我获得了与许多来自不同学科的学生讨论伦理学和政治学问题的机会。

　　本书的初稿完成于2007—2008年的休假期间，这一年我在柏林度过。我从与卡特里奥娜·麦卡勒姆（Catriona MacCallum），兰迪·内塞（Randy Nesse），鲍勃·佩尔曼（Bob Perlman），萨莎·萨默克（Sascha Somek），尤其是莫伊拉·加滕斯（Moira Gatens）和坎迪斯·沃格勒（Candace Vogler）在维森沙夫茨哥列格的对话中收获颇丰。

　　这一年我为马克斯·普朗克研究所工作，在洛林·达斯顿

413

（Abteilung Ⅱ）所在的科系度过了这一年。我非常感谢雷妮（Raine）的热情好客，她创造了非同寻常的合作气氛，组织有关我手稿的研讨会，以及在许多正式和非正式场合提供了无数见解和建议。还要感谢支持我的朋友和严格的指导者们：迈克尔·高丁（Michael Gordin），玛丽亚·克朗费尔德纳（Maria Kronfeldner），埃里卡·米拉姆（Erika Milam），塔尼亚·蒙兹（Tania Munz），阿德里安·派珀（Adrian Piper）和托马斯·斯特姆（Thomas Sturm）。

休假的这一年，我受到了热情的款待和宝贵的反馈。我要感谢迈克尔·鲍尔曼（Michael Baurmann），马里奥·布兰霍斯特（Mario Branhorst），哈维·布朗，马丁·卡里尔（Martin Carrier），南希·卡特赖特（Nancy Cartwright），克里斯特尔·弗里克（Christel Fricke），乌尔里希·加德（Ulrich Gähde），奥伦·哈曼（Oren Harman），保罗·霍宁根－赫恩（Paul Hoyningen-Huehne），马蒂亚斯·凯瑟（Matthias Kaiser），伊夫琳·福克斯·凯勒（Eltonyn Fox Keller），苏珊·内曼（Susan Neiman），克里斯·皮考克（Chris Peacocke），苏珊－维欧纳·雷诺格（Suzann-Viola Reninger），彼得·舍伯（Peter Schaber），托马斯·施密特（Thomas Schmidt），贝蒂娜·舍恩—塞弗特（Bettina Schöne-Seifert），塔蒂娜娜·塔克安（Tatjana Tarkian）和杰雷恩·沃尔特斯（Gereon Wolters）。克莱斯（Chrys）和马里奥（Mario）也给了我全面的书面评论，这些评论引起了我观点的重大变化。

414　　　我对这一计划的思考持续了许多年，许多人在不同的场合中对我提供了帮助。与艾伦·吉巴德的讨论对我来说总是充满了指导意义。我很高兴他在纽约度过了休假年。艾萨克·列维（Isaac Levi）以多种方式塑造了我的观点，这些讨论很可能超出了我们两个人独自所能达到的境地。与弗兰斯·德瓦尔（Frans de Waal）的互动，无论是在普林斯顿（Princeton）举行的泰纳（Tanner）讲座中，还是在访问埃默里（Emory）期间，都使我在灵长类动物行为的关键方面受到很大的启发。克里斯·皮科克（Chris Peacocke）是一位思想开阔的讨论者，也是一位建设性的批评家。与约翰·杜普雷

（John Dupre），迈克尔·罗斯柴尔德（Michael Rothschild）和埃利奥特·索伯（Elliott Sober）的持续讨论一直很有启发性，并且总是令人愉快。

我也十分感谢我在哥伦比亚大学的学生，尤其是那些参与了我针对进化、利他主义和伦理学开展的研讨班的学生。特别要感谢的是我现在和过去的研究生：丹·克劳（Dan Cloud），劳拉·富兰克林－霍尔（Laura Franklin–Hall），迈克尔·富尔斯坦（Michael Fuerstein），乔恩·劳黑德（Jon Lawhead），凯蒂·麦金太尔（Katie McIntyre），希瑟·奥哈森（Heather Ohanesen），赫伯·罗斯曼（Herb Roseman）和马特·斯莱特（Matt Slater）；以及一些非常优秀的本科生：劳伦·比格斯（Lauren Biggs），里奥拉·凯尔曼（Leora Kelman），乔纳森·曼内斯（Jonathan Manes），霍华德·奈（Howard Nye），迈克尔·罗伯托（Michael Roberto），山姆·罗斯柴尔德（Sam Rothschild），罗汉·苏德（Rohan Sud）。非常感谢乔恩·劳黑德（Jon Lawhead）为我准备索引。

在2008—2009年完成的终稿的前一稿比之前的稿子都要更长——而且比终稿也要长得多。我非常感谢哈佛大学出版社的两位思维敏捷且富有建设性的审稿人为我提出的宝贵意见——特别是如何让本书变得更精炼。他们的想法与我一直以来最优秀的审稿人——帕特里夏·基彻（Patricia Kitcher）的想法完全吻合，而我对后者的感谢则是无以言表。

林赛·沃特斯（Lindsay Waters）是一位乐于助人，并给予了我许多支持的编辑。他为本书等待了很久，我非常感谢他的耐心。

我对这些问题的思考开始于我的儿子们进入少年阶段之前。而这一点也体现在本书进行过程中所使用的昵称上。查尔斯不停地问我"小猴子"怎么样了——即使我告诉了他许多次已经没有关于非人类动物的故事了，并且相关的非人类动物是猿类，而不是猴子，也正是这一点让它们不是那么"小"。许多年以来，从与他们逐渐变得复杂的讨论中，我获得了许多欢乐、活力以及挑战。最近几年 415

与安秀云（Sue-Yun Ahn）的讨论也有同样的感受。看着他们成长是一件十分愉悦的事。从已经是医生的安德鲁那里我了解到了纽约市的医疗系统，并且为他对患者的同情所感动。这些病人大都非常贫穷，并且对单一使用英语的陌生环境感到困惑。安德鲁表现出了许多我试图描述并捍卫的品格，因此我满怀着爱意与崇敬将本书献给他。

索 引 *

A

abortion 堕胎 *See* bioethics 参见生命伦理学

agriculture 农业，305：375–376，389

alienation 异化 35，168

altruism 利他主义：psychological 心理的，5，17，19–20，23–24，26，30–31，35，39，42–51，53，56–58，63–67，71–72，82–83，86–88，100，105，111，131–136，226–229，232，340，344，368，294，40；failures of 失灵，6–7，9，73–74，86，91，93，98，100，103–104，107，111–112，124，126，128，131–132，135，137，143，150–151，153，217，222–231，233–240，242–444，247–248，250，259，262，273–274，276，279，294–295，297–299，303–305，307，309，311，327，339–340，346，349–351，355，360，365，368，380；biological 生理的，18–19，37，49；behavioral 行为的，19，23，45–47，56，75–76，79，82，86，94，131–132，226，231–232；vs.egoism 与利己主义对比，19–20，23–24，31，34–36，40，44–45；105，135–136，230，274–276；golden-rule 黄金准则，24，32，34，37，56，144，222–223，346；physiological basis 生理基础，26–27，39，47–49，199，309；dimensions of 不同的维度，31–34，44，69，95，144，344–345；reciprocal 互惠的，50–58，64–65，135；quasi 准的，56；higher-order 高阶，135–137，217，232，291，327，339，345，371；and asceticism 和禁欲主义，227，289

animals，ethical status of 动物的道德地位，180–183，306–310

anthropocentrism 人类中心主义，310

anthropology 人类学，3，5，11，18，26，68，94，96，114，116，138，156，186

Aquinas，Thomas 托马斯·阿奎纳，231

---

* 本索引采取原书英文版页码，即本书边码。

archeology 考古学, 5, 11, 116

aristocracy 贵族制, 141, 174, 180, 328

Aristotle 亚里士多德, 154, 247, 326

Arrow, Kenneth 肯尼斯·阿罗, 312

atomic, physics 原子物理, 182–184, 272

atomism in ethics 伦理学中的原子论, 210–212, 363

autonomy 自主性, 207, 255, 325

awe 敬畏, 81, 84, 92, 113, 131, 201, 226, 231

Axelrod, Robert 罗伯特·阿克塞尔罗德, 52

Ayer, A.J. 艾耶尔, 203, 280

B

Babylon 巴比伦, 117–119, 145, 216

Barkow, James 詹姆斯·巴克罗, 36

Batali, John 约翰·巴塔利, 56

Beauvoir, Simone de 西蒙·德·波伏娃, 147

Bentham, Jeremy 杰里米·边沁, 289, 293, 314

Berlin, Isaiah 以赛亚·柏林, 249

bioethics 生物伦理学, 401–408

biology 生物学: ontogeny vs.phylogeny 个体发生学 vs 系统发生学, 330–336; cell biology 细胞生物学, 402–403

Boehm, Christoph 克里斯多夫·勃姆, 18, 96, 116

Bohr, Niels 尼尔斯·玻尔, 272

boundaries 界线, 120, 190, 214, 303, 306, 309,

Boyd, Robert 罗伯特·博伊德, 53, 87, 109, 112

Brownian motion 布朗运动, 182

brutality 残酷, 31, 47, 60, 118, 143, 161, 166, 225, 229, 278, 307, 395

C

calculus 微积分, 234, 293

callousness 无情, 46, 393

Carcopino, Jerome 杰罗姆卡·尔科皮诺, 174

Cardozo, Benjamin 本杰明·卡多佐, 120

caregiving practices 照顾行为, 38, 152, 385–386, 389–390

causation 因果性: between affective and emotional states 情感和情绪之间, 27–30, 77–78, 80–84; of ethical regression 伦理学中的倒退, 177–178; in functionalism 功能主义, 219–220; role in evaluating ethical facts 在评价伦理事实中的角色, 291–294; as a way of demarcating ethical communities 区分伦理社群的方法, 302–305

Cheney, Dorothy 多罗西·切尼, 36, 58

children, and altruistic behavior 儿童, 和利他主义的行为, 40–42, 132

citizenship 公民权, 106, 128, 140, 145–147, 149, 162, 165–166, 174, 177, 212, 375, 378, 382, 390

civilians 平民, 392–393

cloning. 克隆 See bioethics 参见生命伦理学

coalition game 联盟游戏, 57–66,

88，96–97，228

cognition 认知：role mediating ethical judg–ments 调节伦理判断的角色，25–30，37–39，75–80，198–200；in animals 动物的认知，39–45，50，56，78–80

Coke，Sir Edward 爱德华·库克爵士；146–147

collective 集合性的：construction of ethics 对伦理学的构建，2，191–192，204–205；use of resources 资源的使用，123–124，318–323；acceptance of an ethical code 伦理规范的接受，234–237，256

colonial 殖民的，109，154

colonies 殖民地，43，69–70，146，153–156；352

combat 战斗，142，175，249，392–393

commitment 承诺，74–75，79，81，96，121，151，195，200，211–212，233–234，247，256，280，324，331，352，373，380，388，390–391

communal resources 公共资源，125，129–131，242，397

compassion 同情，140，143，160，174，214

competition 竞争：for resources 资源的，60–62，248，255，350，375，390；cultural 文化的，107–115，128–131，169–170，259

compromise 妥协，241，244，260，272，300，336

computer simulation 电脑模拟，52，56，63

conscience 良知，40–41，92–93，

112

consensus building 建立共识，175，334–335，340–344，348–360

consequentialism，dynamic 后果主义，动态的，288–294，311–313

constructivism about truth 关于真理的建构主义，190–192，201–203，245

contractarianism 契约论，273，279，344

conversation 谈话 .See discussion 参见讨论；mutual engagement 相互参与

cooperation 合作：discriminating 区分性的，12，55–57，88–89，174；noncooperation 不合作，52–53，85；89；nondiscriminating 不区分的，55

Cummins，Robert 罗伯特·康明斯，219

D

Darwin，Charles 查尔斯·达尔文：Darwinian evolution 达尔文进化论，12，36，90，107–109，111–112，114，123，138，213，219–220，237–238;coevolution of genes and culture 基因和文化的共同进化，108–109；social Darwinism 社会达尔文式的主义，255–256，258

Dawkins，Richard 理查德·道金斯，18，326

deliberation about norms 关于规范的慎思，111–115，130–135，143，259–261，286，308–313，331–332，340–345，372–384

Dennett，Daniel 丹尼尔·德内特，
　114

deontology 义务论，289，294，298，
　300，302，314，325，328

Descartes，Rene 勒内·笛卡尔，205

de Waal，Frans 弗朗斯·德·瓦尔，
　9，17，30，43–44，50，57，
　59–60，66，69–70，87，189

Dewey，John 约翰·杜威，3，114，
　120，179，207，251，264，266，
　304–305，327，342，347

Dickens，Charles 查尔斯·狄更斯，
　353

discussion 讨论：ideal 理想的，96–
　100，104–108，111–112，339–
　341；among groups 在群体中的，
　270–272，281–282，285–288，
　296–298，302–329，331–338，
　342–354,356–360,363–369,394–
　396；contemporary 当代的，370–
　373，377–378，383–385，388–
　391，394–396，402–404，406–
　410

disobedience 不服从，81–82，93，
　111，279，

dispositions 倾向，36–38，63–65，
　67，69–74，78，87–88，91，
　93，98–100，102，108，131，
　145，161，179，183，185，191，
　198，204，228，232，263，278–
　279，303，335–336，340

divine commander 神圣的命令者，
　111–115，119–121，127–128，
　163，166–170，207–208，230–
　231，241，260，289，294–298

divinity 神圣，2，4，8，113，115，
　119，121，128，131，148–150，

163，165–170，207–208，230–
　231，260，285，289，298，311，
　313，328，372–373，395

division of labor 分工，117–118，
　122–131，151n29，239–241，
　243–245，294–295，327–329，
　350–352

dominance 占据，59，69–71，228

Dummett，Michael 迈克尔·达米特，
　192

E

early friendships 早期友谊，64–66

ecology 生态学，59，319

economics 经济，23，50，65，85，
　312，391

education 教育，146，149，193–
　197，317–319，324，359，371，
　375–377

egalitarian commitments 平均主义的
　承诺，96–97，106，115–116，
　122–123，127，217，248，297，
　321，324–325，351–352，359，
　364–366，373，377，389–390，
　393–397

egoism 利己主义，19–20，23–24，
　31–32，34，36，40，44–45，
　105，136，230，274–276

Egypt 埃及，11，113，118–119，
　130，216–217

elitism 精英主义，314–315，328

emotions 情绪，36–37，49，76–
　85，93–95，98–102，198–204；
　nature of 本质，25–32，78–79，
　198–201

empathy 移情，31，34，144，250–
　251，345，371

enforcer (divine) 执行者（神圣的），
111，113–115，119，127，131，
169，217，226，230–231，241，
260，274，，294，297–298

environmentalism 环境主义，305，
310，321

equality 平等，11，85，96，115，
157，178，248，285，287，289，
291，293–295，297，299，301，
303，305，307，309，311，313，
315，317–319，321，323–325，
327，329，339，341，364，380，
385，387，389，396

cthical point of view 伦理的观点，80–
85，106，231–232

eugenics 优生学.*See* bioethics 参见生
命伦理学

evolution 进化.*See* Darwin，Charles 参
见查尔斯·达尔文

experiments 实验：psychological 心理
学的，45–46，85–86，101–102；
of living 生活的，104–137，150–
153，213，217，226–227，230，
234–235，243，247，295，302，
315，356–360

expertise (ethical) 专家（伦理学的），
8，285–287

explanations 解释，12–13；how
possibly 如何可能，60–74，78–
80，87–94，99–103，104–107，
111–115，122–131，135–137，
216n8，223–229，236–237，
239–242；242.–245，307–308；
how actually 如何实际上发生，
105–106，117–119，173–178，
213–229，294–296，374–381；
evolutionary 进化的，107–110，

114，213–214，237–240

F

Faustian bargains 浮士德式的讨价还
价，41

Fehr，Ernst 恩斯特·费尔，85，101

feminism 女性主义，146–148，152，
390

Foot，Philippa 菲利帕·福特，247，
278

forgiveness 谅解，120，144–145

Fossil record 化石记录，5，18

Foucault，Michel 迈克尔·福柯，
296

Freud，Sigmund 西格蒙德·弗洛伊
德，34–35，92，95，163

friendship，early friendships 友谊，早
期的友谊，64–66

function，etiological approach to 功能，
病因式的路径，218，220

functional conflict 功能性的冲突，
241–245，247–249，252，260–
262，281–282，286–288，296，
333–334，337–353，355–356，
360–369，*See also* progress 也参
见进步；pluralism(ethical) 多元主
义（伦理学的）

G

Galileo 伽利略，148，181，189

generosity 慷慨，121，136，141

genetic determinism 基因决定论，27，
50，114，406

genetic testing，380，402–406

Gibbard，Alan 艾伦，吉巴德，96，
203–204

Gilgamesh 吉尔伽美什，118

Goldman, Alvin 艾尔文·戈德曼, 209

Goodall, Jane 珍妮·古道尔, 42

Goodman, Nelson 尼尔森·戈德曼, 3, 258

Gould, Stephen 史蒂芬·古尔德, 10

government 政府: autocratic 贵族制的, 148; democratic 民主的, 146, 188–189, 265

H

habits 习惯, 97, 331–332, 381–385

Hacking, Ian 伊恩·哈克, 183

Hamilton, William 威廉·汉密尔顿, 18, 49

Hamlet 哈姆雷特, 3, 92, 94

Hammurabi, code of 汉谟拉比法典, 118–119

Harman, Gilbert 吉尔伯特·哈曼, 139, 181

health 健康: effect on shaping ethical systems 对伦理系统塑造的影响, 91n28, 101, 112, 137, 150–151, 316; as an ethical issue 作为伦理问题, 296–297, 304–305, 318, 374–381

hedonism 享乐主义, 313, 328, 363,

Hobbes 霍布斯: Leviathan 利维坦, 60, 95; state of nature 自然状态, 154

Hofstadter, Richard 理查德·霍夫斯塔德, 256

holism 整体主义, 292–293, 314, 316, 363

Homer 荷马: Iliad 伊利亚特, 141–
142; Odyssey 奥德赛, 141–142, 174; as a model of ancient ethics 作为古代伦理学的模范, 141–142; contrast with Solon 与梭伦的对比, 142–143

hominid 原始人, 5, 9, 17–18, 31, 35–36, 47, 59, 61, 64, 66–69, 71, 73–74, 80, 87–88, 90, 92, 96–98, 103, 116–117, 194, 222, 237–238, 251, 275, 279, 297, 304, 337, 367, 393–394

honesty 诚实, 246–247, 261–262, 266, 271, 299–302, 358–359, 391–392

Hume, David 大卫·休谟: Enquiry Concerning the Principles of Morals 道德原则研究, 99, 213, 274, 308; problem of induction 归纳的问题, 255, 257–258

Hüyük, Çatal 胡塔克, 116–117

I

institutions (evolution of) 机制（进化的）, 120–122, 128, 137, 146–148, 248–249, 282n32, 295–296, 372–374, 382–385; private property 私有财产, 120–131, 396–401; marriage 婚姻, 137, 150–151, *See also* slavery 也参见奴隶制

internalization of ethical norms 伦理规范的内化, 87, 92–96, 106

intuition 直觉, 179–181, 183, 205–206, 334–336

irrationality 非理性, 272–273, 275

J

James，William 威廉·詹姆士，3，
92，176，185，384

Jefferson，Thomas 托马斯·杰弗逊，
157

Jex-Blake，Sophie 索菲·杰克斯 –
布莱克，147

Jones，Matthew 马修·琼斯，213

justice 正义，73，105，119，139，
141，201，251，258，274，312，
334

K

Kant，Immanuel 伊曼努尔·康德：
Groundwork of the Metaphysics of
Morals 道德形而上学奠基，83，
166，201；Categorical Imperative
绝对命令，206，245

Kierkegaard，Søren 索伦·克尔凯郭
尔，122

Kinsey，Alfred 阿尔弗雷德·金希，
164

kinship 亲属关系，45，71，120，
223，259

Kuhn，Thomas 托马斯·库恩，2，
147，180，189，333，349

L

Lecky，W.E.H. 威廉·爱德华·哈
特波勒·莱基，143–144，174，
214

Levi，Isaac 艾萨克·列维，101，
245，393

Lewis，David 大卫·刘易斯，168

Lewontin，Richard 理查德·李文丁，
10

lex talionis 以眼还眼，140，186，

194，197，202，215，234–235

liberation 解放，2，13，29，81，
93，111，163，173，183，279，
325，337，367

liberty 自由，107，147，150，154，
164，264，292–293，305，315，
327

Lipit–Ishtar code 里皮特·伊什塔法
典，118–119

Locke，John 约翰·洛克，397

Lowance，M.M. 劳伦斯，154–155，
157–158

Lumsden，Charles 查尔斯·拉姆斯
登，108

M

machiavellianism 马基雅维利主义，
19，23，26，30–31，36–40，
42，44，50，53，56，65，69–
70，75–77，79，82，86，136

MacKinnon，Catherine 凯瑟琳·麦金
侬，146–147

malthusian population control 马尔萨
斯式的人口控制，320，395

Marx，Karl 卡尔·马克思，296

Mathematics 数学：comparison
to ethics 与伦理学的对比，
192–193，203，205–206；
foundationalism 本质主义，205

McDowell，John 约翰·麦克道威尔，
198

Mendel，Gregor 格雷戈尔·孟德尔，
110

Mesopotamian civilization 美索不达
米亚文明，11，113，118–119，
144，217，234

Metaphysics 形而上学，83，166，

201，263

Mill，John Stuart 约翰·斯图亚
特·密尔，107，129，143，
147–152，164，263–264，289，
292–293，302，305，314–316，
325，327，351，399–400

mirroring 镜像：primitive 原始的，
346–347，350；extended 扩展的，
347，350，354–357，364

mutual engagement 相互参与，136，
340–349，356–365，368，370–
373，376–381，384

N

Nagel，Thomas 托马斯·内格尔，
85，335

naturalism 自然主义：pragmatic
naturalism (general discussion) 实用
自然主义（一般的讨论），3–13，
225，246，256–258，268–
270，281–282，317–324，362–
369；nonnaturalism 非自然主义，
8，269–271，273，276，279；
counternaturalistism 反自然主义，
281

Nazi 纳粹，139，177，255

Neurath，Otto 奥托·诺拉，279–280

neuroscience，mirror neurons 神经科
学，镜像神经元，28–30，43，
346

Newton 牛顿，205，213

Nietzsche，Fredrich 弗雷德里希·尼
采，92，95，143，211，276–
278，282，360–361

nihilism 虚无主义，269–270

noncognitivism 非认知主义，30，
201–205

normative 规范的：guidance 引
导，67–69，74–87，90–103，
111–112，123–125，131–137，
221–223，230–234，409–410；
conclusions 结论，191–192，253–
259，338

Nozick，Robert 罗伯特·诺齐克，
397

O

obedience 服从，84，99，108–109，
111，160，167，231，264，289

objectivity in ethics 伦理学中的客观
性，139–140，209–212，243–
245，267，312

P

Parfit，Derek 德里克·帕菲特，322

paternalism 家长制，133–135，149–
153，227，301

peacemaking practices 建立和平的实
践，57，69–70，73，87，116，
221–222

Peirce，C.S. 查尔斯·桑德斯·皮尔
士，176，210，246

philosophy (role in ethical project) 哲
学（伦理计划中的角色），8–9，
286–287，370–373，410

Plato 柏拉图：Euthyphro 游叙弗
伦，128，166；Republic 理想国，
128，274，367

pluralism (ethical) 多元主义（伦理学
的），131，210–213，245–249，
281–282，306，318，337–338，
355，367–368，

pragmatism naturalism 实用自然主义．
See naturalism 参见自然主义

pre-ethical societies 前伦理的社会，
5，31，44-45，134

prehistoric society 史前社会：neolithic
society 新石器社会，105，119，，
179；paleolithic era 旧石器时代，
122-130，216-217，236-238，
307-308，310-311

primates 灵长类动物：hominid
ancestors 原始人的祖先，3，5，
7-8，10-12，17-18，35-36，
47，54，57，59，69，71，74，
79-81，90-91，96-98，100，
102，104，112-114，216-218，
221-223，225，228-229，231，
236-238，242-243，251，258，
261，275，278-279，287，
294，296，316，380，393-395；
chimpanzee 黑猩猩，11，17-
18，36，42-44，47，57，59-
60，64-74，87-88，90，222，
228，232，251，278-279，393-
394；bonobo 倭黑猩猩，17-18，
44，47，57，59-60，64-65，
68，74；baboons 狒狒，36，60，
Arnhem chimpanzee colony 阿纳姆
黑猩猩族群，43-44，49，69-
70，77-78，189；gorilla 大猩猩，
58；gibbon 长臂猿，58，144；
orangutans 猩猩，58，60

primatology 灵长类，5，17，36，
57，60

primitive vs.civilized 原始的 vs 文明
的，242-245，248

Prisoner's Dilemma 囚徒困境：
defection strategy 叛逃策略，51-
55：67-68，83，87-88，162，
379-380，394；tit-for-tat strategy
针锋相对的策略，52-53；iterated
重复，52-54，56，58，64；
optional 选择性的，54-58，60-
65，88-90，126-127，See also
coalition game 也参见联盟游戏

progress 进步：ethical 伦理学的，
6-8，81，99-100，138-170，
173-206，209-213，338-342，
391-395，402-407，409-410；
technological 技术的，7，218-
220，238-242，288；atomism
about 关于原子论的，210-212，
363

properties，ethical properties as
disposi-tions 属性，作为倾向的伦
理属性，198，204，263

Q

quakers 夸克，146，158，184

Quine，W.V.O. 威拉德·范奥曼·蒯
因，254，280

R

Railton，Peter 彼得·雷尔顿，35

rationalism 理性主义，361-362

rationality 理性，272-279

Rawls，John 约翰·罗尔斯，105，
156，201，223，245，257-258，
312-313，334-335，344

realism (ethical) 实在论（伦理学的），
186-208

reductionism 还原主义，271-272，
292，314

reflective equilibrium 反思平衡，257-
259，334-342，342-343，349-
352

relativism 相对主义，138-143

reliabilism 可靠主义，209，258

resentment 憎恨，26，134，198，204，308，324

Richerson, Peter 彼得·理查森，87，109，112

Robinson, Jenefer 珍妮弗·罗宾逊，27

roles (evolution of) 角色（进化的），68–71，89，106–110，115–116，125–131，146–151，216–217，239–245，247–249，295，331–332，382–391

Roman empire 罗马帝国，143–145，174–175

Roseman, Herbert 赫伯特·罗斯曼，63

Rousseau, J. 让·雅克·卢梭，61–63，149，

Rovane, Carol 卡罗尔·罗瓦尼，139

S

Sabini, John 约翰·萨比尼，46，101，331

Scanlon, T.M. T.M. 斯坎伦，201，223，344

Schelling, Thomas 托马斯·谢林，73

Schopenhauer, Arthur 亚瑟·叔本华，17

secularism 世俗主义，4–5，81，121，161–162，287，325–328，344，372–374，395，402–408

Sen, Amartya 阿玛蒂亚·森，312，319

sexual behavior 性行为：polygamy 一夫多妻制，143；hetero-

sexuality 异性恋，162–163，165，homosexuality 同性恋，162–165，174，incest 乱伦，255

Seyfarth, Robert 罗伯特·塞法特，36，58

Singer, Peter 彼得·辛格，183，214–215，307，335

skepticism (ethical) 怀疑论（伦理学的），12–13，35–56，65–69，106，247，270–273，279–282，287，318–321

slavery 奴隶制：abolition 废除，143，153，157–158，161，184，187，200，214

Smith, Adam 亚当·斯密，17，25，83，121，123–124，156，346，351

Smith, John Maynard 约翰·梅纳德·史密斯，53，108

Sober, Elliott 埃利奥特·索盾，39，256

social 社会：cohesion 凝聚力，9，97，287–288，292，334–336，341–342，353，362，365–367；asociality 社会团，55，61；blindness 盲目，176–177，211–212，335；fragmentation 分裂，228，356；nonsociality 非社会性，328

socialization 社会化，93–94，97，101，107，126，130–132，148，151–153，182，199，206，230，232，264，278–279，333，359，371

sociobiology 社会生物学，9–10，36，87，101，108，255–256，258

sociopathy 反社会人格障碍，279

spirituality 灵魂的, 154, 158, 160, 184-185, 313-314

stem cells 干细胞, *See also* bioethics 参见生物伦理学

T

Tarski 塔尔斯基, 189, 246

Taylor, Harriet 哈里特·泰勒, 147-152, 293

Technology 科技: progress in 进步, 7, 218-220, 238-242, 288; ethics as a social, technology 作为社会科技的伦理学, 221-241, 262, 394; ethical challenges of 伦理挑战, 401-408

U

unseen enforcer 看不见的执行者, *See also* divine commander 也参见神圣的命令者

utilitarianism 功利主义, 272, 290-294, 311-314, 322-323

Utopia 乌托邦, 84, 316-318, 324-325, 339, 395, 397

V

value(dimensions of) 价值（维度）, 323-324

violence 暴力: rape 强奸, 140, 234; warfare 战争, 142, 174, 391-392, 395; coercion 强迫, 146, 162, 185, 226, 228, 296, 317, 327-328, 359-360, 363

W

Wilson, E.O. 艾德华·威尔森, 39, 108, 256

Wittgenstein, Ludwig 路德维希·维特根斯坦, 99

Wollstonecraft, Mary 玛丽·沃斯通克拉夫特, 147, 149-150, 152, 163, 179-182, 184, 193-197, 202, 240, 250, 257

women, rights of 女性，权利, 140, 145-153, 179-180, 193-196, 212, 214, 236, 250, 256-257, 293, 318-319, 358, 385-389

Woolf, Virginia 弗吉尼亚·伍尔夫, 147, 150, 152, 390

Woolman, John 约翰·沃尔曼, 158-161, 179-182, 184, 193-197, 200, 202, 240, 250, 257

Wrangham, Richard 理查德·弗朗汉姆, 58-60